献给好婆席慧英女士和母亲郑敏女士

FUND GOVERNANCE

基金治理

全球观照与中国实践

秦子甲 著

北京大学出版社
PEKING UNIVERSITY PRESS

图书在版编目(CIP)数据

基金治理：全球观照与中国实践 / 秦子甲著. —北京：北京大学出版社，2022.9
ISBN 978-7-301-33078-4

Ⅰ.①基⋯　Ⅱ.①秦⋯　Ⅲ.①基金管理—研究—中国　Ⅳ.①F832.21

中国版本图书馆 CIP 数据核字(2022)第 098669 号

书　　　名	基金治理：全球观照与中国实践 JIJIN ZHILI: QUANQIU GUANZHAO YU ZHONGGUO SHIJIAN
著作责任者	秦子甲　著
责 任 编 辑	林婉婷　方尔埼
标 准 书 号	ISBN 978-7-301-33078-4
出 版 发 行	北京大学出版社
地　　　址	北京市海淀区成府路 205 号　100871
网　　　址	http://www.pup.cn　http://www.yandayuanzhao.com
电 子 信 箱	yandayuanzhao@163.com
新 浪 微 博	@北京大学出版社　@北大出版社燕大元照法律图书
电　　　话	邮购部 010-62752015　发行部 010-62750672 编辑部 010-62117788
印 刷 者	北京市科星印刷有限责任公司
经 销 者	新华书店
	720 毫米×1020 毫米　16 开本　21.25 印张　391 千字 2022 年 9 月第 1 版　2022 年 9 月第 1 次印刷
定　　　价	89.00 元

未经许可，不得以任何方式复制或抄袭本书之部分或全部内容。
版权所有，侵权必究
举报电话：010-62752024　电子信箱：fd@pup.pku.edu.cn
图书如有印装质量问题，请与出版部联系，电话：010-62756370

推荐语

基金治理是证券投资基金的重要问题，也是基金投资者权益保护的核心。本书对照IOSCO发布的各项报告，对基金治理的各个维度进行了全面的审视，也对中国基金治理的现行规则和实践进行了梳理；既有学术上的国际比较，又有作者基于自身从业经验的法理分析和思考，是一部基金法领域的优秀作品，可以供相关监管者、从业人员及基金法的研究人员参考。

——清华大学法学院教授 汤欣

作者在做好大型私募基金合规风控工作之余，能结合自身的从业经验，潜心研究基金法理，多方查阅文献资料，深入比较和思考相关规则和立法的得失，为行业奉献这样一部聚焦基金治理的作品，甚为难得。本书对基金治理的各个方面都有覆盖，整体框架结构清晰，有较深入的理论思考与法理分析，既有国际视野，又结合我国的基金业实践和案例，实现了对基金治理的中国本土化分析。本书学术规范、严谨，颇有亮点，是基金理论研究者和实务工作者都值得阅读的佳作。

——华东政法大学国际金融法律学院教授 肖宇

基金治理比合规的覆盖范围更广。本书总结了一些国际上的通行做法和最佳实践，值得在结合国情的基础上认真探讨，推动中国基金行业不断进步。

——景林资产创始人、董事长 蒋锦志

基金治理对资产管理行业非常重要，资管行业对中国金融及经济向纵深发展和转型升级非常重要。我相信，在中国经济总量跃居世界首位的伟大历史进程中，将诞生越来越多的优秀企业和企业家，也会相匹配地发展出一个远比现在规模要大得多的资管行业。本书是夯实这个行业的法治基石，确保其行稳致远的一次努力尝试，我向各位从业者郑重推荐。

——景林资产法定代表人、总经理 高云程

推荐语

我国资产管理行业在前期的快速发展中,出现了直接融资间接化、投资业务融资化等异化现象,其深层次根源就在于基金治理的机制性缺陷。资产管理行业的长远健康发展必须正本清源,以完善的基金治理为基础。本书从具体法律规则的视角,结合国际实践,对此进行了审视,建构了一个完整的治理框架,这将有助于我国直接融资中买方业务的不断完善,让资产管理行业真正固本培元,实现基业长青。

—— 中国财富管理50人论坛特约研究员 邓寰乐

市面上介绍基金管理人治理的文章不少,但介绍基金治理的作品甚少,还有很多人一直混淆基金管理人治理和基金治理这两个概念。基金治理涉及基金管理人、基金托管人和基金投资者等各类主体以及这些主体之间错综复杂的法律关系和运作实践。要把基金治理这个课题写清楚、写明白,需要巨大的勇气。作者凭借基金法律实务的丰富经验,系统、全面地介绍了基金治理的内涵和外延,并且结合国际证监会组织(IOSCO)历年发布的基金治理报告,介绍了基金治理的国际范例,并与中国的基金治理实践进行对比。尤其要强调的是,作者对IOSCO各类报告的翻译和理解精准、到位,对中国相关问题有务实的思考和独到的见解。从这个角度说,各类读者都能从这本书中汲取到养分,看到基金治理的星辰大海,并对基金行业的发展充满信心。

—— 通力律师事务所合伙人 吕红

中国的私募基金行业方兴未艾。中国是一个开放的世界性大国,她的基金管理人,无论在投资端还是融资端,正在逐步走出国门,走向世界。国际上不同司法法律管辖区有不尽相同的关于基金治理的最佳实践(Best Practice),全面保护投资者的合法权益。了解不同司法管辖区的治理对于走向世界是极为重要的。本书在这个时点推出,恰逢其时,相信会给读者带去全球化的视野以及更多建设性的思考。

—— 对冲基金协会全球董事会董事 吕思雨

完善基金治理
参与打造世界级的资产管理行业（代序）

子甲在其出版《私募基金法律合规风险管理》《私募基金视野中的资本市场行为底线：案例、分析与防范》两本书之后，又推出了《基金治理：全球观照与中国实践》一书。他请我为他的新书作序，我感慨于他业余时间的笔耕不辍，愿意借此机会谈一些自己的思考，也祝贺他的新书出版。

一

中国的经济总量目前已稳居全球第二，经济规模是美国的70%左右。考虑到新冠肺炎疫情以来国内经济的复苏形势、人民币汇率的升值空间、"工程师红利"带来的高质量发展前景等因素，中国经济总量在未来的5~10年内，有望超过美国而成为世界第一。

但是，对照美国的资产管理行业规模，中国的资产管理行业规模还非常弱小，无论是从总量还是从单个资产管理人的管理规模来看，均远小于中美实体经济规模之比。这在相当程度上意味着中国的资产管理行业还有巨大的发展空间。目前，中国的居民财富主要是通过房地产这一资产形态来体现的。房地产与金融资产之间的配置不均衡，财富过度向房地产集中，已导致宏观层面累积起了不可持续的风险。金融资产配置机制的不完善，导致直接融资的发展落后于间接融资，这对各个产业的转型升级以及"高精特新"企业的壮大（含中小企业融资问题）均构成相当程度的障碍。因此，资产管理行业规模、直接融资规模与实体经济总体规模的不匹配，其实是目前金融全局稳定性风险和实体经济进一步爬坡升级痛点的宏观表征，是一个硬币的两面，二者的深层逻辑完全一致。为了化解宏观金融风险，改革国民财富的资产配置结构，国家正采取各种矫正措施——如尝试推行房产税等，这也带给了中国资产管理行业重要的发展契机。我相信，随着中国实体经济规模的进一步提升，居民的收入增长动力还会保持；同时在"共同富裕"目标的引领下，收入及财产分配的均衡性也会加强，居民可投资资产比例增加，再加上政策引导金融资产和房地产配置结构的均衡化，资产管理行业的管理规模逐渐向美国收敛应该是一个可见的长期趋势。

在这个过程中,构建好制度基础非常重要,这是资产管理行业能真正实现或兑现上述发展趋势的机制性保障,也正是"基金治理"的要义。如果缺乏这样的治理机制,从业人员不恪守信义义务甚至监守自盗,就会导致人民群众对这个行业失去信心,相关资金也不可能主动"流"过来,从而阻碍直接融资的发展,进而影响经济金融全局。子甲在当下这个时点,选择"基金治理"为题,对此展开全方位的研究,尤其是将国际证监会组织(IOSCO)报告中推广的国际最佳做法和中国目前的实践结合起来考察,兼顾国情,并给予适当评价或提出完善方向,我认为他有独到和深远的眼光。他的研究会给行业的发展和自律提供有益的参考。

二

我在资产管理行业的多个机构有过从业经验,包括公募基金管理人、外资QFII管理人,以及目前的景林资产等。我管理过内资、外资、机构、个人等不同来源的资金,其中也包括外国的主权财富基金,帮助他们投资中国最优秀的企业。

根据我的切身经验和观察,高标准的机构投资者,尤其是境外机构投资者,高质量的"长线"资金主体,往往会对基金管理人的合规内控机制——用子甲这本书中的说法就是基金管理人的内部治理机制——提出全方位的严格要求。他们在投资前对基金管理人的尽职调查非常详尽,甚至会聘请独立的、专门从事对冲基金经理(Hedge Fund Manager)尽职调查的中介机构来开展这样的尽职调查工作,包括登门拜访,与基金管理人的实控人、首席投资官(CIO)、具体基金经理、合规负责人进行深入的访谈,结束后还会出具报告和反馈意见等。在调查的具体内容上,包括大量的合规、运营、风控、内控的项目,覆盖事前的制度政策,事中的具体做法、纠错机制,事后的留痕记录、回顾审查(review)机制等。相对而言,他们并不那么看重基金管理人的所有者属性(所有权是国有、民营抑或外资)——如加拿大养老金就可能把一部分资金交给以外国自然人为大股东的香港9号牌公司管理——更遑论公募、私募了。"私募"的正式名称叫作"非公开募集",私募并不是在所有制上姓"私"。本书研究的IOSCO历年发布的各个报告,似乎也没有对基金管理人的所有者属性有过多的讨论。因此,我在想,基金治理以及基金管理人治理的核心到底是什么?基金治理是否应该是所有制中性的?IOSCO对基金治理的定义是:确保基金有效地且仅为基金投资者(不为基金内部人员)之利益进行组织及运作的基金组织及运作框架。从这个定义出发,基金的组织形式以及与此相关的基金各当事人之间的职责分配和制衡体系,基金运作生命周期中的各项业务规则和基金各当事人的义务、职责履行,这些才是最重要的,应该成为监管盯牢的重点。把这些事项盯紧、落实好,再考虑还有市场竞争、第三方评价和声誉机制等外部治理的市场性约束因素,甚至还有监管的行政处罚以及各种事后法律责任的严肃追究作为威慑,对于投资者利益的保护就非常充分了。

在一个多元、开放以及市场成为资源配置决定性因素的制度环境下,国际上较通行的做法是将基金管理人、资产管理人的选择权交给市场投资主体,相信市场上的专业投资者(Professional Investor)、家族办公室、主权财富基金、养老金管理机构、各类基金会等个人及机构投资者会有自身的审慎判断,尤其是会越来越重视合规风控。一个志存高远、有长远发展目标的基金管理人也一定会重视基金治理,努力争取高质量的"长线"资金,并为此积极回应机构投资者对相关治理的期待要求。对于监管者来说,主要是确立和细化治理标准,加强引导,更多时候应积极鼓励机构投资者去承担自身的市场主体责任,用市场机制去开展博弈和筛选,用市场力量来约束基金管理人、资产管理人,监管者自己则可以退后一步,用事后的稽查、处罚、法律责任追究等威慑机制守住底线,实现市场监管和市场发展的动态平衡。

三

我现在是上海景林资产的总经理,但我同时也是一名基金经理。出于投资工作的需要,在微观层面,我必须始终关注和考察各个企业的成长和发展,对此进行同业比较甚至国际比较,筛选出最优秀的投资标的。

感恩于这个伟大的时代,在今天的中国资本市场上,已经涌现出一大批优秀的企业和企业家供我遴选和构建投资组合。我相信,在中国经济总量向世界首位迈进这个历史性的进程中,将会诞生出越来越多的优秀企业和企业家。这些企业将不仅是中国的伟大企业,也一定会成为世界范围内的伟大企业。作为中国资产管理行业的从业者,我们一方面要继续去挖掘、找到这样的伟大企业,另一方面也要立志,努力使自己成为这样的伟大企业,方不负这个伟大的新时代。完善基金治理,加强前瞻研究,参与打造世界级的资产管理行业,包括为上海成为全球资产管理中心有所助力,是我读完本书的一些心愿。

以上是我的一些思考,愿与同行共勉。再次祝贺子甲《基金治理:全球观照与中国实践》一书的出版,希望该书能增进全行业对基金治理问题的探讨,助力资产管理行业的更好发展。

上海景林资产管理有限公司总经理

高云程

二〇二二年五月五日

前　言

本书是我用了三年多的时间逐篇结集而成。

大概是2018年第三季度的时候，律商联讯（LexisNexis）的编辑刘丁香老师注意到我出版了《私募基金法律合规风险管理》和《私募基金视野中的资本市场行为底线：案例、分析与防范》两本关于私募基金的书，便与我联系，邀请我在律商联讯上开一个专栏，可以讨论一些与私募基金有关的法律问题。当时，我正处于文思断竭的状态，但对于本书的主题和研究方法倒有一点朦胧的感知。我一开始非常犹豫：一是担心与日常本职工作发生冲突，难以按时保质保量地交稿，徒增压力；二是对能否完成这个"课题"也没有十足的信心。好在刘老师非常优雅大度，给我提出了十分宽容和宽裕的条件，卸下了我的精神负担。我自己转念一想，觉得可以利用这个机会，在需要不时交稿的适度压力下，鞭策自己去着力探索，完成这个"小目标"。于是，我把这个专栏的名称定为"基金治理"，这大概就是本书的缘起了。按苏格拉底的比喻，刘丁香老师可谓本书的"助产士"。

2019年和2020年，我逐篇逐篇地给律商联讯交稿。稿件内容一开始没有整体上的逻辑，基本上每篇文章一个小专题。到了2020年年末，也发表了不少了。需要着重说明的是，本书第一篇的第二、三节，第二篇除第三、七节以外的部分，第三篇除"交易最佳执行"和第六节以外的部分，均首发于律商联讯的"基金治理"专栏。在编入本书时，我虽然从整体性角度对此进行了个别修订，但并不改变全文的原意。因此，在本书的肇始，我要向律商联讯、刘丁香老师及另一位编辑楼莎莎老师致以由衷的谢意！

众所周知，律商联讯是国际知名的全球内容和技术解决方案提供商，帮助法律、企业、税务、学术和非营利性组织的工作人员作出知情决策，使其能实现更好的业务成果。在上述刘老师、楼老师等编辑的努力下，目前其平台上也活跃着其他各法律细分领域的专业律师、资深法务人员开设专栏，发表文章，我本人也经常读到或注意到许多非常优秀的作品。据我所知，也有读者已通过律商联讯平台读到了我发表的几篇文章，如关于信义义务和基金托管人的文章，并给予了积极的反馈，我因之深受鼓舞。可以说，律商联讯铺设或架构了一个很好的业界交流的平台，我是其中的获益者，对此也要表达感谢之情。

进入2021年后，我认为把已发表的若干文章逐步梳理脉络、建构体系的条件趋于成熟，便启动了本书的准备工作，也为此补充了其他的内容，最终形成了全书目前的样貌。我在第一部作品，即写于 2016 年的《私募基金法律合规风险管理》后记中提到"本书的国际化视野仍旧不够，外文文献阅读较少"。五年过去了，现在即将付梓面世的这本书，大量地介绍了 IOSCO 发布的、与基金相关的诸多最终报告（Final Report）内容，可谓对五年前的自己做出了一个小小的回应，也算一个对自己专业成长的新的记录。《私募基金法律合规风险管理》一书献给了我的导师王保树教授，这本书也可以视为我向老师做出的最新的成果汇报。

  本书的最后下了一些较为明确的结论。这些结论是否站得住、能否对我国基金行业的未来发展有一些建设性意义，在此敬请读者批评指正。

目 录

第一篇 总论 · 001

一、直接融资与基金治理 · 003
 (一) 直接融资的时代重要性 · 003
 (二) 直接融资及其金融中介 · 005
 (三) "基金治理"的语境 · 007
 (四) 本书的意义 · 009
 (五) 研究方法 · 012
 (六) 本书的结构 · 014

二、基金治理的概念及体系 · 016
 (一) 什么是基金治理 · 016
 (二) 基金治理的体系 · 019
 (三) 基金治理与基金监管的关系 · 023

三、基金治理与IOSCO模范道德准则 · 024
 (一) 引子 · 024
 (二) IOSCO模范道德准则 · 026

第二篇 基金的组织形式、治理架构与信义义务 · 031

一、基金的组织形式与治理架构 · 033
 (一) 契约型基金与公司型基金的治理架构 · 034
 (二) 契约型基金与公司型基金的实质比较 · 039
 (三) 独立性 · 050

二、基金的托管和托管人 · 055
 (一) 托管的含义 · 055
 (二) 托管人的核心职责——以基金财产保管为中心 · 059
 (三) 基金托管人的选任 · 062
 (四) 基金托管人的责任 · 065
 (五) 展望 · 071

三、基金份额持有人的核心权利 ································· 073
  (一)股东积极主义? ··· 073
  (二)权利层次与核心权利 ···································· 076
  (三)刺破"基金"面纱 ······································· 079

四、信义义务是基金治理的灵魂 ································· 083
  (一)信义关系和信义义务 ···································· 083
  (二)信义义务的功能 ·· 088
  (三)信义义务与诚实信用原则 ································ 090
  (四)承担信义义务的主体 ···································· 095

五、信义义务中的忠实义务 ····································· 098
  (一)忠实义务的内涵 ·· 098
  (二)利益冲突的模型 ·· 102
  (三)利益冲突的防范 ·· 109
  (四)余论 ·· 113

六、信义义务中的谨慎义务 ····································· 115
  (一)概述 ·· 115
  (二)谨慎的标准 ·· 118
  (三)谨慎义务的审查 ·· 123
  (四)余论 ·· 126

七、从谨慎义务看基金管理相关职能的外包 ······················· 131
  (一)什么职能可以外包 ······································ 132
  (二)对承包方的遴选 ·· 134
  (三)对承包方的持续监控 ···································· 137
  (四)基金管理人对外包的责任 ································ 138
  (五)余论 ·· 140

第三篇 基金运作中的治理细节 ······························· 141

一、基金交易 ··· 143
  (一)交易最佳执行 ·· 143
  (二)交易成本及其计量和披露 ································ 146
  (三)对软回佣的规制 ·· 148
  (四)评论与建议 ·· 153

二、基金估值 ··· 155

（一）为什么估值对治理重要 ·············· 155
　　（二）IOSCO推荐的基金估值原则 ·············· 156
　　（三）摆动估值及侧袋估值 ·············· 160
　　（四）我国实践及评论 ·············· 163
三、基金收费 ·············· 166
　　（一）国际良好实践 ·············· 166
　　（二）收费合理性的判断标准 ·············· 171
　　（三）评论 ·············· 174
　　附录：系列会计法和均衡调整法举例 ·············· 176
四、基金信息披露 ·············· 179
　　（一）信息披露的基金治理意义 ·············· 179
　　（二）信息披露应达到的标准 ·············· 181
　　（三）基金销售时的信息披露 ·············· 183
　　（四）基金业绩的信息披露 ·············· 186
　　（五）我国实践及评论 ·············· 190
五、基金赎回 ·············· 193
　　（一）概述 ·············· 193
　　（二）IOSCO推荐的原则 ·············· 194
　　（三）我国实践及评论 ·············· 198
六、基金终止 ·············· 201
　　（一）国际良好实践 ·············· 202
　　（二）我国的实践及评论 ·············· 208

第四篇　基金管理人的内部治理和外部治理 ·············· 211

一、基金管理人的内部治理概述 ·············· 213
　　（一）基金管理人的组织形式和治理 ·············· 213
　　（二）基金管理人内部治理的主要范畴 ·············· 214
　　（三）基金管理人内部治理的主要抓手 ·············· 217
二、合规管理、风险管理与内部控制的展开 ·············· 221
　　（一）合规管理的框架 ·············· 221
　　（二）风险管理的框架 ·············· 227
　　（三）内部控制的范畴 ·············· 233
　　附录：基金面对的主要风险 ·············· 235

三、流动性风险管理和系统性风险管理 ………………… 238
　　(一) IOSCO 推荐的流动性风险管理 ………………… 238
　　(二) IOSCO 推荐的系统性风险管理 ………………… 245
四、信息技术建设与信息网络安全 ………………………… 259
　　(一) 信息技术建设与信息网络安全的基金治理意义 … 259
　　(二) 信息技术治理的组织架构 …………………………… 260
　　(三) 信息网络安全的概念与应对框架 ………………… 262
　　(四) 信息网络安全的具体应对手段 …………………… 264
　　(五) 余论 ………………………………………………… 272
五、持续经营计划(应急计划) ……………………………… 274
　　(一) 持续经营计划的实体内容 ………………………… 274
　　(二) 与持续经营计划有关的管理机制 ………………… 277
　　(三) 我国实践及评论 …………………………………… 279
六、基金管理人的外部治理 ………………………………… 281
　　(一) 基金管理人之间的市场竞争 ……………………… 281
　　(二) 对基金和基金管理人的评价 ……………………… 284
　　(三) 基金管理人的声誉机制 …………………………… 288
　　附录:基金管理人评价框架 …………………………… 295

第五篇　结论 ……………………………………………… 301

参考文献 …………………………………………………… 307

致谢 ………………………………………………………… 319

跋 …………………………………………………………… 321

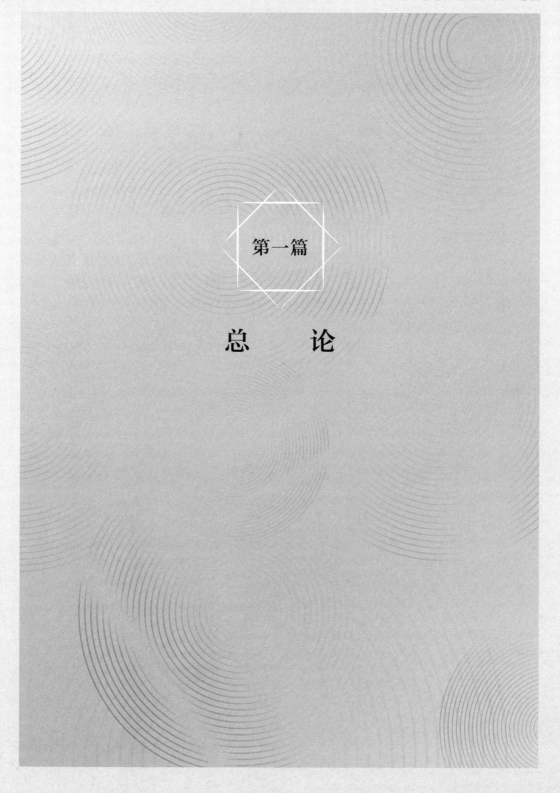

第一篇

总　　论

一、直接融资与基金治理

(一)直接融资的时代重要性

中国正在进入"资管大时代"。①

在此之前,以商业银行为首的间接融资模式主导着中国金融业,信贷资产在金融总资产的比重超过70%。据最新统计(截至2020年9月末),直接融资存量达到79.8万亿元,约占社会融资规模存量的29%。②

我国是从"全权制"计划经济经四十多年的改革开放逐步走到今天的。早年,因"全权制"计划经济下金融资源被政府完全掌握,人民对政府有极高的信任,③因而政府通过倚赖国家信用的国有银行调配金融(信贷)资源,形成了以间接融资为主的金融体系。另外,中国在改革开放事业起步时百废待兴,居民可投资的个人财产也较少,风险承受能力较低。这时,对于经济发展早期的房地产、基础设施建设等重资产类型的国民经济基础型项目而言,间接融资有其固有的优势,如信息成本、交易成本较低,能够获得规模经济(汇集多笔小额储蓄后大额贷出),信贷风险可以由不同项目分担且首先由金融中介承担,金融中介依靠其相对专业的优势能消除信息不对称,以及可以实现期限的转换(通过资金池借短投长滚动实现)等。④ 由于建设重资产所耗用的资金规模大,间接融资的效率就相对更高;同时,项目建设形成的固定资产反过来又能抵押给商业银行,使信贷坏账风险更加可控。因此,间接融资在我国的规模较大,有其历史背景和现实的经济逻辑。

---

① 参见中国人民银行前副行长、第十一、十二届全国人大财经委副主任委员、清华大学五道口金融学院理事长吴晓灵女士牵头所著的《资管大时代》一书的书名,吴晓灵、邓寰乐等:《资管大时代:中国资管市场未来改革与发展趋势》,中信出版集团2020年版。

② 参见易会满:《提高直接融资比重》,载《中共中央关于制定国民经济和社会发展第十四个五年规划和二〇三五年远景目标的建议》辅导读本 2020年12月4日, http://www.csrc.gov.cn/pub/newsite/zjhxwfb/xwdd/202012/t20201203_387274.html,2021年5月8日访问。

③ 关于"全权制"可参见郑也夫:《信任论》,中信出版集团2015年版,第122—127页。

④ 参见易纲、吴有昌:《货币银行学》,格致出版社、上海人民出版社2014年版,第80、81页;〔美〕弗雷德里克·S. 米什金、斯坦利·G. 埃金斯:《金融市场与金融机构》,杜惠芬译,中国人民大学出版社2017年版,第21—25页。

但随着经济的进一步发展,间接融资的弊端也在逐步显现。其一,以间接融资为主导的金融体系难以满足实体经济转型以及深入发展的需要。间接融资倚赖资信和抵押物,更适合于传统成熟产业;而经济向纵深发展后出现的战略新兴产业,核心资产多为知识产权和人力资源,俗称"轻资产",对其较难估值,也难以成为抵押品;科技创新型中小企业前期无法保证收入、利润,没有可供偿还贷款利息的稳定现金流,就难以获得商业银行的贷款支持。这样一来,当实体经济走过工业化建设、基础设施建设大发展时代,到了需要靠科技、发明、创新来引领和开拓的时候,间接融资模式就因其固有特点难以胜任了。其二,间接融资的资金期限相对较短。由于直接融资不足,实体经济对长期资金的需求与间接融资的短期资金供给往往造成期限错配,并导致融资贵①及系统性风险隐患。其三,直接融资比例偏低而间接融资占比偏高,映射到实体部门的资本结构就表现为债务资本与权益资本的结构失衡,造成高杠杆。② 根据国家金融与发展实验室(NIFD)发布的《2020年度中国杠杆率报告》,2020年我国宏观杠杆率从2019年年末的246.5%攀升到了270.1%,增幅为23.6个百分点。③ 这不利于金融稳定和金融安全。其四,间接融资对直接融资的挤出也加大了经济运行的社会成本。一些企业如有政府信用背书的、可以容易获得信贷资源的国企,缺乏适应市场变化进行自我调整的能力,导致经济结构调整的成本基本由银行和政府承担,造成了银行不良资产的大量增加和各级政府财政负担的不断加重。这是把市场经济发展中应由市场主体承担的风险集中到了银行和政府,加大了经济运行的社会成本。④

因此,新的发展时代需要新的金融结构,发展直接融资意义重大。在2021年的上海陆家嘴论坛上,中国人民银行党委书记、中国银保监会主席郭树清表示:"中国已经进入新发展阶段,现阶段最突出的一项任务就是进一步加大直接融资

---

① 当开展间接融资业务为主的金融中介机构(如我国商业银行)明知存在期限错配的"借短投长"后,为了弥补相应的流动性风险,必然会抬高资金成本,这是由利率的期限结构和风险结构所决定的。参见〔美〕弗雷德里克·S.米什金:《货币金融学》(第2版),刘新智、史雷译,清华大学出版社2015年版,第122—138页。

② 以上三点概括参见何德旭:《建立现代金融体制 促进经济高质量发展》,载《财贸经济》2021年第1期,第12、13页。

③ 《2020年中国宏观杠杆率数据出炉 整体增幅大而有度》,载第一财经,http://www.china—cer.com.cn/hongguanjingji/20210221211314.html,2021年5月7日访问。宏观杠杆率通常采用宏观经济某部门的债务余额与GDP之比来表示,主要包括非金融部门总杠杆率、居民部门杠杆率、非金融企业部门杠杆率和政府部门杠杆率4项指标。宏观杠杆率=债务/GDP。参见任泽平、马家进:《中国宏观杠杆报告:2019》,https://baijiahao.baidu.com/s?id=1637175257521728593&wfr=spider&for=pc,2021年5月7日访问。

④ 参见吴晓灵:《稳步发展企业债券市场 全面优化金融资产结构》,载《金融研究》2005年第3期,第2页。

比重。在去年新增社会融资规模中,债券和股票融资占比已经达到37%左右,还可以有更大的发展空间"①。中国证监会主席易会满则指出,提高直接融资比重是服务创新驱动发展战略的迫切要求,是完善要素市场化配置的关键举措,是深化金融供给侧结构性改革的应有之义,是建设更高水平开放型经济新体制的重要途径。② 中国人民银行前副行长、第十一、十二届全国人大财经委副主任委员、清华大学五道口金融学院理事长吴晓灵女士也认为,直接融资可以有效地形成支持创新创业的风险投资,有利于满足居民多元化的财富管理需求(而间接融资受制于监管要求,主要提供高度同质化的存款产品),有利于加强市场化约束机制。③ 当然,根据会计学资产负债表的基本原理,提高直接融资中的权益融资(股权融资)比重,也可以降低杠杆率,有助于金融稳定和安全。④

(二)直接融资及其金融中介

在学理上,直接融资被称为市场主导型融资,资金供给方通过资本市场直接向资金需求方提供资金,获取回报,但金融风险因此由资金的供给方直接承担,可能发生本金全部亏损的风险。而资本市场的产生和发展就是要增加资金供需双方的交易匹配机会,可以分为进行融资的一级市场和开展交易的二级市场。⑤ 间接融资则称为银行主导型融资,商业银行作为居间的资金中介向资金提供方吸收存款,向资金需求方发出贷款。金融风险主要源自商业银行的信贷业务,商业银行及其股东首先是金融风险的承担者(资金供给方则只取得固定收益并能保证本金的安全)。

有学者认为,间接融资需要银行作为金融中介;而直接融资不需要金融中

---

① 张琼斯:《中国人民银行党委书记、银保监会主席郭树清:防范金融风险需重点关注五个方面 进一步加大直接融资比重是突出任务》,载《上海证券报》2021年6月11日,https://news.cnstock.com/news/yw—202106—4715616.htm,2021年6月13日访问。

② 参见易会满:《提高直接融资比重》,载《中共中央关于制定国民经济和社会发展第十四个五年规划和二〇三五年远景目标的建议》辅导读本2020年12月4日,https://www.csrc.gov.cn/pub/newsite/zjhxwfb/xwdd/202012/t20201203_387274.html,2021年5月12日访问。

③ 参见吴晓灵:《深化监管改革 提高直接融资比重》,载《中国金融》2021年第7期,第23页。

④ 参见黄奇帆:《结构性改革:中国经济的问题与对策》,中信出版集团2020年版,第73、107、144页等。

⑤ 吴晓灵:《深化监管改革 提高直接融资比重》,载《中国金融》2021年第7期,第23页。

介,资金的供需双方通过金融市场直接交易。① 但真实世界并非完全如此:根据行业的分工细化,资金的实际需求方和供给方并非金融市场或资本市场的专业人士,其虽然为了募资/投资而进入资本市场,但为了提升募/投的效率,取得更好的募/投效果,其实需要更专业的金融人士为此提供服务。资金的需求方需要投资银行为其提供发行、销售金融工具(如证券②)加以募资的保荐承销服务,资金的供给方需要资产管理人/基金管理人为其做出具体购买哪一项金融工具决策的投资顾问、投资建议服务。③ 如果没有上述专业的投资银行和投资顾问,非专业人士在金融市场中的交易效率一定大为降低。投资银行和投资顾问其实就是直接融资模式下的金融"中介"。易言之,间接融资模式下的"中介"是一人居间并连接资金的供需两方;而直接融资模式下的"中介"则是两家机构各为其主,再凭借各自在金融市场上的专业能力,努力寻求适合的交易对手方,促成交易。因此,即便是直接融资,也需要金融机构作为中介,只是这个"中介"的地位、作用与间接融资不同而已。关于间接融资的一些传统表述似需要更加严谨或与时俱进,对于直接融资和间接融资的理解也需要不断地深入。④ 笔者认为,本节最前面的表述更为合理一些。

中国香港的《证券及期货条例》及其附属法例或附表就将所有持牌法团(即法人)均视为中介人"intermediary",其中既包括须持有6号牌照的投资银行(就机构融资提供意见),也包括须持有4号/5号牌照的投资顾问(就证券/期货合约提供意见)或9号牌照的资产管理人(提供资产管理)。

由此可以认为,资产管理人或基金管理人是直接融资模式中的金融中介机构,而且是代表买方(资金供给方)的重要中介机构。从这个角度理解"资产管理业务的诞生及发展和直接融资体系的立法一脉相承,是直接融资的重要组成部

---

① 参见〔美〕弗雷德里克·S. 米什金:《货币金融学》(第2版),刘新智、史雷译,清华大学出版社2015年版,第25页;易纲、吴有昌:《货币银行学》,格致出版社、上海人民出版社2014年版,第78页;黄达、张杰编:《金融学》,中国人民大学出版社2020年版,第90、91页。但是,上述黄达、张杰所著在第275页也对这一说法进行了反思,其认为:当中介的形式越来越多并对中介机构越来越做广义的理解之后,就使得如何界定这对概念(指直接融资和间接融资——笔者注)出现了不少纷乱之处。

② 至于"证券"的含义,其在我国法上的实然定义和应然的定义,则是另一个可以探讨的命题。

③ 参见吴晓灵、邓寰乐等:《资管大时代:中国资管市场未来改革与发展趋势》,中信出版集团2020年版,第10页。

④ 另有学者认为,对直接融资和间接融资的划分依据是投资风险由谁承担。直接融资由投资者直接承担投资风险;间接融资由商业银行等金融机构承担贷款等投资风险,投资者不直接承担贷款风险。本书认为,此说比传统论述更为合理。参见吴晓灵、邓寰乐等:《资管大时代:中国资管市场未来改革与发展趋势》,中信出版集团2020年版,第10页脚注。

分"①这句话,是因为实际运行中的、具有经济效率的直接融资体系,是无法离开专业化的资产管理人(作为金融中介)的,资产管理人的职责、定位、服务必然内嵌于直接融资体系。中国要发展直接融资,提升其比重,就必然要对资产管理人及以资产管理人为核心的买方组织架构体系加强管治、形成治理,这正是基金治理的题中应有之义。②

(三)"基金治理"的语境

上文所述"资产管理人"可以是一个外延很广的概念,因为资产的形态实在是太多了。对应到基金场合,其实就是基金管理人。顾名思义,基金管理人是管理基金这一类资产的管理人。

但什么是"基金"呢?我国《证券投资基金法》没有对"基金"给出实定法上的定义,学界也是众说纷纭。③ 国内有学者提出,证券投资基金是"根据特定投资目的,通过发售基金份额向社会公众或特定对象募集资金形成独立的基金财产,由基金管理人按照资产组合方式管理,由基金托管人托管,基金份额持有人按其所持份额享受收益和承担风险的'投资组织'"。④《朗文英汉词典》和《牛津英汉词典》对"Fund"的解释是:"为特定的目的而设立的一组资金和专款。"我国《辞海》的理解是"具有特定用途的物资和资金。"⑤笔者根据自身的工作实践及思考认为,"基金是用于专门目的的、通过一个作为独立会计主体的账户估值记账的一笔独立财产。"尽管该财产可能因投资行为而产生资产形态上的变化(如从货币现金变成股票等),但基金应有三个核心要素,即①有专项目的;②通过专门开立的独立账户估值记账;③财产的权属独立。

由此来看,证券投资基金是以投资证券为目的的,在独立基金托管账户中估值记账的一笔独立财产。股权投资基金是以投资企业(未上市)股权为目的的,通

---

① 吴晓灵、邓寰乐等:《资管大时代:中国资管市场未来改革与发展趋势》,中信出版集团 2020 年版,第 7 页。
② 关于"基金治理"的内涵外延,请见本书后文。
③ 参见吴晓灵主编:《投资基金法的理论与实践——兼论投资基金法的修订与完善》,上海三联书店 2014 年版,第 1 页。郑泰安等:《证券投资基金法律制度:立法前沿与理论争议》,社会科学文献出版社 2019 年版,第 2、3 页。
④ 郭锋、陈夏等:《证券投资基金法导论》,法律出版社 2008 年版,第 6 页。
⑤ 吴晓灵主编:《投资基金法的理论与实践——兼论投资基金法的修订与完善》,上海三联书店 2014 年版,第 11 页。

过独立账户估值记账的一笔独立财产;公司型投资基金是以某项投资为目的的,通过独立公司法人账户记账的独立财产;契约型投资基金则是以某项投资为目的的,通过专门开立的、由基金管理人根据契约管理、独立托管人根据契约托管的独立账户估值记账的独立财产……在具体的商事实践中,无论某个事物被叫作什么名字,诸如资产管理计划、信托计划、理财计划、集合投资计划(Collective Investment Scheme)①、单位信托(Unit Trust)、共同基金(Mutual Fund)等,如果其具备基金的上述三个要素,笔者认为其在抽象本质、概念内涵上就是一致的,按照同一律,逻辑上也应归类为同一个事物,对此应适用同样的法理,同等对待。本书对此都统称为"基金"。② 从这个角度来看,本书所谓"基金治理",在本质上是可以向非《证券投资基金法》所谓的基金管理人,如券商资产管理计划中的证券公司、期货资产管理计划中的期货公司、信托计划中的信托公司/受托人、银行理财计划中的商业银行等,以及其所管理的各种资产管理计划、信托计划、理财计划延伸,也无论有关投资主体具体采用了何种法律上的组织形式(如契约型/信托型基金、公司型基金、合伙型基金),只要这些"计划""公司""合伙"符合上述"基金"的定义。因此,从直接融资这个维度,这些"基金""计划"就汇集了资金最终供给方的大量财产(原始形态是货币现金),然后通过"基金"管理人这一金融中介作为买方参与了金融市场交易。对这一较大范围的"基金"的治理展开论述,更符合直接融资活动的本质,可以满足直接融资的良治要求。这是本书的第一个语境。

第二个语境是,本书所谓"基金治理"主要关注证券投资基金的治理。证券投资和股权投资在众多方面有所不同,包括但不限于:①投资标的的流动性不同,股权投资流动性较差,更难退出,所以前期需要更加详尽的财务、法务、业务等尽职调查以控制投资风险;②交易方式不同,证券是标准化的,随着金融科技发展,线上交易非常迅捷,而股权投资则需要逐个考察项目,逐条审核合同条款,签订纸面合同并在线下完成交割,流程更为烦琐;③投资运作是否形成资金闭环不同,证券投资的基金财产可以形成"现金—证券—现金"闭环,但股权投资的基金财产将由被投企业用作实体经济经营,投入各种生产过程中去,继而变成更多复杂的资产样态(如固定资产、无形资产等),几乎难以形成闭环,对此的治理和内控就会更加

---

① IOSCO发布的诸多最终报告(Final Report)都用"集合投资计划(Collective Investment Scheme, "CIS")这个概念,但如本书此处所述,对此全部译为"基金"。

② 与此相类似,对于证券投资"基金"而言,如果其法律关系的本质是信托关系,属于信托型/契约型基金,那么其法律属性也都可以认为是证券投资信托,属于商业信托的一种,而不必考虑它叫资产管理计划、信托计划、理财计划、集合投资计划、单位信托和证券投资基金等。总而言之,最要紧的一点是,"对于法律关系性质的认定,取决于其内容而非名目"。参见李宇:《商业信托法》,法律出版社2021年版,第44—53页。

复杂,或者会面对更多与证券投资所不同的问题,也需要更多不同的治理思路和制度保障等。笔者近期的工作实践主要聚焦于境内外的证券投资基金,所以本书将侧重关注该类基金的治理,较少涉及股权投资基金的专项治理问题。但不可否认的是,股权投资基金仍是基金的一种,其仍需要基金治理,也存在与证券投资基金治理相似的一些共通性问题,如基金管理人的信义义务、基金财产的托管、基金的信息披露和基金估值等。因此,本书对证券投资基金的讨论可以供股权投资基金相关主体参考。

第三,本书所谓"基金治理",在写作时是以"私募"证券投资基金为原型,这也是由笔者的实践经验所决定。但私募与公募的差别其实主要在募集的公开性和投资者的适格性条件上,进而会涉及后续监管的一些尺度——私募对投资者的适格性要求高,后续其他监管方面的要求就比公募更宽松一些;公募面向更广大的公众,因此,对基金募集成立后开展运作的各项规定就要比私募更严,这是一个公平的 trade-off。但对于基金募集来说,它原则上不在本书所框定的"基金治理"涵摄范围内。因为当我们讨论基金治理问题时,其逻辑前提必须是基金已成立,否则,治理的客体尚不存在,也就无所谓治理。这样来看,即便笔者从私募基金出发,但因为讨论的问题与募集行为关联度不大,也就无所谓"私募""公募"。同时,笔者最后严格审视了本书的每一部分内容,参考了 IOSCO 有关最终报告的论述——其并未严格区分公募、私募,仅有部分报告明确指出不适用于私募股权投资(Private Equity)——认为本书内容总体上可以对私募证券投资基金和公募证券投资基金同等适用。因此,本书的书名不特别强调"私募基金"。

(四)本书的意义

基于上述语境,本书的研究具有如下三个层次的意义:

第一,在宏观的金融格局上,如前文所述,资产管理人的本质是直接融资模式下的买方中介。如果要提升直接融资比重,构建一个良好的直接融资金融体系,就必须有一个健全的买方机制——当然也需要健全的卖方机制,但这不属于本书的范围。如果把"基金"作上文所述的广义理解,基金治理这一命题也就可以视为对资产管理业务的治理,相应的良治能给资金的最终供给方(即经济学上的居民部门)提供制度信心,这是资产管理、直接融资整个体系的基石。

从更广泛一点来看,按照有关金融学者的观点,中国金融体系的主要矛盾是所有金融问题都带有全局性与渐进性改革的局部性之间的矛盾。金融学研究的对象是整个定价体系,金融学的分析方法是套利分析,因而所有金融问题都具有全局性的本质。① 由此可推论,如果作为局部的直接融资中的买方机制有问题,存在不合理的套利机会,如存在监管套利、刚性兑付等现象,存在即便基金治理混乱也能通过一些机会主义或投机而不当得利并进而造成市场的逆向选择或道德风险等问题,那么就一定会通过套利机制影响到整个金融定价体系这一全局——比如,证券投资基金的基金经理都在风格漂移,追涨杀跌,那么整个权益市场的定价和估值就很难合理,资本市场的有效性就会大打折扣——金融定价体系就不可能健全,也将最终影响到中国的金融宏观稳定。从这个意义上说,本书对基金治理进行梳理,为此提供一个体系化的洞见,既在局部有加固直接融资机制的意义,也间接对金融稳定全局具有稳定意义。

第二,在微观的商业实践上,本书希望通过梳理,给基金管理人,尤其是私募基金管理人的日常治理实践提供一个对标。

2012年我国《证券投资基金法》修订后,私募基金取得了正式的法律地位,至今已近10年。如果算上之前以"阳光私募"形式实质存在的私募基金,则中国的私募基金已有十余年的历史,从中已涌现出一批较优秀的私募基金管理人。从基金行业最重要的投资业绩角度来看,其长周期上的表现不输公募基金;从管理的权益类资产数量上看,头部私募管理人近年的管理规模也不输公募基金。这些优秀的私募管理人构成了中国资本市场的一抹亮色。其中,个别"关键人士"(Key Person)领衔的管理人已开始走向世界,引起国际机构投资者的瞩目,其在境外管理的对冲基金可以从外国养老金、主权财富基金、知名高校基金会取得募资。这些成绩构成了中国私募基金的发展底蕴。

但遗憾的是,由于国内直接融资的相关机制尚未理顺,直接融资和间接融资之间如何区分、如何监管,②受到思想认识、监管权力、经济利益等各个方面在路径依赖和现实功利等层次上的约束,导致国内的私募证券投资基金管理人至今不能向我国自己的社保基金、企业年金、主权财富基金、保险资管机构募资,与境外形成了鲜明的、不甚合理的对比。试想,境外的养老金可以投资于业绩出色的外国人管理的对冲基金——从境外人士的视角,中国人就是他们的外国人——那么,中国人自己管理的私募基金,为何不能承接中国社保基金、企业年金的投

---

① 参见何佳:《论中国金融体系的主要矛盾与稳定发展》,中国金融出版社2020年版,第21、78、134、170页。

② 在资产管理的行业实践中,一度出现了"直接融资间接化""投资业务融资化"等异化现象,也可表明资管体系或直接融资相关机制没有理顺。参见吴晓灵、邓寰乐等:《资管大时代:中国资管市场未来改革与发展趋势》,中信出版集团2020年版,第10—25页。

资呢?

原中国社保基金理事会副理事长、我国社保基金投资领域的权威专家王忠民先生曾表示:"社保资金的规模太大了,有一个最低的规模效应的选择。在中国私募证券投资基金管理人中,单一账户超过百亿规模的管理能力和投资能力还在成长过程中。再过 10 年,中国私募证券投资基金市场一定会大发展,社保基金也会进入其中。如果现在市场上只有 5 家较大管理规模的私募证券基金,这个业态还不够社保选;如果这当中已经有 100 家、1000 家,甚至 1 万家相互竞争的时候,我就能从中选好的。如果私募管理人确立了品牌,确立了价值,这些都有,社保为什么不选它?"① 笔者认为,王忠民先生的说法其实是一个从竞争业态、外部治理的视角来回答上述反问的,主旨在于通过市场自身的演进和发展,培育出一个范围更广的优秀私募管理人的备选库,进而择优录用,保证社保基金投资的安全。但这里其实有一个未曾明言的前设,即如何来评判"优秀"? 由此,也可以引申出基金治理问题。其实,从基金治理的内涵出发,只有好的治理,才能在长周期维度上确保一个稳定、优异的业绩,同时,保证投资者分享到优异的基金业绩(不会被中饱私囊或利益输送),保障投资者利益。基金优秀的一个基本条件应当是其治理优秀。因此,本书所论述的基金治理逻辑及细节,可供我国的私募基金管理人参考,从而不断地完善治理实践,以良好的治理去赢得更多高质量机构投资者的信任和青睐;而更高质量的长线资金及其背后机构投资者提出的诉求压力,本身也能推动基金治理进一步提升,形成良性循环。良好的基金治理是吸引高质量投资者的基础,高质量投资者又成为基金及其管理人基业长青的基础,而市场各主体的基业长青则是市场良性繁荣的基础。

第三,在更中立的学术维度上,本书在已有研究的基础上,结合 IOSCO 公开发布的"最终报告"(Final Report),对基金治理问题进行了全面的梳理和总结,力求建构一个较为完备的体系。该体系不仅可作为良好治理的目标范式,驱动私募基金管理人去努力实现,同时也可作为已有立法和监管实践的比较对象。如果我国的立法、监管实践与国际上的普遍、标准做法总体趋于一致,且我国若干优秀的私募基金管理人在实践中已能合规地符合这些标准,那么就有必要也能够在所有制中性的维度上,给予私募基金及其管理人重新审视,也许应当抛弃一些既有的"刻板印象",如"私募"只是非公开募集的约定俗成的简称但该类基金并不姓"私","私募"未见得有"私"的原罪等。有关机构投资者应当参考国际上的普遍

---

① 《王忠民谈私募承接社保资金:未来十年一定会实现》,载新浪财经,https://finance.sina.com.cn/money/smjj/smgd/2018—05—27/doc—ihcaqueu9956502.shtml,2021 年 5 月 18 日访问。

实践,以良好基金治理维度而不是所有制维度为准绳,做出是否将长线资金向私募基金配置的投资决定。希望本书的研究可以建立这样的评估标准或准绳,这也有助于推动私募基金行业的深入发展。

(五)研究方法

本书在研究方法上有一个特点,即本书很多内容所引介、比较的对象是IOSCO历年发布的、与基金治理问题相关的几乎所有最终报告,这是本书书名"全球观照"的原因。

IOSCO是不同国家和地区的证券暨期货监管机关所组成的国际合作组织,其宗旨,是通过信息交流,促进全球证券市场的健康发展;各会员协同制定共同的准则,建立国际证券业的有效监管机制,以保证证券市场的公正有效;共同遏止跨界不法交易,促进交易安全。目前,IOSCO是世界上最主要的证券监管多边国际组织。[1] 相对于受条约约束的正式国际组织而言,IOSCO在工作机制上更加松散灵活,主要是制定标准、规则,发布决议、报告等。这些标准、报告一般被认为属于"软法",其基于各成员方的共识而通过,但没有国际法地位。也就是说,这些文件不创设国际法律义务,也不需要像条约一样得到各国批准而生效,不能强制其成员在各自管辖区内执行。但有的成员方往往会将这些规定转化为各自的国内法或演变为国际惯例,如美国证券交易委员会就将IOSCO建立的最佳惯例转化为了国内法。[2]

为了保证其成员执行IOSCO发布的规则,IOSCO也采取了很多措施。这些措施不是传统"硬法"层面的"强制性措施",但似乎也能达到同等的效果。例如,IOSCO在2012年决定在官网上建立公共观察名单,列出不执行IOSCO规则的成员名单。这实际上是对不执行IOSCO规则成员的"点名羞辱",并且会对被"点名羞辱"的成员进行投票权限制,以逼迫其严格执行IOSCO规则。出于自身长远利益的考量,全球证券监管领域的大部分监管机构都会自觉遵守IOSCO发布的规则,这大大提高了IOSCO实际效用的发挥。再如,2008年金融危机爆发后,IOSCO"点名表扬"了澳大利亚、巴西、欧盟、日本、墨西哥、瑞士和美国,认为尽管它们的证券监管项目和执行程度各有不同,但都严格遵守了IOSCO的规则。IOSCO的这

---

[1] 参见宋德社:《证券监管法律制度的国际合作》,中国社会科学院研究生院2001年博士学位论文。
[2] 参见郑利红:《国际证监会组织研究》,西南政法大学2011年硕士学位论文。

一表扬给这些法域带来了良好又深远的声誉影响,给已执行规则的成员带来了不可小觑的经济利益。① 也有学者认为,在2008年以后,随着以20国集团首脑峰会为核心的全球金融治理发生重构,首脑峰会承认的国际金融监管标准已经具有了作为法所需要的国家意志性、正当性和强制性,这部分国际金融监管标准也成了全球金融法。②

笔者在研究完IOSCO发布的各专题最终报告(及所含的规则)后认为,IOSCO在最终报告发布前,一般会先发布一份咨询报告(Consultation Report),由相关专业委员会的专家执笔。咨询报告会公开发布,向各成员方监管机构及其他专业机构公开征求意见,收到的反馈意见会以附件形式列示在最终报告的文后或者一并公布,最终报告则是据此改定的终稿。③ 因此,作为世界上最主要的证券监管多边国际组织,IOSCO就各专题发出的最终报告,可以视为容纳或融合了各成员方的意见或国际的主流实践,凝集了国际上的共识,树立的是一个国际标准、范式或框架,在立法论层面反映出全世界对某个专项问题的一般性意见。本书以此作为对照的"标靶",具有"全球观照"的基本周延性。

当然,对于一些学理问题,如果未发现IOSCO对此有发布报告的,笔者也尽其所能地参阅了在先研究的各论文、专著,对此进行了概括整理或文献综述,力求有关结论有更为扎实的基础。

要说明的是,本书的主要内容虽然是"全球观照",是对照国际一般实践或最佳实践来建构基金治理的框架;但这并不意味着,本书在方法论上简单化地支持"拿来主义"。对此的辩证法是:第一,既要"观照"全球,以资"借鉴",又要脚踏实地,认识中国实践的国情。本书内容虽然侧重前者,但从方法论角度并不疏离后者。本书在后文评论中,对有些观点或做法保持了质疑,如是否真的有必要引入公司型基金、如何看待"股东积极主义"等。第二,为了更好地认识国情,发展自身,也有必要"观照"全球,有所借鉴。人类是一个命运共同体,中国的发展离不开世界,中国的大门永远向世界打开,因此,中国的基金治理标准也不可能与世界完全疏离,标新立异。本书把"全球观照"和"中国实践"作为两个集合来互相映射

---

① 参见杜芳芳:《国际证监会组织的法律问题研究》,辽宁大学2017年法律硕士(JM)学位论文。
② 参见周仲飞:《全球金融法的诞生》,载《法学研究》2013年第5期,第175页。这里提到的国际金融监管标准,其制定机构包括IOSCO,另外还有巴塞尔委员会、国际保险监管机构协会等。
③ 比如关于基金终止的报告,*Good Practices for the Termination of Investment Funds*;*Final Report*,IOSCO于2016年8月发出咨询报告,在收到各类反馈意见后,于2017年11月公布最终报告,同时相关反馈意见也在IOSCO网站上公开。又如2013年关于基金估值的报告,*Principles for the Valuation of Collective Investment Schemes*,IOSCO于2012年2月发出咨询报告,在收到各类反馈意见后,于2013年5月公布最终报告,同时相关反馈意见附在了最终报告的后面。

和考察,体现的正是这样一个辩证的关系,任何把二者割裂和隔离起来的做法都是不恰当的。

(六)本书的结构

本书的篇章结构及整体思路如下:

第一篇是总论。第一节交代本书的立意和时代背景,廓清本书讨论"基金治理"的语境,说明本书写作的具体意义指向和方法特点,阐明篇章结构和布局思路。第二节界定基金治理的内涵和外延。基金治理的内涵涉及两个方面,一是基金组织形式,二是基金运作框架。第三节引介 IOSCO 提出的模范道德准则(Model Code of Ethics),该准则提纲挈领,可以作为在治理具体规则之上的基本原则。

第二篇"组织形式、治理架构与信义义务"论述基金内部治理的总体逻辑。根据基金治理定义,第一节从基金的组织形式(公司型基金或契约型基金)入手,讨论不同组织形式以及相关治理架构。但本书不认为公司型基金或契约型基金各自有凌驾于对方的优势,核心在于监督主体的独立性。第二节聚焦上述治理架构中的托管功能和托管人角色。第三节讨论基金份额持有人及其核心权利。本书对"股东积极主义"持犹豫态度,认为对基金份额持有人应重点保护好其"核心"权利即可。第四节转向基金运作框架中的信义义务,这是基金管理人的首要义务,也是基金运作框架的核心。如果没有信义义务,基金治理将成为无本之木。第四节可视为信义义务的总论,第五和第六节则分别考察其两个分支:忠实义务和谨慎义务。最后,第七节从谨慎义务引申至相关业务的外包。这些基金外包服务商(service provider)往往在基金治理架构中发挥着重要作用,但他们所提供服务的本质其实是基金管理人职能的一部分。本书经研究后认为,可以通过信义义务中的谨慎义务将基金服务商与基金管理人链接起来。因此,这部分讨论置于第二篇的最后。

第三篇论述基金运作中的具体治理问题。结合 IOSCO 的诸多最终报告,本篇关注基金成立后,在其运作过程中的各个环节,包括交易、估值、收费、信息披露、赎回、终止等,基本覆盖基金的全部生命周期,在诸多细节上展示出基金治理的要求。

基于中国的基金法实践,也基于对基金治理架构的考察,本书认为基金管理人、基金托管人和基金份额持有人是其中最主要的三个主体。由于基金管理人在基金治理架构和基金运作中的重要性,本书将基金管理人的治理,包括内部治理和外部治理,单独成篇,即第四篇。其中第一节对内部治理加以概述,谈及内部治理和基金管理人组织形式的关系、内部治理的主要范畴和主要抓手,即合规管理、风险管理、内部控制。第二节对上述三个抓手进一步展开,论述合规管理的框架、风险管理的框架以及内部控制的范畴。第三节引介 IOSCO 推荐的流动性风险管理和系统性风险管理方法。第四节则聚焦基金管理人的信息技术建设与信息安全问题。第五节介绍境外监管较关注的持续经营计划问题。第六节则聚焦外部治理的三个侧面,即基金管理人之间的市场竞争、对基金和基金管理人的评价机制以及基金管理人的声誉机制。

第五篇对全书做一个简单的总结。

二、基金治理的概念及体系

(一)什么是基金治理

1. 基金治理定义

关于基金治理的在先研究汗牛充栋。就治理的概念而言,有学者引述全球治理委员会在1995年发表的题为《我们的全球伙伴关系》的研究报告,其要点为:治理是各种公共的或私人的个人和机构管理其共同事务的诸多方式的总和,它使相互冲突的或不同的利益得以调和,并且采取联合行动的持续的过程。[①] 如将上述概念延伸到公司治理以及基金治理领域,其指向的核心都是基于所有权与经营权分离后的委托代理问题,以共同的公司目的或基金目的为目标,通过制度和/或机制去协调公司或基金各方主体(委托人和代理人)之间的利益,最终解决所有权与经营权分离后在委托代理之间存在的信息不对称,以正向激励和负向约束机制来管控经营权人(代理人),进而真正保护所有权人(如公司股东、基金投资者等委托人或受益人)的利益。

IOSCO 于 2006 年和 2007 年分两部分发布了关于基金治理的报告(*Examination Of Governance For Collective Investment Schemes*,以下简称《IOSCO 治理报告》),中国证券投资基金业协会(以下简称基金业协会)于 2017 年发布了其中译本。该报告首先区分了公司治理和基金治理,相关表述值得引用:

"公司治理涉及公司管理层、董事会、股东及其他利益相关者的一系列关系。公司治理也提供了一个架构,通过该架构决定公司目标、决定完成这些目标及监督表现的方式。良好的公司治理应为董事会及管理层提供实现符合公司及股东利益的目标的适当激励因素,并且应有助于高效监督,因此,鼓励公司更高效地利用资源。良好的公司治理仅是公司运作的较大经济背景中的一部分,其他还包括了宏观经济政策、产品及要素市场的竞争程度。公司治理框架也依赖于法律、监管和制度环境。"

---

① 参见张国清:《投资基金治理结构之法律分析》,北京大学出版社2004年版,第1页。

"技术委员会相信公司治理的概念能为发展基金治理的定义提供有用指引。基金治理的定义必须承认基金与其投资的运营公司在性质及目的上的不同……基金治理可被定义为'确保基金有效地且仅为基金投资者(不为基金内部人员)之利益进行组织及运作的基金组织及运作框架'。"[1]

因此,本书认为:基金治理和公司治理在终极目标上是相通的,具体的外化形式也是设计或具备一套制度上的架构或框架。对于公司型基金而言,该基金的组织架构采用了公司这一形式,基金的投资者和该公司(基金)的股东同一,公司治理和基金治理总体上应该是同一的。当然,基金和公司这两个概念本身有不同之处,[2]所以"基金治理的框架必须反映基金独特的性质及目的"[3]。这就要求基金治理在机制设计的细节上或者说其制度框架的外延上,体现出基金的特色并维护基金投资者特定权益的要求。而对于合伙型基金和契约型基金而言,其基金治理应反映基金本身的性质和特点,与公司治理相比,其治理应有不同。

2. 与基金治理相关的几对关系

第一,应注意区分基金治理和基金组织形式之间的关系。基金治理并不等于基金的组织形式。根据上文基金治理的定义,基金的组织形式仅仅是基金治理的一个组成部分。一些在先研究在讨论治理问题时,往往侧重基金的组织形式,主要讨论基金是采取契约型好还是公司型好,并从经济学、法学等角度对其各自的优劣利弊进行比较。但基金治理在基金的组织形式外,还涉及基金的运作框架。从某种程度上说,基金的组织形式只是一种静态的治理架构,而基金的运作框

---

[1] IOSCO:《基金的治理》,载中国证券投资基金业协会《声音》,https://www.amac.org.cn/researchstatistics/publication/cbwxhsy/201707/t20170727_4622.html,2021年7月10日访问。

[2] 公司是营利性社团法人,具有独立的人格,有人合性和自己的员工(劳动法意义上的雇员),因此其意思是自治的。参见朱庆育:《民法总论》,北京大学出版社2016年版,第428—430页。本书认为,从经济学角度来看,在公司的独立人格之下,其具有的独立财产形态是多样性的,如可以有货币资产、债权类资产(应收账款),也可以有实物资产、不动产等。公司作为一个民法上的"人",由其员工直接运用公司财产开展经营活动,实现营利。相比较而言,基金的最初形态一般就是一个独立账户内的一笔货币资金,较少有其他形态。契约型基金与合伙型基金不具有独立的法人人格,更体现资合性。即便是公司型基金,本书也认为它更接近财团法人(这点从民法基础理论角度还可以进一步深入研究),其法人人格主要体现资合性;这和人合性不同,其人格更为虚置。基金没有自己的员工。哪怕是公司型基金,该基金(公司)有自己的股东和董事,但他们都在治理层面,不是劳动法意义上的雇员。基金在管理层面主要由独立的基金管理人作出意思表示,因此,基金是意思他治的,不能说是意思自治的。基金财产的运用主要服从基金管理人根据基金设立目的而作出的决策;对投资基金而言,其往往是对基金财产进行合理配置,再由第三方(如上市公司)运用这类财产(资金)开展经营,基金则获取由此带来的投资收益。与实体经济中的公司相比,基金运用自身财产的营利是间接的,需要倚赖其所投资的公司。

[3] IOSCO:《基金的治理》,载中国证券投资基金业协会《声音》,https://www.amac.org.cn/researchstatistics/publication/cbwxhsy/201707/t20170727_4622.html,2021年7月10日访问。

架,才是基金在动态运营中如何加以规范的机制性边界,后者应该更加重要。否则,组织形式也仅仅徒有其表。本书认为,从基金治理的角度来审视基金的运作框架的研究尚显薄弱,本书在这方面是一个新的尝试。

第二,应注意区分基金治理和基金管理人治理之间的关系。① 无论基金采取何种组织形式,往往都会有另一个主体(总体上采取公司形式,也有可能采取有限合伙企业形式)来管理这个基金,即成为该基金的管理人。基金管理人为基金做出具体的投资决策,为基金财产(及其背后的投资者)保值增值,并通过该项投资管理服务,依照基金合同的约定获取服务报酬。因此,基金管理人和基金是两个各自独立的主体,它们之间必须财产隔离,这是基金成立和基金法的首要原则。但一些在先研究在谈到基金治理时,具体讨论的其实是基金管理人(尤其是我国公募基金管理公司)的治理,②这就把两个主体混淆了。基金治理所保护的是基金投资者的权益,基金管理人治理所保护的是基金管理人公司股东的权益,这两类人基本上是两个不同的群体,其收益来源也是不同的。因此,把基金治理和基金管理人治理直接画等号并不妥当。但这两者之间也不是没有任何联系:如果存在一个自身治理很差的管理人,其就无法有效地约束自己的内部人(如作为自然人的管理层或基金经理),这些人就可以凭借管理基金的机会中饱私囊,通过利益冲突、利益输送等方式损害基金(投资者)的利益,也可能因此损害基金管理人的利益。这也会冲毁基金治理的基础。本书认为,基金治理是基金管理人治理的上位概念,基金管理人的治理应当是基金治理整体框架中的一个组成部分。

第三,应注意区分基金治理和基金管理之间的关系。管理主要针对的是经营活动;治理侧重的是各方利益的协调并指向最终投资者的权益保护。为了实现上述治理目的,治理层就要对管理层的经营管理负有监督责任,③治理总体上可视为管理的上位概念。但由于存在上述监督,这两者之间其实也存在过渡和联系,如基金的风控、合规、内控、内审等事项。这些事项贯穿于基金的整个经营过程,可以认为是基金管理者的职责。但这些事项同时也体现出了对基金具体运作的监督,在实务中,其汇报线也可直接对着治理层,如公司型基金的董事会、基金管理

---

① 参见赵振华:《证券投资基金法律制度研究》,中国法制出版社 2005 年版,第 174、175 页。
② 比如陶耿:《论契约型证券投资基金治理结构之优化》,华东师范大学 2011 年博士学位论文,其讨论的是契约型基金的治理结构,但其设计的一些计量经济学模型解释变量则是基金管理人的相关参数。本书认为,这些参数用来解释基金管理人的治理,探索是否能更好地保护基金管理人公司股东的利益,更为贴切。但基金管理人公司股东和基金份额持有人并不是同一个群体,这中间在治理机制上的传导关系和治理效果,用这样的计量模型予以解释,可能失之偏颇;其计量统计结果对被解释变量和解释变量之间相关性的揭示和由此得出的结论未必准确,逻辑上可能存在"硬伤"。
③ 参见中国注册会计师协会编:《审计》,经济科学出版社 2012 年版,第 391 页。

人的董事会或者董事会下设的风控专业委员会、审计专业委员会等。一并讨论这些在治理和管理之间的事项,可以增强基金治理议题讨论的完整性,总体上是有益的。

(二)基金治理的体系

本部分讨论的其实是基金治理的外延。结合已有的研究[①]并参考了 IOSCO 历

[①] 杨晓军关于证券投资基金治理的制度安排,讨论了基金的组织形态、基金信息披露制度、基金独立董事制度、基金信赖义务以及基金的内部控制。参见杨晓军:《证券投资基金治理的制度安排》,中国财政经济出版社 2003 年版。

李建国谈及基金治理结构时,先分成内部治理、外部治理和第三方治理。其中,内部治理包括基金股东大会、基金董事会、独立董事、基金激励、声誉机制等;外部治理包括基金产业链及产业竞争;第三方治理包括政府管制与中间组织。参见李建国:《基金治理结构:一个分析框架及其对中国问题的解释》,中国社会科学出版社 2003 年版。

张国清关于投资基金治理结构的讨论主要侧重基金管理人的信赖义务(包括注意义务、忠实义务)、基金托管人制度和基金持有人权利、基金持有人大会制度。参见张国清:《投资基金治理结构之法律分析》,北京大学出版社 2004 年版。

贝政新等学者对英国、日本、德国的契约型基金和美国公司型基金进行了考察,涉及激励机制(管理费)、约束机制、信息披露、政府管制、市场竞争、中介机构等方面。其中,激励机制、约束机制属于内部治理,市场竞争、基金评级、基金监管属于外部治理。参见贝政新等:《基金治理研究》,复旦大学出版社 2006 年版。

潘从文讨论了私募股权基金的治理,也可作为殷鉴。其内容涉及私募股权基金的契约治理,包括对普通合伙人的激励机制和约束机制、契约设计、绩效评价等;私募股权基金的社群治理,包括信息披露等。参见潘从文:《私募股权基金治理理论与实务》,企业管理出版社 2011 年版。

陈翔对于合伙制私募股权基金的治理,提出了一些困境,并基于此分别讨论了普通合伙人、有限合伙人的权责配置及行为失范表现,并从合伙协议的基石地位、完善合格投资者制度、健全信息披露制度和激励约束机制、发挥第三方机构作用、加强合伙人权利的救济等角度提出了治理完善的方案。参见陈翔:《私募合伙人:有限合伙私募股权基金治理》,法律出版社 2018 年版。

醋卫华认为,公司治理的内部治理机制包括管理层的薪酬激励、董事会治理、大股东治理以及债务约束的治理效应;外部治理机制则包括公司控制权市场、产品和要素市场竞争。参见醋卫华:《声誉机制的公司治理作用研究——来自中国上市公司的经验证据》,西安交通大学出版社 2018 年版,第 10—20 页。

郑泰安等认为,所谓内部治理机制,主要指基金持有人会议、基金管理人和基金托管人的权利义务配置及其制衡与控制机制。而外部治理机制,主要指法律制度、方针政策、市场竞争和社会环境等;证券投资基金治理的构成要素,应该包括基金的组织形式、治理结构、治理机制和治理环境等构成要素及其内在统一体。参见郑泰安等:《证券投资基金法律制度:立法前沿与理论争议》,社会科学文献出版社 2019 年版,第 78 页。

另外,还有不少博士论文涉及这个主题,择其要者:李干斌在其申请 2006 年复旦大学博士学位的论文《中国证券投资基金治理研究——委托代理理论视角下的再认识》中讨论了美国、德国、日本等国家的基金治理结构,总体分为公司型和契约型;其认为一个完整的基金治理结构包括三个方面:内部治理,控制取向型,包括基金股东大会、基金董事会和基金管理人之间的关系;外部治理,市场导向型,(转下页)

年发布的最终报告题目,①本书综合后认为,就基金治理这个命题可以建构如下体系。

1. 基金的内部治理

基金的内部治理,是指根据基金的组织形式,明确其相应治理架构中各方主体的权利义务,协调相应的利益关系,从而使这些主体为基金投资者的最佳利益而服务的治理机制。这些主体包括但不限于基金管理人、基金托管人、基金服务机构等,这些主体与单个基金的正常运作紧密相关。内部治理涉及如下7个方面:

(1)基金的法律组织形式。

该等形式的选择也内生决定了基金各方主体之间的基本法律关系。

契约型基金,其在法律上是信托结构,基金份额持有人(投资人)是委托人(往往同时也是受益人),基金管理人是受托人,基金托管人(保管人)的法律地位本书另文详细讨论。基金财产是独立的信托财产,基金本身不具备法人主体资格,各方通过基金合同约定及相关法律规定明确各自的权利义务。

合伙型基金,其在法律上往往采取有限合伙企业形式,投资人是有限合伙人(LP),基金管理人为普通合伙人(GP)或普通合伙人通过协议方式聘请的专业第三方。在中国,合伙型基金可以在工商机关取得营业执照,是一类商事主体,但根据民法一般理论,合伙尚不构成法人。

公司型基金,其在法律上往往采取有限责任公司形式,投资人是公司股东并组成基金(公司)的股东会,基金(公司)本身有董事会,基金董事会再聘请专业的

(接上页)以市场机制来约束基金管理人的道德风险行为;第三方治理,保持距离型,包括法律、监管、托管人等因素,也可纳入外部治理范畴。其还讨论了委托代理问题的控制,包括基金持有人大会制度的改进、基金管理人的激励机制、基金托管人的选择机制、竞争性基金市场、强制性信息披露、基金管理人行业自律;也探讨了基金内部人控制问题。

徐静在其申请2007年四川大学博士学位的论文《中国证券投资基金的治理研究》中讨论了独立董事、基金费用提取、基金和基金管理人股权结构、基金管理人董事会、基金的激励机制、基金操作风险管控以及托管行和基金治理之间的关系问题。

马振江在其申请2010年吉林大学博士学位的论文《中国证券投资基金治理模式研究——基于公募证券投资基金的分析》中提出,基金治理的理论基础是委托代理理论和不完全契约理论;基金治理的组织形式包括契约型基金和公司型基金,其各自有相应的治理结构;基金治理的机制包括激励机制和约束机制;基金治理的环境包括基金产业市场、基金市场评级和基金法制监管。

张宝瑞在其申请2013年辽宁大学博士学位的论文《中国证券投资基金治理制度体系研究》中提出,证券投资基金治理的基本理论有:新制度经济学的制度构成和制度变迁理论、委托代理理论、不完全契约理论等;证券投资基金的治理模式有公司型治理模式和契约型治理模式;证券投资基金的制衡激励制度包括基金持有人大会制度、托管人制度、独立董事制度和报酬激励机制;证券投资基金的监督约束制度包括市场准入、信息披露、基金监管和基金评价。另外,该论文还讨论了证券投资基金的救济赔偿制度。

① 参见IOSCO官方网站http://www.iosco.org,可在Public Reports部分查询Final Report;包括比较提纲挈领的两份报告:①*Report on Investment Management*;②*Principles for the Supervision of Operators of Collective Investment Schemes*。

第三方担任基金管理人。

以上三种组织形式对于基金治理的效果,尤其是证券投资基金所常见的契约型基金和公司型基金形式的利弊,本书后文会详细探讨。

(2)基金管理人的内部治理。

如前文所述,基金管理人的治理不同于基金治理,但又对基金治理有重要意义。基金管理人的治理问题,在本质上可归为公司治理范畴,是有基金管理人自身特点的公司治理。在基金管理人内部治理中,合规管理、风险管理、内部控制、信息安全等是治理的抓手和重点。

(3)基金的托管/保管。

基金的托管人/保管人对于基金财产的安全性有重要意义。"托管"一词的内涵和外延在中国资本市场语境下也可以有更全面的梳理。基金托管人和基金管理人之间的相互关系,基金托管人从外部对基金运作的独立监督,这些都是基金治理的重要内容。

(4)基金份额持有人的权利和行使权利的方式。

基金份额持有人的权益是基金治理的终极目标,其所享有权利的内容和行使权利的方式是基金治理的当然组成部分。基金份额持有人大会制度可以在本范畴内予以讨论。须注意的是基金份额持有人权利和基金管理人权利之间的界分问题:如果基金份额持有人(尤其是单一委托人)越过独立基金财产的边界,干涉基金管理人的自由裁量权,甚至越俎代庖,在实际层面架空基金管理人,其产生的基金运营后果应由谁承担?这也是基金治理所需要考虑的利益协调问题。

(5)信义义务(Fiduciary Duty),也称受信义务。①

根据不完全契约理论,证券投资基金的管理人具有投资自由裁量权(investment discretion),因此,根据权利与义务对等的法理,与这种自由裁量权所对应的,就应当是基于投资者高度信任而产生的、兜底的信义义务,包括注意义务和忠实义务,前者指向受信人的勤勉,后者指向对受信人的约束。本书认为,信义义务是基金管理人、基金托管人等基金相关主体的核心义务,其对该等义务的善意履行是内部治理的本质要求。

(6)基金管理人对基金相关行政服务的外包。

该事项包括哪些属于基金管理人的职责可以外包、哪些事务属于外包、基金

---

① Fiduciary Duty 的中文译法有多种,包括但不限于受信义务、诚信义务、信赖义务、信义义务等。笔者首次学习和接触这个概念的译法为受信义务,参见施天涛:《公司法论》,法律出版社 2006 年版,第 449 页。但考虑到目前业界一般称"信义义务",本书主要沿用此译法,但也有可能用"受信义务"或用"受信人"等相关概念。

管理人对于外包这一事项本身的职责等。

(7) 基金运作过程中涉及的具体治理事项。

该事项包括但不限于基金的交易及其费用、基金估值、基金管理人的收费(报酬和激励)、基金信息披露及基金的赎回和终止等。

2. 基金的外部治理

基金的外部治理,是指通过基金及其相关主体以外的其他机制,如市场竞争机制、声誉机制等,形成一种制衡关系,产生"优胜劣汰"的压力,以此逼迫、敦促或引导基金相关主体必须为基金投资者的最佳利益服务,否则,可能承受更为不利后果的一种治理机制。由于这种机制及其力量来自于基金或整个基金架构的外部,故称做"外部治理"。

在实践当中,基金的投资运作主要由基金管理人所控制——即便是公司型基金,也主要由基金董事任命的基金管理人所控制——因此,外部治理的效果主要是投射、施加在基金管理人身上。基金的外部治理和基金管理人的外部治理在相当程度上可以画等号。基金的外部治理涉及如下3个方面:

(1) 市场竞争。

这主要包括基金市场和基金管理人市场,由于基金在基金市场中的表现取决于基金管理人,所以,本质还是会归位到基金管理人的竞争,如基金管理人市场的竞争结构、管理规模、基金财产的资金来源及相关结构等。市场竞争是外部治理的核心。

(2) 基金第三方评价。

因信息不对称等原因,市场在自发演进中会产生独立的第三方专业评价机构,就具体某一类标的给市场其他主体提供更丰富的信息,帮助其决策。这类评价机构及其采用的评价机制只要足够独立和客观,就能在市场中设立一定的标准,引领一定的价值取向,影响更多人的判断;而基金为了达到这些标准,符合相应的价值取向,也会主动调整自己的内部行为和机制,进而产生治理完善的效果。因此,这类评价机构及其评价标准就与基金治理产生了关联,属于外部治理的一部分。

(3) 声誉机制。

与第三方评价相比,声誉是对基金及其管理人更广泛的社会公众评价,也可能是在更长周期上的历时性评价,从而凝结成具有丰富内涵的一种价值。它不仅是经济学意义上的价值,也是社会学意义上的价值。尤其是对于私募基金而言,其客户一般是大型机构投资者或高净值财富人士,他们会对基金及其管理人的声誉更为看重。在中国语境下,公募基金管理人往往有国资背景,国有的产权属性在一定程度上就构成了对其信用和能力的增信。而私募基金管理人则多为民营企业,其声誉的价值就更大。① 没有良好的声誉,往往难以在市场上立足,这就会反过来促进基金治理。

(三)基金治理与基金监管的关系

一些在先研究把法律制度、基金监管(包括行政监管和自律监管)纳入基金治理体系,视为外部治理的组成部分或称为第三方治理。笔者对此并不赞成。笔者认为,基金治理和基金监管的关系应该从以下3个维度进行把握:

第一,从目标上看,基金监管的终极目标与基金治理是一致的,都是保护基金投资者的合法权益,确保实现基金投资者的最佳利益(best interest)。

第二,基金监管和基金治理的法理基础、法律关系是不同的。基金治理,无论是内部治理还是外部治理,都是在私法自治的层面上展开,是基金各方当事主体之间的民商事法律关系,这里一般不涉及公权力。对于基金监管来说,则是行政公权力对基金及其各方主体行为的规制和约束,是一种行政法上的法律关系。即便是自律监管,一般也认为其规制属于"软法",带有行政法的色彩,往往在行政法范畴内被讨论,②主要还是行政法律关系。

第三,基金监管为基金治理提供了主要的外部制度环境和实施保障。一是基金治理的实践展开除了当事人的道德自律——这当然很重要——就是基于法律、法规、监管规定的要求,因此,本书后文的讨论免不了涉及具体的实定法监管规定和IOSCO推荐的各种最佳实践做法等指引性要求。二是基金监管应对基金治理的实施情况进行监督,给予评价;对基金治理不到位并触发违法违规的情形则给予相应的惩罚(无论是自律处分还是行政处罚),从而产生威慑力,确保法律、法规要求的基金治理措施落实到位。三是通过制度的指引性作用,③采取各种更妥当、有效、顺应人之本性的监管办法,如行政和解制度、合规报告减免处罚制度、违规举报奖励制度等,诱导、引导、激励市场主体更好地开展基金治理,实现基金监管的目标。

因此,基金监管应该成为独立于基金治理的另一个命题,是一个与基金治理平行或在其上位的命题,不宜把它视作基金治理的下位范畴。本书不讨论基金监管,但本书关于基金治理的内容,可以供基金监管者在开展基金监管时参考。

---

① 参见秦子甲:《私募基金法律合规风险管理》,法律出版社2017年版,第19页。
② 参见罗豪才、宋功德:《认真对待软法——公域软法的一般理论及其中国实践》,载《中国法学》2006年第2期,第13、17页。
③ 参见张文显主编:《法理学》,高等教育出版社、北京大学出版社1999年版,第201页。

三、基金治理与 IOSCO 模范道德准则

（一）引子

基金治理的核心是既要给予基金管理人充分的信任，赋予其投资上的自由裁量权（discretion），使其有足够的授权和灵活性，能够高效运作基金财产，为基金投资者创造价值，又要规制基金管理人的行为，防范利益冲突，避免其利用上述信任、自由裁量权和灵活性而自肥，损害基金投资者的利益。上述两者之间有巨大的张力——如果自由太多，缺乏约束，基金管理人就可为所欲为，稍稍运作，便可赚得不当利益，如"老鼠仓"行为、不公平交易行为等；但如果约束太多，则会作茧自缚，使管理人不能充分利用转瞬即逝的投资机会，如买股票都需要基金份额持有人开会通过，给予授权，那时股价可能早已一飞冲天，再买就是高位接盘了。

法律是一种一般性的陈述，具有普遍的适用性。[1] 因而，对于千姿百态、不断变化的社会生活，其涵盖性和适应性不可避免地存在一定的限度，[2]尤其是在风云际会的金融投资场合。法律条文和具体规则都难以通过有限的文字来涵摄、穷尽所有繁复的行为可能。有一句玩笑话叫"法网恢恢，处处有洞"，倒不啻是一句实证主义的"真"话。法网是从普遍性的角度兜住底线上的正义，但对每一个具体的、细节的行为而言，是否会从"洞"中脱法，就不能排除这样的可能性。实践中，市场主体和监管者也一直在做这种"猫和老鼠的游戏"。但对于这样的"脱法"行为如何做超越实定法意义上的道德评价，则是另一个问题了。它合理吗，它对各方公平吗，它正当吗，它是可接受的吗，它是正义的吗？

在基金投资场合，从最终所有权的角度来看，基金投资者的利益是至上的，其价值排序先于基金管理人的利益。按"委托—代理"经济学范式，基金投资者是委托人，基金管理人是代理人，基金管理人是为基金投资者的最佳利益"打工"的。但要注意，这里的"代理"人，与传统民法上的代理还有点差别——所以前面强调

---

[1] 参见〔美〕E. 博登海默：《法理学：法律哲学与法律方法》，邓正来译，中国政法大学出版社2004年版，第248页。

[2] 参见张文显主编：《法理学》，高等教育出版社、北京大学出版社1999年版，第207页。

"经济学"范式——传统民法上的委托代理(意定代理),其代理权不能超越委托人的授权,否则,构成无权代理。① 但在基金投资场合,基金委托人的授权是概括的(委托管理基金财产),基金管理人的"代理"其实是一种基于高度信任的受信义务,也称信义义务。信义义务的一个重要源头是英国衡平法(Equity Law),②衡平法的出现本身是为了平衡英国普通法(Common Law)的程式化和刚性,从而更接近自然正义和道德的标准,追求实质的正义和正当性(Legitimacy)。③ 因而,信义义务这个"法律概念工具"可以承担起上文的"补洞"职责。在法律规则、具体条文未能对每一个细节行为作出事前明确、清晰厘定的场合,就有了发挥信义义务功能的空间,要求"代理人"基于"委托人"的高度信任,对"委托人"的最佳利益负责。但信义义务是没有边界的吗?当然也不是。在信义义务的背后,其实体现的是自然法、自然正义和道德评价。本书认为,信义义务和道德(ethics)是相辅相成的,信义义务在相当程度上会体现出一种道德义务④(对此可能还需要更细致的论证,此处不赘)。

IOSCO 显然知道这样一种道德义务在"补洞"上对于金融服务业(含资产管理、基金管理)的重要性。因此,其下的自律监管组织咨询委员会(Self-Regulatory Organizations Consultative Committee,SROCC)在 2006 年 6 月发布了针对金融服务业(financial services industry)企业的模范道德准则(*Model Code of Ethics*),旨在为该等企业加强道德行为文化建设提供一个框架。SROCC 在准则中开宗明义地说:"该准则应在所有具体明文规则(explicit set of rules)无法覆盖的领域得到适用。"

准则内容分为三个部分:①指导性的道德原则(guiding ethical principles);②解决道德困境的模式(model);③对金融服务业人士的道德培训(ethics training)。根据前文所述,考虑到该准则的重要性、提纲挈领性和提供了相当程度的解决道德问题的方法论,本书较大篇幅地(接近全文)翻译了准则的内容。该准则对于基金治理有重要意义。

---

① 参见朱庆育:《民法总论》,北京大学出版社 2016 年版,第 346 页。
② 参见肖宇、许可:《私募股权基金管理人信义义务研究》,载《现代法学》2015 年第 6 期,第 87 页。
③ 参见〔英〕格雷厄姆·弗戈:《衡平法与信托的原理》,葛伟军、李攀、方懿译,法律出版社 2018 年版,第 5、53 页。
④ 参见王莹莹:《信义义务的传统逻辑与现代建构》,载《法学论坛》2019 年第 6 期,第 32 页。该作者的原文是:在现代法治社会中,信义义务这一概念天然地包含着法治与道德的关系。信义不仅指法律规定的义务,还有受信人道德上应尽的义务,履行道德义务是他内心的法律(准则)。另参见〔美〕塔玛·弗兰科:《信义法原理》,肖宇译,法律出版社 2021 年版,第 103 页。

(二) IOSCO 模范道德准则

该准则应是一份倡导道德文化的、有效力的文件(a living document)。SROCC 鼓励各企业在此基础上颁布其他补充性规则、相关政策和合规要求,积极构建植根于每个人的道德文化。

道德行为(ethical behaviour)对金融服务业的成功至关重要,其从业人员必须按最高道德标准开展业务实践。投资者对金融服务从业人员在各个方面恪守道德行为准则都有明确的要求和期待。因此,金融服务企业必须把它们的业务实践和道德行为相关联。

建立道德准则的好处有很多。第一,这是一份声明,表明金融服务业将恪守高标准的商业规范,履行公平交易。第二,准则意味着金融服务行业中的各企业对此达成的共识,恪守该准则是各企业共同的责任(responsibility)。第三,该准则树立了道德行为的标准(norm),时时提醒各企业遵守。第四,该准则可以为解决道德困境(ethical dilemmas)提供指引。第五,该准则可用来作为教育培训的材料。第六,该准则表明金融服务业不会容忍专业行为(professional conduct)上的道德瑕疵。

1. 指导性的道德原则

SROOC 推荐如下 5 项道德原则:

□ 正直与信赖(Integrity and Trustfulness)原则

该原则是构建所有商业信任的关键要素。正直意味着诚实(honesty)、不计成本和后果地对价值观和原则的恪守。正直也要求处事直率(forthrightness)和坦白(candor),不屈从于个人利益和好处。正直与欺骗或者与原则妥协不能共存。

□ 信守诺言(Promise Keeping)原则

该原则要求无论是否有法定义务,一个人都应该信守自己说出的话。这是成为一个有道德感的人(ethical person)或一项有道德感的业务的关键。

□ 忠诚(Loyalty)原则

在个人利益与客户利益存在冲突的所有场合或所有相关行为,该原则要求管理好利益冲突,将该等冲突完全披露,以客户利益为先。有些利益冲突是难以避免的,但在可能的程度及范围内,应予以规避或至少对此予以妥善管理。如果不能完全、合理地消除利益冲突,一个企业应当至少保证以完整、公平、准确、及时和可理解的方式对此进行披露。

□ 对客户公平(Fairness)原则

该原则要求对客户采取不偏不倚(impartiality)、客观和诚实的态度。

□ 对客户和自身专业行当(Profession)不为害(Doing No Harm)原则

该原则要求个人或企业不得从事会危害投资者信心和信任的事情。

□ 保密(Maintaining Confidentiality)原则

该原则要求通过保守客户信息的方式与客户建立信任关系。专业人士不得为非法或不当利益使用该等保密信息。

2. 解决道德困境的模式

(1)解决道德争议(Ethical Disputes)的简明模式。

□ 先问一问它合法吗？这里的"法"应该采广义解释，除了政府制定的各种规则规章外，还应包括行业最佳实践(industry best practice)等"软法"。如果很明显，相关做法对此是违反的话，就不用继续往下分析了。

□ 它对各方平衡(balanced)吗？这里涉及的就是公平原则。

□ 这种做法让我感觉如何？这是问相关经理对此的个性感受，如我会因此失眠吗？

(2)对于做出困难决策前的道德事项列表(Ethics Checklist)。

□ 事实是什么？

□ 关键点(critical issues)是什么？

□ 利益相关方(stakeholders)是谁？

□ 有何其他选项(alternatives)？

□ 每一选项的道德影响(implication)是什么？对此，还应问：
- 这合法吗？
- 如果公开这件事看上去会怎么样？
- 这件事的结果会如何？
- 是否会违背重要的价值观？
- 是否会违反"己所不欲，勿施于人"原则？（这被称为Golden Rule，像对待自己一样对待他人）
- 它公正吗(just)？
- 过程(process)公平吗？

□ 最后，决策者应该考虑是否还有其他正确的选项。

(3)分析一个预期行为(Contemplated Action)的指引。

□ 要从决策者角度定义有什么问题；

□ 考虑谁会在该预期行为中受损；

□ 从相反的角度再考虑预期行为会有什么问题；

□ 问自己(把自己视为决策者)：我愿意把该计划中的行为告诉我的家人、投资人、直接上司(supervisor)、CEO、董事会吗？

□ 问自己：我愿意把该计划中的行为在投资者论坛或其他公众论坛上进行陈述吗？

□ 通盘考虑所有的事实和备选项后，做出对该预期行为是否采取正式行动的决策。

(4) 设置目标和预测结果。

□ 描述问题；

□ 选择解决该问题要达到的目标；

□ 决定相关问题语境中的事实和相关要素(contextual factors)。相关语境要素包括：

- 明确利益相关方；
- 了解利益相关方的需求和期待；
- 确定可以满足利益相关方需求和期待的可得到的资源，或者该等资源对决策者而言是否可得到(available)；
- 关注组织架构(institutional framework)，这个问题涉及公司内部，或者它会涉及社区事务(community matters)；
- 了解处理这类问题的习惯做法(customary practices)；
- 了解会影响本问题的社会趋势或有关社会运动情况(social trends and movements)。

□ 预测每项行动的可能结果，选择符合实定法(positive law)、最有可能达到目标、对利益相关方的不利影响最小以及有最大收益的进路。

解决道德问题的最后一种方案可以称为"报纸测试"(newspaper test)。在这种测试下，考虑每一行动的道德影响时，相关组织或个人应该自问：对于他/她的行动或决策，他/她自己是否愿意在当地报纸头版看到记者对此的报道，且该报道会被雇员的家人、朋友及客户看到？即使某项行为并不违法，相关组织或个人也不应采取一项让相关社群(包括投资者)认为不妥当的行为。

3. 道德培训

对于道德准则而言，不能把它仅仅作为一个宣言，必须采取坚实的措施对此开展教育培训。每个人都必须理解道德准则的细节，该准则必须被执行。每个机构对于道德准则所规定的义务、原则及对此的期待应该制定刚性的持续教育计划，该等教育应该以一种刺激思考(thought provoking)的讨论形式展开，最终形成一套清晰的规则、原则和指引来形塑那些可被接受的行为;而对于违反商业道德标准和公正公平原则的行为,则应形成处罚的标准。

为了制定有效的道德教育计划,理解它可以达成怎样的培训目标以及有何局限性是必要的。道德培训不能取代机构中有效的领导力建设(leadership)。道德培训最重要的目标是让员工学会如何识别某个待处理问题中的道德内涵和其所采取行动的道德后果,这样他们对该问题会有更深刻的理解,能从道德或现实的角度更好地陈述或捍卫自身的立场。

(1)创造一种道德文化(Ethical Culture)。

专家们强调,道德培训的目标不仅仅是灌输相关法律规则的知识,而是创造出一种道德文化,使员工身处其中可以得到相应的行为指引。其中,最有效的方法被称为价值观基础(value-based)的文化进路。该进路旨在动员和促进员工的道德行为,鼓励他们质疑可能有道德瑕疵的权威人士(authority),同时,让他们为自身违反道德的行为承担责任。这一价值观进路要求各级管理者对此都有真诚的承诺(sincere commitment),包括对重要问题的持续关注,如公平对待员工、对道德行为的奖励、对外部利益相关方的关注、言行的一致等。在推进这一价值观进路时,一个组织应该——

☐ 具备一个伦理的、合规的、清晰的职业道德标准(professional ethics standards)。

☐ 制定一项众所周知的、可以执行的政策,旨在能发现违反道德准则的人,也可以回应员工提出的道德问题。

☐ 形成符合伦理的、有效的领导力,创造员工能感知到的道德语境、道德文化。不能低估这样一种道德领导力,因为员工会看着他们的领导,俗话说"上梁不正下梁歪",如果员工感知到组织领导在关注、倡导道德行为,那么他们对此也会持严肃对待的态度。

☐ 把与道德相关问题的讨论融入日常运营活动中。

☐ 执行一个简明的奖励机制,鼓励道德行为,证明公司支持道德文化。

☐ 持续、反复地加强道德标准建设。

☐ 对员工关注的伦理道德问题(concerns about ethics)保持监控和注意。

(2)对有效开展道德培训工作的建议。

如下培训方法不仅仅是与员工交流的行为准则,还旨在不断给予员工信心,使其在处理商业决策的道德挑战时更加放心。对于金融服务业的专业人士来说,道德行为及文化的塑成可以成为其最大的个人资产。

☐ 成功的道德培训的基本进路(Basic Approach)。

- 帮助员工理解道德判断(ethical judgement);
- 告诉员工公司在道德方面的期待(expectation)和相关规则;
- 明确相关行业或专业领域可能发生的道德问题;
- 帮助员工理解其自身所处的道德处境和发展趋势;
- 对于一些道德决策中的挑战,给出现实的、行业实践中的相关观点;
- 不断实践,不断反馈新的问题。

☐ 设计让员工遵守道德准则的策略。
- 帮助员工理解道德准则和它的用途;
- 解读准则的内容,并把它们和员工的工作职责相联系;
- 告诉员工当他们遇到道德挑战时,公司希望其采取的行动和决策过程;
- 如果道德准则的用语和示例有不清楚、不确定的地方,鼓励员工对此提出问题;
- 在每一个典型的(typical)道德挑战案例中不断实践道德准则的要求;
- 在如下场合让员工知道公司对其行为的期待:A)面对道德上的不确定性时(ethical uncertainties);B)发现不当道德行为时;C)在实践不当道德行为前感到内心压力时。

☐ 关于制定综合性道德培训计划的实用建议。
- 从明确公司价值观和制定一份道德行为准则开始;
- 培训要纳入高管层,并确保有相应的资金保障;
- 准备一系列培训材料;
- 考虑创新性的培训方式;
- 知道什么时候不用技术方式(Know when not to use technology);
- 培训应根据公司的实际经营情况量身定制(tailor);
- 在培训课程中融入关键的道德概念(ethics concepts);
- 制定全球的和本地的培训计划、培训项目;
- 对培训情况进行评估;
- 从行业内和行业外收集案例,考虑案例培训方式;
- 要考虑对培训授课人员进行培训、垂直型培训(一级帮一级);
- 考虑外部的培训授课人员等。

☐ 最后,要有对培训定期评估复核的机制。

第二篇

基金的组织形式、治理架构与信义义务

一、基金的组织形式与治理架构

基金治理的一个重要问题是基金的组织形式及其架构对治理的影响。① 我国不乏研究者心仪公司型基金。② 在前文提到的《IOSCO 治理报告》③的第一部分中,该报告对此做了讨论,把基金的组织形式明确分为公司型和契约型两种模式,并在每种模式下再细分出两种亚型架构,但 IOSCO 对此没有作出臧否。

本书在研究后拟得出的结论是:基金的组织形式及相应架构也许并不是基金治理好坏的核心关键。不同的组织形式,尤其是不同法域内的商事实践采取不同的组织形式,有该法域自身在法律、商业、制度、文化等方面的路径依赖。不同的组织形式适配与其契合的组织架构,最终可以在制度目的上殊途同归。对此,我们宜看透问题的本质,然后在中国语境下加以灵活运用,方能事半功倍地达成基

---

① 这个问题又往往演化为公司型基金和契约型基金的优劣比较。对此,国内的在先研究不少,本书查阅参考的列举如下:李毅:《契约型私募基金治理结构问题初探》,载《社会科学论坛》2018 年第 2 期;杨宗儒、张扬:《基金治理困境与持有人利益保护》,载《证券市场导报》2013 年第 6 期;张宝瑞:《中国证券投资基金治理制度体系研究》,辽宁大学 2013 年博士学位论文;张力、周海琦、白清文:《国际证券投资基金治理结构变化研究》,载《经济体制改革》2011 年第 4 期;马振江:《中国证券投资基金治理模式研究——基于公募证券投资基金的分析》,吉林大学 2010 年博士学位论文;徐静:《证券投资基金治理模式和公司治理模式的比较研究》,载《经济体制改革》2005 年第 2 期;李操纲、潘镇:《共同基金治理结构模式的国际比较及其启示》,载《当代财经》2003 年第 3 期;李建国:《基金治理结构:一个分析框架及其对中国问题的解释》,中国社会科学出版社 2003 年版;杨晓军:《证券投资基金治理的制度安排》,中国财政经济出版社 2003 年版;欧明刚、孙庆瑞:《基金治理结构的比较研究》,载《证券市场导报》2001 年第 5 期;以及下文脚注②提及的所有文献。

另外,也有独辟蹊径者,如沈华册:《论以受托委员会为核心的契约式基金治理》,载《证券市场导报》2002 年第 5 期,但其实该论文也是从组织形式、组织架构这个角度来讨论基金治理的。

② 参见李琳:《我国"公司型"基金治理结构的建构——基于与"契约型"结构的对比分析》,载《经济法研究》2018 年第 1 期;楼晓:《我国公司型基金治理结构的构建之路——以美国共同基金治理结构为视角》,载《法学评论(双月刊)》2013 年第 6 期;袁江天:《证券投资基金业治理的中国实践、国际经验及政策建议》,载《金融教学与研究》2013 年第 2 期;江翔宇:《公司型基金法律制度研究——以基金治理结构为核心》,上海人民出版社 2011 年版;甘忠锋:《我国证券投资基金治理结构优化研究》,载《金融经济》2007 年第 4 期;类淑志、吕莺歌:《证券投资基金治理结构:一个理论视角》,载《济南金融》2003 年第 11 期;张超、闫锐:《证券投资基金治理结构分析》,载《金融理论与实践》2007 年第 11 期;刘传葵、高春涛:《契约型与公司型、公募与私募之基金治理结构比较——兼谈我国证券投资基金治理结构的改善》,载《浙江金融》2002 年第 10 期。

③ 基金业协会于 2017 年发布了其中译本,载基金业协会网站《声音》栏目,https://www.amac.org.cn/sy/392261.shtml,2019 年 5 月 7 日访问。

金治理的目标。

(一)契约型基金与公司型基金的治理架构

1. 契约型基金

我国的私募证券投资基金和公募基金基本上均为契约型基金,其基金的载体其实仅为一个独立账户,并不具有法律主体(法人)的资格——但它是一个独立的会计主体。契约型基金的组织形式在法理上应为信托,账户内的资产为独立的信托财产(基金财产),"契约"即信托合同(基金合同)。[①] 基金管理人依照该契约,对基金财产加以管理。基金的投资者为该信托的委托人,一般同时也是受益人,为该契约的一方主体;基金管理人为另一方主体。[②] 投资者投资基金的行为,相当于认购了基金的(信托)份额,投资者成为基金份额的持有人。全体基金份额持有人构成基金份额持有人大会,可以经召集后召开会议并对基金事项作出决议。根据《IOSCO 治理报告》的分类,契约型基金有两种亚型架构,第一个被称为保管人(Depositary)架构,第二个被称为受托人(Trustee)架构。

(1)保管人架构。

采用此类架构的国家有法国、德国、意大利、瑞士、西班牙、葡萄牙、卢森堡、巴西等。其核心特点是:为了解决委托代理关系中的利益冲突问题,此类契约型基金必须配备一名保管人,保管人不仅负责保管基金财产,还需要同时监督基金运营者[③]及基金活动。保管人的具体职责可能因不同法域的法律规定不同而有一定的差异。这里择其交集,总结为如下几项:[④]

☐ 基金的证券及其他金融资产必须由其担任保管人的主体保管;

☐ 记录并维护已执行的运营活动清单并维系其职责范围内的资产名录;

☐ 适时向份额持有人支付其在基金收益中应占的部分;

☐ 承担监督职责并向份额持有人保证基金的运营合乎基金规则的规定,尤其是合乎投资政策方面的规定;

[①] 参见吴晓灵主编:《投资基金法的理论与实践——兼论投资基金法的修订与完善》,上海三联书店 2014 年版,第 19 页。程信和、杨春林、蒲夫生:《投资基金法专论》,中共中央党校出版社 2002 年版,第 2 页。

[②] 根据我国《证券投资基金法》,基金托管人也是该契约的一方主体。

[③] 在 IOSCO 的若干基金(CIS)主题报告中,常用的一个概念是 CIS operator,基金业协会的译本将其译为基金运营者,本书对此采意译,除此处外,全书一般都译为基金管理人。

[④] 更多详情可参见《IOSCO 治理报告》。

□ 确保净值计算合乎法律及基金规则的规定;

□ 确保基金份额的销售、发行、付款及摊销等经营活动合乎法律及基金规则的规定;

□ 根据基金管理人的指令买卖证券、收取利息、红利以及其他自基金资产中产生的各种形式的收益。

基金管理人及保管人必须独立自主地执行各自的职能且仅为份额持有人的利益行事。基金管理人及保管人共同就完成法律及基金规则中规定的义务对份额持有人负责。为保证上述独立性,采用该亚型的国家主要采取如下控制方式:在德国,如果基金管理人和保管人隶属于同一集团,要求保管人的经理、股东及具备全权代表权限的代理人不得同时担任基金管理人的雇员或存在相反情形。在西班牙,如果基金管理人和保管人隶属于同一集团,两者间将适用某些隔离规定,如不存在共同的董事会成员或董事;基金管理人的有效管理必须与保管人主体独立;基金不得将其超过1%的资产投资于保管人主体发行的证券;基金管理人和保管人主体间必须存在物理隔离;保证独立性并避免利益冲突;向投资者披露两者间的关系;向投资者定期披露的信息必须包括任何由保管人作为对手方的证券买卖。在法国,保管人必须独立于管理公司,且保管人与管理公司必须保持相互独立。关于独立性及对此的控制,后文将详述。

(2)受托人架构。

根据《IOSCO 治理报告》的说法,此类架构涉及的契约型基金为单位信托(Unit Trusts),采用的法域有英国、日本等国家及泽西(Jersey)、中国香港特区等。此类架构中的受托人负责对基金管理人的监督以及基金资产的保管。单位信托之基金治理的关键主体是基金管理人及受托人。

根据笔者对《IOSCO 治理报告》内容的理解,如果抛开单位信托本身在相关法域的制度演进上是否存在路径依赖等因素,至少在基金这个场域,单位信托与别的契约型基金在本质上似乎没有重大区别。如上所述,本书对契约型基金法律性质的定位就是信托——无论其在字面上采用什么名称,比如叫资产管理计划或集合投资计划等。从这个角度来说,或者从基金实务的视野来看,这里的受托人和上面的保管人在性质上可能并没有太多本质区别。[①]

---

① 此处摘录若干《IOSCO 治理报告》的论述:

"在英国和泽西岛……在法律及监管框架下受托人负责监控、监督管理人的活动以确保计划达到目标或符合法律要求。此外受托人还应负责为份额持有人以信托方式持有份额,持有人则享有份额的权益。受托人与份额持有人有直接的关系且必须仅为了份额持有人利益行事。如同保管人,受托人必须获得批准且得到适当准许可在法律规定范围内行事。受托人也必须与单位信托基金运营者相(转下页)

综上,当基金的组织形式采取契约型,其组织架构可简化为图 2-1 所示:

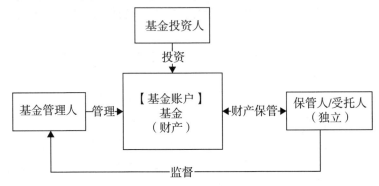

图 2-1　契约型基金组织架构

2. 公司型基金

所谓公司型基金,其基金组织形式在法理上是一个公司,有独立的法律人格(法人),既是独立的法律主体,也是独立的会计主体。存放基金财产的账户是以该公司法人名义所开立的独立账户。根据法人的独立性,该账户中的法人财产就是独立于公司股东的财产,从而形成独立的基金财产。投资人投资于该基金,在法律上相当于股东投资于公司。公司型基金的投资者就是该(基金)公司的股东,其在法理上可以通过股东大会形成自己的意思,对基金事项作出决议。《IOSCO 治理报告》把公司型基金业分成董事会和保管人两种亚型架构。

(1)董事会架构。

由于基金本身存在的组织形式是公司,是一个独立的法人主体,因此,对基金加以管理的意思表示可以通过公司内部做出,类似于其他一般的公司——而没有法人主体的契约型基金,对其管理的意思表示就只能通过外部的基金管理人做出,这是二者的根本不同——其核心的公司意思机关就是董事会。董事会架构是公司型基金的主流架构。根据《IOSCO 治理报告》,采用此类架构的有美国、日本、墨西哥等。

在美国与墨西哥的法律下,基金董事会须承担信义义务,其负责承担的职责有:批准投资管理人的聘任合同、选任基金的会计师(也可以由董事会下设的审计委员会批准聘用)、代表基金对外行使表决权、合规管理(包括批准基金合规负责

(接上页)互独立。

"中国香港特区法律规定通过设置独立于基金运营者的受托人达到基金资产的隔离和保护。此外,监管机构对于获认可的基金的受托人赋予了一定监管职责。例如,受托人应确保基金的运营是按照组织文件的规定进行的。

"(日本)法律同样规定受托人应当独立于基金运营者……信托合同应当包含受托人的信息、受托人业务信息,以及资产估值的相关事项。"

人)、批准托管服务合同、负责估值及资产净值计算等。由此,IOSCO 认为基金董事会在公司型基金治理的组织架构中扮演着核心角色。由董事会负责第一层次的基金运营,包括对基金运营者及其他服务提供者(比如基金销售机构)的监督,以及利益冲突监督。

在美国,至少 40% 的基金董事必须是"独立的"。在日本,董事会由执行董事与监督董事①组成。执行董事负责日常业务并代表投资公司(基金)。监督董事监督执行董事职责的履行,人数必须至少多于执行董事一人。监督董事可在任何时候要求执行董事、管理公司或托管人就投资公司(基金)业务及资产的情况出具报告,可进行为履行其职责而必要的调查。可被任命为监督董事的人士受限于特定限制以确保其有效的独立性。

结合《IOSCO 治理报告》,公司型基金的董事会架构如图 2-2 所示:

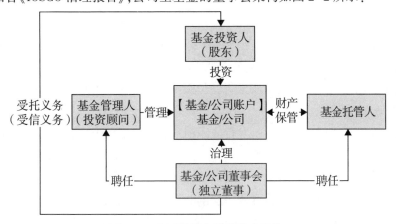

图 2-2　公司型基金的董事会架构

(2)保管人架构。

采用该架构的法域有英国、西班牙、爱尔兰和泽西岛等。

在此模式下,英国的基金须有一个经认可公司董事(the designated Authorized Corporate Director),该董事必须为公司形式,负责基金(公司)日常管理以及符合投资者保护的规则。该董事经其与基金之间的书面合同委任,并由保管人监督。

①经认可公司董事必须就基金管理履行如下职责:

□ 根据基金的投资目标及政策作出投资决策;

□ 确保基金支出的公平性,如(i)给予基金运作各方的报酬、(ii)基金的行政

---

① 关于日本公司型基金中的"监督董事",这是本节选用《IOSCO 治理报告》中的译法,但也有学者直接译为监事。

管理费用、(iii) 信息披露费用等；

□ 确保客户在购买基金份额前，可了解关于基金的最新信息，能够参与关于基金关键事项的决策，并且可定期收到基金的相关信息；

□ 如果使用第三方服务以协助经认可公司董事履行其职责，经认可公司董事须确保其高效监控及监督授权人士，该授权不禁止经认可公司董事以股东最佳利益行事或以股东最佳利益管理基金；

□ 确定特定交易所导致的利益冲突被适当地管控；及

□ 遵守公布的基金政策和程序。

② 保管人须对经认可公司董事的活动进行监督和监控，以确保基金是根据其目标及规定所管理的。保管人也负责基金资产的保管。其职责还包括：

□ 确保经认可公司董事对不可准确估值和及时处置的资产的投资被限制；

□ 监控并确保基金财产的使用不违反监管规定或招募说明书的约定；

□ 确保经认可公司董事合理计算基金份额的资产净值并以适当的方式公布，并且由经认可公司董事留存充分记录以证明合规；

□ 确保经认可公司董事所进行的份额申赎交易符合相关监管规定以及公布的基金政策及程序；

□ 确保经认可公司董事就发行或注销基金份额事宜公平对待基金，就购买或出售基金份额事宜公平对待客户；

□ 确保经认可公司董事适当地记录，及时且公平地分配、分派任何基金收益；

□ 向监管机构报告经认可公司董事的不当行为，除非保管人认为后果并非实质严重；每年向基金投资者（股东）报告是否在任何重大方面有未遵守投资、借款、估值、收益安排及会计等条款的情形。

本书理解公司型基金的保管人架构如图 2-3 所示：

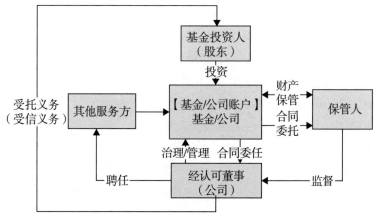

图 2-3　公司型基金的保管人架构

(二)契约型基金与公司型基金的实质比较

上文概括论及了公司型基金与契约型基金在组织形式和组织架构上的不同,这是外在而显见的。但如果要在实质上论及两者之间的优劣或者能否在功能上等价,则需要做进一步的比较。

1. 基金正常运作所必备的各项职能

综合《IOSCO 治理报告》、国内在先研究论文观点、[①]我国《证券投资基金法》的相关规定及笔者在日常实务中的观察思考,本书认为,一个正常运作的证券投资基金——这里的"正常"考虑了基金治理因素,即不能轻易损害到基金投资者的利益——须具备如下方面的职能:

(1)基金的募集,包括基金份额的销售、投资者适当性管理、反洗钱等(A)。[②]

(2)基金的投资,包括前期研究(B)、做出投资决策并下达交易指令(C)、执行交易指令(包括下达给经纪券商)(D)等。

(3)基金的运营(行政管理),包括开立基金运营各项账户(E)、基金的估值(F)、基金份额的登记或持有(G)、基金会计核算和会计账簿的管理(H);募集(含申购、赎回)、投资、收益分配等环节的资金划拨(I);其他资产的清算交割(J)等。

(4)基金的投资者关系管理,包括基金的信息披露(K)、基金份额持有人会议的召开(L)、客户服务(接待询问和投诉)(M)等。

(5)基金的财务,包括基金组织架构各主体(基金公司董事、高管、基金管理人、基金托管人等)的报酬批准(N)、基金运营中其他利益冲突所涉费用的批准[③](O)、基金收益的分配决策(P)、基金的审计和注册会计师的选任(Q)等。

[①] 参见袁江天:《证券投资基金业治理的中国实践、国际经验及政策建议》,载《金融教学与研究》2013 年第 2 期;江翔宇著:《公司型基金法律制度研究——以基金治理结构为核心》,上海人民出版社 2011 年版;马振江:《中国证券投资基金治理模式研究——基于公募证券投资基金的分析》,吉林大学 2010 年博士学位论文;张超、闫锐:《证券投资基金治理结构分析》,载《金融理论与实践》2007 年第 11 期;徐静:《证券投资基金治理模式和公司治理模式的比较研究》,载《经济体制改革》2005 年第 2 期;李操纲、潘镇:《共同基金治理结构模式的国际比较及其启示》,载《当代财经》2003 年第 3 期;李建国:《基金治理结构:一个分析框架及其对中国问题的解释》,中国社会科学出版社 2003 年版;杨晓军:《证券投资基金治理的制度安排》,中国财政经济出版社 2003 年版;刘传葵、高春涛:《契约型与公司型、公募与私募之基金治理结构比较——兼谈我国证券投资基金治理结构的改善》,载《浙江金融》2002 年第 10 期;欧明刚、孙庆瑞:《基金治理结构的比较研究》,载《证券市场导报》2001 年第 5 期。

[②] 为了后面行文上的简便,对每项职能配以字母代表。

[③] 比如关联交易的批准;在存在"软回佣"的情形下,对经纪佣金的批准等。

(6)基金(或基金管理人)的内部监督,包括内部的合规管理、道德准则等政策的批准、合规官/督察长等的选任(R)、风险管理、内部控制(S)等。

(7)对基金(或基金管理人)的外部监督,包括对投资的监督(T)、对基金申赎、收益分配的监督(U);对基金财产独立性的监督(V)、基金财务会计数据复核(W)等。

(8)基金独立财产的持有和保管(X)。

(9)代表基金行权(Y)。

(10)基金组织架构各主体的选任,包括基金董事、基金管理人、基金托管人/保管人/受托人、投资顾问、其他主体(如基金服务商、销售机构、经纪券商)的选任(Z)等。

2. 基金各职能在组织架构各主体间的分配:主要法域观察及评论

现在,根据相关文献①所述,本书把上面各项职能按主要法域加以梳理,结果详见表2-1。对此,可以有观察性评论如下:

第一,无论是契约型基金还是公司型基金,负责证券投资管理的职能一般均由基金管理人承担,例外是英国的公司型基金和法国的SICAV,该职能由经认可公司董事(英国)或董事会(法国)直接承担,这是基金管理人的核心职能。差别在于,在契约型基金的组织架构中,基金管理人是通过基金投资者签署其作为一方的契约而同意选任的,该契约内容一般会包括需要支付给基金管理人的费用。但在公司型基金的组织架构中,基金管理人(在美国也称为投资顾问)是由基金董事选任的,但其聘任合同及费用则需要得到基金公司股东的批准。

第二,基金日常运营的职能,主要包括基金募集、基金估值、基金份额登记(涉及申赎)、会计核算、投资者关系管理、内部监督、代表基金行权等,对于契约型基金,一般都由基金管理人承担;对于公司型基金而言,则往往由基金管理人和基金董事会分担。比如,基金估值、投资者关系管理中的若干职能、内部监督职能、代表基金行权的职能,往往分配给基金董事会;而基金管理人则会承担基金募集、投资者关系管理等方面的职能。

---

① 相关文献是指:(1)《IOSCO 治理报告》、(2)本书第39页脚注①所述文献;(3)《中华人民共和国证券投资基金法》。需要指出的是,由于上述文献所载信息的有限性,表2-1的内容不能认为是周延的(但在笔者的检索范围内,这方面论述能够达到周延标准的文献也几乎没有;本书认为《IOSCO 治理报告》也不及这一要求)。本书目前尚不能做到逐一检索各主要国家和地区的现时法律、法规规定,而只能尽量做一些集成的工作。因此,表2-1未提及的职能,未必是该主体不具备的,对此的研究,可以进一步深入。

表 2-1 各主要国家和地区基金职能表

主要国家及地区	中国①	美国②	英国③	日本	法国④	德国	中国香港
组织形式	契约型	公司型	公司型（契约型为主）	契约型（也有公司型）	契约型（也有公司型）	契约型（也有公司型）	契约型
组织架构	保管人（托管人）	董事会	保管人（契约型—受托人）	受托人（公司型—董事会）	保管人（公司型—董事会/保管人）	保管人	受托人
董事会（独立董事）	不适用	A*,F,L,O,P,Q,R,S,T,Y,Z	（公司型—经认可公司董事）B,C,F,G,K,M,O,P,R,Y,Z	（公司型—执行董事：负责日常业务，代表基金，L,N,Y,Z等；监督董事：监督执行董事）	（公司型 SI-CAV：董事会直接负责投资管理 B,C,D,N,Q）	未论及	不适用
基金管理人	A,B,C,D,F,G,H,I,K,L,M,O,P,R,S,Y	A,B,C,D,G,H,K,M	（契约型中存在）B,C,D，也要监督保管人	A,B,C,Z(可选聘受托人/托管人)	B,C,D,R,S	B,C,D	B,C,D
投资顾问	B,C,D,(Y)	在美国法下，投资顾问就是"基金管理人"	未论及	未论及	不适用	未论及	未论及
基金托管人	E,I,J,T,V,W,X	X	不适用	不适用	不适用	不适用	不适用

(续表)

主要国家及地区	中国①	美国②	英国③	日本	法国④	德国	中国香港
保管人/受托人	不适用	不适用	（公司型）T,U,V,W,X（契约型—受托人）G,L,X,Y	D,F,J,O,T,U,V,X	T,U,V,X	G,T,U,V,X	T,U,V,X
募集监督机构	I	未论及	未论及	未论及	未论及	未论及	未论及
基金服务商（行政管理人）	F,G,H	G,H	未论及	未论及	未论及	未论及	未论及
基金投资者	N,Z	N,Z	（契约型：修改基金合同、撤换基金管理人等）	N,即通过信托契约规定了基金管理公司和托管人报酬的多少	（公司型 SI-CAV：信息获悉权,股票赎回权,收益分配权）	未论及	未论及

注/说明：

1. (1) 在中国，投资顾问是基金管理人在投资管理、投研决策方面的代理人，相当于基金管理人在投资方面的代理人，但对外，由基金管理人对投资者承担法律责任，再依照投资顾问协议对投资顾问协调议中约定由谁行使，法理上应该由基金管理人行使。关于代表基金行权的职能(B、C、D)外包给了投资顾问，在任由二者在投资顾问协议中约定由谁行使，法理上应该由基金管理人行使。

(2) 募集监督机构属于投资者，中国契约式私募基金的资金账户中有一个募集资金账户，一个托管资金账户。募集资金账户中的资金其所有权归于投资者，托管资金账户中的资金是独立的基金财产。在募集期内，资金先沉淀在募集资金账户，投资者所有申赎，收益分配都要通过募集资金账户，原路径返。中国契约式私募基金管理人一般由后来成立的基金托管人担任)，对此加以监督。为了防止基金管理人对此挪用，特设募集监督机构(一般由后来成立的基金托管人担任)，对此加以监督。

(3) 基金服务商，在海外往往称为基金的行政管理人(Administrator)。基金服务商是基金管理人在基金运营方面的代理人。

的管理人一般把基金估值、会计核算、基金份额登记及份额记录维护的职能外包给基金服务商。

(4) 基金管理人、基金托管人的报酬，在基金合同（即契约式基金的契约）中约定。基金投资者是该合同的一方当事人，其签署合同可以视为已经对此批准。基金托管人、基金管理人是该基金合同的主体，也会记载在基金合同的重要性。在契约型基金的法理逻辑下，基金服务商的法律主体的选任这些主体的选任基金合同上，同样可视为其选任已经投资者批准。因此这些主体的选任基金管理人决定即可，无需和基金投资者发生合同关系。

2. (1) 很多国际对冲基金设立在开曼群岛，其组织形式和架构主要采取美国的模式。

(2) 美国的基金管理公司也会把一些职能外包或服务外包给第三方，比如基金会计和基金管理人(基金管理人)合同的批准；基金改变投资目标或政策管理、提高基金管理费用等。

(3) 美国的基金公司的董事会有权"授权发行股份"，因此这里用 A * 标注。

(4) 美国基金投资者的权利 N 和 Z 包括：选举董事、基金投资顾问(基金管理人)合同的批准；基金改变投资目标或政策管理、提高基金管理费用等。

3. (1) 根据《IOSCO 治理报告》，英国契约型基金的基金管理人和受托人的主要职能，在某种程度上与美国公司型基金中经认可的公司董事和保管人相当。基金管理人相当于经认可的公司董事，受托人相当于保管人。

(2) 在英国契约型基金(受托人架构)中，受托人根据式的SICAF、二是封闭式的SICAV，契约型基金是共同投资基金 FCP。SICAV 和 FCP 占绝对优势。

4. (1) 法国有两种公司型基金，一是开放式的 SICAV，二是封闭式的 SICAF，契约型基金是共同投资基金 FCP。SICAV 和 FCP 占绝对优势。

(2) 法国 SICAV 的董事会，其职能中的 N 项是指：决定与管理公司及其他服务者的协议，包括管理公司报酬，保管费用和其它开支。

第三,无论是叫托管人,还是契约型基金或公司型基金中的保管人,或契约型基金中的受托人,[①]它们均有一项核心职能,即持有(占有)和保管基金的独立财产,并因之延伸到资金划拨和资产清算交割等职能。差别在于:美国公司型基金董事所聘任的托管人,不具有对基金管理人进行外部监督的职责,而其他保管人/受托人大多都具有此类职责,主要是对基金财产独立性的监督、对基金管理人投资管理行为的监督,有的也包括对基金份额申赎、收益分配的监督,这有点类似中国法上的募集监督机构。以上保管独立财产和外部监督两项职能对保管人/受托人而言是最重要的。除此之外,有的法域的保管人/受托人也负责基金估值、基金份额登记、召集基金份额持有人大会等,也可以代表基金行权,不一而足。

第四,除了上述职能以外,剩下的是一些宏观层次的治理职能,包括存在利益冲突的费用的批准、基金收益的分配决策、基金审计和注册会计师的选任以及基金架构和运作中相关主体的选任等。对此,契约型基金的核心逻辑是,要么通过契约(即基金合同)加以约定以得到基金投资者(即基金财产的最终所有权人)的直接认可并约定修改契约所需的程序,重大修改一般都需要通过基金份额持有人大会审议通过;要么就通过外部的监管规定把此类要求转化为基金管理人的内部治理和合规管理(内部监督)要求,如有违反则会遭到监管上的处罚。而公司型基金的核心逻辑是,把此类职能主要配置给理论上代表基金及基金投资者的基金董事(尤其是独立董事),当然外部监管规定也会对基金董事(尤其是独立董事的独立性)提出要求,如果其违反也会遭到监管上的处罚。

3. 公司型基金是否必然优于契约型基金

现在,我们可以对契约型基金和公司型基金发表进一步比较的意见了。公司型基金是否必然优于契约型基金呢,首先罗列一下两边的主要论点。[②]

(我国)契约型基金被认为的主要不足有:①基金持有人大会名存实亡。②基金托管人对基金管理人的监督无法落实。③基金管理人的机会主义行为盛行:基金投资者与基金管理人存在显性契约,在基金运作时如出现契约所没有规定和说明的情况时,作为管理人的基金管理公司相比公司型治理下的基金公司享有更大的剩余控制权甚至是事实上的全部剩余控制权,产生内部人控制问题。④形同虚设的基金管理公司独立董事制度。⑤基金管理公司治理与基金治理不完全协调,重基金管理公司治理而轻基金治理等。

公司型基金被认为的优点有:①股东可以通过对公司行使权力,贯彻对投资

---

① 至于托管人、保管人、受托人这些概念之间的辨析,在本书后文探讨。
② 参见本书第33页脚注②所述文献。

者的保护及自我责任;②公司型基金运作的重要事项由基金董事会决定能更有效地保证基金利益,能及时监督;③公司型基金的导入,可以使基金品种不断发展创新,扩大投资者的选择范围;④基金财产产权界定清晰;⑤实现投资者的组织化;⑥有灵活的激励机制;⑦适应金融市场国际化,公司型基金显然更容易被其他国家所接受;⑧投资人可以通过卖出该基金的股份(用脚投票)和在股东大会上要求替换基金经理人(用手投票)两个渠道来对委托代理问题或道德风险问题进行治理,而在契约型基金下只有前者一条渠道等。

但根据实务中的观察和前文比较,本书认为,上述理由并不能得出公司型基金在治理上更优的结论。

第一,从投资者角度来看,在先研究似乎认为公司股东(以股东会的形式)可以比(契约型)基金份额持有人(以基金份额持有人大会的形式)更好地保护自身的权益,更好地行使基金终极所有权人的权利,但这可能只是一种迷思,且在逻辑上并不自洽。无论是契约型基金的份额持有人还是公司型基金的股东,抛开其外在的"名",其本质都是一个自然人,且在中国语境下就是承载着中华历史文化基因的一个个中国人。为什么同一个中国人,仅仅因为投资了公司型基金或契约型基金,就会有不同的行为表现呢?本书认为,我国基金份额持有人大会和股份公司股东大会①在会议制度的建构上,即会议的召集、通知、召开、表决权基础和决议通过标准等方面,总体上是等价的,详见表2-2。在制度建构一致的条件下,说同一个自然人会因此有不同的行为表现,这没有任何理论和实证上的依据,公司型基金在这方面的优势又从何谈起呢?如果说在契约型基金场合,基金份额持有人大会名存实亡,那么在公司型基金场合,股东大会为何又不可能发生名存实亡的后果呢?看一看中国的上市公司,独立董事名存实亡、股东大会名存实亡不是也是普遍被人诟病的事实么?② 到了公司型基金就能对此矫正,笔者没有这样的信心。

第二,基于上述同样的逻辑,如果契约型基金场合下的基金管理人不能很好地履行信义义务(机会主义),凭什么相信公司型基金场合下的董事会或独立董事就能更好地为投资者履行信义义务呢?这个道理,同样看看中国的上市公司及其

---

① 在投资基金场合,其显然更侧重资合性,对照股份公司股东大会的规定,而不是有限公司股东会的规定,更为恰当。

② 参见《中国式独董:"官员独董"成特色 "花瓶独董"很清闲》,载《中国证券报》2018年4月11日,https://cj.sina.com.cn/articles/view/1704103183/65928d0f0200098al?from=financ;《股东大会不能沦为"大股东会"》,载中国经济网,https://stock.hexun.com/2018—07—31/193620160.html,2019年5月7日访问。

表 2-2 中国基金份额持有人与股份公司股东大会组织形式对比表

组织形式	基金份额持有人大会	股份公司股东大会
召集	《证券投资基金法》第 83 条:基金份额持有人大会由基金份额持有人召集。基金份额持有人大会设立日常机构的,由该日常机构召集;基金管理人未按规定召集或者不能召集的,由基金托管人召集。 代表基金份额百分之十以上的基金份额持有人就同一事项要求召开基金份额持有人大会,而基金管理人、基金托管人都不召开的,代表基金份额百分之十以上的基金份额持有人有权自行召集,并报国务院证券监督管理机构备案	《公司法》第 101 条:股东大会会议由董事会召集,董事长主持;董事长不能履行职务或者不履行职务的,由副董事长主持;副董事长不能履行职务或者不履行职务的,由半数以上董事共同推举一名董事主持。 董事会不能履行或者不履行召集股东大会会议职责的,监事会应当及时召集和主持;监事会不召集和主持的,连续九十日以上单独或者合计持有公司百分之十以上股份的股东可以自行召集和主持
通知	《证券投资基金法》第 84 条第 1 款:召开基金份额持有人大会,召集人应当至少提前三十日公告持有人大会的召开时间、会议形式、审议事项、表决方式等事项	《公司法》第 102 条第 1 款:召开股东大会会议,应当将会议召开的时间、地点和审议的事项于会议召开十日前通知各股东;临时股东大会应当于会议召开十五日前通知各股东;发行无记名股票的,应当于会议召开三十日前公告会议召开的时间、地点和审议事项
召开	《证券投资基金法》第 86 条第 1 款:基金份额持有人大会应当有代表二分之一以上基金份额的持有人参加,方可召开	无规定
表决权基础	《证券投资基金法》第 85 条第 2 款:每一基金份额有一票表决权,基金份额持有人可以委托代理人出席基金份额持有人大会并行使表决权	《公司法》第 103 条第 1 款:股东出席股东大会会议,所持每一股份有一表决权。但是,公司持有的本公司股份没有表决权

(续表)

组织形式	基金份额持有人大会	股份公司股东大会
决议通过标准	《证券投资基金法》第83条第3款：基金份额持有人大会就审议事项作出决定，应当经参加大会的基金份额持有人所持表决权的二分之一以上通过；但是，转换基金的运作方式，更换基金管理人或者基金托管人，提前终止基金合同，与其他基金合并，应当经参加大会的基金份额持有人所持表决权的三分之二以上通过	《公司法》第103条第2款：股东大会作出决议，必须经出席会议的股东所持表决权过半数通过。但是，股东大会作出修改公司章程，增加或者减少注册资本的决议，以及公司合并、分立、解散或者变更公司形式的决议，必须经出席会议的股东所持表决权的三分之二以上通过

说明：

1.《证券投资基金法》关于基金份额持有人大会的规定针对的都是公募基金。从召集的角度，这里的基金管理人类似（基金）公司的董事会；基金托管人类似于监事会。

2.在私募证券投资基金的实践中，基金份额持有人会议由基金管理人召集，10%或20%以上基金份额持有人也可以自行召集。但基金托管人是否可以召集，尚无强制性规定。

（1）召集上，基金合同任约定基金管理人召集的制度构建首先是比照上述公募基金操作的。

（2）对于会议通知、召开、表决权基础和决议通过程序，其实践基本和公募基金一致。

独立董事,就不难理解了。相反,本书认为,在契约型基金场合,投资者与基金管理人之间一般仅有一层经济学上的委托代理关系,基金管理人直接对投资者履行信义义务;但在公司型基金场合,尤其到了具体的投资领域,则存在"投资者—基金公司董事会—基金管理人(投资顾问)"两层委托代理关系,这在制度成本上难道不会更高,在制度效率上难道不会更低?董事会掌握剩余控制权为何就一定优于基金管理人掌握剩余控制权,在先研究对此的论证是不充分的,本书也不认为是能证成的。

本书认为,在先研究并没有注意、区分或发现一个实践中的现象,就是基金成立的动因(dynamic)为何。事实上,基金的发起成立有两种动因:一种是先有一个有主导权的大投资人,其有一笔大额资金需要管理,通过在市场上遴选,择定某一位基金管理人,然后成立基金,把大额资金委托该管理人管理;这时也可能会有一些小投资者跟投或"搭便车",可以把这种基金称为"投资者主导的基金"。另一种是基金管理人自身需要寻找资金加以管理,这是其生存的基本业态和基本商业模式,因此,其会积极对外推广、销售拟募集成立的基金,这种基金背后的投资者人数就相对较多,类型上较为分散,可以称为"管理人主导的基金"。

对于"投资者主导的基金",投资者往往有很大的话语权,其通过事前尽职调查、合同条款签署、事中跟踪基金合同履行情况等方式就能对基金管理人加以约束,在这种语境下,根本无须多加一层董事会,徒增代理成本。对于"管理人主导的基金",投资者人数相对众多,似乎需要有董事会或独立董事去集中代表他们的利益,从而和基金管理人博弈,这可能是公司型基金在治理层面的一个(理论上的)优势。但实务中,既然这类基金是管理人主导,那么在董事会(独立)董事人选的组成上,投资者的意志又如何先予集中起来呢?这个董事会机制的"元命题"似乎被青睐公司型基金的人忽视了。事实上,对于"管理人主导的基金",其董事会中必然有管理人派驻的董事(也可认为是内部董事或执行董事),然后还有管理人遴选、推荐的独立董事。这样,基金(公司)董事会的构成和设立往往在基金募集成立之前或同时,这样的董事会能"非常积极"地去代表公司型基金的股东吗,①其激励和动因何在?② 本书认为,这样的董事会其履职能够达到法定的信义

---

① "一些基金业内的批评人士并不相信董事会真正地独立和关心持有人的利益。比如,富有传奇色彩的投资者沃伦·巴菲特称,基金公司董事们本应成为监督基金管理的'猎犬',却变成了逢迎别人的'哈巴狗',意味着基金公司董事会充斥着处处迎合管理公司的人"。转引自江翔宇:《公司型基金法律制度研究——以基金治理结构为核心》,上海人民出版社2011年版,第76页。

② 本书不排除有个别特别优秀的自然人担任基金董事后能发挥其主观能动性,保护投资者利益,但这种个案讨论在制度分析层面上显然是没有意义的。

义务标准，就已经算勤勉尽职了。但如果董事会并不能天然地发挥其主观能动性，最终还是要靠法定标准去约束，那么把这类标准直接施加在契约型基金的基金管理人身上，难道不是等价，甚至更有效率的吗？

第三，对于公司型基金能扩大投资者的选择范围，本书认为该理由凸显出商业思维方面的幼稚。投资者在选择所投基金产品时，更会考虑如下因素：本项投资预期能达到的回报率；既有回报条件下本项投资所涉及的风险及与个人风险承受能力的匹配——这会使其决定是否投资有杠杆的产品，决定所投资基金的投资范围，决定所投资基金的锁定期即流动性问题等；本项投资与个人整体财务规划的关系，即本项投资的目的和本项投资的具体额度等；本项投资在法律上涉及的风险和权益保护。至于本项投资的法律形式，即所投资产品是一个公司还是一个信托契约，如果在法律风险和权益保护上没有重大的差别（这是本书要证成的），那么这种法律形式上的差异根本不可能构成投资者的一项主要考虑，上述说法是一个伪命题。

第四，对于公司型基金更容易被其他国家所接受，这同样似是而非。且不论在《IOSCO治理报告》中采取契约型基金组织形式的国家众多，仅从是否为投资者接受的角度，难道就是看表观上的组织形式吗？如上述第三点所言，恐怕并非如此。尽管有些国家的立法报告提到了公司型基金在国际实践上的背景（如日本），但对此直接采取"拿来主义"的态度，不加明辨，本书认为并不可取。该理由依然是表面上的而没有触及问题的实质。

在上述四点观照下，其他一些理由更不能证成公司型基金的优越性，不能证成公司型基金与契约型基金之间存在功能上的差异性和不等价性。最后，如果回到中国的法制环境，公司型基金还存在诸多法律和商业理性上的障碍：一是股份回购限制障碍；二是双重税收障碍；三是公司组织结构障碍等。① 易言之，如果不在《公司法》和税法层面对公司型基金作出额外的规定，那么公司型基金在中国目前的法制环境下无以立足，也不具有任何商业上的合理性。对此，简单的回应就是：可以修法呀。当笔者还是学生的时候，也认为为了解决某个问题，可以修法，这很容易，也是写论文给出问题解答的一个基本进路。但到了实务中才发现，在全国人大及其常委会层面修订一部法律，是一个成本极高、沟通协商程序极为复杂、时间极长、极不容易的过程。当然，立法和修法的困难也从另一个角度维护了既有法律的确定性，是法治的一个重要维度。但反过来，在公司型基金的优

---

① 参见江翔宇：《公司型基金法律制度研究——以基金治理结构为核心》，上海人民出版社2011年版，第43、44页。

越性尚不能充分证成的情况下,是否有必要耗费这样的立法成本,去修法强推公司型基金就有待商榷了。

综上,本书比较了两种不同组织形式基金的相关组织架构,比较了基金正常运营所需职能在该等架构下各法律主体之间的分配,区分了实务中"投资者主导的基金"和"管理人主导的基金",可以认为:尽管有上述法律组织形式、组织架构、基金运营职能分配上的不同,但透过这些表象看本质,在实现基金治理目标的核心功能上,契约型基金和公司型基金总体上是等价的,没有发现一者凌驾于另一者的明显优势。①

(三)独立性

上述分析转换成逻辑学语言,即基金的组织形式(契约型基金或公司型基金)并不是实现基金治理目标的充分条件,当然也不是其必要条件。因此,我们不必把基金组织形式看得过重。某一种组织形式,只有配之以一定的组织架构和外部监管制度安排,才能实现基金治理目标。那么,下一个问题就是,实现良好的基金治理有必要条件吗?易言之,形式上不同的组织架构和外部制度安排,其对于实现良好基金治理的核心关键是什么?

正好《IOSCO 治理报告》的中文译者在其译者按中所言:"国际证监会组织发现,各国的基金治理框架虽然各不相同,但理一分殊,普遍运用与利益冲突相克的独立性原则,在基金治理架构中内置了独立监督主体。在公司型基金中,独立监督主体的职责一般由董事会'抓总'负责。在契约型基金中,独立监督主体一般由托管人、基金管理人的独立董事和审计机构等各司其职。国际证监会组织强调,世界上不存在最优的基金治理模式,只要按照独立性原则和具体要求,结合不同的法律框架和背景,所产生的基金治理模式就是最适合的。"②本书高度认可这一概括和判断。《IOSCO 治理报告》对于基金治理所要求的"独立性"提出了若干

---

① 类比公司治理领域,知名美国商法学教授罗纳德·J. 吉尔森认为,公司治理的功能性融合会首先发生。公司治理的融合是功能性的而不是形式性的。参见[美]罗纳德·J. 吉尔森著:《公司治理全球化:形式性抑或功能性融合?》,黄辉译,载王保树主编:《商事法论集》(第 11 卷),法律出版社 2006 年版,第 253、255 页。国内周淳助教授认为,吉尔森教授在上述文章中的观点也可概括为,"公司治理的全球化实质是功能性融合,脱离功能性融合的形式性融合不可能真正发生。"参见周淳:《商事领域受信制度原理研究》,北京大学出版社 2021 年版,第 195、196 页。

② 基金业协会网站《声音》栏目,https://www.amac.org.cn/researchstatistics/publication/cbwxhsy/201708/t20170821_4623.html,2021 年 7 月 10 日访问。

标准,非常重要,本书在此重新梳理总结如下。

1. 独立性的外在形式和定义

在某些采用公司型基金的国家和地区,独立性指某些董事与基金或其他重要主体(如基金管理人)不存在关联关系的状态,亦指独立董事占基金董事会的比例。

在契约型基金占主流的成员国和地区,独立性源自某些具体要求。例如,基金管理人董事会中负责具体控制基金管理人管理职能的独立董事最低人数要求;或一个至少由3人组成的独立审查委员会负责审查基金与基金管理人间的利益冲突,要求该委员会所有成员不得与基金管理人或基金有直接或间接的实质关系;或一个要求保管人或受托人和基金管理人在经济上或至少职能上为不同主体(若必要,通过适当的"中国墙措施"实现)的监管框架,以及两个主体间不存在共同的董事会成员或董事,或一方主体非另一方的子公司等。

IOSCO认为,不论一个基金以何种形式成立以及其独立主体具有何种具体性质,独立性的概念可被定义为"为独立主体提供适当的法律条件和自主权,以行使其权力和职能(不受来自基金管理人或其关联方的约束或干预),并允许其对基金和基金管理人的活动进行充分和客观的监督,目的在于保护基金投资者及其财产的系列安排"。因此,在中国语境下,公募基金或私募证券投资基金主要是依靠基金托管人的独立性来实现这一目标的。①

2. 实现独立性的基本要求

根据《IOSCO治理报告》,独立性的实现应满足如下基本要求:

(1)独立监督主体的设立、组成、委任或罢免均以防止决策过程被基金管理人及其关联方任何类型的利益冲突妨害为前提。

比如,独立监督主体或其成员可以由基金份额持有人直接推选产生,或者以透明的方式指定产生,以确保独立监督主体或其成员不会面临与基金管理人及其关联方之间的利益冲突。中国的基金托管人是基金合同的一方主体,经基金份额持有人通过签署合同的方式同意任命。

就基金董事会、基金管理人的董事会或独立审查/合规委员会而言,独立成员应该是:由基金份额持有人推选;或在首任后通过成员自行任命产生;或以透明方式委任;或在基金份额持有人的监督下,或在监管机构的控制下,或根据相关法律法规产生。

在未披露原因或是缺少明确解释以及没有事先在基金份额持有人或基金监

---

① 参见我国《证券投资基金法》第18、33、34、35、36条。

管机构的直接或间接控制下,基金管理人不可以罢免独立监督主体或其成员。独立监督主体的关系终止与替换应由基金份额持有人,或是由基金份额持有人控制的另一独立方或基金监管机构批准。在某些国家和地区,基金份额持有人无法做到直接控制此类事项时,基金监管机构可以代表基金份额持有人发挥这一作用。

独立监督主体或组成该主体的大多数个人不可以与基金管理人或其关联方有直接或间接关系而导致利益冲突或妨碍该主体的独立性。因此,就基金董事会、独立审查或合规委员会而言,组成独立监督主体的大多数个人(各为独立董事或基金份额持有人的代表)必须与基金管理人不存在关联关系;或非基金管理人关联方的直系亲属;或与基金管理人所属同一集团中的任何人士不存在关联关系;及未在基金管理人的集团的多个董事会任职。同样的规则可以适用于基金管理人董事会的独立董事。这确保了组成独立主体的大多数人与基金管理人不存在潜在利益冲突,旨在为独立主体创造良好"环境"以对基金和基金管理人的活动进行独立和严谨的判断。

就保管人或受托人而言,其组织和运营应完全与基金管理人的业务分离(即通过禁止直接或交叉持股或禁止关于公司控制的合同安排)。当基金管理人和保管人或受托人之间存在一个事实上或潜在的法律、经济的从属关系时,基金应至少被要求实施适当的机制保证保管人或受托人在任何情况下均独立于基金管理人行事。

(2)独立监督主体的组织和实际运行应足以令其免受基金管理人及其关联方管理活动的控制或不当影响。

(3)独立监督主体行使监督职能的责任不应该与基金管理人行使基金资产管理职能的责任存在混淆。但这一原则不排除董事会等独立监督主体向基金管理人寻求投资和运营事宜的建议。这一领域具体的规则有:

☐ 独立监督主体不可以被授予任何管理基金资产的权利;

☐ 独立监督主体内任命的人员对基金管理或政策不可产生重大影响;

☐ 独立监督主体不可以从基金管理人处收取会导致其独立性产生偏差而损害基金投资者利益的任何报酬及奖励。

3. 独立监督主体的权利

(1)独立监督主体应有权收到足以使其适当履行监督职能的所有相关信息。比如,基金管理人有义务向独立监督主体发送关于基金及基金管理人之间利益冲突管理情况的文件副本以及定期告知其相关情况。若发现与基金份额持有人有关的任何合规或法律问题,独立监督主体有权了解所有必要的相关信息。基金管理人有义务告知独立监督主体与基金相关的程序和政策,以及定期告知其实施情况。基金管理人有义务告知独立监督主体违反基金管理人内部道德准则且影响基金的重大事项,以及当准则发生实质性变化时,为此贯彻实施而采取的相应行动。

（2）独立监督主体应有必要途径履行职责,而非完全依赖基金管理人的协助,如允许独立监督主体在特定经费及时间范围内取得独立的法律意见等。

（3）应保障独立监督主体有权以合理方式审查基金管理相关法律的执行以及基金的运行情况。比如,有权审查基金与基金管理人的相关合同;了解基金的审计结果及能够独立于基金管理人听取审计师的意见;批准或监督与基金投资组合相关的代理投票政策及程序的实施,确保投票权的行使符合基金(而非基金管理人)的利益等。

4. 独立监督主体应履行的职能

（1）监督基金管理人及其活动,包括但不限于：

☐ 监督与关联交易有关的利益冲突或基金、基金管理人将其职能外包给关联方的潜在利益冲突；

☐ 监督涉及基金管理人与基金之间潜在利益冲突的决定；

☐ 检查基金投资组合是否符合借款及投资范围及限制的要求；

☐ 控制基金资产估值过程的适当性,确保基金资产净值及基金份额价格的准确计算及披露；

☐ 评估基金总费率(TER)计算的准确性；

☐ 检查与证券投资组合有关的股东权利行使原则及程序的正确应用等。

（2）确保建立阻止及避免不当侵吞或侵占基金财产和投资者利益的制度,包括但不限于：

☐ 确保基金资产与基金管理人隔离；

☐ 确保费用、开支及其他成本的收取符合监管制度或基金的特别规定；

☐ 核实基金管理人收入是及时、公允地基于基金投资组合而取得；

☐ 核实基金管理人对"软""硬"佣金进行了合理判断或者关于这一问题的基金政策被准确地传达给投资者；

☐ 确保平等地对待每个份额类别的投资者,尤其关于认/申购及赎回的条件等。

（3）独立监督主体应负有向监管机构或基金份额持有人报告的责任,包括但不限于：

☐ 监督过程中发现的对适用规则或合同义务的任何重大违反；

☐ 基金管理人以不符合基金份额持有人利益或侵害其权利方式履职或运营

的任何重大事项等。

综上所述,无论何种基金组织形式及组织架构,如果存在符合上述独立性基本要求的独立监督主体,其具有相应的监督权利并很好地履行了监督职能,那么基金治理目标的实现在总体上就可以预期。这样,关于基金治理的讨论,其中的一个重点就应转向关注独立监督主体是否具备独立性,是否具备相应的监督权利以及是否很好地履行了监督职能。

就中国目前的实践而言,根据我国《证券投资基金法》的规定①以及基金业协会对私募证券投资基金的相关自律要求,②中国的基金托管人在独立性标准和具备相应的监督权利方面,是符合 IOSCO 以上论述的,中国私募证券投资基金的发展具备一个坚实的、可以期待良好基金治理的监管法制框架。中国的基金托管人是否在实践中很好地履行了其监督职能,留待下文探讨。

---

① 参见我国《证券投资基金法》第 18、33、34、35、36 条。
② 基金业协会《私募投资基金备案须知(2019 年版)》要求契约型私募投资基金应当由依法设立并取得基金托管资格的托管人托管。

二、基金的托管和托管人

如前文所述,在中国目前的契约型基金组织架构中,基金治理的监督职责主要分配给了基金托管人,且基金托管人在独立性上也有相当的法律保障,可以承担《IOSCO 治理报告》中提及的独立监督主体的职责,这对于基金治理非常重要。

由此,下文拟进一步对基金托管业务及基金托管人进行考察和梳理。在国际上,IOSCO 同样重视基金财产的托管。其于 1996 年就发布了《基金托管安排指引》(*Guidance on Custody Arrangements for Collective Investment Schemes*)。2015 年,其根据最新实践及形势发展(尤其是 2008 年全球金融危机以来的形势发展),更新发布了题为《基金资产托管的标准》的最终报告(*Standards for the Custody of Collective Investment Schemes' Assets:Final Report*,以下简称《IOSCO 托管报告》)。2014 年 1 月,IOSCO 还就客户财产的保护发布了推荐意见报告(*Recommendations Regarding the Protection of Client Assets:Final Report*,以下简称《IOSCO 客户财产保护报告》)。由于所托管的基金财产[①]正是该托管人客户的财产(无论把这个托管人的客户理解为公司型基金中的基金公司,还是理解为契约型基金中的基金管理人或基金背后的最终投资者),基金托管人对所托管基金财产的安全保管义务(safekeeping)与其对客户财产的保护实际上是同一事项。因此,《IOSCO 客户财产保护报告》所提到的若干原则应一并考虑。

(一)托管的含义

在中文语境中,"托管"一词的含义比较丰富。有人认为其并无准确或明确统一的定义,[②]有人经考察后认为,该词系我国独创。[③]《IOSCO 托管报告》也认为

[①] Asset 一般译为"资产",这是一个会计学的概念;而财产往往是一个法学概念,其可以对应会计上的总资产或净资产,主要视语境而定。在本书中,对于英文原作中的 asset,在翻译时不做会计学的严格区分,在翻译时一般按"基金财产""客户财产"加以处理。

[②] 参见寻卫国:《打造以基金托管人为核心的独立监督实体》,载《金融论坛》2008 年第 6 期。该作者提到:领土托管、企业托管、股权托管、债券托管、券商托管甚至药房托管、电信托管、学校托管等概念在现实生活中已不少见。梅世云编:《国际证券托管结算体系研究》,中国金融出版社 2013 年版,第 29 页。

[③] 参见刘燊:《论投资基金托管人制度的完善》,载《政治与法律》2009 年第 7 期,第 35 页。(转下页)

custody 一词在全球没有统一的含义。准确地说,该词尚没有指涉明确的学术定义或法学定义,其在不同的语境下,往往会有不同的内涵。①

如果考虑托管(人)的英译,则往往对应 custody/custodian、depositary 和 trustee 3 个单词。查阅《元照英美法词典》,custody,是指"对人或物进行直接的、亲自的照管与控制。就对物的直接控制而言,它不是所有权,不是对物的最终和绝对控制,因此,纯粹将某物交与他人保管并不剥夺权利人的所有权。"custodian,是指"监管人、保管人,对财产、证券、文件或其他资产进行监督管理的个人或金融机构的统称"。depositary,是指"保管人、受托人,其义务是对受托的事物予以合理的注意,并根据要求将管理物返还受托人或按原有信托进行交付。"trustee,是指"受托人,依照信托人委托或法律规定拥有信托财产、执行信托业务,并将所得利益交与受益人的人。其对信托财产和受益人都承担责任"。②《IOSCO 托管报告》提到,在欧洲,被称为"depositary"的单一实体(single entity),往往有 custody 和 oversight of the responsible entity③ 两项职责。但在澳大利亚等法域,"custodian"则只负责 custody of CIS assets,没有 oversight 的职能。对于"custody"而言,其含义是指为了确保资产在实体(physical)和法律上的完整性而对资产进行安全保管(safekeeping)和对资产记录进行保管(record keeping)。④

我国《证券投资基金法》没有对"托管"给出定义,其第 36 条界定了基金托管

(接上页)其指出:"托管"一词属于我国独创,是在《信托法》出台前未建立"受托人"概念下对国外"受托人和保管人"的合称,意为"受托保管"。参见《访〈信托法〉起草组成员蔡概还》,载《金融时报》2006 年 10 月 9 日。

① 查阅权威的《辞海》,其没有单独的"托管"词条,但收录了"托管制度"一词,指的是国际法上的领土托管。参见《辞海》(第 6 版),上海辞书出版社 2009 年版,第 2304 页。在 2000 年前后的国企改革中,国有企业托管的运作较多。参见沈莹:《托管的理论与实务》,经济科学出版社 2000 年版,第 39 页;郭东风、刘永清:《国有企业托管的发展趋势》,载《改革与战略》1999 年第 4 期,第 52 页。

② 薛波主编:《元照英美法词典》,北京大学出版社 2017 年版,第 360、401、1361 页。

③ 《IOSCO 托管报告》用了"responsible entity"这个词。本书认为这主要是兼顾公司型基金和契约型基金两种组织形式的治理情况。在公司型基金,responsible entity 就是基金董事会;在契约型基金则应当是基金管理人。本书基于中国语境,对此均译为基金管理人。

④ 《IOSCO 托管报告》还特别注明,这里讨论的 custody 不包括:证券借贷(securities lending)、基金行政服务、法定监控等辅助服务。但在证券借贷业务中,如果担保品作为担保财产计入基金财产后,对该类担保品的保管则属于托管的职责范围。作者注:证券借贷业务是指,基金可以把其拟长期持有的证券出借出去,供借入方融券卖空或用于其他用途(比如在采取 T+N,N>1 进行证券交割的法域,理论上可以先"裸卖空",然后在交收前借券以满足证券交割需求)。这可以盘活出借方基金财产中长期持有证券的流动性,发挥资产更大的效用,也可以增加基金收入。但在出借证券后,为了控制信用风险,借入方要向出借方(即基金)提供担保品,往往是另一组证券。这组作为担保品的证券也会需要基金托管人提供托管服务。对于证券借贷,可以参见聂庆平主编:《证券借贷理论与实务》,中国财政经济出版社 2015 年版。

人的职责,①相当于是"托管"的外延。中国证监会 2020 年发布的《证券投资基金托管业务管理办法》(以下简称《基金托管业务办法》)第 2 条的表述,②某种程度上可以视为给"托管"下了一个定义,即对基金履行安全保管基金财产、办理清算交割、复核审查资产净值、开展投资监督、召集基金份额持有人大会等职责的行为。中国银行业协会发布的《商业银行资产托管业务指引》(以下简称《银行托管业务指引》)第 7 条规定了资产托管业务的服务内容,包括"资产保管服务账户服务、会计核算(估值)服务、资金清算服务、交易结算服务、投资监督服务、信息披露服务、公司行动服务" 等。③

综上,本书对基金领域(或资本市场领域)的"托管"一词有如下几个层次的理解:

第一,从中文来看,顾名思义,"托管"既有"托",又有"管"。④ "托"起源于信

---

① 《证券投资基金法》第 36 条规定:"基金托管人应当履行下列职责:(一)安全保管基金财产;(二)按照规定开设基金财产的资金账户和证券账户;(三)对所托管的不同基金财产分别设置账户,确保基金财产的完整与独立;(四)保存基金托管业务活动的记录、账册、报表和其他相关资料;(五)按照基金合同的约定,根据基金管理人的投资指令,及时办理清算、交割事宜;(六)办理与基金托管业务活动有关的信息披露事项;(七)对基金财务会计报告、中期和年度基金报告出具意见;(八)复核、审查基金管理人计算的基金资产净值和基金份额申购、赎回价格;(九)按照规定召集基金份额持有人大会;(十)按照规定监督基金管理人的投资运作;(十一)国务院证券监督管理机构规定的其他职责。"

② 《基金托管业务办法》第 2 条规定:"本办法所称证券投资基金(以下简称基金)托管,是指由依法设立并取得基金托管资格的商业银行或者其他金融机构担任托管人,按照法律法规的规定及基金合同的约定,对基金履行安全保管基金财产、办理清算交割、复核审查资产净值、开展投资监督、召集基金份额持有人大会等职责的行为。"

③ 《银行托管业务指引》第 7 条规定:"商业银行资产托管业务的服务内容,可以通过合同选择性地约定以下内容:(一)资产保管服务。根据法律法规规定和托管合同约定,安全保管托管银行可控制账户内的托管资产;未经相关当事人同意,不得自行运用、处分、分配托管资产。(二)账户服务。根据法律法规规定和托管合同约定,为托管资产开立银行账户、证券账户、基金账户、期货账户等,并负责办理相关账户的变更、撤销等。(三)会计核算(估值)服务。根据托管合同约定的会计核算办法和资产估值方式,根据相关会计准则的规定对托管资产单独建账,进行会计处理(估值)、账务核对、报告编制等。(四)资金清算服务。根据托管合同约定,执行托管账户的资金划拨、办理托管资产的资金清算等事宜。(五)交易结算服务。根据投资标的市场交易结算规则和托管合同约定,办理托管资产的结算交收等事宜。(六)投资监督服务。根据法律法规规定和托管合同约定,对托管资产的投资运作情况进行监督,包括托管账户的资金投资范围和投资比例、收益计算及分配等情况。(七)信息披露服务。根据法律法规、行业协会规定以及托管合同约定,将托管合同履行情况和托管资产的情况向相关当事人履行披露和报告义务。(八)公司行动服务。根据托管合同约定,向相关当事人提供托管资产持有证券的公司行动信息,以及根据委托人指令(如有)代为行使证券持有者权利。(九)依法可以在托管合同约定的其他服务。"

④ 参见刘燊:《论投资基金托管人制度的完善》,载《政治与法律》2009 年第 7 期,第 35 页。

托，①托管是一种信托法律关系。② 而 depositary 一词的含义中就有"合理注意"一词，这是信托中信义义务的体现；trustee 的字面直译即为信托架构中的受托人。因此，"托管"有了"托"，就应当涵盖 oversight 的职责（我国法律、法规都包括了这一职责），托管人应当对委托人（投资人）尽到勤勉注意义务。而"管"，则是保管、存管的意思，即持有(hold)资产并对其进行照管和控制，从而实现对资产的安全保管并保管好资产记录。"托管"与"保管""存管"的差别也应当在此。③

第二，从英文来看，depositary 应该更符合托管人的含义；而 custodian 在狭义上，则只是一个存管人（或保管人）的概念，其强调的是对资产的持有和控制（但不是所有权意义上的绝对控制），不强调对投资行为或基金管理人的监督。Trustee 作为受托人，则是 depositary 在法理逻辑上的上位概念。

第三，在实务中，custody 或 custodian 也可以做广义的理解。《IOSCO 托管报告》中提到的 custody，既包括其标准业务中的资产安全保管和记录保管，也包括一些辅助服务(ancillary service)，如基金的行政管理服务(fund administration)④和法定的监控(mandate monitoring)等。本书认为，这里因为有了监控的职责，就逐渐有了"托管"的含义。

第四，在中国语境下，可以把托管理解为如下职责的集合：①安全保管基金财产和相应记录，保证基金财产的独立性；②与基金投资、申赎相关的资产清算交割

---

① 参见沈莹：《托管的理论与实务》，经济科学出版社2000年版，第2页。这说明即便追溯到20世纪末，当"托管"制度开始引入中国时，也已经把托管与信托联系起来，且该书作者还认为，"托管是信托的发展"。上注刘燊也认为"基金托管人与基金份额持有人之间的法律关系属于信托关系。"

② 参见蔡云红：《我国基金托管人制度的法律问题与完善建议》，载《证券市场导报》2011年第7期，第27页。作者当时供职于中国证监会北京监管局基金监管处。

③ 这还可以从《银行托管业务指引》的行文中解读出来。该指引第5条规定：本《指引》中"保管"专指托管银行按照法律法规规定和托管合同约定，独立"保存委托资产"的行为。而在该指引第七条规定的"托管"服务外延中，不仅仅只是"资产保管服务"。托管的外延要远远大于存管或保管。

④ 基金的行政管理服务，一般是指基金成立后，除了投资管理以外的其他基金运营(operation)活动，包括但不限于：基金的会计核算（估值）；基金份额的申赎、转让登记；基金的信息披露等。在契约型基金组织形式中，这些都属于基金管理人的基金管理职能，如发生问题，将由基金管理人承担责任。但在实务中，基金管理人一般会把这些职能外包出去，由基金的行政银行（基金行政服务商）代为处理。这样的银行（金融机构）就是基金管理人的代理人。由于基金托管人要负责基金估值及财务报告的复核，因此，实务中由担任基金托管人的金融机构一并提供基金行政管理服务具有业务上的协同性。但这中间存在利益冲突，即该金融机构既作为基金管理人的代理人进行基金估值，又作为基金托管人对自己的估值结果进行复核，实际上就消减了复核的职能。中国监管机构意识到这个问题，基金业协会发布的《私募投资基金服务业管理办法（试行）》第16条明确要求，"私募基金托管人不得被委托担任同一私募基金的服务机构，除该托管人能够将其托管职能和基金服务职能进行分离，恰当的识别、管理、监控潜在利益冲突，并披露给投资者。"《基金托管业务办法》第32条和《银行托管业务指引》第25条也对此作出了基本相同的规定。

和资金划付;③对基金估值、会计核算、财务报告进行复核;④对基金管理人(投资行为)的法定监督;⑤代表基金采取行动,包括但不限于召集基金份额持有人大会、代理投票等。本书认为这五项职责是托管人的核心职责,对此托管人应承担相应的信义义务。此外,托管人也可兼及基金相关账户的开立和维护;基金信息披露,尤其是与托管业务相关的信息披露;以及《IOSCO 托管报告》提到的其他基金行政管理等服务。

(二)托管人的核心职责——以基金财产保管为中心

在所有上述托管职责中,基金财产的安全保管无疑处于最基础、首要、核心的地位。该职责失守,将是托管人的重大失职。《IOSCO 托管报告》提到,金融市场近来的发展对此提出了多方面的挑战:一是金融工具种类的扩大对托管人资产安全保管职责提出了新问题。二是金融工具的电子记录已经逐渐取代了纸质化的股票等凭证。这种电子记录的保管也对托管人构成了新的挑战和风险。三是托管人已常常被要求对托管资产进行中央化(centralise)和优化管理,并管理好其附属抵押品(associated collateral)的现金流。对于所托管资产再使用(reuse)的趋势也会增加托管人的运营、法律和合规风险。四是跨境活动及任命次托管人(sub-custodian)也在不断发展。

为了回应上述挑战,从加强基金治理的角度,在合并《IOSCO 托管报告》和《IOSCO 客户财产保护报告》中的相关论述后,本书对基金财产安全保管的若干达标要求进行如下梳理:

第一,托管人的首要职责在各法域基本都是一致的,即负责基金财产的保管并保证基金财产的独立性(segregation)。关于独立性,要确保基金财产和基金管理人及其关联方的自有财产相互独立,确保基金财产和基金托管人(及次托管人)的自有财产相互独立,确保基金财产和其他基金财产或托管人其他客户的财产相互独立。

有的法域允许把一个基金财产和其他基金财产、托管人其他客户财产共同放在一个综合多用途账户(omnibus account)下面,该账户以托管人为账户名。在这种情况下,上述基金财产独立性的要求应通过 IT 系统和账簿系统在记录上加以区分来实现。这样的好处是不需要为每个基金单独开一个实体账户。但无论如何,基金财产不能和托管人(次托管人)的自有财产混同。

第二,有些资产(如场外金融衍生品的头寸),根据其固有性质,并不能被基金托管人实际持有(hold),基金托管人应根据相关托管协议的安排,持有一份该类资产头寸敞口(open positions)的记录。托管人(金融中介机构)[1]应维护好客户财产的账户和记录,保持持续更新,并记录好该等资产的性质、数量、所在位置、所有权情况以及为谁持有该等资产。该等账户和记录应可用做审计留痕(audit trail)。

为此,托管人应当:①建立信息系统和内控流程,确保客户财产和其他客户财产、其自有财产相隔离。②确保外部第三方,如监管者、审计师、破产管理人能够对客户财产的数量、所在位置、所有权情况、持有人的身份进行查验。如果该等财产由第三方持有,应记录财产所在的位置以及托管人和第三方之间的约定。③有持续对账机制,其对账的频率根据账户交易量而定。但托管人和中央证券保管人(central securities depository)之间的对账应每日进行。[2] ④就客户财产而言,能逐日明确每个客户的权利和托管人(金融中介)的义务。⑤为客户利益而由第三方持有的客户财产,应明确标识以区分是客户财产还是托管人的自有财产。

第三,托管人应采取适当的安排,保护客户财产上的相应权利,使发生损失的风险最小化,避免基金财产被误用(misuse)。所托管的基金财产,不应被托管人或第三人再使用(reuse),除非其得到委托人的事前同意或相应指示。托管人还应关注客户财产上的担保或其他权利障碍(liens and other encumbrances),采取步骤确保其已得到客户的同意。当托管人同意增设该等担保或权利障碍时,其应当考虑客户的最佳利益(best interest)。

第四,对于基金作为担保权人取得的担保品(pledge),基金托管人一般也应履行托管职责,并负责维护、更新相应的记录,根据相关担保协议的约定确认其准确的价值。相关资产的全部所有权益(full title)被转让(transfer)出去后,基金托管人应负责对此记录,但不再需要对此履行保管义务,直到该资产的全部所有权益转回到基金财产。托管人应分析不同行为或决策是否会导致客户财产的状况发生实质改变,如对客户抵押品(pledge)的再使用,要分析该等使用会有哪些后果。托管人可以在内部对此进行分析(in-house analysis),也可以咨询外部专业顾问,如律师或会计师等。

第五,托管人可以把其托管职责在不同法域内进行分配,旨在确保基金财产获得应有的看护(due still care)和保护,防止受损。托管人应考虑持有客户财产的多种选择或方式,并考虑各种选择的保护程度和相应的风险。在选聘保管客户财

---

[1] 在《IOSCO 客户财产保护报告》中,针对的主体都是金融中介机构(financial intermediary),结合本书的语境,下文全部译为基金托管人。

[2] 本书理解,在中国语境下,就是券商和中国证券结算登记公司之间的对账。

产的第三方时(如次托管人),①托管人应勤勉尽职,对客户财产的保管情况应定期评估。其应该考虑:①持有客户财产的法律要求或市场一般实践是否会对客户的财产权利产生不利影响,该第三方是否会发生解散或破产;②该第三方的资本实力(金融条件)、专业水平和市场声誉;③是否具有监管的业务许可;④是否需要分散风险,有必要的话,不把客户财产置于单独一个第三方处。另外,托管人还要符合其自身国内最低的合规要求,理解相关托管安排对客户财产权利是否会有重大影响,如该等托管安排如何在具体持有财产的法域加以落实,如何应对该等第三方的解散或破产等。当客户财产将确定被存放在境外法域时,托管人应考虑并理解境外的法律、法规,以达到与其在境内合规相等的程度。这也意味着,托管人应对存放有客户财产的每一个法域的法律法规都有所理解以确保合规。

如果财产存放在境外的,托管人应告知客户这一事实,并在事先以可理解的方式向客户披露与该等托管安排相关的风险,揭示境内外不同法域在财产保护法律、法规上的差别以及由此可能带来的潜在后果,保证客户在知情基础上作出投资决策。

第六,如果监管允许客户放弃或修改受保护的程度,或不选择(opt out)客户财产保护机制,该等安排必须做到如下三点:①任何一部分的放弃、修改等必须得到客户明示(explicit)、留痕的同意。在该份单独的同意文件上,托管人必须清楚披露相关风险,使客户清楚了解相关后果,尤其是发生托管人违约、解散、破产等情形。②在客户作出同意前,托管人必须以清楚、可理解的方式确保客户了解了作出上述同意后的风险和后果,对此必须有留痕记录证明。③如果只有某类客户才能作出这样的同意,那么,对这类客户的标准应该被明确定义。上述客户同意的留痕文件必须由托管人妥善保管,且必须记录了客户所同意的事项内容。当客户提出想查阅上述书面同意文件时,托管人应对此立即响应并提供。

第七,托管人应定期向每个客户提供报告,披露其财产的持有情况。①该等报告应披露截至某个合理时点的、所持有财产的情况及金额余额(money balances)。②在客户向托管人请求提供报告时,应及时提供。③如果客户放弃或修改了相关客户财产的保管机制(client asset protection regime),该等报告应体现这样的事实。

除此之外,在与客户的协议中,应充分及适当地写明托管人存放或持有的不

---

① 要承认的是,《IOSCO 客户财产保护报告》中的客户财产及其保护是很广泛的。契约型基金的基金管理人或公司型基金的董事会在遴选或决定托管人托管基金财产时,也应当遵守该报告提出的若干原则。但本书这里的主体是托管人,根据国际基金实践,托管人也可以决定次托管人,这里就同样会涉及《IOSCO 客户财产保护报告》中的这些原则内容。

同种类的客户财产和与此相关的风险。该等披露要明确客户财产和客户财产上权利之间的关系,明确客户财产的所有权情况(ownership status)会影响到该等财产受保护的程度。所有与托管有关的披露应该采取书面方式,以清晰、直白、精确和可理解的语言表述,应避免使用难以理解的法律或金融术语。

在上述财产安全保管职责外,《IOSCO 托管报告》指出,在一些法域,托管人最重要的职责就是监控和监督(Monitoring and oversight)。比如,欧盟法要求保管人(depositary)对管理人是否履行了 AIFM 和 UCITS 项①下的义务进行监督。在有的法域,监督职责包括确保基金管理人的投资符合基金文件约定的投资目标和相应条款(如中国),对基金的运营和投资活动进行监控,确保基金依法合规运作,并监控基金的销售、赎回及估值等;有的法域(如欧盟),基金托管人还要对基金的现金流进行监控。而对于基金行政和辅助服务这些不是法定的事项,往往通过托管协议加以约定。基金托管人是否履行该等职责还取决于相关法域的法规对此是否允许。

参照上述 IOSCO 的要求,并对比我国的《基金托管业务办法》《银行托管业务指引》,②以及基金业协会发布的《私募投资基金募集行为管理办法》,③可以认为,我国对基金托管人的履职已经建立了较完善的法制框架,基本可以对应上述 IOSCO 的标准,唯在担保品的管理、基金财产和基金财产权利的区分等事项上尚未有充分体现,这可能和我国融资融券、证券借贷(尤其是融券卖空业务)的不发达有关。另外,对于财产安全保管的具体措施上,IOSCO 提出的要求更具体,这可以作为中国法制框架下,基金托管人在实践中应该注意把握的要点。

(三)基金托管人的选任

《IOSCO 托管报告》对基金托管人的选任和后续监控也提出了若干标准。

---

① AIFM 是指欧盟另类投资基金管理人指令(Alternative Investment Fund Manager Directive);UCITS 是指欧盟可转让证券集合投资计划规则(Undertakings for Collective Investment in Transferable Securities)。
② 参见《基金托管业务办法》第 17 条、第 22 条、第 21 条、第 29 条、第 31 条、第 32 条;《银行托管业务指引》第 15 条、第 22 条、第 23 条、第 24 条、第 25 条、第 26 条等。
③ 本书认为,中国的私募基金托管人也履行了对资金进出基金托管账户情况(即现金流)进行监控的职责。根据基金业协会发布的《私募投资基金募集行为管理办法》,在资金离开基金托管账户后(或未进入基金托管账户前),应当进入一个基金募集结算资金专用账户(简称募集账户),并需要安排一个募集账户监督机构对进出募集账户的资金进行监督。在实践中,担任基金托管人的金融机构往往会一并兼任该募集账户的监督机构。

标准1：单一托管人安排，即要求监管机构规定每一个基金仅安排一个单一的（主）托管人，从而使其能够对某一基金所有财产的托管事务负责。

标准2：独立性要求，即基金托管人必须至少在功能上（functionally）独立于基金管理人。有的法域要求，基金管理人和基金托管人之间不得有股权关系；但也有的法域对此允许，如果允许的话，则要求托管人有独立的公司架构设计，如托管人有独立的董事会、独立的托管业务汇报线等。无论如何，功能独立是最低要求，其判断依据可以是：关键的业务决策是如何做的，是否有独立性；托管业务从业人员是否独立于负责基金投资、交易的人员；托管人是否有独立的信息系统和内控要求；托管业务是否独立于基金行政管理相关事务等。

如果托管人与基金（管理人）有关联关系，则应当做到：①对此有额外的信息披露；②对此有额外的资本要求（capital requirement）；③通过银行等受监管主体持有基金财产；④在物理上（physically segregating），要确保基金财产的独立性；⑤指定特别授权人士接触基金财产；⑥要求独立的公共会计师在不事先通知基金管理人的情况下对基金财产进行查验。

标准3：审慎选任要求。一般而言，监管不会对此提出强制要求，但在选任基金托管人时，一般应考虑如下因素：成本、提供的服务内容、受监管情况（如是否取得托管业务资格）、托管人的注册设立地点、组织机制的竞争力（organizational competence）、声誉、资本充实性、具体持有基金财产的法域情况、托管人和次托管人的关系及相关网络、关于次托管人的合规要求等。在这中间，法律/监管地位（受监管情况）、金融资源（资本充实性）以及组织上的胜任性（organizational capabilities）是比较重要的。

对于法律和监管地位而言，大多数法域会要求托管人持有相应牌照、得到行政许可或受监管机构监督。对于资本或金融资源要求，大多数法域都对托管人的资本金或金融资源提出底线要求。而组织胜任性包括人力资源、有经验的管理层、信息系统和相应流程、保管资产的基础设施（infrastructure）、全球网络（与次托管人有关）以及风险管理能力等。

选聘时，还应当考虑基金托管人管理层的利益冲突问题，保证该等冲突被识别和降低；应考虑基金托管人的持续经营计划、业务经营被中止或打乱后的基金财产恢复应急预案（contingency arrangements for the recovery of assets held with the custodian）。有必要的话，可以指定第三方来协助基金托管人。

如果基金托管人有权任命次托管人，托管人应勤勉审慎地选聘以及监控次托管人。基金管理人在选聘托管人时，应考虑上述聘用次托管人的因素。

标准4：托管协议要求。应有明确的协议安排，对托管人的权利义务做出明确约定。在存在次托管人的场合,更应有书面托管协议,对托管人和次托管人的权利义务做出明确安排。一般而言,托管人的责任不因其指定了次托管人或第三方而被免除。

国际最佳实践要求托管协议约定托管人的违约责任。一般而言,基金托管人仅根据法律规定或相关协议约定,就其未能履行所托管基金财产的安全保管义务或因过失未能履行其他应尽的义务,对基金管理人或基金本身承担违约责任。但在一些欧洲国家,也会要求基金托管人直接对基金投资人负责。

标准5:托管安排的披露要求。基金托管安排或托管协议应在基金销售时向投资者进行适当披露,保证透明度。如果基金财产将在境外法域被持有,该等托管安排及相关的风险应被披露。在接到请求时,次托管人的身份及职责也应披露。

如果监管允许基金管理人自行保管(self-custody)基金财产,基金管理人应对此进行特别披露,并加强对基金财产的保管,降低相应的利益冲突。

标准6:托管安排的履行情况应持续被监控。比如,应持续地联络基金托管人的关键人员,持续对账,进行实物检查(physical access)、独立审计等。此外,基金管理人还应考虑如下措施:对外部信息进行监控,如行业调查、当地托管业务的实践情况、财务报告、托管人的声誉等;持续开展尽职调查,包括关注托管人业务资格的持续有效性等;对托管人的业绩指标进行监控,定期评估其服务质量;从外部律师处获取法律意见等。在这中间,基金托管人的法律/监管地位、资本/金融资源、组织胜任性以及声誉应得到持续监控。如果有基金财产托管在境外法域的,应对托管人的全球网络、托管人和次托管人的关系、合规框架等因素进行持续监控。基金托管人也应该持续监控次托管人。

基金托管人应持续更新其应急预案。如果发现托管人存在严重财务问题(financial distress),或存在严重的经营管理不善,基金管理人有义务对此进一步问询,如有必要,应启动应急预案,把基金财产交由其他托管人托管、向监管者汇报并对外披露等。如果基金管理人没有能力监控基金托管人,也可以聘请一家第三方(如审计机构)来履行该等职责。

本书认为,在我国契约型基金组织形式下,对基金托管人的选任和监控,在逻辑上可能不如公司型基金顺畅,理论上会有主体缺位的问题(这可能是不少学者心仪公司型基金的一个重要原因)。在公司型基金中(以美国为例),托管人(或称保管人,因为美国的 custodian 没有投资监督职能)由基金公司董事会代表基金选任,委托代理关系明确。在有的法域,基金托管人由基金管理人选任,这也没有问题。但在中国,基金管理人、基金托管人和基金投资者共同签署基金合同,形式上是基金投资者作为主体同意、选任了基金托管人,但实质上由于投资者较多(即便是私募基金,也会有几十名乃至不超过 200 名投资者),其无法或较难形成真实、一致的意思表示,尤其是在基金募集的时候。因此,对基金托管人的选任和监控在实践中较难落到实处。这方面的在先学术批评也比较多。①

但对此的解决之道不应该是创设公司型基金或"受托人委员会"等新组织、新机关,这在前文中已有论述。可取之道仍是仔细观察生动具体的商事实践,区分"投资者主导的基金"和"管理人主导的基金"。对于投资者主导的基金,托管人是投资者意定的,其和基金管理人之间的关系并非那么紧密,再加上我国《证券投资基金法》关于基金托管人的若干要求,托管人的独立性以及托管人对投资者负责在理论上可以保障。投资者在动力机制上也有积极性去审慎选任和持续监控托管人,没有代理成本。对于管理人主导的基金,不妨明确其审慎选任、信息披露、持续监控的要求(该等要求,对于投资者主导基金的投资者,也可以参照适用)。基金业协会发布的《私募投资基金管理人内部控制指引》第 21 条第 1 款规定:"除基金合同另有约定外,私募基金应当由基金托管人托管,私募基金管理人应建立健全私募基金托管人遴选制度,切实保障资金安全。"这已经指出了基金管理人对基金托管人的遴选职责,这与遴选产生后的基金托管人要对基金投资者负责并不必然矛盾,而且也不会在现有体制下增加额外的代理成本。我们要相信,存在志怀高远、勤勉审慎、重视基金治理、重视投资者保护、重视自身声誉、追求基业长青的基金管理人,他们会有积极性去审慎地选任托管人,但前提是把选择和监控的标准加以细化和明确,我国法律、法规在这方面的具体制度建构仍有完善的空间。如果考虑对此予以监控和约束,则根据《IOSCO 托管报告》,监管机构还可以对基金管理人施加义务,要求其证明为何对托管人的选任是适当的。另外,监管机构自身也需要承担相应的职责,如把有些基金托管人的适任性要求通过监管规则转换成托管人自身的合规义务,作为其持续展业的条件,并不时开展外部监管检查;还可以借助中介机构(如律师事务所、会计师事务所)的力量,通过要求其定期出具专业意见的方式辅助监管等。

(四)基金托管人的责任

因国家金融政策调整("金融去杠杆"),有的私募基金发生"爆雷",造成广大

---

① 参见李江鸿、郑宏韬、黄旭:《商业银行托管业务法律问题与法律风险》,载《金融论坛》2012 年第 5 期;高景、邢浩伟:《试论我国基金托管人监管机制的完善》,载《中国经贸导刊》2011 年第 13 期;刘燊:《论投资基金托管人制度的完善》,载《政治与法律》2009 年第 7 期。

投资者经济损失。在后续处置中,关于托管人是否要对投资者赔偿以及中国银行业协会 2019 年发布的《银行托管业务指引》作出托管银行不承担连带责任的规定,均发生了一些争议。①

《银行托管业务指引》的具体条文是第 16 条,即"托管银行因违反法律法规或托管合同,给托管资产造成损失的,应承担赔偿责任。管理人、受托人等相关机构因发生违法违规行为给托管资产或者相关受益人利益造成损害的,应当由各机构自行承担责任。托管银行对管理人、受托人等相关机构的行为不承担连带责任,法律法规另有规定或托管合同另有约定的除外"。

而《证券投资基金法》对此的规定是第 145 条第 2 款,即"基金管理人、基金托管人在履行各自职责的过程中,违反本法规定或者基金合同约定,给基金财产或者基金份额持有人造成损害的,应当分别对各自的行为依法承担赔偿责任;因共同行为给基金财产或者基金份额持有人造成损害的,应当承担连带赔偿责任"。

两相对照,确实有一些微妙的差异,关键之处就在连带责任。一者总体上是概括拒绝连带责任;另一者是在"共同行为"前提下肯定连带责任。当然,如果概括拒绝,商业银行作为托管人给予投资者赔偿的概率就更小了。

本书认为,对《银行托管业务指引》的规定应当在法学解释论层面做这样的解读:严格来说,在中国目前的实定法体系下,《银行托管业务指引》所覆盖的托管财产并不仅仅是《证券投资基金法》下的证券投资基金,按其第 6 条第 1 款表述,包括"公募证券投资基金;证券公司及其子公司、基金管理公司及其子公司、期货公司及其子公司、保险资产管理公司、金融资产投资公司等金融机构资产管理产品;信托财产;银行理财产品;保险资产;基本养老保险基金;全国社会保障基金;年金基金;私募投资基金;各类跨境产品;客户资金;其他托管产品"。因此,即便有《证券投资基金法》关于连带责任的规定,但对于该法所规定(公募/私募)证券投资基金以外的其他托管财产,《银行托管业务指引》另行作出不承担连带责任的规定(无论是否有《证券投资基金法》所言的共同行为),在解释论层面,这似乎并不能说有何不当。对于《证券投资基金法》下的连带责任,《银行托管业务指引》的制定者应该也没有视而不见,其以"法律法规另有规定或托管合同另有约定的除外"加以表述。因此,如果是商业银行托管(公募/私募)证券投资基金,②也不能援引

---

① 参见《180 亿私募爆雷!托管银行该不该承担责任?》,载凤凰网,https://wemedia.ifeng.com/70877381/wemedia.shtml,2019 年 6 月 1 日访问。

② 这里还有一个立法漏洞,也是导致上述注脚所引案例出现争议的重要原因,就是《证券投资基金法》未能明确覆盖私募股权基金。因此,该案例下的商业银行(以及银行业协会)认为,其不能适用《证券投资基金法》下关于连带责任的条款。

《银行托管业务指引》概括不承担连带责任。

但从立法论上看,本书认为,《银行托管业务指引》第16条略有只顾及自身行业利益而对投资者保护不足之嫌,不算是好的、对各方利益公平的"立法"。因为从法理本质上看,《银行托管业务指引》第6条第1款所规定的托管产品除了"客户资金"外,其他在法理上都可纳入信托的范畴,该等产品的建构,所依据的都是信托法律关系,其经济属性也都是金融、投资、资产管理型产品(商事信托)。即便是保险类资产,在托管语境下,其经济属性也是通过投资的方式达到保值增值的目的。这与遗嘱信托、公益慈善信托等民事信托迥异。因此,这些托管财产(产品)和现行《证券投资基金法》下的证券投资基金没有本质不同,都可纳入广义基金的范畴(如本书导论对基金的定义)。如果采功能监管进路,就应该适用同样的监管标准和法律规则。当然,如果把这些产品都纳入一部广义的基金法,现行《证券投资基金法》第145条第2款是否要修改,对此可以进一步讨论。但本书目前认为,修改的必要性与合理性都不大,但对于基金托管人责任的理解可以此为出发点:

第一,基金托管人和基金管理人在我国契约型基金组织架构中,都处于受托人地位,对基金投资者履行受托职责。对此,很多在先研究也予以肯定。[1] 受托职责的背后即为受托义务,也称受信义务、信义义务,[2]这是信托关系中受托人最核心的义务,也是信托法律关系中的要义所在。中国基金业协会原会长洪磊先生代表基金行业自律监管组织在多次讲话中强调,私募基金行业要落实信义义务。[3] 中国政法大学王涌教授认为"信义义务是私募基金业发展的'牛鼻子'。基金业的各种法律结构均适用信义关系。"[4]。那么,具体到基金托管人责任这一问题上,当其处在受托人地位并应履行信义义务时,对该信义义务的履行情况将是

---

[1] 参见闫海、刘顺利:《独立与制衡:证券投资基金托管人法律地位的重构》,载《浙江金融》2012年第6期;李江鸿、郑宏韬、黄旭:《商业银行托管业务法律问题与法律风险》,载《金融论坛》2012年第5期;刘燊:《论投资基金托管人制度的完善》,载《政治与法律》2009年第7期;郭锋、陈夏:《证券投资基金法导论》,法律出版社2008年版。这也可以从《证券投资基金法》第2条对于《信托法》的适用、第3条对于"履行受托职责"的规定中解读出来。

[2] 《证券投资基金法》第9条第1款规定:"基金管理人、基金托管人管理、运用基金财产,基金服务机构从事基金服务活动,应当恪尽职守,履行诚实信用、谨慎勤勉的义务。"普遍认为,这是关于信义义务的表述。

[3] 参见《洪磊:信义义务要求受托人"忠实义务""专业义务"》,载新浪财经,https://finance.sina.com.cn/stock/y/2018—09—26/doc—ifxeuwwr8338287.shtml,2019年6月30日访问;《洪磊:持续推进信义义务落地》,载搜狐网,https://www.sohu.com/a/259577161_100006248,2019年6月3日访问。

[4] 王涌:《信义义务是私募基金业发展的"牛鼻子"》,载《清华金融评论》2019年第3期,第54、56页。

判断其是否要承担责任的标准。

  第二,虽然基金托管人和基金管理人都是受托人,但不是我国《信托法》第 31 条、第 32 条①中的共同受托人。在《信托法》下,要构成共同受托人,应具备如下条件:一是共同共有信托财产;②二是对信托事务的共同处理,即数位受托人在处理事务时,他们的权利是平等的,是无顺序、无份额大小、无主从关系的。通常,共同受托人必须全体一致行动。③ 在我国《证券投资基金法》语境下,基金管理人和基金托管人是否共有基金财产,可以商榷;有人认为,基金管理人对基金财产更具有实质上的使用和处分权。④ 但无论如何,二者肯定不是共同共有基金财产。共同共有是指两个或两个以上的人基于某种共同关系而共有一物。共同关系包括夫妻关系、家庭关系等,一般发生在互有特殊身份关系的当事人之间。在共同共有中,各共有人平等地享受权利和承担义务,各共有人对整个共有财产享有平等的占有、使用、收益和处分权,同时承担共同的义务。⑤ 据此,说基金管理人和基金托管人之间有共同关系明显牵强,其在占有(仅基金托管人占有)、使用、处分基金财产的职责划分上更是各自不同的,两者并不承担共同的义务。因此,虽然《信托法》第 31 条第 1 款说,"同一信托的受托人有两个以上的,为共同受托人",基金管理人和基金托管人在字面上符合该说法,但在实质上则不能这样认为。⑥ 根据《证券投资基金法》第 2 条,《证券投资基金法》是《信托法》的特别法。因而这里应适用作为特别法的《证券投资基金法》来讨论基金托管人的责任,《信托法》第 31 条

---

  ① 《信托法》第 31 条规定:"同一信托的受托人有两个以上的,为共同受托人。"
  "共同受托人应当共同处理信托事务,但信托文件规定对某些具体事务由受托人分别处理的,从其规定。"
  "共同受托人共同处理信托事务,意见不一致时,按信托文件规定处理;信托文件未规定的,由委托人、受益人或者其利害关系人决定。"
  《信托法》第 32 条规定:"共同受托人处理信托事务对第三人所负债务,应当承担连带清偿责任。第三人对共同受托人之一所作的意思表示,对其他受托人同样有效。"
  "共同受托人之一违反信托目的处分信托财产或者因违背管理职责、处理信托事务不当致使信托财产受到损失的,其他受托人应当承担连带赔偿责任。"
  ② 参见张军建、张雁辉:《信托法中共同受托人概念之考察》,载《中南大学学报(社会科学版)》2007 年第 2 期。该文考察了共同受托人概念的历史源起,论证较充分。
  ③ 参见徐孟洲主编:《信托法》,法律出版社 2006 年版,第 107 页。也可参见上注张军建、张雁辉一文。
  ④ 在私募证券基金场合,其开立的证券账户,就是以"基金管理人全称—私募基金名称"的方式加以命名,并没有托管人。参见中国证券登记结算有限责任公司下发的《关于私募投资基金开户和结算有关问题的通知》。
  ⑤ 参见王利明:《物权法教程》,中国政法大学出版社 2003 年版,第 171 页。
  ⑥ 也可参见郑泰安等:《证券投资基金法律制度:立法前沿与理论争议》,社会科学文献出版社 2019 年版,第 77 页。

和第 32 条没有适用的余地。

第三,《证券投资基金法》第 145 条第 2 款有前后两句。前句说,"基金管理人、基金托管人在履行各自职责的过程中,违反本法规定或者基金合同约定,给基金财产或者基金份额持有人造成损害的,应当分别对各自的行为依法承担赔偿责任……"由此,基金托管人单独承担赔偿责任的前提是:①行为违反了《证券投资基金法》规定或基金合同的约定,此处没有强调过错,类似于无过错的违约责任;②违反的具体事项或内容,是对其应履行托管职责的规定或约定;③这里对托管职责的内涵外延以及履行是否达标的理解,应按照信义义务标准(何况《证券投资基金法》第 9 条还有关于恪尽职守、诚实信用、谨慎勤勉的明确要求)。本书认为,信义义务要求的谨慎勤勉是一个相对较高的标准,[1]以体现信托和受托关系中的高度信任。这里就隐含了对"过错"的要求。托管人如果有故意或(重大)过失未能履行好其自身职责,当然就违反了《证券投资基金法》第 9 条,也就违反了这里的第 145 条前句。因此,本书不认为,基金托管人能仅仅以"投资决策是基金管理人做出的,我只是表面审查,然后遵照其指令处分"加以抗辩。笔者对"表面审查"这个概念不认同。何谓"表面"?基金托管人作为具有托管业务资格的专业机构,其是否应该在审查时具有基本的、合理的职业怀疑,[2]能否以"表面审查"来规避信义义务?即便表面审查具有一致性,但如果在交易的若干环节、要素上有较为明显的疑点,是否也不应该警觉或行动呢?这不应该构成过错,至少也是重大过失吗?本书认为,司法机关在审查基金托管人责任问题时,首先不应局限在《证券投资基金法》第 145 条第 2 款后句与基金管理人之间的连带责任上,而是首先应该按照信义义务中的谨慎勤勉标准,审查基金托管人是充分履行了其托管职责,是否有过错,是否应为此承担其应承担的那部分责任。至于不采"表面审查"标准,谨慎勤勉审查的边界在哪里,合理的职业怀疑如何达到充分标准,收取的托管服务费难以覆盖这些业务成本怎么办?前两个问题有待进一步研究,可能会有一个司法能动判断和自由心证裁量的因素,也需要通过实践和案例不断加以总结;后一个问题,则属于对基金托管人的激励问题。但本书所反对的,是以简单的"表面"二字来笼统规避其信义义务,这不尽合理。

第四,《证券投资基金法》第 145 条第 2 款的后句说,(基金管理人、基金托管

---

[1] 比如:要像对待自己的事务一样将自己所掌握的全部信息用于客户的事务,有亲自执行和最佳执行事务的义务,以最好的方法和最好的价格为客户完成交易等。参见董新义:《资产管理业者的信义义务:法律定位及制度架构》,载《求是学刊》2014 年第 4 期,第 85 页。

[2] 对于专业人员,应当具有基本的职业怀疑意识。比如注册会计师,其在计划和实施审计工作时,应当保持职业怀疑。参见中国注册会计师协会编:《审计》,经济科学出版社 2012 年版,第 83、84 页。

人)因共同行为给基金财产或者基金份额持有人造成损害的,应当承担连带赔偿责任。这里的难点是如何理解"共同行为",从而才会导致连带责任。本书认为,这里的"因共同行为给基金财产或者基金份额持有人造成损害"其实也是一种民事侵权行为,符合侵权行为的构成要件,①对此,可以参照我国《民法典》侵权责任编及民事侵权相关理论阐释加以理解。综合我国《民法典》第1168条、第1171条和第1172条来看,②有学者认为,《民法典》第1168条中的"共同"仅指存在共同故意、有共同意志或意思联络,具有共同的追求目标,相互意识到彼此的存在,且客观上为达致此目的而协力,付出了共同的努力等,③本书对此赞同。因此,根据基金管理人和基金托管人的职责分工,在基金管理人投资决策有过错,基金托管人在履行投资监督或财产保管等托管职责上也有过错,并最终造成基金财产发生损失(同一损害)时,本书认为,这并不符合《民法典》第1171条所说的"每个人的侵权行为都足以造成全部损害",因为其各自单独的行为不足以造成全部损害;但第1172条是可以适用的,这反过来其实与《证券投资基金法》第145条第2款前句的逻辑一致。由此,后句中的"共同行为",只能是和《民法典》第1168条中的"共同实施"逻辑一致,要求达到共同故意,有意思联络的标准,在此情况下,基金管理人和基金托管人才承担连带责任。根据上述民法解释学中的体系解释方法,④在考察了作为民事一般法的《民法典》条文后,笔者相信对《证券投资基金法》第145条第2款的上述理解更加准确,至此也基本厘清了基金托管人的责任边界。

最后还要指出的,是在目前的商事实践中,有的基金合同中会有"基金托管人的损失赔偿责任以其收到的托管服务费为限"这样的表述。本书认为,这是不妥的。一是于法无据,上文中所有与此相关的条款,只是在定性上明确基金托管人的责任,从没有在定量上规定限额。二是损害投资者利益,这突破了资本市场的

---

① 即①具有加害行为,就是这里的"共同行为";②受害人遭受损害;③具有因果关系,即"因共同行为给……造成损害"。这已经符合了侵权行为的标准。参见程啸著:《侵权责任法》,法律出版社2015年版,第208、209页。
② 《民法典》第1168条规定:"二人以上共同实施侵权行为,造成他人损害的,应当承担连带责任。"
第1171条规定:"二人以上分别实施侵权行为造成同一损害,每个人的侵权行为都足以造成全部损害的,行为人承担连带责任。"
第1172条规定:"二人以上分别实施侵权行为造成同一损害,能够确定责任大小的,各自承担相应的责任;难以确定责任大小的,平均承担赔偿责任。"需要说明的是,上述条文的内容与《民法典》生效前的《侵权责任法》第8条、第11条和第12条完全相同。
③ 参见程啸:《侵权责任法》,法律出版社2015年版,第348页。
④ 参见梁慧星:《民法解释学》,法律出版社2015年版,第219—221页。

底线。民事救济、损害赔偿的基本原则是要求责任承担者对利益受损者的全部损失(所受损害+所失利益)予以弥补,学说上称为"全部赔偿原则"①,使其恢复至不受损失的状态,但也不能因此得利。因此,上述限额条款可以认定为无效。

(五)展望

结合一些在先研究,本书对 3 个与基金托管及托管人有关的问题予以展望,这可以作为下一步完善基金托管、加强基金治理的努力方向。

一是基金托管人的报酬激励问题。目前的基金托管人仅仅按照所托管资产规模的固定比例收取托管费,其是否尽力监督基金管理人与其托管收入没有必然联系。② 有学者指出,可以允许托管人按一定比例提取业绩报酬,业绩报酬的引入能提高基金托管人监督职责履行程度与其报酬的相关性,一定程度上可以改善托管人漠视持有人利益的状况。③ 本书认为,这不失为一种思路。托管费的设计应该和所托管的基金财产及投资策略有关,从而体现激励相容,不应只采取单一、固化的模式。比如,对于私募股权基金来说,托管人承担的业务风险显然比私募证券基金要大。一旦资金划出托管账户,后续将被用于投资标的的各种生产经营活动,其现金流不是闭环的。因此,基金托管人在审核清算和投资监督环节,必须具备更高的专业判断能力,更为谨慎勤勉,这需要在未来有更高的报酬作为对价。又如,境外的对冲基金也可以通过"侧袋"方式投资一定比例的私募股权类资产(即未上市公司的股权),只要其在私募融资备忘录(Private Placement Memorandum,类似于境内的基金合同)中事先对这种投资策略做出充分披露并为投资者认可。未来中国的私募基金如果要增加投资灵活性,对标境外同业做法时,这个问题依然会摆到国内基金托管人的面前。对此,宜提前开展进一步研究。

二是基金托管人投资监督职责的具体履行问题。有学者在 10 年前就指出,《证券投资基金法》主要侧重于对有关资产保管及基金清算事项的规定,而对于托管人监督职责则规定得比较原则,缺乏对基金托管人在监督过程中的权利、义务和责任的明确规定。基金管理人与基金托管人的业务重心不同,两者间的信息不对称客观存在。即便基金托管人欲尽监督之责,但有时候也可能心有余而力

---

① 王泽鉴:《民法概要》,中国政法大学出版社 2003 年版,第 238 页。
② 参见刘燊:《论投资基金托管人制度的完善》,载《政治与法律》2009 年第 7 期,第 38 页。
③ 参见蔡云红:《我国基金托管人制度的法律问题与完善建议》,载《证券市场导报》2011 年第 7 期,第 33 页。

不足。① 这个问题至今依然存在。《证券投资基金法》提到的"按照规定监督基金管理人的投资运作",对此没有细则性规定,导致基金托管人对自身到底应如何充分、合规履行投资监督职责莫衷一是,面临较大的合规风险。也有人提出赋予基金托管人质询权或信息知情权。基金托管人应有权要求基金管理人提供其进行审查、判断所必需的信息。基金管理人在执行一定数额或特定类型的重大交易前负有向基金托管人报告的义务,法律还要明确报告的时间、范围,如基金托管人在规定的时间内未提出异议,基金管理人即可以执行交易。基金托管人有义务对基金管理人不符合基金目的、不符合信赖义务的任何重大行为进行审查与监督。基金管理人的行为虽然不违反法律、行政法规和基金合同约定,但其行为明显威胁到基金资产的安全或有其他重大异常的,基金托管人有权要求基金管理人及其高管作出合理的解释或证明,基金管理人及其高管负有在规定的时间做出答复,并就基金托管人提出的问题作出适当的解释或证明的义务等。② 本书认为,上述建议有一定的合理性,尤其是在托管复杂金融资产(如私募股权基金)时,可以有所考虑。关于基金托管人投资监督的权利运作方式及边界,仍有待深入研究。

三是基金管理人对基金托管人的监控问题。目前,法律强调基金托管人对基金管理人的监督,而基金管理人对托管人的监督制衡缺乏明确的规定。③ 本书认为,没有必要刻意回避实务中由基金管理人遴选基金托管人的情况,这在"管理人主导的基金"中是存在的。按照前述《IOSCO 托管报告》中的内容,要求基金管理人在遴选后加强对托管人的监控,通过监管规则明确需要监控的事项,是加强基金治理的必要举措,对此值得进一步探索。

---

① 刘燊:《论投资基金托管人制度的完善》,载《政治与法律》2009 年第 7 期,第 38 页。
② 蔡云红:《我国基金托管人制度的法律问题与完善建议》,载《证券市场导报》2011 年第 7 期,第 32 页。
③ 蔡云红:《我国基金托管人制度的法律问题与完善建议》,载《证券市场导报》2011 年第 7 期,第 30 页。

三、基金份额持有人的核心权利

基金份额持有人是基金治理的重要一方,他们既是基金治理的源头,又是基金治理的归宿。因此,在基金治理架构这一篇中,有必要提及基金份额持有人。

(一)股东积极主义?

对基金份额持有人来说,首要的治理问题是他们是否以及应当如何参与,或者说在何种程度上参与基金治理?这里就涉及一个"股东积极主义"的问题。从"委托—代理"这一经济学模型角度来看,基金和公司在很多地方是相通的,基金的份额持有人在很大程度上可类比为公司股东,何况还有公司型基金,其份额持有人就是基金公司的股东。在公司治理领域,股东积极主义(shareholder activism),是指机构投资者凭借其所持有的股份,通过征集代理投票权和提出股东议案等形式积极参与公司治理的行为。严格意义上讲,股东积极主义既包括机构股东积极主义,也包括公众股东积极主义,但一般意义上的股东积极主义是针对机构投资者而言的。[①] 该理论其实是在暗示:积极的股东参与——尤其是机构股东的参与——对公司治理有益。我国偏好公司型基金的学者,其理由之一也是在公司型组织形式下,基金委托人即公司股东可以通过股东会(或间接通过董事会)对基金(公司)行使权利,从而能更好地参与治理。上述理由的本质其实也是股东积极主义。因此,如果能证成股东积极主义,那么就应该尽可能多地赋予基金份额持有人相关权利,使其能够积极行使;反之,则无此必要,基金份额持有人仅须具备最关键的核心权利即可。本书倾向认为,股东积极主义这一假说在实践中可能尚未得到充分验证。

在理论上,虽然著名的拜伯楚克(Bebchuk)教授在其开创性论文《强化股东权利的理由》中主张,强化股东权利将改进公司治理并且提高管理层责任心。但其他学者和从业人员在理论上对股东民主的好处持怀疑态度,主张股东民主并不会增加股东价值或者对公司净收入产生积极影响。反对者认为,股东民主不仅有助

---

① 参见赵金龙:《股东积极主义诸问题与新展望》,法律出版社2020年版,第7页。

于股东推动对自己特别有利的议程,同样会削弱公司关注非股东利害关系人的能力。① 布莱克教授(Black)和其他学者认为,股东倾向于相对消极,不能行使被给予的投票权利或者积极行动。② 国内学者认为,"股东会统揽了公司重大事项决策权。这种做法看似重视公司股东和股东会地位,提升了股东参与决策的地位,甚至有助于确定公司发展目标,但实际功能却未必如此……规定公司股东会享有巨大决策权的立法,看似尊重股东意愿,实则有违提升公司运行效率的初衷。"③ 还有人认为,股东积极主义者们声称的"公司治理最佳实践"实质上是空洞的,甚至是虚伪的:第一,积极对冲基金实际上在损害股东的"特权"(shareholder franchise);第二,积极对冲基金削弱了董事会的独立性和多样性;第三,积极对冲基金对于反收购措施的立场摇摆不定。④ 如果对公司是如此,对于基金而言(把上述"积极对冲基金"换做基金的机构投资者),其理论逻辑也是可以延伸的(除了第三点)。

在实践中,尤其是在中国市场,无论是上市公司还是公募、私募基金,笔者至今未观察到大量股东积极主义的实践。⑤ 如果这种积极主义扩大到公众股东积极主义的话,就更少了。毕竟,"搭便车"的惰性是人性中的固有成分,不是轻易可改变的。⑥ 对于机构股东/机构投资者来说,其参与治理的动力可能会略强一些,但如本书前文所称,似乎仍有必要区分是"投资者主导的基金"(或者就是一位投资者的专户)还是"管理人主导的基金"。对于前者,机构投资者(也可以包括FOF基金管理人)持股比例较高,更具监督动机;其信息处理能力也更强,拥有更多的监督公司决策的相关专业知识,更具监督能力。但是,我国机构投资者还很年

---

① 参见赵金龙:《股东积极主义诸问题与新展望》,法律出版社2020年版,第12页;宋顺林:《股东积极主义的中国实践——来自股东大会投票的经验证据》,经济科学出版社2016年版,第41页。

② 参见赵金龙:《股东积极主义诸问题与新展望》,法律出版社2020年版,第28页。

③ 叶林:《公司治理制度:理念、规则与实践》,中国人民大学出版社2021年版,第30页。

④ 参见曾斌、林蔚然等:《资本治理的逻辑》,中国法制出版社2020年版,第99页。

⑤ 有学者经过调研发现,"基金持有人大会日常机构的制度安排的确在基金治理实践中遭遇'寒流',基金法律规定的治理框架与实践之间存在巨大的落差。"参见郑泰安等:《证券投资基金法律制度:立法前沿与理论争议》,社会科学文献出版社2019年版,第120页。还有学者认为,"面对国外方兴未艾的股东积极主义运动,我国市场对此的反应却相当冷漠,无论是在学术上还是在实务中。这种反差的原因之一是我国的机构投资者并没有把太多的关心放在公司治理上,他们往往认为花费大量的精力改善公司治理并不会带来投资收益的太多增长。"参见曾斌、林蔚然等:《资本治理的逻辑》,中国法制出版社2020年版,第103页。笔者认为,如果对上市公司是这样,对于基金而言,逻辑上又能有多少不同呢?

⑥ 美国知名经济学者奥尔森在其名作《集体行动的逻辑》中提到:"有理性的、寻求自我利益的个人不会采取行动以实现他们共同的或集团的利益……尽管集团的全体成员对获得这一集团利益有着共同的兴趣,但他们对承担为获得这一集体利益而要付出的额外成本却没有共同兴趣。每个人都希望别人付出全部成本,而且不管他自己是否分担了成本,一般总能得到提供的利益。参见〔美〕曼瑟尔·奥尔森:《集体行动的逻辑》,陈郁、郭宇峰、李崇新译,格致出版社、上海三联书店、上海人民出版社2014年版,第2、16页。

轻,自身的治理水平可能不高,制约了他们的监督动机和能力。现有的研究表明,我国机构投资者不仅可能起不到稳定市场的作用,而且还有可能操纵股市,与管理层或大股东合谋。① 另外,考虑到机构投资者有更高的谈判议价能力,按民事领域的意思自由原则,双方即机构投资者和基金管理人在谈判空间内拟达成的各自权利义务的约定条款注定不一而足。在规范层面上,似没有必要进行整齐划一的理论建构,也难以在事先罗列清楚,对此宜保持一个开放的态度。而对于后者来说,"股东积极主义"实际并未落地。

另外需要注意的是,证券投资基金的运营与实体经济中各家实体公司的经营终究还是有诸多不同。本书概其要者:一是基本属性不同。公司既是财产的集合,亦是人的集合。② 因此,其管理就更为复杂,人本身有机会主义的道德风险,对此的控制和监督要更为严密,治理要求更高。而基金仅仅是财产的集合——公司型基金亦如此,这类基金"公司"没有员工——治理的重点其实是基金管理人。二是主营业务不同。证券投资基金(公司)的主营业务就是财务投资(一般也不涉及产业维度上的战略投资),不会具体涉及实体经济中的各行各业,其业务形态是简单的,甚至是单一的;而实体经济中公司的经营就非常复杂,会涉及经济的方方面面,俗话说"人财物、产供销"等,嵌入社会经济生活的各个细节末梢。三是投资目标和风险收益特征不同。对于证券投资基金,投资者的投资目标主要就是组合投资、分散投资、财务投资,力争在一定风险条件下取得收益的最大化;而对于投资于一家公司来说,就相当于把筹码全部压在了一个细分行业中一个具体的法人主体身上,风险显然更大、更集中,包括但不限于该公司自身经营出现问题、该公司所在行业的基本面出现问题(如周期性波动),甚至该公司的人员出现道德风险等。四是投资的现金流是否形成闭环不同。证券投资基金如果投资于股票市场,在现代结算条件下,资金和无纸化股票之间的流动能形成闭环,资金的安全性更高。但如果投资于实体公司或者上市公司在一级市场发行的股票,相关资金就会真实地流入公司的独立账户,并被用于各种实际经营需要,转化成各种资产形态,包括但不限于固定资产、无形资产(如专利)、商誉等。这些资产的会计计量和估值更加复杂,会计操纵的空间很大(如康得新、獐子岛等上市公司的财务丑闻或闹剧),相关投资要形成真实收益并变现退出的难度很高。所以,对公司股东的保护显然要比基金投资者更加周全。

综上,无论是从股东积极主义的理论证成、实践印证角度,还是从基金运营和公

---

① 参见宋顺林:《股东积极主义的中国实践——来自股东大会投票的经验证据》,经济科学出版社2016年版,第51页。

② 参见周淳:《商事领域受信制度原理研究》,北京大学出版社2021年版,第88页。

司经营在客观上存在差异的角度,似均无充分的理由在规范层面设定基金份额持有人(股东)以一种特别"积极"的姿态介入基金运营或治理,而且从各项制度成本的角度来看,赋予基金份额持有人与公司股东同等的权利内容并施加同等的权利保护,也无必要。① 相对于公司股东权利来说,基金份额持有人的权利可更为精简,本书对此称为"核心"权利。基金治理重在对基金份额持有人核心权利加以保护。

(二)权利层次与核心权利

对照我国《公司法》等相关规定②以及有关学者的论述,③公司股东的权利有:提议召开股东(大)会的权利及表决权(及其委托);建议质询权;股利分配请求权(分红权);剩余财产分配请求权;查阅权(知情权);优先受让/认购权(有限责任公司股东)。股东(大)会表决权涉及的表决事项有:公司的经营方针和投资计划、董监事的任命、董事会监事(会)报告、年度财务预决算方案、利润分配/弥补亏损方案、增减资、发行公司债、合并分立解散清算、修改公司章程、对外投资或为他人担保等。当然,公司股东对作为其财产的公司出资/股份,有相应的处分、转让的权利(包括质押等);公司股东也有相应的诉权。

根据我国《证券投资基金法》、基金业协会《私募投资基金合同指引 1 号(契约型私募基金合同内容与格式指引)》、④相关学者论述⑤,以及实务中常见的私募证券投资基金合同,基金份额持有人的权利有:基金财产收益权、剩余基金财产分配

---

① 对此,也有学者认为:"基金运作是一种专家理财方式,应尊重基金管理人在法律和信托契约约束下的广泛的投资自由裁量权……基金持有人大会的存在实际上削弱了受托人的权利。召开基金持有人大会费时费财,基金投资者不一定有兴趣参加,导致会议流于形式。对于开放式基金来说,对其业绩不满的投资者,通常宁可通过赎回机制收回投资转向其他领域,也不愿采取措施来改善基金的管理。"参见周天林:《析投资基金当事人的权利义务》,载徐学鹿主编:《商法研究》(第 1 辑),人民法院出版社 2000 年版,第 386 页;王连洲、董华春:《〈证券投资基金法〉条文释义与法理精析》,中国方正出版社 2004 年版,第 316、317 页;转引自郑泰安等:《证券投资基金法律制度:立法前沿与理论争议》,社会科学文献出版社 2019 年版,第 268、269 页。

② 我国《公司法》第 16 条、第 33 条、第 34 条、第 37 条、第 42 条、第 71 条、第 99 条、第 103 条、第 106 条、第 137 条;另外还包括我国《民法典》第 440 条(关于股权的权利质权)。

③ 参见施天涛:《公司法论》,法律出版社 2018 年版,第 261—272 页;范健、王建文:《公司法》,法律出版社 2018 年版,第 274—281 页。

④ 我国《证券投资基金法》第 46 条、第 47 条、第 48 条;第 9 章是关于公募基金份额持有人大会的规定,实务中,私募基金的基金合同对于基金份额持有人大会的约定,总体上也参照公募基金的上述规定。基金业协会《私募投资基金合同指引 1 号(契约型私募基金合同内容与格式指引)》第 28 条。

⑤ 参见郭锋、陈夏:《证券投资基金法导论》,法律出版社 2008 年版,第 311—323 页;

权;基金份额赎回、转让权;查阅权或按照基金合同约定的时间和方式获得基金披露信息的权利;要求召开或参加基金份额持有人大会的权利及表决权。其中涉及的表决事项包括:基金扩募或者延长基金合同期限;修改基金合同的重要内容或者提前终止基金合同;更换基金管理人、基金托管人;调整基金管理人、基金托管人的报酬标准(实务中一般限缩为上调,尤其是私募基金)等;设立基金份额持有人大会日常机构的权利;①对基金管理人、基金托管人、基金服务机构损害其合法权益的诉权以及对基金管理人履行投资管理及基金托管人履行托管义务的监督权等。②

由此,结合上文关于基金与公司差异性的论述,本书把基金份额持有人的权利划分成如下三个层次:

第一层,本书认为是核心权利,包括两项:一是基金份额的赎回、转让权,也可称为退出权;二是知情权,即上述查阅权或按照基金合同约定的时间和方式获得基金披露信息的权利。本书认为,在基金场合,投资者的退出权是最核心的。因为基金份额持有人的投资目的不是参与实体经济主体的各项经营,在缺乏深度介入基金管理人管理基金的业务流程——也未见得其具有专业性和必要的激励(理性冷漠、"搭便车")来"用手投票"介入——同时,也无法把控所间接投资公司的内部经营情况时,保护好份额持有人"用脚投票"的权利,显然是最基础、最关键的,也是第一位的。中国香港证监会于2018年11月发布更新的《基金经理操守准则》③(Fund Manager Code of Conduct)中,在多处提及投资者的赎回权,④尤其是新增"如果在附函(side letter,也可认为是针对特定投资人的基金文件补充协议)中有关于赎回的特别优惠的话,这一优惠赎回条款必须向全部现任和潜在投资者披露"。这一处关于向投资者公平披露的强调,唯一指向的就是赎回权的优惠,彰显了对赎回退出的高度重视。从这个角度来说,对于很多涉及基金份额持

---

① 我国《证券投资基金法》第83条规定了"设立基金份额持有人大会日常机构的权利",但在目前的实务中,无论是公募基金还是私募基金,似乎均罕见存在上述日常机构,对此的检讨有待进一步研究。

② 这里的"等"还应当从我国私法体系角度包括基金份额的质押权来看,因为基金份额是持有人的一项财产,持有人依据基本的民事财产权利,当然对此享有各类处分权,包括在其上设立担保权。这一权利非法律不可剥夺,这是民法和宪法的基本原则。遗憾的是,目前在实务当中,对于基金份额的质押,尤其是私募基金,相关细则还付之阙如,有关操作难以落地(有的担任份额登记机构的券商以"法无明文不可行"的态度漠然看待基金份额质押),对基金份额持有人权利是一个极大的限制,殊为不妥。

③ 这是按照中国香港证监会SFC发布的中文文本命名,这里的"基金经理",实际上是指基金管理人,而不是基金组合经理自然人个人。

④ 如第3.14.1条,要求基金管理人建立、执行、维持适当和有效的流动性管理政策,监控基金的流动性风险,要一并考虑基金的投资策略、流动性特征、底层资产的相关义务以及赎回政策;对于任何会影响到投资者赎回权利的工具或额外举措(exceptional measures)都应解释和披露。第5.4.1条,要求必须向投资者披露侧袋资产的赎回锁定期,以及其与其他基金份额之间的不同。

有人的私募基金合同变更事项,在合同变更后对基金增加临时开放,给份额持有人就本次变更以一次"用脚投票"的机会,足以保障其利益。本书再次强调基金运营和公司经营是有诸多不同的,基金投资者难以也无须像公司股东一样,就更多基金管理事项用手表决,这可能既勉为其难,又徒增制度成本。

但是,基金份额持有人要做出"用脚投票"的决策前,也必须对基金相关的运营情况(包括合同变更情况)充分知情,从而保证其决策是在掌握充分信息的前提下做出的。基金管理人作出充分信息披露是"卖者有责"的一面,然后投资者在知情并决策后,就应"买者自负(风险)"了。因此,知情权也属于核心权利。关于基金治理中的信息披露,本书在第三篇中详述。

第二层,集体性、参与性的权利(也叫共益权[1]),即要求召开或参加基金份额持有人大会的权利及表决权。之所以说是集体性、参与性的,是因为该等权利的内容实现还倚赖于其他投资者权利的行使。根据基金的特点,本书认为我国实定法目前规定的需要基金份额持有人大会表决的事项已涵盖基金运营中最重要的事务,足以保护投资者利益。其实,单个投资者在相关事项上的利益实现受到其他投资者权利行使的牵制,对单个投资者的权利保障来说,最直接的方式还是允许其公允退出。本书在基金领域不迷信"股东积极主义"。

但在现代科技条件下,为股东、基金份额持有人创设更多的"用手投票"便利,仍是保护投资者权利的当然和必要之举。有学者认为,电子信息技术对公司法与公司治理有深远意义:一是对时间与地域障碍的克服和对公司法律事务管理的便利;二是对股东大会形骸化的抑制;三是在内部管理系统和对外关系上的效益。[2] 实证结果发现,在提供网络投票的情况下,股东参加股东大会的意愿较强,大部分中小股东选择通过网络投票方式参加股东大会。[3] 此外,现代股东参与治理的方式包括:股东网络投票、电子委托书征集、虚拟股东会议(包括股东大会信息与文件的电子交付)、电子股东论坛等。[4] 本书认为,无论是公募基金还是私

---

[1] 参见施天涛:《公司法论》,法律出版社2018年版,第257页。
[2] 参见房绍坤、姜一春:《公司IT化的若干法律问题》,载《中国法学》2002年第2期,第115页。
[3] 参见宋顺林:《股东积极主义的中国实践——来自股东大会投票的经验证据》,经济科学出版社2016年版,第87页。
[4] 股东网络投票,是指股东通过信息网络行使投票权参与股东大会的行为。与传统投票方式相比,股东网络投票具有虚拟性、数字化及快捷性等特点,可以降低中小股东参加股东大会的时间和成本,提高参会积极性,同时降低公司治理成本;也可以保护股东知情权,有利于证券管理机关监管;还可以克服委托代理制度的缺陷,有利于公司与股东互动等。(转下页)

募基金,都可借助这些手段来提高基金份额持有人会议的效率。相关基金服务机构可以为此向市场提供必要的 IT 服务。在必须依照基金份额持有人大会程序做出决策的情况下,基金管理人应当依法和依约履行好每一个程序环节(尽管可以通过电子方式),这是基金管理人勤勉尽责的基本要求。笔者在行业会议上也听到相关司法审判人员对此持同一态度。

第三层,其他基本的民商事权利,包括收益分配权、剩余财产分配权、基本诉权、监督权等。这类权利属于私法体系中的主体所当然应有的权利,其逻辑深植于民商法的一般法理,本书不赘。

综上,从基金治理角度来看,基金管理人最应当做的是保护好基金份额持有人的退出权和知情权,由此出发加强自身的合规管理;[1]从基金监管角度来看,则应重点加强这方面的立法和执法检查,由此更高效地配置监管资源。

(三)刺破"基金"面纱

实务中有这样一种情况:委托人(基金份额持有人)把基金当作一个"通道",[2]基

(接上页)电子委托书征集突破了股东亲自参加股东大会的限制,委托书争夺战征集各方进行广泛宣传,引导中小股东作出授权。如果能确保股东充分获取信息,可以保障公司决策的民主性。

虚拟股东会议,也称网上股东会会议,是指公司利用网络工具来召开股东会会议。与传统股东会议相比,其最重要的特点就是虚拟性。股东通过互联网等设施召开和参与股东会议,不受地理位置影响,参会时间灵活,无须物理场所,除了适格股东身份,参会者身份和参会行为都具有虚拟性,所有会议程序都在网络上进行。

电子股东论坛,理论界和实务中没有一个统一、明确的界定。有学者认为,广义上可以指一切便于股东、投资者和公司进行信息交流、组织会议的电子媒介。狭义上应当限于法律意义上的一种制度,须由立法予以严格界定,德国电子股东论坛就是一个典型。

以上参见赵金龙:《股东积极主义诸问题与新展望》,法律出版社 2020 年版。

另可参见王宗正:《股东大会电子化的理论探索与制度构建》,法律出版社 2019 年版,第 109—141 页。

[1] 在私募基金的实务中,存在若干年"硬锁定"从而不让基金份额持有人退出或份额转让的合同条款。本书认为,由于投资存在收益波动(即风险),一定程度的"锁定",可以迫使投资者放长投资的周期,熨平价格的波动,增加投资收益的胜率,这符合投资学和投资领域的相关规律特征,有一定的合理性。"硬锁定"和退出权不是必然矛盾。其中的几个关键问题是:"硬锁定"可能带来的投资风险,如流动性风险,是否事前向投资者充分披露了,是否保障了投资者的知情权;从投资者适当性管理角度来看,此类"硬锁定"产品是否卖给了适当的、具有相应风险承受能力的投资者;"硬锁定"终究要打开,打开后是否充分保护了投资者的退出权。如果这些能够做到,对于基金投资者权利的保护仍应被视为是充分的。

[2] 此类产品也叫作"通道型"产品,而且是真正的通道。此类产品与投顾型产品还不同。投顾型产品是资产管理人/受托人将投资建议(或决策)权外包给投资顾问,但资产管理人/受托人还履行基金募集、风险控制等基金管理职责,委托人/基金份额持有人是没有基金管理、投资决策权的。真正的"通道"产品则是基金份额持有人实际保留了投资决策权。

金管理人实际上也是傀儡,真正的投资决策由基金份额持有人做出,这种情况以单一委托人为常见。其之所以设立一个基金,有特定的考虑,而这类考虑往往与规避当时的监管政策或宏观经济公共利益有关。在这种情况下,尤其是在投资基金领域——不考虑其他领域的交易架构设计,在该类设计中,可能有其他理由来证成这一架构的合理性——基金份额持有人的责任和基金管理人或者基金的责任应当如何厘清?

在公司法上,对于公司股东滥用公司独立人格,损害公司债权人利益及社会公共利益的,可以适用"刺破公司面纱"(也叫公司法人格否认)的法理。[1] 如前文所述,基金和公司有很多地方相通。如果是公司型基金,其本身就是一家公司,是独立的法人主体,有独立人格,直接适用"刺破公司面纱",似无不可。对于契约型基金而言(也可延伸至合伙型基金),本书认为,相关法理也可延及。

我们先看"刺破公司面纱"的法理。公司作为法人,其独立人格不仅表现为公司人格与组成公司的成员人格相互独立,而且表现为公司财产与公司成员财产相分离,由此形成归公司独立拥有和支配的财产。与此同时,公司成员(股东)放弃对其出资的直接支配权,换取仅以其出资对公司负责的有限责任特权。[2] 公司法人格否认是无视公司的独立人格,而将公司与其背后股东的人格视为一体,因此追究公司和其背后股东的共同责任。[3] 这样,股东的有限责任特权就没有了。当然,面纱不是随意可以刺破的,否则,就背离了公司制度的稳定性。该法理的适用场合主要有以下四种:一是公司资本显著不足;二是利用公司回避合同义务;三是利用公司规避法律义务;四是公司法人格形骸化。所谓形骸化,实质上是指公司与股东完全混同,使公司成为股东的另一个自我,或成为其代理机构和工具,以至于形成股东即公司、公司即股东的情况。在一人公司和母子公司的场合下,公司形骸化的情况较为严重。一旦发生公司同其股东,或一公司同他公司人格同化的现象,法院通常就要揭开公司面纱,而且成功率几近百分之百。对于是否存在形骸化的问题,主要考虑以下因素:①公司完全由其背后的股东(包括个人股东和公司股东)控制或支配,控制股东将自己的意思强加于公司之上,把公司视为实现自己目标的工具,其独立意思完全被股东个人或母公司的意思所取代,以致公司丧失了自我意志、自我决策的能力,成为完全没有自主行动的玩偶。②公司与股东或母子公司、姐妹公司之间的财产混同(包括公司营业场所、主要设备混同)、业务

---

[1] 我国《公司法》第 20 条以及朱慈蕴:《公司法人格否认法理研究》,法律出版社 1998 年版,第 75 页。

[2] 参见朱慈蕴:《公司法人格否认法理研究》,法律出版社 1998 年版,第 38 页。

[3] 参见朱慈蕴:《公司法人格否认法理研究》,法律出版社 1998 年版,第 99、100 页。

混同或组织机构混同(包括人员混同、没有必要的公司记录)等。① 因此,在一人公司中,为防止一人公司之独立人格及一人公司之单独股东的有限责任被滥用的现象,公司法人格否认法理之适用至关重要。② 对于一人公司是否存在法人格滥用或法人格形骸化,以客观标准判断之,通常有以下因素必须考虑:一是一人股东全部或大部分控制公司的经营权、决策权、人事权等;二是一人股东与公司之业务、财产、场所、会计记录等相互混同;三是公司资本显著不足;四是存在诈欺。③

由此对照契约型基金。契约型基金虽然不是独立的法律主体,不是法人,没有自己独立的意思表示机关;但在信托法律关系下,契约型基金是独立的会计主体,其独立账户中的财产与委托人/基金份额所有人、受托人/基金管理人的财产相互分离,是基金自身的独立财产,并由基金管理人依照基金合同所支配。与此同时,基金份额持有人也应放弃对基金财产的支配权,换取仅以其出资对基金投资结果负责的有限责任特权。如是来看,契约型基金与公司在人格问题上的主要差别即前者不能作为一个法人实体形成自己的独立意思(也没有自己的意思表示机关),而必须由基金管理人来代为管理和做出意思表示。除此之外,二者在很大程度上是相通的——尤其从实务角度来看,没有"质"上的差别。那么,考虑基金的场景,当发生①利用基金回避基金份额持有人——尤其是单一基金份额持有人,类似一人公司——的合同或法律义务时;②基金本身形骸化时,"刺破基金面纱"似无不可行之处。"刺破"的法律后果,即由基金份额持有人直接对基金管理、运营活动产生的后果承担责任,而不应由基金管理人承担责任,因为这时的基金管理人已经是一个"傀儡"了。

需要研究的是基金形骸化的判断标准。对照前述公司形骸化的标准并结合基金的实际情况,本书认为基金形骸化应主要考虑以下因素:①基金完全由基金份额持有人(尤其是单一份额持有人)所控制或支配,所有投资决策及相应的自由裁量权均由该份额持有人实际行使;②基金财产与基金份额持有人财产虽然分离,但基金份额持有人可随时、任意要求赎回基金份额,对此无任何期限、合同义务上的限制,从而导致财产混同随时可以发生。我国香港特别行政区终审法院在"终院民事上诉 2013 年第 20、21 号"判决中,对于某项信托财产是否属于委托人的财产(即二者混同)采用的测试标准是:丈夫(委托人)要求受托人预付该信托的全部或部分资本或收入给他,而以相对可能性而言,受托人是否可能会照办?经考虑该信托的设立及条款、丈夫的意愿书、该信托资产的性质及受托人以往所

---

① 参见朱慈蕴:《公司法人格否认法理研究》,法律出版社 1998 年版,第 140—152 页。
② 参见朱慈蕴:《公司法人格否认法理研究》,法律出版社 1998 年版,第 229 页。
③ 参见朱慈蕴:《公司法人格否认法理研究》,法律出版社 1998 年版,第 223 页。

作的分配,"本院裁定有明确证据显示,受托人极有可能在丈夫有此要求时预付该信托的全部或部分资本或收入给他。据此……本院认为应视整个信托基金为丈夫可用的财务资源。"①该终审判决据称引起了全球私人财富管理行业的高度关注。可见,受托人无原则地将信托的全部或部分资本或收入给委托人,会被法院视为一种财产混同。还可考虑的是,基金份额持有人与基金管理人(以及基金托管人)是否具有关联关系,如有关联关系,更可加重对基金形骸化成立的判断。当然,有关联关系,也不必然存在上述①和②的情况,所以,关联关系要素只能作为辅助参考。而对于上述基金形骸化的两个考虑因素,本书谨慎地认为,二者对于构成基金形骸化原则上应该是"并"的关系,而不是"或"的关系,但在具体考虑问题时,第一个要素所占的权重应该更大一些。

实务中,有一些单一委托人希望时时看到基金管理人所管理基金组合的持仓。本书认为,这未尝不可。但如果单一委托人要来具体地②行使投资决策权,对此就值得警惕了。笔者在实践中常常听到关于"通道型"产品相关主体的责任厘定问题。而关于"基金形骸化"以及"刺破基金面纱"的观点,本书似乎是首先对此论及,这个问题值得进一步研究,但这也可能是解决这些"通道型"产品相关主体法律责任的思路和方向。

---

① FINAL APPEAL NO. 20 OF 2013 (CIVIL) (ON APPEAL CACV NO. 48 OF 2012),具体判决书可在中国香港特区法律参考资料系统中检索。

② 有的单一委托人在看了基金组合持仓后对管理人说,希望加大对中国 A 股的配置,减少对美股的配置;或者希望加大对甲行业的配置,减少对乙行业的配置。根据该基金的投资目标、投资策略以及基金管理人的决策权限,如基金管理人的决策最终针对的是个股,那么委托人上述表达可能没有影响到基金管理人的"具体"决策,而只是给了一个宏观指引。最终落实到投资标的上,还必须倚赖基金管理人的专业技能和专项决策。但如果基金的投资策略和基金管理人的投资决策就是针对行业 ETF 基金,那委托人上述关于行业配置的表达就略有干涉基金管理人具体决策的意思了。当然,最终这需要根据个案实际情况来做判断,并可能需要借助法官在个案中的"心证"。

四、信义义务是基金治理的灵魂

凡谈到"治理",如公司治理、基金治理乃至国家治理,①其背景就是存在"委托—代理"关系,所有权和控制权/经营权分离,受托人(代理人)把持了对财产的控制权/经营权,委托人则希望凭借受托人的能力,更好地发挥财产的效用,使其所有权产生更大的价值或增值。但受托人在这控制/经营过程中,对委托人或受益人应承担什么义务呢?具体的细项当然很多,但有一项概括的、兜底的义务被称为信义义务(Fiduciary Duty)。如果没有信义义务,"治理"一定荒腔走板,受托人一定能利用其掌握的控制权,找到相应的漏洞而逃脱约束,进而损人自肥。当然,也不能把受托人的"手脚绑死",使其能力无法施展,这就构成了信义义务的边界,成为学人反复探讨、梳理和需要厘清的一项课题。

(一)信义关系和信义义务

信义义务只是英美法 Fiduciary Duty 这个概念的一种译法,其也经常被译为受信义务、信赖义务、诚信义务等(本书主要使用"信义义务"和"受信义务"这两个概念)。② 根据《韦伯斯特大辞典》的考证,1631 年,英语从拉丁文引入了"Fiduciaries"一词,即英文的 Fiduciary,作名词用,意即"受信人""受托人";1641 年,Fiduciary 出现第二种用法,作形容词用,意即"信义的",其拉丁词根为"Fidere"。③ 在《元照英美法词典》中,对 Fiduciary 的解释是"受托人,源自罗马法,指受托人及其他类似信任关系中的受信任者。受托人应恪尽诚信勤勉职责,为委托人的利益处理有关信托事务,且须达到法律或合同所要求的标准。受信托人、破产管理人、遗嘱执行人、监护人等均属受托人之列。"对于 Fiduciary Duty,则指"为他人利益办事时,必须使自己的个人利益服从于他人的利益。这是法律所默示的最严格的责任

---

① 在国内最新出版的《信义法的法理基础》一书中,就有关于"公共信义关系映射研究""国际法的信义基础"等讨论。参见〔美〕安德鲁·S. 戈尔德、保罗·B. 米勒编:《信义法的法理基础》,林少伟、赵吟译,法律出版社 2020 年版。
② 参见施天涛:《公司法论》,法律出版社 2018 年版,第 406 页。
③ 参见王涌:《信义义务是私募基金业发展的"牛鼻子"》,载《清华金融评论》2019 年第 3 期,第 55 页。

标准。"对于 Fiduciary Relation,指"基于信用、信托而产生的关系,如律师与当事人、监护人与被监护人、本人与代理人、遗嘱执行人与继承人等之间的关系。"①

由此,有学者把信义义务的源头追溯至罗马法中的"信托遗嘱"制度。② 但一般认为,信义义务是英美法系中一个非常重要的概念,它源于信托领域,受衡平法的调整。信托(关系)被认为是基于当事人之间的信任而产生的一种信义关系,这种关系的核心内容就是受托人的信义义务。③

权利义务是民事法律关系的内容。④ 因此,要界定信义义务,不妨从界定信义关系入手,⑤对此主要可以从三个方面来把握:

第一,存在高度信任。回到信义义务的衡平法源头,在 Gartside v. Isherwood (1788) 1 BroCC 558 at 560 in 1788 一案中,大法官 Thurlow 阐明:如果信任关系产生,该信任却被滥用,那么,衡平法院就会实施救济。⑥ 在 Bristol and West Building Society v. Mothew [1996] 一案中,上诉法院 Millott 法官把信义关系描述为:信义关系,是指因信任与确信而建立起来的,某人以他人的名义或代表他人从事特定行为。能够将信义义务与其他义务区别开来的是忠实义务。⑦ 因此,在信义关系及信义义务中,其核心不在于共同利益关系的紧密程度,而在于投资者或客户对可能由其他合同方创造的信心和信赖关系的依赖程度。⑧ "信"是信义义务的前提和关键。有学者举刘备白帝城托孤的例子来阐释中国传统文化中信义义务的逻

---

① 薛波主编:《元照英美法词典》,北京大学出版社2017年版,第549、550页。

② 参见倪受彬、张艳蓉:《证券投资咨询机构的信义义务研究》,载《社会科学》2014年第10期,第101页;也可参见〔英〕格雷厄姆·弗戈:《衡平法与信托的原理》,葛伟军、李攀、方懿译,法律出版社2018年版,第647页。

③ 参见徐化耿:《论私法中的信任机制——基于信义义务与诚实信用的例证分析》,载《法学家》2017年第4期,第35页;也可参见肖宇、许可:《私募股权基金管理人信义义务研究》,载《现代法学》2015年第6期,第87页;孙杰、郑铮:《基金的性质》,载《上海证券报》2012年6月18日,第6版。

④ 参见梁慧星:《民法总论》,法律出版社2004年版,第58页。

⑤ 这个观点也是英美法学者的主流观点,如"有英美法的学者认为,具体的法律关系因为被法院认定为信义关系,所以必须适用信义义务,也就是说,信义关系是信义义务产生的逻辑前提,也有人认为,正式法院判定具体法律关系中的一方当事人对另一方承担信义义务,所以该种关系才被认定为信义关系。目前,前一种观点占主流。""根据罗斯科·庞德的研究,英美法系'重关系',即法律关系是其理论的起点。"徐化耿:《信义义务研究》,清华大学出版社2021年版,第1、83页。另可参见周淳:《商事领域受信制度原理研究》,北京大学出版社2021年版,第5页。

⑥ 参见陈雪萍、豆景俊:《信托关系中受托人权利与衡平机制研究》,法律出版社2008年版,第151页。

⑦ 参见〔英〕伊恩·麦克唐纳、安·斯特里特:《衡平法与信托法精义》,李晓龙译,法律出版社2018年版,第195页。

⑧ Norman B. Arnoff & Sue C. Jacobs, Professional Liability: The Brandeis Rules, N. Y. L. J 3, p. 3, 2006,转引自甘培忠、周淳:《证券投资顾问受信义务研究》,载《法律适用》2012年第10期,第36页;也可参见徐化耿:《信义义务研究》,清华大学出版社2021年版,第90页。

辑结构，①可谓非常经典和到位。回到基金管理领域，委托人把自有资金的财产权完全交付给受托人（基金管理人），使其对该等资金在约定的期限和范围内享有充分的支配权和处分权，这中间必定存在相当的信任，而无论该信任是来自于基金管理人（或其基金经理自然人）的人格、品格或其才能方面的声誉，还是来自于法律赋予的基金管理相关制度。如果缺乏信任，如发生了基金管理人违反忠实义务、挪用基金财产等事件，那信义关系就被破坏或不存在了，也枉谈信义义务。有学者论述，在信义关系中，受信人提供的主要是专业性较强的服务。② 本书认为，这可以归结到此处的"高度信任"，这是对受信人强专业性的一种信任。③

第二，受托人的利他性及承诺。对比信托关系和委托合同关系，其本质区别在于其中的信义关系。在合同关系中，双方处于平等地位，当事人之间的利益是对立的，最多只有根据诚实信用原则而产生的附随义务，而这种义务的内涵是在不直接让渡自己的利益的前提下，顾及对方的利益，使之不受不必要的损害。而信义关系和信义义务则要求受托人为了受益人的利益行事，至少形式上，受托人的行为是利他的，受托人为了受益人的利益应履行积极管理和处分的行动义务。④ 关于信义义务与诚实信用原则的异同，本书后文详述。但此处强调信义关系的利他性，即受托人基于委托人信任而要为受益人，很多时候和委托人是同一人的最佳利益努力。⑤ 此外，有学者强调受托人的"承诺"，认为信义关系的重要特征是"受信人承诺或同意法律意义上或实际意义上在行使影响另一方利益的权力，或自由裁量的过程中为另一方作为或代表另一方利益或为了另一方利益作为。"⑥可以认为，上述利他性应当基于受托人承诺所做出。还有学者指出，在信义关系中，当事人的地位并不完全平等，一方处于明显弱势地位（至少是信息不对称

---

① 参见王莹莹：《信义义务的传统逻辑与现代建构》，载《法学论坛》2019 年第 6 期，第 30、31 页。

② 美国学者弗兰科关于信义法的观点经常被引用。其对信义关系的描绘有四点：其一，受信人提供的主要是专业性较强的服务；其二，为了有效地进行服务，受信人被授予了财产或权利；其三，存在受信人滥用财产或权利，或者不提供预期服务的风险；其四，委托人自己或市场不能保护其免遭上述风险，或者委托人建立信任的成本比其从中可能获得的收益还要高。参见许可：《私募基金管理人义务统合论》，载《北方法学》2016 年第 2 期，第 46 页。本书认为，上述第二和第三点其实就是自由裁量权的两个方面，既授予了受信人权利，同时又带来了风险；而第四点其实是该义务的功能，即对委托人形成保护，委托人自身或市场不能对其保护。

③ 关于"专家信任"，既是社会现代性演变的必然，又隐含了专家对于信息垄断（如医生）、存在信息不对称的特点或危险，相关论述可参见周淳：《商事领域受信制度原理研究》，北京大学出版社 2021 年版，第 103—106、127 页。

④ 参见赵廉慧：《信托法解释论》，中国法制出版社 2015 年版，第 47 页。

⑤ 参见范世乾：《信义义务的概念》，载《湖北大学学报（哲学社会科学版）》2012 年第 1 期，第 66 页。

⑥ 〔美〕安德鲁·S.戈尔德、保罗·B.米勒编：《信义法的法理基础》，林少伟、赵吟译，法律出版社 2020 年版，第 26 页。

意义上的弱势),从而期待受托人能为其个人利益最大化而非受托人自身利益服务。① 本书认为,此处的"弱势"更可突出"利他"的重要性,可以被"利他"这个特点所涵摄。②

第三,基于上述信任和利他性,为了受益人的最佳利益而赋予受托人自由裁量权。加拿大最高法院的 Galambos v. Perez 案判决:如果满足以下两个条件,那么特别的受信关系应当予以承认:①存在一方当事人明示或默示的承诺,即他将为了另一方当事人的最大利益行事;以及②该当事人享有自由裁量权,该权利将影响本人的法定或实际利益。③ 也有学者认为,若在某一关系中,一方主体(受信人)对另一方主体(受益人)的重大实质利益享有自由裁量权,该关系即为信义关系。④ 美国联邦最高法院在功能主义的视角认为,受信义务在于限制受信人的酌处权。⑤ 在信义关系中,受信人往往面临着复杂多变的情况,需要赋予其自由选择的空间,以便相机作出决策,这就是自由裁量权(酌处权,即 discretion),也意味着授权之人不得对受信人的行为做出明确指引。若就受信人如何行为提出明确指引,受信人替代行使法律能力的实际效果就被限制了,该权力便不再被视作信义权力。⑥

综上,可以认为,如果在一个社会关系中,A 因对 B 的高度信任而赋予 B 对相关事物(主要是财产)在复杂环境下的自由裁量权,B 因此承诺要就上述事物为 A 的最佳利益行事(但也有 B 违背承诺,损害 A 利益的风险),上述 AB 之间的关系即可视为信义关系,B 要因此对 A 承担信义义务。⑦

由此来看,虽然信义义务一般被认为起源于信托,但随着社会、经济的发展演变,在传统上由其他法律所规制和调整的领域,也出现了满足上述特点的社会关系,因此会产生信义义务。

---

① 参见徐化耿:《信义义务研究》,清华大学出版社 2021 年版,第 59 页。
② 对此,也有学者认为,"弱势地位"只是一个辅助要件。周淳:《商事领域受信制度原理研究》,北京大学出版社 2021 年版,第 162、163 页。
③ 参见〔英〕格雷厄姆·弗戈:《衡平法与信托的原理》,葛伟军、李攀、方懿译,法律出版社 2018 年版,第654 页。
④ 参见〔美〕安德鲁·S.戈尔德、保罗·B.米勒编:《信义法的法理基础》,林少伟、赵吟译,法律出版社 2020 年版,第 78 页。
⑤ 参见周淳:《商事领域受信制度原理研究》,北京大学出版社 2021 年版,第 154 页。
⑥ 参见陶伟腾:《基金托管人之义务属性辨析:信义义务抑或合同义务?》,载《南方金融》2019 年第 10 期,第 91 页。
⑦ 美国信义法知名学者弗兰科认为:信义关系的要素有 3 项:①财产或权利的委托;②委托人对受信人的信任;③委托人源于委托的风险。这与本书此处的定义表述是一致的。参见〔美〕塔玛·弗兰科:《信义法原理》,肖宇译,法律出版社 2021 年版,第 10 页。

(1)上市公司控股股东/实际控制人及董事、监事、高级管理人员(以下简称董监高)的信义义务:上市公司不同于一般有限责任公司。有限责任公司强调人合性(也就是小公司),股东总体上会参与经营,亲力亲为;而上市公司是股份有限公司,规模较大,其中小股东基于"两权分离"的经济效益,对公司财产就不再有控制权,相当于因信任而把自己投入的这部分公司财产委托给上市公司的控股股东/实际控制人以及董监高来管理;控股股东/实际控制人以及董监高就成为上市公司财产的受托人,其有很大的自由裁量权形成独立法人意志来运用、处分公司独立财产,为股东(委托人)牟利,努力使股东利益最大化。因此,上市公司的控股股东/实际控制人、董监高与上市公司中小股东之间存在信义关系,上市公司的控股股东/实际控制人、董监高要对上市公司中小股东承担信义义务。信义义务也因此是公司法的主题。①

(2)有限合伙企业(合伙型基金)的普通合伙人或执行事务合伙人的信义义务:有限合伙人不执行合伙事务,其基于对普通合伙人或执行事务合伙人的信任,将投入合伙企业中的财产委托给普通合伙人或执行事务合伙人管理,自身承担有限责任;普通合伙人或执行事务合伙人对合伙企业的管理有自由裁量权,应努力经营好合伙企业(或合伙型基金),也因此承担无限责任。普通合伙人或执行事务合伙人与有限合伙人之间存在信义关系,前者应对后者承担信义义务。

其实,在英美法系国家,信义关系发展至今,除了信托关系、公司董事、代理人以及合伙人四种典型的信义关系外,监护人与被监护人、遗嘱执行人或遗产管理人与遗产受益人、律师与客户、破产清算人与债权人、银行与客户等已被确认为信义关系,并且处于不断的扩张状态。② 公认的是,受信关系的种类不是封闭的,因此,新的受信关系的种类可以得到承认。③ Fiduciary 的开放性已经使其横跨信托法、代理法、合伙法、公司法、合同法、侵权法等多种法律制度,包容代理人、董事、合伙人、管理人、顾问等形色各异的法律主体。④ 所以,随着时代和社会经济条件的演变,在现阶段,已经不适宜将信义关系、信义义务和信托、信托法、我国的《信

---

① "受信义务是一种管理义务,主要适用于基于'委托—代理'关系所发生的'代理人'对'委托人'的管理责任。现在看起来,公司中的受信义务源自信托关系还是代理关系,已经不是很重要了。像信托中的受托人须对委托人承担受信义务、代理中的代理人须对被代理人承担受信义务、合伙中的合伙人须相互承担受信义务一样,公司中的管理者也同样需要对公司承担受信义务。这已经达成共识,并且已经制度化。参见施天涛:《公司法论》,法律出版社 2018 年版,第 406 页。

② 参见楼建波、姜雪莲:《信义义务的法理研究——兼论大陆法系国家信托法与其他法律中信义义务规则的互动》,载《社会科学》2017 年第 1 期,第 92 页。

③ 参见〔英〕格雷厄姆·弗戈:《衡平法与信托的原理》,葛伟军、李攀、方懿译,法律出版社 2018 年版,第 650—652 页。

④ 参见许可:《私募基金管理人义务统合论》,载《北方法学》2016 年第 2 期,第 45 页。

托法》直接画等号、相勾连了,这种认识是较为片面或狭隘的。我们不能说信义义务仅存在于信托计划、契约型基金当中;而应该先看某种社会关系是否存在信义关系的三个特点,是否应该被界定为信义关系;如果构成了信义关系,那么其中的受信人就要对受益人承担信义义务。

(二)信义义务的功能

对于信义义务的功能,即是要回答这样一个问题:为何说信义义务是基金治理的灵魂,它起到什么作用。在受信人(如基金管理人)和委托人/受益人(如基金投资者)之间,其实也存在相关的合意,签订有书面合同文件,为何要在一般合同义务之外另行科以信义义务呢?

这里可能要先界定一下概念的属种和位阶关系。上文所说的信义关系、信义义务不能和信托直接勾连,这里的"信托"是一个狭义的、下位的概念,即传统信托法理上的"信托"。如果我们把"信托"的概念扩张,如在上市公司控股股东/实际控制人及董监高信义义务的语境下,那么一个股份有限公司/上市公司是不是也构成一个广义的"信托"呢——全体股东为委托人和受益人,控股股东/实际控制人、董监高为受托人,上市公司法人的独立财产为受托财产?这似乎也能成立。而对于什么是"合同",同样有广义、狭义之分。广义的合同,指以发生民法上效果为目的的一切合意,包括以发生物权变动为目的的物权合同(如设定抵押权的合同、移转所有权的合同)、以物权以外权利的变动为目的的准物权合同(如债权让与)、以发生债权债务为目的的债权合同、以发生身份关系的变动为目的的身份合同等。狭义的合同,仅指债权合同。① 如果把"信托"和"合同"都取狭义概念,那么在英美法体系下,"信托不是合同"这一观点在英美信托法理论中长期以来一直是作为主流观点存在的。英国学者 Martin 将这一观点表述为"信托与合同是截然不同的两个概念";美国学者 Scott 将这一观点表述为"第三人利益合同不是信托"。信托与合同的重要差别在于:信托将为受益人的利益占有财产的义务赋予受托人;与此相反,被合同赋予的义务却并不都是与财产有联系的义务。② 此外,还有学者归纳了信托与委托代理、行纪、第三人利益合同等有名合同之间的区别。③

因此,为了更好地讨论问题,这里也有必要把"合同"理解为狭义的、合同法上

---

① 参见韩世远:《合同法总论》(第四版),法律出版社 2018 年版,第 2 页。
② 参见张淳:《信托法哲学初论》,法律出版社 2014 年版,第 94—96 页。
③ 参见何宝玉:《信托法原理研究》(第 2 版),中国法制出版社 2015 年版,第 15—21 页。

的债权合同,那么一般合同义务(或合同债务)就是合同债务人依合同关系所负的义务,但其在现代法上也并不完全以当事人在合同中具体约定的给付义务为限,尚可包括附随义务,即根据法律规定或者根据诚实信用以及交易习惯等解释可得认有的义务。① 至于附随义务,一般指合同关系存续及履行过程中的通知、协助、保密等义务,其不能独立请求,旨在促进主给付义务的实现(辅助功能)并维护对方当事人人身或财产上利益(保护功能)。②

根据上述厘定,信义义务与合同义务相比的差异性及其独特作用在于:

第一,合同义务以具体的给付义务为核心,是债的标的,合同关系是建立在主给付义务之上的。③ 合同义务具有某个合同明确的、具体的、特定的给付内容。尽管合同义务也包括附随义务,附随义务需要考虑诚实信用,考虑合同相对人利益,不得故意对此损害,但附随义务终究是围绕给付义务展开,其概念的"射程"不可能覆盖很大的范围。如前文所述,附随义务本质上不让渡自己的利益,只是"顾及"对方利益,是比较低的"利他"标准,并不要求考虑对方的"最佳"利益。但就信义义务而言,包括忠实义务和谨慎义务——信义义务的这两项外延,④后文将专论——对受信人的要求则是概括的、兜底的,而且一般是默示存在的或法定的,是信义关系中的受信人必须要遵守的。虽然信义义务和合同义务中的附随义务都是"缺省规则"(default rules),但两者的适用范围是不同的。前者是一般意义上的,后者则仅指向单项具体的给付义务,后者难以取代前者。

第二,信义义务是一般意义上的、概括的、兜底的义务,源自受信人掌握了一般意义上的、概括的、兜底赋予的自由裁量权,从而使其可以为受益人的"最佳利益"而努力(利他性)。因此,合同就无法穷尽各种可能来明确约定一系列给付义务,对此是难以列举清楚的。如果放在基金治理这一语境下,基金合同无法明确约定基金管理人买哪一只股票,在何时买,买多少量,又在何时卖出,如何做对受益人最有利;股市行情瞬息万变,这完全需要基金管理人相机抉择。基金管理人所做出的每一项投资或交易决策,都是在履行其管理基金的义务和职责,这并非附随义务,而应当就是给付义务;但这样一组给付义务束的具体内容,并不能事先通过合同条款加以明确约定。这时,对基金管理人的控制和约束,便不是传统

---

① 参见韩世远:《合同法总论》(第四版),法律出版社2018年版,第13页。
② 参见韩世远:《合同法总论》(第四版),法律出版社2018年版,第342—344页。
③ 参见韩世远:《合同法总论》(第四版),法律出版社2018年版,第340页。
④ 目前的通说均认为,信义义务的外延可分为忠实义务和谨慎义务(或称注意义务、勤勉义务)。可参见张天民:《失去衡平法的信托》,中信出版社2004年版,第76页;郭锋、陈夏等:《证券投资基金法导论》,法律出版社2008年版,第165页;施天涛:《公司法论》,法律出版社2018年版,第406页。

的、狭义合同上的合同义务所能解决了。"因存在自由裁量权,会导致难以监控并使委托方面临特殊的脆弱性,法院倾向于施加信义义务。"①

第三,我们再回到信义义务的源头衡平法,其产生的原因,即在于针对普通法过于严厉及僵化的内在特点,衡平法必具灵活之特征;衡平法根植于对御前大臣良知的参考及对自由裁量权的行使,因此衡平法的根基,即在于公平、公正及道德。② 如果按经济学上广义的不完备合同理论来看,当代理人的行为和贡献很难被测量的时候——如具有自由裁量权,因而也存在机会主义和滥用该等自由裁量权的风险的时候——信义义务就代替了明确的合同约定。其中,忠实义务中的禁止利益冲突规范,即为了确保代理人致力于实现合同目标;谨慎义务则是为了确保代理人能够很好地履行角色。从功能主义者视角来看,更为灵活的信义义务正是为了防范因合同不完备性而产生的机会主义的必要工具。有境外学者认为,信义法的主要功能是防范机会主义,这与衡平法发挥的功能相同。法律的普遍性和一般性无可避免地造成了法律条款与法律目的之间的漏洞,这些漏洞给机会主义者提供了可乘之机,同时也是衡平法所试图填补的对象。因此,衡平法主要发挥着防范因法律漏洞而产生的机会主义的功能。③

以上三点,应该能把源自衡平法的信义义务和一般合同义务区分清楚了。易言之,信义义务的核心功用是对信义关系中受信人自由裁量权的直接约束。受信人要最大化受益人利益,委托人就不得不赋予其在一定范围内行使自由裁量权;但为了降低该等"自由"的机会主义危害,又不得不科以相对概括、具有兜底性质的信义义务。这之间的张力正是任何一种治理的主题。履行好或监督履行好信义义务,便成为治理完备的重要体现,信义义务因而成为治理的灵魂。

(三)信义义务与诚实信用原则

信义义务和衡平法是英美法系的产物,那么是否能用大陆法系民法上的诚实信用原则替代,二者是什么关系?

---

① 〔美〕安德鲁·S.戈尔德、保罗·B.米勒编:《信义法的法理基础》,林少伟、赵吟译,法律出版社2020年版,第48页。

② 参见〔英〕格雷厄姆·弗戈:《衡平法与信托的原理》,葛伟军、李攀、方懿译,法律出版社2018年版,第5、6页。

③ 参见陶伟腾:《基金托管人之义务属性辨析:信义义务抑或合同义务?》,载《南方金融》2019年第10期,第92页。周淳:《商事领域受信制度原理研究》,北京大学出版社2021年版,第41、50页。

有学者考察认为,英格兰法(English law)并不承认诚实信用是一项一般原则。英格兰法认为,在任何一种合同中要求考虑相对人的利益,有悖于缔约本身的性质。在英格兰法中,也没有权利滥用法理。对此的通常解释是,英格兰法在道德上较不敏感,其设计有助于经济效益,而大陆法则更为看重社会连带(solidarity)。据说这使英格兰法成了对商事主体更为有利的法。① 这么来看,笔者就不禁揣测,英美法系更需要信义义务这个衡平法上的概念和工具进行利益与道德上的平衡。②

但中国私法体系首先继受的是大陆法系。大陆法系有诚实信用原则(或称诚信原则),其适用范围在逐步扩大,不仅适用于契约的订立、履行和解释,而且最终扩及于一切权利的行使和一切义务的履行,成为民法之基本原则。其性质亦由补充当事人意思的任意性规范转变为当事人不能以约定排除其适用。诚实信用原则被奉为现代民法的最高指导原则,学者谓之"帝王条款"③。对此,一般从如下几个方面予以把握:

首先,从其内涵上看,诚信原则是对民事活动的参加者不进行任何诈欺、恪守信用的要求("语义说");它具有不确定性,但是具有强制性效力的一般条款,除了指导当事人正确进行民事活动外,还具有授予法官自由裁量权填补漏洞、引导法律与时俱进的作用("一般条款说")。随着时间的流逝和认识的进步,"一般条款说"已成为通说被写进多数民法教材中。④ 对于上述"语义"中的不诈欺、恪守信用,有学者认为属于客观诚信,具有以下要点:①它是一种课加给主体的行为义务,该义务具有明显的道德内容;②这种行为义务的内容为:除了为保护自己的合法利益的必要外不得损害他人之利益;③为了评价主体的行为,要抛弃当事人自己的尺度而使用一个客观的标准;④但这种客观性不排除对主体之故意和过失等主观因素的考虑,以故意或过失行事者不得因客观诚信而免责;⑤这种客观标准由主体行为与法律标准或典型的中等的社会行为的对比构成;⑥应考虑主体实施

---

① 参见韩世远:《合同法总论》(第四版),法律出版社2018年版,第54页。
② "在Hospital Products案中,一家不负责任的经销商利用海外制造商给予的信任,以其仿造产品充斥当地市场。除了合同损失赔偿之外,能否适用信义义务支持要求退还非法所得救济?⋯⋯麻森法官提议,将弱化的信义义务适用于合同,以强化适当履行的义务,限制缔约方效益违约的权利。"参见〔美〕安德鲁·S.戈尔德、保罗·B.米勒编:《信义法的法理基础》,林少伟、赵吟译,法律出版社2020年版,第51—52页。本书认为,这也是一个英美法系语境下适用信义义务的鲜活例子。在大陆法系语境下,或者说在我国合同法实践中,这其实是一个损害赔偿范围界定的问题,即该等非法所得能否被视为制造商的损失。在这种情况下,是否非要用信义义务来解决,是可商榷的。
③ 梁慧星:《诚实信用原则与漏洞补充》,载《法学研究》1994年第2期,第23页。
④ 参见徐国栋:《诚实信用原则二题》,载《法学研究》2002年第4期,第74页。

行为的社会背景寻求可适用的法律标准。①

其次,从其价值倾向上看,该原则旨在谋求利益之公平,而所谓公平亦即市场交易中的道德。在当事人之间的利益关系中,诚实信用原则要求尊重他人利益,以对待自己事务之注意对待他人事务,保证法律关系的当事人都能得到自己应得的利益,不得损人利己。当发生特殊情况使当事人间的利益关系失去平衡时,应进行调整,使利益平衡得以恢复,由此维持一定的社会经济秩序。在当事人与社会的利益关系中,诚实信用原则要求当事人不得通过自己的活动损害第三人和社会的利益,必须以符合社会经济目的的方式行使自己的权利。② 由此,诚实信用的道德要求不断地进入法律领域并扩大其适用范围,这一现象可归因于随着社会经济的发展,整个社会对经济交往的有序化的要求也渐次提高。但法律面对极为复杂的社会经济关系难以一一加以规定,而必须借助道德的力量予以调整。③

最后,从其具体功能上看,通说认为有三项:一是指导当事人行使权利履行义务的功能。它是对当事人进行民事活动时必须具备诚实的内心状态的要求,对当事人进行民事活动起指导作用。二是解释、评价和补充法律行为的功能。三是解释和补充法律的功能。诚实信用原则的实质在授予法院以自由裁量权。诚实信用原则之特征在于其内涵和外延的不确定性,它是抽象的、概括的、无色透明的,它所涵盖的范围极大,远远超过其他一般条款。这种模糊规定或不确定规定被认为源于这样的事实:立法机关考虑到法律不能包容诸多难以预料的情况,不得不把补充和发展法律的部分权力授予司法者,以"模糊规定"或"不确定规定"的方式把相当大的自由裁量权交给了法官。因此,诚信原则意味着承认司法活动的创造性与能动性。④

由此,在大陆法系私法体系中,如果要兼容源自英美法系的信义义务,并考虑与大陆法系一般(债权)合同义务之间的关系,本书尝试提出图 2-4 这一概念框架:

其中,诚实信用原则应作为整个中国私法体系的一般原则,⑤是"帝王条

---

① 参见徐国栋:《诚实信用原则二题》,载《法学研究》2002 年第 4 期,第 79 页。
② 参见梁慧星:《诚实信用原则与漏洞补充》,载《法学研究》1994 年第 2 期,第 24 页。
③ 参见郑强:《合同法诚实信用原则价值研究——经济与道德的视角》,载《中国法学》1999 年第 4 期,第 98、99 页。
④ 参见梁慧星:《诚实信用原则与漏洞补充》,载《法学研究》1994 年第 2 期,第 24、25 页。徐国栋:《诚实信用原则二题》,载《法学研究》2002 年第 4 期,第 75 页。
⑤ 这个结论也是可以从 2020 年通过的《中华人民共和国民法典》的规定中得到。《民法典》第一编总则第一章基本规定第 7 条,民事主体从事民事活动,应当遵循诚信原则,秉持诚实,恪守承诺。这就把诚信原则确立为所有民事主体从事民事活动的基本规定了。

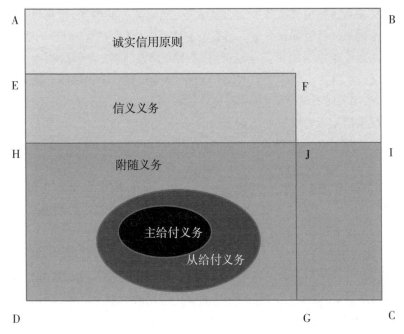

图 2-4　信义义务在大陆法系私法体系中的定位

款",指导所有民商事法律行为,①因此,代表"诚实信用原则"的矩形 ABCD 最大。② 矩形 HICD 为一般(债权)合同义务,其中"主给付义务"是核心,外围有"从给付义务"和"附随义务",而附随义务的确定本身就是基于相关法律、法规的规定和诚实信用原则。

代表"信义义务"的是矩形 EFGD 和其他几个概念矩形框之间的差异有:

(1)矩形 EFJH 代表信义义务与合同义务相比,有更多的概括性、兜底性,是在信义关系中的、对受信人更一般的要求,信义义务不是逐项给付义务的列举,所以这部分和"诚实信用原则"相合,但在一般(债权)合同义务之外。

(2)矩形 JICG 代表信义义务与合同义务相比,前者仅基于信义关系产生,但在全体社会关系中,不是所有的合同关系都是信义关系,私法体系中的合同关系适用范围更广。

(3)矩形 ABCD 代表的诚实信用原则包括矩形 EFGD 代表的信义义务,因为

---

① 通说认为,商法是民法的特别法。王保树:《商法总论》,清华大学出版社 2007 年版,第 26 页。
② 有学者认为"诚实信用的适用范围显然要大于信义义务。"而且,"在大陆法系,诚实信用作为'帝王条款',其效力上的优越性是突出的,甚至可以说是最高的,任何约定以及具体法律规范都不得与之相抵触,否则无效。"徐化耿:《信义义务研究》,清华大学出版社 2021 年版,第 106 页。

无论是信义关系还是信义义务中的忠实义务、谨慎义务的内涵，本身也需要根据诚实信用原则来进行解释和界定。尽管英美法系有"法官造法"的判例法传统，信义义务的内涵外延本身也由英美法院法官不断塑造，但法官塑造的理据又是什么？信义义务本身并不能作为其自身的依据，否则，就有逻辑谬误。而根据我国通说，诚实信用原则有解释、评价和补充法律行为的功能，有解释和补充法律的功能，据此，诚实信用原则应该处于更上位的位置，方能逻辑自洽。诚实信用原则同时也是司法裁判原则，①这是其居于更上位地位的决定性因素；中国的法官应该依照诚实信用原则及其价值倾向上的道德因素，在具体个案的信义关系中去形塑信义义务，这正是多边形 ABIJFE 所代表的含义。有学者在考察后认为，信义义务，特别是其中的忠实义务可以被看作诚实信用原则在商法领域的特别运用，②这句话本身也意味着诚实信用原则居于信义义务的上位。

此外，能否不要信义义务，全部仰赖诚实信用原则解决问题呢？③ 本书对此的观点是，应"禁止向一般条款逃避"。在适用法律具体规定与适用诚实信用原则均可获得同一结果时，应适用该具体规定，而不得适用诚实信用原则。④ 在现代社会经济条件下，事实上是存在本书所界定的信义关系的，那么在规范和调整这一类社会关系时，可以也有必要借鉴英美法系的信义义务概念，发挥其具体的作用，从而实现更好的法律调整和规制效果，这会比直接适用诚实信用原则这一帝王条款更加精细化，并把诚实信用原则尽可能地放在最后补充救济的位置上。大陆法系国家已经逐步接受了英美法中的信义义务，通过立法的形式尽可能作出详尽的描述，法官在该问题上有较大的自由裁量空间。⑤ 因此，纳入大陆法系视野的信义义务，可以在本书上述框架中得到其应有的定位。

最后要说明的是，在浏览英美法作者撰写的若干文献后，笔者有一些虽不一定成熟但自觉敏锐的直觉性观感，即信义义务发展自英美法系，其在英美法语境下，可能有着更为灵活的内涵与外延，甚至有人认为信义关系无法定义。⑥ 英美

---

① 有学者提到，史尚宽把诚信原则看作掌握在法官手中的衡平法。无论是客观诚信还是主观诚信，最终都转化为裁判诚信。徐国栋：《诚实信用原则研究》，中国人民大学出版社 2002 年版，第 49、50 页。

② 参见赵廉慧：《信托法解释论》，中国法制出版社 2015 年版，第 47 页。

③ 有学者考察了同为大陆法系的日本法和德国法，认为可以依据诚实信用原则解决规制利益冲突行为。参见楼建波、姜雪莲：《信义义务的法理研究——兼论大陆法系国家信托法与其他法律中信义义务规则的互动》，载《社会科学》2017 年第 1 期，第 102 页。

④ 参见韩世远：《合同法总论》（第四版），法律出版社 2018 年版，第 55 页。

⑤ 参见肖宇、许可：《私募股权基金管理人信义义务研究》，载《现代法学》2015 年第 6 期，第 87 页。

⑥ 参见〔美〕安德鲁·S. 戈尔德、保罗·B. 米勒编：《信义法的法理基础》，林少伟、赵吟译，法律出版社 2020 年版，第 73 页。

法法官基于判例法"法官造法"的传统,在适用、解释甚至建构法律上有更大的灵活性,其方法论和大陆法系是不同的(比如前文注释中的 Hospital Products 案)。① 但本书在建构认知框架时,还是在大陆法系的整体语境下作业——可能也不得不在这样的中国语境下作业——考虑的是如何用信义义务这个概念,或者说法律工具,来解决中国自身具体的基金治理(或其他各类治理)问题,并且必须要协调与大陆法系其他概念、法律工具之间的关系,以达成体系上的自洽。② 目前来看,信义义务这个概念及其存在所倚赖的信义关系,是一类可以类型化的、需要调整的社会关系(否则就容易出现各类违信问题)。因此,在总体上,这个概念或者说法律工具,对于大陆法系的法律对该等社会关系进行规范调整是有意义的,其核心内涵可以也应当被确认(本书注释引证了诸多文献资料)。那么,本书就以"拿来主义"的姿态对此进行理解、解释和建构。至于相关文献讨论到信义义务的其他方面,本书认为,必须特别注意该等概念被使用的具体语境,尤其是在英美法上的语境、该概念在此语境中的内涵外延以及法律整体建构上的进路、体系和方法论,切不要混淆起来,混而一谈,否则,有关问题可能就没法讨论清楚了;③或者产生"关公战秦琼"的效果,对于执法、司法和商事实践均无实际意义或意义不大。

(四)承担信义义务的主体

这里的具体问题是:谁应该成为信义关系中的受信人。具体来说,基金托管人应当是受信人么?

根据前文对信义关系的界定,受信人实质上是指有某个人 B,B 与另一个人 A 之间有一种关系,在此关系中,A 相信 B 并赋予其财物或权利,A 有权期待 B 为了

---

① 有学者认为,"鉴于英美法系判例法的特征,以及信义义务的衡平法背景,信义义务呈现出体系化程度弱、理论碎片化的特征。"参见清华大学法学院申卫星教授为徐化耿所著《信义义务研究》一书所做的序言。徐化耿认为:"为了解决普通法无法解决的违信问题,衡平法发展出了信义义务,这是大法官主导下的造法活动。"徐化耿:《信义义务研究》,清华大学出版社 2021 年版,第 107 页。

② 亨利·梅里曼认为,"(大陆法系)法学如同自然科学一样,具有高度的系统性。通过法学建立起来的法律制度的'秩序化',标志着法律系统化的完成。"〔美〕约翰·亨利·梅利曼:《大陆法系》,顾培东、禄正平译,法律出版社 2004 年版,第 66、67 页。

③ "很多英美法的信义关系在大陆法系或者说中国法的视野中有专门的调整机制,不需要采用英美法系式的信义关系及信义义务的统一概念进行一体调整……一言以蔽之,目前中国法对于信义关系及信义义务的引进是局限在商事领域的,范围十分有限,而且即使这样,仍然要对其本土化,其适用要遵循大陆法系的法学方法论。"徐化耿:《信义义务研究》,清华大学出版社 2021 年版,第 121、122 页。笔者非常赞同这一观点。

A 的最佳利益而行事,且将 B 自身的利益排除在外。① 故基金管理人是受信人,几无疑问;但基金托管人,则有分歧。有学者从立法论角度认为:"从形式主义视角来看,基金托管人与投资者之间并非信义关系,因而不应负有信义义务。从功能主义视角来看,基金托管人几乎不存在机会主义的空间,缺乏适用信义义务的前提条件。从道德主义视角来看,基金托管人缺乏信任基础上的利他承诺,因而也不应承担信义义务。"② 也有学者从解释论和托管治理功能等角度认为,"中国法下的基金托管人,是'一元信托'基金结构中的受托人,其职责依据《证券投资基金法》和基金合同的约定有别于管理人,负有为投资者利益最大化处理托管事务的信义义务。"③

此处同样有必要先厘清讨论问题的范畴。本书前文讨论过不同法域、不同基金组织架构下,托管人/保管人/受托人所承担的不同职能/功能(其中有交叉、有重叠);阐述了某些具体的托管职能(比如应怎样做好基金财产保管等)以及基金托管人的责任,并认为在目前的中国法下,基金托管人和基金管理人都是受托人,但不是"共同受托人",一般不承担连带责任——但不承担连带责任,不当然意味着基金托管人不承担其信义义务(如有)下的责任。基金托管人是否对基金委托人/受益人承担信义义务,从立法论角度来看,当然要看其承担了怎样的职能/功能,功能主义视角是有意义的,前文已有这方面的阐述。为了廓清语境,此处将仅就我国《证券投资基金法》第 36 条规定的基金托管人职责展开。不同法域、不同基金组织架构下的托管人/保管人/受托人职责并不完全相同,最后得出的结论就可能会有些微的差异,对此是不宜混为一谈或概括论之的。

根据我国《证券投资基金法》第 36 条的规定和信义关系的特点,本书认为:该条第 2 项开设资金账户和基金账户,第 3 项对不同基金分别设置账户,第 4 项保存业务活动记录、账册等,第 5 项根据基金管理人投资指令,及时办理清算、交割事宜,恐怕是不用涉及专业判断和自由裁量权的,仅仅是简单的操作。基金托管人对此不必向委托人承担信义义务,其履行的仅仅是法定的义务或一般合同义务。

但对于第 1 项安全保管基金财产,本书认为需要基金托管人对此忠实和谨慎。"安全"本身是一个定性的词,何谓"安全",需要基金托管人为基金委托人的最佳利益而努力。本书在"基金的托管和托管人"部分引介了 IOSCO 对"基金财产保管"的建议,并认为这是金融市场近来发展所提出的课题,需要基金托管人做

---

① 参见〔英〕格雷厄姆·弗戈:《衡平法与信托的原理》,葛伟军等译,法律出版社 2018 年版,第 650 页。
② 陶伟腾:《基金托管人之义务属性辨析:信义义务抑或合同义务?》,载《南方金融》2019 年第 10 期,第 89 页。
③ 洪艳蓉:《论基金托管人的治理功能与独立责任》,载《中国法学》2019 年第 6 期,第 241 页。

出各方面的努力。如果认为基金托管人可因此不负信义义务,恐怕不妥。类似地,第6项信息披露,第7项对基金财务会计报告、中期和年度基金报告出具意见,第8项复核基金资产净值,第9项召开基金份额持有人大会以及第10项按照规定监督基金管理人的投资运作,则对于披露的措辞、出具意见的措辞、复核的过程(尤其涉及估值假设等)、依法依约做出召开基金份额持有人大会的决定、监督投资运作的过程等,均会大量涉及基金托管人的专业判断。举个实践中的例子,私募基金合同约定基金的投资范围是"股票、债券、金融衍生品……"如果管理人下达指令,用基金财产投资于在A股上交所主板上市的股票,这当然没问题;但如果管理人下达指令,用基金财产投资新三板基础层挂牌的、流动性比较差的股票,可不可以?或者投资于流动性相对好一些、新推出的新三板精选层股票,可不可以?基金管理人可以有它对"股票"一词的理解,但作为保管基金财产、监督投资运作的托管人,是否认同基金管理人的解释?这需要基金托管人有自己的专业判断,这就是基金托管人的自由裁量权;否则,基金托管人又如何来保证基金财产的安全呢?基金托管人应为此承担信义义务,并无不妥。

由此来看,《证券投资基金法》第9条第1款要求,"基金管理人、基金托管人管理、运用基金财产……应当恪尽职守,履行诚实信用、谨慎勤勉的义务",也并无不妥。该条一般也被理解为是信义义务的规定。[1]因此,无论从立法论还是解释论维度来看,中国的基金托管人都应当是受信人,或者说在其相当一部分履职的事务上,应作为受信人承担信义义务。这样表述,可能更为精准一些。有学者指出,一个受信人不是所有的义务违反均是对受信义务的违反。[2] 或者也可以说,当一个人违反的不是信义义务时,他也就是一个一般的合同债务人,而不应给他扣上"受信人"的头衔。在这里,相关概念的内涵、外延及语境都非常重要,对此应清楚地加以甄别和厘定。

如果进一步推广开来,对于谁是受信人这个问题,就应该按本书的上述思路,从信义关系的特点入手,看是否存在强专业性的信任、是否需要为最佳利益努力、是否因此有自由裁量权,这样的判断标准更为合适。

---

[1] 参见陶伟腾:《基金托管人之义务属性辨析:信义义务抑或合同义务?》,载《南方金融》2019年第10期,第89页。

[2] 参见〔英〕格雷厄姆·弗戈:《衡平法与信托的原理》,葛伟军、李攀、方懿译,法律出版社2018年版,第656页。

五、信义义务中的忠实义务

(一)忠实义务的内涵

忠实义务可能构成信义义务最重要的内核。① 日本信托法专家能见善久称,忠实义务是取得他人信任并为他人处理事务的人(受托人)理所应当、心领神会的义务(委托人和受益人当然期待受托人有这些义务),即使在信托行为中没有明确地规定这些义务,也可以把这些义务作为从信托行为中默示导出的义务。② 但有必要首先搞清楚的是,这里的"忠实"③是什么意思。综观各种在先学说,对此主要有两种进路:

第一种进路是指避免利益冲突,避免冲突义务构成受信人忠实义务的核心。④ 日本四宫和夫教授认为,忠实义务包含以下三原则:第一原则是不要使信托财产的利益和受托人个人利益处于相冲突的地位上;第二原则是在处理信托事务的时候自己不能取得利益;第三原则是不能在处理信托事务的时候为第三人取得利益。⑤我国有学者认为,忠实义务,即受托人对受益人负有唯一地为受益人利益而管理信托事务,严禁于信托管理中为自己或第三人牟利。忠实义务要求:受托人必须抑制自己处于自身利益或第三人利益与受益人利益相冲突的地位。⑥ 由于

---

① "忠实义务是受托人对受益人所负的最根本性质的义务,信托关系为最高级的受信任关系,要求受托人绝对地仅为受益人的利益而管理信托。忠实义务最终奠定了受托人其他权利和义务的基础。"张天民:《失去衡平法的信托》,中信出版社 2004 年版,第 78 页。"若所谓的受信人对受益人不负忠义务,那么两者之间的关系便称不上信义关系。"〔美〕安德鲁·S. 戈尔德、保罗·B. 米勒编:《信义法的法理基础》,林少伟、赵吟译,法律出版社 2020 年版,第 202 页。"毫无疑问,忠实义务是信义义务最重要和最核心的内容。"参见徐化耿:《信义义务研究》,清华大学出版社 2021 年版,第 29 页。

② 参见〔日〕能见善久:《现代信托法》,赵廉慧译,中国法制出版社 2011 年版,第 81 页。

③ 有的参考书对此译为"忠义"或"忠诚",因引用的缘故,下文"忠实""忠义""忠诚"说的其实是同一个概念。

④ 参见〔美〕安德鲁·S. 戈尔德:《论信义法之忠义》,载〔美〕安德鲁·S. 戈尔德、保罗·B. 米勒编:《信义法的法理基础》,林少伟、赵吟译,法律出版社 2020 年版,第 205 页。李宇:《商业信托法》,法律出版社 2021 年版,第 914 页。

⑤ 参见赵廉慧:《信托法解释论》,中国法制出版社 2015 年版,第 318 页。

⑥ 参见张天民:《失去衡平法的信托》,中信出版社 2004 年版,第 77、78 页。

承担忠实义务,受托人不得享有信托利益;不得利用信托牟取私利;不得以固有财产与信托财产进行交易;不宜购买受益人的信托利益;不得以个人偏好影响信托利益。① 忠诚义务的核心内容主要包括以下方面:信人必须诚信行事;不得从信托中牟利;不得将其置于义务与利益相冲突的矛盾境地;未经受益人明确同意,不得为自己利益或第三人利益行事等;应禁止自我交易,保证公平交易。②

第二种进路是指为受益人的最大利益服务。有学者称其为"积极奉献",必须以受益人的最佳利益为先。更准确地说,受信人主观上必须以受益人的最佳利益为先。③ "忠义"术语在信义义务语境下有两层含义:一是技术上的忠义,代表着对受信人只能为受益人的最佳利益行事的要求。在这个"清晰"意义上的忠义,保持忠义的义务体现为"法律上的"道德义务,即能够由国家合法地强制执行的,以特定方式行事的义务。二是"模糊"意义上的忠义,暗含具体的指向委托人的情感和理性的目标。④ 忠义义务的表达:为受益人最佳利益行事的义务;对受信人认为符合受益人最佳利益作出判断的一项要求。⑤

另外,还有把忠义与诚实守信挂钩,并认为"善意的谎言"符合忠义范畴。把忠义等同于公平公正,以及假设协商等。⑥

笔者经思考后认为,忠实义务还是应该围绕防范利益冲突展开,⑦其内涵可以

---

① 参见何宝玉:《信托法原理研究》(第2版),中国法制出版社2015年版,第287—319页。
② 参见陈雪萍、豆景俊:《信托关系中受托人权利与衡平机制研究》,法律出版社2008年版,第161—163页。
③ 参见〔美〕安德鲁·S.戈尔德:《论信义法之忠义》,载〔美〕安德鲁·S.戈尔德、保罗·B.米勒编:《信义法的法理基础》,林少伟、赵吟译,法律出版社2020年版,第206页。
④ 参见〔美〕艾瑞特·萨梅特:《作为康德式美德的受信人忠义》,载〔美〕安德鲁·S.戈尔德、保罗·B.米勒编:《信义法的法理基础》,林少伟、赵吟译,法律出版社2020年版,第159页。
⑤ 参见〔美〕莱昂内尔·D.史密斯:《我们有义务无私吗?》,载〔美〕安德鲁·S.戈尔德、保罗·B.米勒编:《信义法的法理基础》,林少伟、赵吟译,法律出版社2020年版,第164,169页。
⑥ 参见〔美〕安德鲁·S.戈尔德:《论信义法之忠义》,载〔美〕安德鲁·S.戈尔德、保罗·B.米勒编:《信义法的法理基础》,林少伟、赵吟译,法律出版社2020年版,第207—210页。
⑦ 国内也多有学者从这个角度论述"忠实义务":
"近几年来,国内学者介绍英美公司法的著述、文章,在使用'忠实义务'一词时,所指意义还是基本符合英文中本来用法的,即要求董事在经营公司业务时,其自身利益与公司的利益一旦存在冲突,董事则必须以公司的最佳利益为重,不得将自身利益置于公司利益之上。"杨继:《公司董事"注意义务"与"忠实义务"辨》,载《比较法研究》2003年第3期,第28页。
"忠实义务(duty of loyalty),是指受托人应以受益人的利益为处理信托事务的唯一目的,而不能在处理事务时,考虑自己的利益或是为他人图利,以避免与受益人产生利益冲突。"丁洁:《证券投资基金的利益冲突问题及其法律防范》,载《证券市场导报》2004年第7期,第12页。
"一般而言,基金管理人忠实义务的核心是'利益冲突交易'的禁止。"倪受彬:《论基金管理人与证券公司利益冲突交易的法律问题》,载《政治与法律》2005年第6期,第87页。
"忠实义务由于具体情形千差万别,难以完全列举,但内涵通常认为是一个广义上的利益(转下页)

分为三个方面:①受信人应将受益人的利益置于较自身利益为先的位置;②不应直接利用信托财产(如基金财产)为自身或其他第三方谋利益;③如存在多个受益人,应保证对各个受益人公平对待,不能使某一个受益人的利益凌驾于其他受益人之上。

第一,通说将信义义务的外延分为忠实义务和谨慎义务,这也是美国学界的基本共识。美国学者 Frankel 指出,在现代法律中,受信人对委托人负有两项义务:谨慎义务和忠实义务。美国的 Scott 等学者也认为信义义务可以分为两大类:一类是忠实义务,即受信人不得将其个人利益置于受益人利益之上的义务;另一类是谨慎义务,即受信人必须合理谨慎地履行其职责的义务。Langbein 则指出,现代信托法的核心——信义管理法,由两项大的原则——忠实义务和谨慎义务组成。① 对于以何种标准来区分忠实义务和谨慎义务,学者的基本思路则是以这些义务的性质为标准,将消极的不作为义务归入忠实义务,积极的作为义务归入谨慎义务,即认为忠实义务主要是一种消极的义务,要求受信人不得损害受益人的利益,而谨慎义务则是一种要求受信人促进受益人目标实现的积极义务。② 谨慎义务(注意义务)注重受信人个人才能方面,忠实义务则专注于受信人的道德品质方面。③ 本书对此认可。易言之,忠实义务要求受信人不能将自身利益置于受益人利益之上,不能直接利用信托财产为自己或第三人牟利,也不能将一个受益人的利益置于另一个受益人的利益之上,这些都是否定性的。而谨慎义务则要求受信人必须达到一些基本的要求,做到基本的谨慎(详见下文)。因此,为受益人的最佳利益行事,当然可以视为一种道德上的"忠诚",但在法律上,将其置于作为积极义务的谨慎义务项下,似乎更为妥当。④ 另外,作

(接上页)冲突问题。"邓峰:《公司利益缺失下的利益冲突规则——基于法律文本和实践的反思》,载《法学家》2009 年第 4 期,第 79 页。

"基金管理人违反忠实义务的行为一般表现为基金管理人与投资者之间的利益冲突。"文杰:《证券投资基金法律问题研究》,知识产权出版社 2011 年版,第 54 页。

"在总体上,忠实义务指向的是利益冲突。"叶林:《公司治理制度:理念、规则与实践》,中国人民大学出版社 2021 年版,第 176 页;叶林:《董事忠实义务及其扩张》,载《政治与法律》2021 年第 2 期,第 16 页。

① 参见姚朝兵:《美国信托法中的谨慎投资人规则研究》,法律出版社 2016 年版,第 57、58 页。

② 参见姚朝兵:《美国信托法中的谨慎投资人规则研究》,法律出版社 2016 年版,第 60 页;转引自 Arthur B. Laby, Resolving Conflict of Duty in Fiduciary Relationships, 54 American University Law Review 75, p.78(2004)。

③ 参见杜晶:《公司利益冲突交易的法律规制研究——以司法"公平"审查为中心》,经济科学出版社 2017 年版,第 66 页。

④ 事实上,也有学者做此理解,如清华大学法学院施天涛教授认为,注意义务的一般标准包括 3 个方面:①善意(in good faith);②应当尽处于相似位置的普通谨慎人在类似情况下所应尽到的注意;③须合理地相信其行为是为了公司的最佳利益。参见施天涛:《公司法论》,法律出版社 2018 年版,第 426—430 页。

为积极义务的注意义务①还有一个难点,就是很难施以法律强制,②这与作为禁止性义务的消极义务在法律应对上是不同的。对于消极义务,只要违反了就能追究其法律责任;但对于积极义务,违反或达标与否很难界定,只能从"商业判断规则"以及激励相容等方面去考量。因此,从法律视角及规制功能论出发,本书也认为"为受益人最佳利益行事"不宜作为忠实义务的一部分,把这个意思纳入进来,会引发逻辑上的混乱,意义不大。至于所谓忠义的"最低标准"和"最高标准",③也是不必要的。

第二,英国法上对受信人的忠实有两条:"避免冲突"和"不得谋利"。④ 但这里的"不得谋利"作何解?受信人完全大公无私,连一点管理报酬都不能取么?在现代金融业,从事信托管理、基金管理的都是商人,都在营业,其获取相应的基金管理费、业绩费属于"谋利"么?显然,"不得谋利"四个字在论述上过于简单了。本书为此加上一个限定:"不直接利用信托财产"。就目前通行的证券投资基金管理费而言,其根据基金规模的比例提取,就没有直接利用基金财产。管理人直接利用基金财产买卖的是证券,如果投资业绩良好,由基金获取投资收益,管理人并不直接取得投资收益。同时,由于基金财产增值导致的基金规模扩大,基金管理人仍可以按照扩大的规模收取更多的管理费作为报酬,这里不存在直接的利益冲突。如果投资发生亏损,基金管理人也是按照相应缩小的基金规模提取更少的管理费。但业绩费(又称"业绩报酬")的逻辑就不是这样了。业绩费是基金财产因投资证券获利后,获利部分的比例由基金管理人直接收取,这相当于基金管理人享受了原先应由受益人获利的部分,形成了受托人和受益人之间的利益冲突。这其实是基金管理人直接利用了基金财产(经投资证券)而为自己谋利。所以,业绩费属于利益冲突范畴,受到了更多的监管(后

---

① 这里的"谨慎义务""注意义务"是指同一个概念,即 Duty of Care,但中文会因各译者的译文不同,用词有所不同。下文会对此详述。

② "积极奉献义务并不具有法律上的强制执行力。"〔美〕安德鲁·S.戈尔德、保罗·B.米勒编:《信义法的法理基础》,林少伟、赵吟译,法律出版社2020年版,第213页。

③ 近期,约翰逊以乔治·弗莱彻的忠义理论为基础,提出受信人忠义存在两个标准:"最低标准"和"最高标准"。依照最低标准,受信人不得背叛其"效忠对象"。以此类推,公司受信人不得自我交易或篡夺公司机会以牟取私益。而依照最高标准,受信人对受益人负有积极奉献义务,要求受信人应当(或主观上应当)以受益人的最佳利益为先。参见〔美〕安德鲁·S.戈尔德、保罗·B.米勒编:《信义法的法理基础》,林少伟、赵吟译,法律出版社2020年版,第206页。

④ Herschell 法官在 Bray v. Ford 案中所认可的:"作为衡平法院的一项不可动摇的规则,一个处于受信地位的人无权谋取利益,除非获得明示的授权;他也不能使他自己的利益与义务产生冲突。"这就是受信人特有的、所谓的"避免冲突"和"不得谋利"的义务。参见〔英〕格雷厄姆·弗戈:《衡平法与信托的原理》,葛伟军等译,法律出版社2018年版,第648页。

文详述）。① 此外，笔者在实践中还发现一种违反忠实义务的做法：A 基金的管理人甲，拟将 A 基金财产投资于 B 基金，因为 B 基金管理人乙的投资业绩非常好，但甲对乙提出条件，由于 A 基金规模大，属于机构投资者，要求乙豁免 A 基金认购 B 基金的认购费，并把这部分钱返还给甲。A 基金规模大，在投资 B 基金时享受一些基金销售费率方面的优惠，相当于享受比零售价更低的批发价，无可厚非，但问题是这个优惠最终应由谁受益。A 基金规模大是由 A 基金背后的投资人财力所形成，这部分优惠应返至 A 基金账户，由 A 基金(及其投资人或受益人)享有。如果由甲享有：一来就是甲直接利用 A 基金财产为自己谋利了；二来则可能构成商业贿赂，即如果乙不把这部分优惠返还至甲，甲就不把 A 基金投资于 B 基金，这对 A 基金投资人可能是不利的(因为乙的投资业绩非常好)。所以，上述做法就属于违反忠实义务的一种情形，应予制止。

第三，在存在多个受益人的情况下，受信人应把所有受益人的利益均置于自身利益之前，那么在所有受益人之间，就必然要求对其公平、同等对待。如果把 A 受益人的利益置于 B 受益人的利益之前，那么受信人就无法证成其尽到了对 B 受益人的忠实义务；且受信人还可能因此获利(如与 A 受益人存在关联关系)，并可能造成 B 受益人的损失。由此来看，公平交易义务应当属于忠实义务的一部分，是在多个受益人条件下，受信人应遵守的忠实义务。

第四，至于前文提到的忠实义务的其他内涵，本书认为其特征并不突出。比如，"诚信""公平公正"等，在大陆法系的体系下，本身就是民商事法律的基本原则，应该居于一般法的位置，以其来解释忠实，属于体系性混乱。这不是笔者的立论之道，从功能论等角度，也未见其更为高明之处。

(二)利益冲突的模型

由上文来看，忠实义务的核心应当是利益冲突的防范，即防范受信人利益与受益人利益(基金利益)之间的冲突。"禁止利益冲突"规则是规制受信人的基本规

---

① 在 IOSCO 于 2000 年 5 月发布的《基金管理人的利益冲突》报告中，根据基金的业绩情况进行收费被视为一项利益冲突。美国证监会 SEC 也将投资顾问报酬视为一项常见的利益冲突。参见《境外基金利益冲突监管规则研究》，载中国证券投资基金业协会，https://www.amac.org.cn/researchstatistics/publication/cbwxhsy/202004/t20200410_7791.html，2020 年 8 月 16 日访问。

则。① 但在实践中,发生这种冲突的场合、语境、样态非常多,有必要对此进行梳理,其主要思路是类型化。笔者在参考诸多在先文献后,②经审慎考虑,认为可以

---

① 参见〔美〕安德鲁·S. 戈尔德、保罗·B. 米勒编:《信义法的法理基础》,林少伟、赵吟译,法律出版社 2020 年版,第 192 页。

② 可供参考的文献至少有如下 11 项:

(1)日本能见善久教授的分类,把违反忠实义务的行为划分为三种类型:第一是受益人的利益和受托人的利益冲突的情形,(1)受托人和受托财产之间进行交易,所谓自己交易;(2)其他利益冲突行为;第二是受益人的利益和第三人的利益冲突的情形;第三是受托人名下的复数信托之间的利益产生冲突的情形。参见〔日〕能见善久:《现代信托法》,赵廉慧译,中国法制出版社 2011 年版,第 81—87 页;赵廉慧:《信托法解释论》,中国法制出版社 2015 年版,第 318 页。

(2)IOSCO 于 1994 年 10 月发布的《关于投资管理的报告》(Report on Investment Management),其中第六部分"利益冲突"。

(3)IOSCO 于 2000 年 5 月发布的《基金管理人/基金运营者的利益冲突》报告(Conflicts of Interests of CIS Operators),以下简称《IOSCO 利益冲突报告》。

(4)基金业协会 2020 年 4 月发布的《境外基金利益冲突监管规则研究》一文。

(5)忠实义务包括:①未经授权的收益:受托人不得保留因信托而产生的未经授权的收益;②贿赂:从第三方收受贿赂显然是违反受托人职责的行为;③受托人对信托财产的处分;④自我交易;⑤公平交易;⑥受托人不得与信托进行同业竞争。参见〔英〕伊恩·麦克唐纳、安·斯特里特:《衡平法与信托法精义》,李晓龙译,法律出版社 2018 年版,第 195—199 页。

(6)美国《信托法重述(第 2 版)》阐述道:"信义人有义务不以受益人利益为代价而营利,不得未经受益人同意而与之相竞业,除非获得授权这么做。"John Norton Pomeroy 将忠诚义务分成四个层面(均为消极):不得为自己利益与信托财产交易之义务;不得混合信托基金之义务;不得实施任何与受益人利益相冲突的行为之义务;不得出售信托财产于自己之义务。参见陈雪萍、豆景俊:《信托关系中受托人权利与衡平机制研究》,法律出版社 2008 年版,第 157 页。

(7)忠实义务包括:①自我交易;②关联交易;③管理报酬;④公司机会;⑤同业竞争;⑥其他(挪用公司资金、另立账户、违反章程规定、接受他人与公司交易佣金归为己有、擅自披露公司秘密等)。施天涛:《公司法论》,法律出版社 2018 年版,第 435—455 页。

(8)美国公司法教授克拉克的 4 个利益冲突模型:①基本自我交易;②经理报酬;③滥用公司财产,包括为了私利直接使用公司、股东财产和"篡夺公司机会";④动机不纯的公司行为(corporation action with mixed motives)。参见李建伟:《关联交易的法律规制》,法律出版社 2007 年版,第 94 页。

(9)对于董事的另一项重大义务——忠实义务(Duty of Loyalty)的违反一般包括 4 类情形:①涉及董事与公司之间的交易;②涉及拥有一个或者多个共同董事的公司之间的交易;③涉及董事利用了本应属于公司的机会牟利;④涉及董事与公司进行同业竞争。参见〔美〕罗伯特·W. 汉密尔顿:《公司法概要》,李存捧译,中国社会科学出版社 1998 年版,第 51 页;转引自杨继:《公司董事"注意义务"与"忠实义务"辨》,载《比较法研究》2003 年第 3 期,第 26 页。

(10)丁洁在《证券投资基金的利益冲突问题及其法律防范》一文中的分类,载《证券市场导报》2004 年第 7 期。

(11)"以交易形态为标准,利益冲突交易或关联交易可分为两大类型:①基本的自我交易类型;②可能导致利益转移的其他'交易'形式。"参见杜晶:《公司利益冲突交易的法律规制研究——以司法"公平"审查为中心》,经济科学出版社 2017 年版,第 47 页。

另外,参考了 IOSCO 于 2010 年发布的《关于券商利益冲突监管的指引》(Guidelines for the Regulation of Conflicts of Interest Facing Market Intermediaries; Final Report,以下简称《IOSCO 券商利益冲突监管指引》),在该指引中,IOSCO 对 Market Intermediaries 的界定就是券商(Securities Firms)。

从理论上归纳出五大模型：自我交易、关联交易、商业机会、公平交易和基金利益。

1. 自我交易

在基金①语境下，自我交易，是指基金管理人或基金董事②在代表基金进行决策、从事交易、履行相关行为、开展相关活动时，知道决策活动、交易行为、其他相关活动的另一方正是自己，③即基金管理人或基金董事代表基金和自己开展交易——该"交易"应当做广义理解，即发生相关法律行为——自我交易的双方实质上是同一个人，或者说本应出自对立双方的意思表示却出自同一个人，这就会使该人把自己的利益凌驾于其所代表的委托人利益之上，构成利益冲突。自我交易既可以是证券交易，也可以是非证券交易。

（1）证券交易。基金管理人或基金董事用自有的资金/证券账户，即账户中的资金和证券为基金管理人或基金董事自身的固有财产，与基金的资金/证券账户之间，开展证券买卖交易，这很容易导致定价不公允。基金管理人或基金董事为自己向基金高价卖出或低价买入股票；或者导致该证券交易并不符合基金的投资目的，从而使基金管理人或基金董事可以从基金处获取不正当的利益，损害基金的权益。

（2）非证券交易，如基金管理人、基金董事以不公允的价格，安排基金对自身贷款等。

需要说明的是，本书把"自我交易"类型做了范围限缩，这里的"自我"就是本人，而不包括本人的关联方。因为关联方的关联范围可以很广泛，从而会导致各种具体的关联交易样态，全部称为"自我交易"，可能不尽合适。

2. 关联交易

存在关联关系④的两方之间发生交易，即为关联交易。在基金语境下，一方为基

---

① 这里用"基金"一词是泛称，对应实践中，包括由多个客户资金汇集的基金（IOSCO 称为集合投资计划，Collective Investment Scheme，CIS）、资产管理计划、信托计划等，和仅有一个客户资金的专项投资账户（"专户"，英文一般称为 Separate Managed Account，SMA）。如本书导论对"基金"的理解，CIS 的经济本质是一个独立账户（及其中的基金财产）。因此，本部分所提到的"基金"，其实应该是基金管理人所管理的不同独立账户，包括上述 CIS 和 SMA 两种账户。

② 在契约型基金场合，基金没有法律主体资格，由基金管理人代表基金；在公司型基金场合，基金有独立法人资格，其意思自治机关为董事会，所以由基金董事来代表基金。

③ 该定义参考了公司治理语境下，董事、高级管理人员自我交易的定义，详见施天涛：《公司法论》，法律出版社 2018 年版，第 435 页。

④ 对于何谓"关联关系""关联方"及如何界定、"控制"如何界定，本书此处不做探讨，这是另一个专题。

金,另一方为基金的关联人。对于契约型基金而言,关联人是基金管理人的关联方;[1]对于公司型基金而言,关联人是基金董事的关联方。他们之间的任何交易,即为可能存在利益冲突的基金关联交易。进一步展开,常见的基金关联交易具体类型有:

(1)基金与其关联方之间的证券交易。这一项与上述自我交易中的证券交易类似,是发生在基金证券账户和基金关联方证券账户之间的证券买卖、借贷、交换等交易。对证券交换而言,可能导致基金换入流动性差的证券,这也会对基金产生不利的后果。

(2)基金购买基金关联方自身发行的股份或其承销的股份。

(3)基金使用有关联关系的金融中介机构,[2]如契约型基金管理人的关联方是一家券商,这家基金通过该券商下单从事证券交易,该证券经纪活动就是一项关联交易。基金管理人可以通过让基金过度交易(或不采取最佳执行方式交易,Best Execution),使其关联券商赚取过多的佣金,损害到基金利益,甚至基金管理人还可以从关联券商的佣金收入中获得回佣,以基金利益自肥。又如,公司型基金的董事会聘用与基金董事有关联的基金管理人、基金托管人、基金行政行、证券经纪商(broker)等基金服务机构,其中以有关联的基金管理人为典型。常见的是,某一个或几个自然人同时担任基金和基金管理人的董事,且这样的自然人在基金和基金管理人的董事会中占多数。这就会使基金董事会失去独立性,未必完全代表基金的利益而是代表基金管理人的利益。

(4)基金的关联方投资于基金。根据《IOSCO 利益冲突报告》,在澳大利亚的一个案件中,一个基金允许其关联方对其投资,但不要求其申购资金达到基金文件规定的最低规模,这导致基金自身后来发生财务困难,进而造成监管介入。该基金的管理人被取消了基金管理人资格,基金被解散。

(5)安排基金 A 投资于关联方管理的基金 B。这可能会触发 A 基金管理人和 B 基金管理人向 A 基金双重收费的问题,损害了 A 基金利益。

(6)基金与其关联方之间的其他交易,本项是兜底条款,包括但不限于上述自我交易中提到的贷款、担保,或者其他交易等,只是交易相对方不是代表基金的一方(这是自我交易),而是基金的关联方。比如,从关联的第三方收取货物或服务,这会使相关成本被转嫁给基金;让基金支付更高的审计费(既包括审计基金也包括审计基金管理人),也容易导致基金管理人或基金董事收取回扣并以基金承

---

[1] 参见张国清:《证券投资基金关联交易的法律规制——美国的经验及启示》,载《证券市场导报》2006 年第 1 期,第 28 页。

[2] 这里的金融中介机构(Financial Intermediary)是广义的。比如在中国香港特区的法律中,资产管理人(持 9 号牌照)履行基金管理职责,其也属于金融中介。

担更高的外部费用为代价。

3. 商业机会

参照公司治理中谈及的"公司机会",①这里的"商业机会",是指利益冲突方与基金从事有竞争性质的活动,就利益冲突方在任职期间能获得的特定机会而言,该方把自身利益优先于基金利益,先于基金利用该机会开展相应活动,不将该机会赋予基金,此种情形未必要强调给基金造成损失。

(1)"老鼠仓"(Front Runner)是典型的侵占基金商业机会。当看见有利可图的投资机会时,员工、基金管理人等利益冲突方先用自有资金进行投资,等价格抬高或压低后,再把交易机会给基金,导致基金付出更高的买入成本或以更低的价格卖出,这会导致基金损失或将其持仓利益不法转到了利益冲突方。

(2)在境外的资产托管模式下,在下达资产分配指令时,将有关资产或头寸优先分配给自己的账户。根据《IOSCO 利益冲突报告》,在美国的一个案例中,一个注册基金管理人雇用了一位组合经理(Portfolio Manager)来管理该管理人自己的员工利润分享计划(employee profit-sharing plan)和另外两个基金。该组合经理在下达买入期货指令时,并没有同时下达如何在这三个基金账户中进行分配的指令,而是先观察后续期货价格的波动情况,然后把有利的执行价格对应的头寸分配给上述员工计划,把相对不利的执行价格对应的头寸分配给基金,损害了基金投资人的利益。

(3)基金管理人自有资金账户或员工自有资金账户从事证券交易。此类交易的对手方未必是基金,所以它不属于自我交易和关联交易。但此类交易很有可能造成上述商业机会中的第 1 种情形的和第 2 种情形的利益冲突,所以应被分类在本模型项下。

(4)利益冲突方由于知悉关于证券价格的敏感信息,导致基金的有关交易被限制。比如,某私募证券投资基金管理人的一个关联方为私募股权投资基金管理人,该私募股权投资基金管理人了解到某上市公司收购方面的信息并有意一并参与该收购活动。显然,上市公司收购信息是敏感信息,甚至是关于该上市公司的内幕信息,根据有关信息隔离的要求,较好的合规实践是,限制私募证券投资基金管理人对该上市公司股票的交易,但这其实会影响私募证券投资基金的利益,剥夺了该基金的交易机会以及持仓上市公司股票的流动性。

(5)其他任何与基金之间的同业竞争活动,该等活动可能导致基金的商业机

---

① 有学者认为,判断一项机会是否属于公司机会,应考量两个方面的因素:一是公司能力与个人能力,如果某一机会是以公司能力获得的,应归属于公司。一般来说,只要董事、高级管理人员在任职期间获得的机会均被认为属于公司机会。二是利用该机会的结果是否与公司构成竞争,阻碍公司政策或者构成对公司的不公平行为。参见施天涛:《公司法论》,法律出版社 2018 年版,第 452 页。

会被剥夺或滞后。

4. 公平交易

如前文所述,公平交易就是要在同一基金管理人管理的各个基金之间,保证其被公平对待,不能使某个基金的利益凌驾于其他基金之上,保证基金管理人忠实地对待各个基金。公平交易模型下的利益冲突类型有:

(1) 同向交易。该冲突有点像"老鼠仓",其实质是使某个基金始终"抢跑"于其他基金——在买入股票时,始终安排 A 基金以低价先买;在卖出股票时,始终安排 A 基金以高价先卖。这样,相比其他基金,A 基金就能获得更好的收益,成为商业上的"爆款"基金,吸引潜在投资者关注,但这却是以其他基金的业绩或利益为代价的,对其他基金不公平,损害了其他基金投资者的利益。

(2) 反向交易,即在同一基金管理人(或同一组合经理)控制的两个基金证券账户之间,一买一卖某只股票。除非有合理的理由,如其中一个基金的持仓达到了风控限制指标等,该等反向交易容易造成利益冲突,即一个基金把相关证券上的利益让渡给了另一个基金。

5. 基金利益

这里的"基金利益"模型,是指利益冲突方通过一些场合直接取得本应属于基金或基金投资者的利益,包括但不限于通过让基金或其投资者承担费用的方式,自身赚取经济利益或避免经济损失;或从向基金、基金投资者提供的服务或为基金开展的活动、交易中获得利益,且该利益并不符合基金的利益。这些场合不一定都涉及关联方,所以未必都是"关联交易"。当然,如果涉及关联方——很多情形下,也确实会涉及关联方——则可以归纳至关联交易模型。进一步展开,这里常见的基金利益冲突具体类型有:

(1) 业绩报酬。业绩报酬是基金管理人以基金财产的增值部分为基础,按一定比例收取的费用。增值部分的基金利益原先应归属于基金的投资者(受益人),此处却被基金管理人直接分享,基金管理人与基金(投资者)之间具有利益冲突。尤其是基金管理人可能会为此去冒更大的投资风险,以博取更高的收益;但一旦产生损失,则完全由基金及其投资者承担。发生损失时,基金管理人不用相应承担损失部分,只是不能提取业绩报酬而已。

(2) 软回佣(软美元)。这部分资金是基金支付的证券交易佣金的一部分,但被返给了基金管理人,由基金管理人享有——注意:基金、基金管理人和券商之间未必构成关联方——这会刺激基金管理人过度交易或对交易佣金费率不加控制,以图获取更多的软回佣。

(3) 商业贿赂。上述软回佣中的"软"字体现了其一定的合法性,可详见本书后文对"软回佣"的论述。但商业贿赂则是一种完全不法的活动,其不法的本质是利益冲突。比如本书前述案例,把因基金规模大而产生的对外投资的认购费优惠,直接由该基金的管理人享有而不返还给基金。换个视角,这可以视为该基金的管理人获取了作为贿赂的优惠,以换取其做出投资另一个基金的决策。由此,该基金管理人的上述投资决策是否对基金最为有利就要斟酌了。

(4)有的法域允许用基金财产推广营销基金。这种利益冲突会激励基金管理人有动机耗费过度资金来从事销售活动。基金管理人则会因如下活动而获利:①基金管理人可以因销售而扩大基金规模并因此增收管理费;②基金管理人可以因新的销售行为增收其他服务费;③基金管理人可以从提供销售服务的相关人士处得到直接或间接的利益(如软回佣),该等利益不会给到基金。

(5)基金管理人(或基金董事)代表基金参与相关交易条款的谈判,但谈判的结果可能有利于其自身的利益而损害基金的利益。比如,基金管理人安排基金用基金财产收购一家目标公司,同时其自身也参与本项收购,但最终,该收购使基金管理人为其自身利益(而不是基金利益)控制了目标公司。

(6)上市公司投票。这可能会影响到基金利益,尤其在基金持仓规模较大的情况下。基金管理人的投票行为可能会造成利益冲突,即投票表决行为可能有利于其自身——如因懈怠而不投票——而不利于基金的最大化利益。

(7)挪用基金财产。这是对基金利益的直接侵害,是明显的利益冲突,把挪用的个人目的凌驾于基金利益之上,违反了基金管理人的忠实义务。另外,把基金财产和自有资金混同,违反分别管理义务,其实也是挪用基金财产的一个特例。

(8)擅自披露基金商业秘密。商业秘密具有秘密性(新颖性)、(商业)价值性和保密性(采取保密措施)①,因此,商业秘密涉及基金的利益。对此擅自披露,基本上也可认为是直接侵害基金利益,是明显的利益冲突。

(9)在有的法域的基金合同或私募备忘录(Private Placement Memorandum)中,可以要求基金对基金管理人及其员工造成的任意损失进行补偿。这会"激励"基金管理人及其员工故意做一些错事或者不计基金及基金投资人的利益来做事,增加道德风险。

(10)基金管理人为了收取额外的高价费用(mark-up)而提供不必要的基金服务,如外汇兑换服务等。这就会"激励"基金管理人收取比市场价更高的费用,却提供并没有竞争优势的服务——外汇兑换服务本应由商业银行提供。根据《IOSCO利益冲突报告》,在澳大利亚的一个案件中,一只基金向它的关联方外包

---

① 参见孔祥俊:《反不正当竞争法新原理分论》,法律出版社2019年版,第361页。

了很多运营事务并给予事先付费,而该关联方立刻在其他活动中耗费了这些资金然后清算解散。由于基金不再有钱支付给其他基金运营商来提供服务,在监管干预下,该基金和基金管理人最终被解散。

(11)其他非法或不合理地直接取得或占用基金利益的交易或情形。

最后,要说明两点:第一,在以上利益冲突中,并不见得都是"一方不当取得利益、另外一方受有损失"。即使受托人的行为看起来并没有给信托财产(受益人)带来损害,甚至受托人并没有利用信托财产进行交易或和信托财产进行交易,受托人只是利用其作为受托人的身份以及由此产生的机会、信息和有利地位而为自己取得利益,这种行为也属于利益冲突行为,亦构成对忠实义务的违反。[1] 忠实义务作为信义义务的组成,首先源自信义关系中的高度信任要素,是受信人被信任而应承担的对价。如果存在利益冲突,又不对此进行有意识的防范,就会损耗这种信任,也可以理解为"背信",这在逻辑上就难言"忠实"了。所以,谈到利益冲突,不见得要和损失画等号,这是一个基本观点。

第二,如果我们以一个广义的视角来看待"基金",那么一些由券商作为资产管理人的资管计划(或者叫"集合投资计划",Collective Investment Scheme)在本质上也是"基金"(可参见本书第一章对基金的定义)。由于券商的业务范围比一般的公募、私募基金管理人更为广泛而多样,因此,券商作为"基金管理人"会产生更多的利益冲突,如其资产管理业务和自营业务的冲突;资产管理业务和经纪业务的冲突;[2]资产管理业务和投资银行业务的冲突等。2010年发布的《IOSCO券商利益冲突监管指引》对此就有重点阐释。这时,券商作为资产管理人应当承担信义义务中的忠实义务,券商应该着力做好利益冲突管理工作。

(三)利益冲突的防范

利益冲突不和损失挂钩,那么逻辑上,它其实也是可能给基金带来利益的。[3] 比方说,在自我交易场合,如果价格公允,且基金管理人卖出股票有其自身

---

[1] 参见赵廉慧:《信托法解释论》,中国法制出版社2015年版,第312页。

[2] 境外券商的经纪业务确实是由经纪人来帮助客户下单成交,所以会和其管理的资管计划的交易下单产生冲突。境内券商的经纪业务目前来看只是客户向证券交易所下达交易指令的通道,这方面的利益冲突不明显。

[3] IOSCO认为,不是所有的利益冲突都会导致市场失灵(Not all conflicts of interest create market failures)。参见《IOSCO券商利益冲突监管指引》。

的合理理由——并不是为了侵占基金利益,而是有其他合理商业目的——那么在基金受让这些股票后,仍可以因持有而获利。故对于利益冲突而言,不能视之为洪水猛兽,一概禁止;①对此应做的是减少(mitigate)、控制和防范。这也是一个基本观点。②

从英美法目前的实践来看,忠实义务规则并非绝对地禁止受托人从事利益冲突的交易,而在于阻止受托人由该交易中获取不当利益,从而最大限度地保护受益人的利益。③ Langbein 教授认为,绝对禁止冲突交易使信托丧失了很多有利的交易机会从而给受益人造成了损失。在信托领域中绝不能一概禁止所有的利益冲突,因为许多证据表明,在受托人与受益人利益冲突的交易中,受托人为受益人带来了最佳的利益,信托法为此设立了若干免责规定与例外规定。对于冲突交易,应由绝对无效改为可撤销,允许受托人为受益人的最佳利益谨慎从事冲突交易作为被诉违反忠实义务的抗辩理由。④ 当受信人为了本人的最佳利益而行事时,个人利益和义务之间冲突的严格禁止应当得到缓和。这个严格规则产生了很高的成本,因为其禁止对本人有利的交易,并且规定对诚实的受信人而言是不公平的。⑤ 有学者经考察后认为,利益冲突交易司法审查标准逐渐清晰为"披露+公平(程序公平和实质公平)"。⑥

在《IOSCO 利益冲突报告》和《IOSCO 券商利益冲突监管指引》中,IOSCO 建议成员方的监管者采取如下机制应对利益冲突:

(1)给基金管理人施加兜底的、一般性的义务(general duty),要求其为基金投资者的最佳利益服务;〔A〕

(2)由一个独立第三方复核/监督(review/oversight)基金管理人的活动;〔B〕

(3)对可能造成利益冲突的交易直接禁止;〔C〕

(4)对造成利益冲突的某些交易,要求监管者或独立第三方复核或批准;〔D〕

(5)对利益冲突信息,要求向投资者或监管者披露;〔E〕

(6)制定要求基金管理人必须遵守的具体标准或程序;〔F〕

---

① 参见赵振华:《证券投资基金法律制度研究》,中国法制出版社 2005 年版,第 249 页;周淳:《商事领域受信制度原理研究》,北京大学出版社 2021 年版,第 147 页。
② 我国实务中有些机构和人员对此的认识是不到位的,本书称其为"基本观点",希望对此澄清。
③ 参见张天民:《失去衡平法的信托》,中信出版社 2004 年版,第 81 页。
④ 参见陈雪萍、豆景俊:《信托关系中受托人权利与衡平机制研究》,法律出版社 2008 年版,第 161 页。
⑤ 参见〔英〕格雷厄姆·弗戈:《衡平法与信托的原理》,葛伟军、李攀、方懿译,法律出版社 2018 年版,第 667—679 页。
⑥ 杜晶:《公司利益冲突交易的法律规制研究——以司法"公平"审查为中心》,经济科学出版社 2017 年版,第 12 页。

(7) 限制某些特定的行为；〔G〕
(8) 要求使用行为守则(Code of Conduct)这一工具来应对利益冲突；〔H〕
(9) 在适当的案件中，监管者行使监督(monitor)和制裁的权利；〔I〕
(10) 要求机构高管介入利益冲突的识别和管理；〔J〕
(11) 做好信息隔离(information barriers)；〔K〕
(12) 做好各种业务活动的记录。〔L〕

此外，也有英国学者对利益冲突持有如下观点：①

第一，避免冲突规则有如下两个明确的适用，一是如果受信人将自己置于个人利益与对本人的义务相冲突(或者以真实且敏感的方式可能相冲突)的地位，受信人必须将对本人的义务置于个人利益之前，除非本人已作出自由且充分的知情同意，使受信人能够优先考虑其个人利益。〔A〕二是受信人应当避免将自己置于对一个本人的义务与对另一个本人的义务相冲突的地位，除非两个本人均已对此冲突作出充分知情同意。〔E〕

第二，对于自我交易，该学者认为受信人不得在同一个交易中同时代表自己和本人。或者当受信人和本人进行交易时，除非受信人能证明他没有利用自己的受信人地位，并且已经向本人做了充分披露，〔E〕以及该交易是公平和诚实的〔A〕，否则这样的交易可以被撤销。

第三，当受信人为一个以上的本人行事时，则应该：①两个本人都给予了他们充分知情的同意；〔E〕②合同条款，即对不同本人所负义务的冲突导致的责任能够被合同条款所免除。〔E/M〕

第四，不得谋利规则禁止受信人凭借其受信人的地位，为了其自己或为了第三人获取一项权益，除非本人已作出充分知情同意，允许受信人在其作出完整且透明的披露之后获得利润，或者该利润以其他方式(如通过信托文件)获得授权。〔E〕但是，这也并不意味着受信人在行事时完全不能获取任何权益。许多受信人是专业人士，他们因工作而获取合法报酬。真实的关切是，要确保受信人无法从其地位中取得未获授权的或秘密的利润。

由此，对照上述关于防范措施的意见，本书试图按照第二部分列示的各种利益冲突细项，并参考中国法律、法规的相关规定，对此提出若干具体的、可行的防范建议，详见表2-3。本节上述〔〕中的字母，即对应一项防范手段，附表中以此简化表示。

---

① 参见〔英〕格雷厄姆·弗戈：《衡平法与信托的原理》，葛伟军、李攀、方懿译，法律出版社2018年版，第668、669页。

表 2-3 利益冲突防范表

序号	利益冲突类型	本书给出的防范建议
1.1	自我交易	A、B①、C、D、E、F、J、L
2.1	关联方之间证券交易	A、B、C、D、E、F、J、L、M
2.2	基金购买基金关联方自身发行的股份或其承销的股份	A、C②、E、I、J、L、M
2.3	基金使用有关联关系的金融中介机构	A、E、J、L、M
2.4	基金的关联方投资于基金	A、E、J、L
2.5	安排基金投资于关联方管理的基金	A、B、E、J、F、H、L
2.6	其他基金与其关联方之间的交易	A、E、J、M、L
3.1	"老鼠仓"	C、I、J、K
3.2	最佳执行、最佳分配	A、B、D、E、F、H、J、L
3.3	自我/员工账户交易	A、F、G、H、J、K、L、M
3.4	限制清单信息隔离导致限制交易	E、F、H、J、L、M
3.5	同业竞争	A、C、D、E、F、G、H、I、J、L
4.1	多基金账户同向交易	A、B、D、E、F、H、I、J、K、L、M
4.2	基金账户间反向交易	A、B、D、E、F、H、I、J、K、L、M
5.1	业绩报酬	A、E、H、J、L、M
5.2	软回佣	A、D、E、G、H、I、J、L、M
5.3	商业贿赂	C、I、J、L
5.4	用基金财产推广营销基金	A、E、G、H、J、L、M
5.5	代表基金参与相关交易条款的谈判	A、C、D、E、G、H、I、J、L、M
5.6	上市公司投票	A、E、F、H、J、L、M
5.7	挪用基金财产	C、I、J
5.8	擅自披露基金商业秘密	C、I、J
5.9	要求基金对基金管理人及其员工造成的任意损失进行补偿	E、G、I、J、M
5.10	为了收取额外的高价费用(mark—up)而提供不必要的基金服务	C、G、I、J
5.11	其他非法或不合理地直接取得或占用基金利益的交易或情形	C、G、I、J

① 这里 B 项和 D 项的独立第三方一般是基金管理人内部独立的合规部门,下同。
② 中国法禁止基金向基金管理人、基金托管人出资。

对于违反忠实义务的救济,本书认可英国学者的如下观点:违反受信义务的救济,通常是受信人与本人之间或者受信人代表本人达成的任何交易,受信人负有责任将其违反义务获得的任何利润交还给本人。但是,衡平法同时可以要求,对于本人因受信人违反义务而遭受的任何损失,由受信人向本人予以赔偿。本人可能要在交还利润和赔偿两项救济之间作出选择。救济的选择,将由下述因素决定,即本人遭受的损失是否大于受信人获得的利润。本人不能同时主张赔偿和交还的救济,因为这会导致双重返还(double recovery)。①

(四)余论

对比中国法上的规定,② 本书认为,上述标注的 A—J 项的举措,基本上已都有相对应的法条。

第一,《证券投资基金法》第 9 条第 1 款被视为关于信义义务的一般性表述(当然其法律措辞是否有改进空间,可以再探讨)。《证券投资基金法》第 21 条第 3 款也明确规定了基金份额持有人利益优先的原则。

第二,《证券投资基金法》第 36 条规定了基金托管人的职责,基金托管人在上述法定范围内对基金管理人有一定的复核、监控作用。另外,基金业协会制定的《私募投资基金管理人内部控制指引》要求设置独立的、负责合规风控的高级管理人员,履行对内部控制监督、检查、评价、报告和建议的职能。

第三,对于禁止、限制或需要单独复核、批准的利益冲突:我国规定①禁止挪用基金财产,禁止基金财产和自有财产混同;②禁止不公平对待不同基金财产(及其投资者);③禁止"老鼠仓";④禁止利用基金财产或者职务之便为基金份额持有人以外的人牟取利益(相当于上述第五类"基金利益"冲突模型全部禁止);⑤禁止基金管理人和托管人互相出资或持股;⑥禁止基金向管理人、托管人出资;⑦限

---

① 参见〔英〕格雷厄姆·弗戈:《衡平法与信托的原理》,葛伟军、李攀、方懿译,法律出版社 2018 年版,第 649 页。
② 这些规定有:《证券投资基金法》第 5 条第 2 款、第 9 条第 1 款、第 20 条第 1—6 项、第 21 条第 3 款、第 23 条第 1 款、第 35 条、第 36 条第 3—11 项、第 73 条第 1 款第 2、5、6 项、第 73 条第 2 款;《信托法》第 25 条第 2 款、第 26—29 条、第 35 条;《私募投资基金监督管理暂行办法》第 22 条、第 23 条第 1—6 项;《反不正当竞争法》第 7 条第 1、2 款;基金业协会《私募投资基金备案须知(2019 年版)》第一部分第(9)条第 2 款、第(19)条;基金业协会《私募投资基金管理人内部控制指引》第 9 条、12 条;基金业协会《私募投资基金信息披露管理办法》第 18 条第 11 项;基金业协会《私募投资基金合同指引 1 号(契约型私募基金合同内容与格式指引)》第 47 条第 5 项。以上条文的具体内容从略。

制基金财产的贷款、担保,必须依法合规;⑧买卖基金管理人、托管人或其关联方承销的证券,必须有相应的披露程序等;⑨限制自我交易及"公平交易"模型中的反向交易,除非委托人或受益人同意且价格公允等;⑩禁止商业贿赂(由《反不正当竞争法》规定)。此处,涉及需要单独批准的,一般会要求委托人或受益人批准,但几乎没有需要监管机构特别批准的情形。

第四,有诸多条文规定了利益冲突须向投资者进行信息披露,尤其是关联交易,一般遵循上述"披露+公平"的逻辑,如《私募投资基金备案须知(2019年版)》第1部分第(9)条第2款、第(19)条,《私募投资基金信息披露管理办法》第18条第11项等。

第五,我国概括要求私募基金管理人制定关于防范利益冲突和利益输送的机制,如《私募投资基金监督管理暂行办法》第22条、《私募投资基金管理人内部控制指引》第9条等。

第六,对于法律或监管部门禁止的事项,我国赋予了监管部门给予违反者行政处罚,追究其行政责任加以制裁的权力。

综上,我国对于忠实义务项下的利益冲突,总体上已经建立起了可以对标国际指引的防范体系。如果要说不足的话,在要求基金管理人制定适合于其业务实际的行为守则(Code of Conduct)、合规手册(Compliance Manual),要求基金管理人履行自身的合规程序、合规政策,要求做好各方面的记录等方面,相关条文的措辞还不够明确,显得具体要求还不够刚性。随着资本市场的不断发展和开放,各种市场主体、各类金融投资工具、各种投资策略,都会层出不穷,成文法未见得能面面俱到。明确要求基金管理人建立自身的行为守则并据此开展投资活动,可能是一种必要的监管思路,也可以成为一种常态化的监管工具。这样既赋予市场主体相当的投资灵活性,不"一刀切",又能对其进行因人制宜的约束。

利益冲突具有丰富的实际样态,仅本书就归纳出了5大类型、25个常见细项,对此,相应的防范措施应该是立体的。无论是监管机构还是市场主体(以基金管理人为核心)中的合规官,应该把握住信义义务的核心要旨,综合施策,灵活应对,这才是正确的方法论和防范之道。从市场主体角度来看,合规官们也不应拘泥于法律条文的个别字眼,应善于制定自己公司的行为守则、合规政策,并在该"亮剑"时敢于"亮剑",才能体现出基金管理人、受信人对委托人、受益人的忠实,恪守信义义务,维护好基金投资人的利益,保障基业长青。

六、信义义务中的谨慎义务

（一）概述

1. 谨慎义务的内涵

谨慎义务一般是指受信人管理信托事务必须采取合理的谨慎，①该种谨慎应运用自己的知识、经验、技能和勤勉并达到法律所要求的程度。申言之，受信人应有"技能义务"，即在履职时应表现出一定的知识、经验和能力；应有"勤勉义务"，即应当亲自参加各项履职、管理；应有"谨慎义务"，即在履职时应认真行事。② 而根据谨慎义务的多种译法，本书认为还可以从其字面来考察：该义务要求受信人在履职时，应对须认知的各类信息有合理的注意、在认知态度上具备基本的谨慎以及在认知后的具体行为上有必要的勤勉，从而着力实现委托人/受益人的"最佳利益"。③ 以上这些，可能共同构成了谨慎义务的核心内涵。

需要说明的是，对于 Duty of Care 采用"谨慎义务"这一译法，是笔者在比较"注意、谨慎和勤勉"三个词汇后刻意做出的选择。本书认为，基于上述内涵，相较于注意和勤勉，当事人主观态度上的谨慎可能更具主导性。只要具备态度上的谨慎，就大概率会去思量自身是否具备必要的技能，会对作出判断和决策所需的各种信息保持合理的注意，在行动上也会有必要的勤勉，不会过于放任，进而保证商业决策具备基本的合理性并履行必要的监督。在中文语境下，如果仅仅是"注意"，其和"勤勉"之间可能缺乏必要的过渡，毕竟"注意"一般侧重静态的关注，而"勤勉"则要求更积极地努力，采取行动和作为；而"谨慎"既可以对应英文的

---

① 参见何宝玉：《信托法原理研究》（第2版），中国法制出版社2015年版，第287页；参见任自力：《公司董事的勤勉义务标准研究》，载《中国法学》2008年第6期，第83页。

② 参见罗培新、李剑、赵颖洁：《我国公司高管勤勉义务之司法裁量的实证分析》，载《证券法苑》2010年第2期，第375、376页；陈雪萍、豆景俊：《信托关系中受托人权利与衡平机制研究》，法律出版社2008年版，第163、164页。

③ 有学者对注意义务的界定概括为3个方面：①善意（in good faith）；②处于相似位置的普通谨慎人在类似情况下所应尽到的注意；③须合理相信其为了公司的最佳利益。参见施天涛：《公司法论》，法律出版社2018年版，第426、427页。

Care,又可以在主观上涵摄"注意"和"勤勉",相对处于更加"上位"的位置,更好地体现该义务的内涵。

在信托受托人的各项义务中,有学者也提到了亲自管理义务。① 本书认为,受托人的亲自管理其实就是一种谨慎,它并没有把受托职责再放任委托给第三方。亲自管理义务应该属于信义义务项下谨慎义务的一个具体表现,无须作为一项单独的受托人义务。就像单一受托人对不同委托人/受益人的公平交易义务应当属于信义义务项下的忠实义务一样,也无须单列。本书后文将结合 IOSCO 关于市场中介的金融服务外包(Outsourcing)的最终报告,讨论亲自管理和外包之间的关系、对外包所适用的原则应体现出谨慎义务。外包其实属于基金治理的范畴。

2. 谨慎义务的外延:决策义务和监督义务

在外延上,在先文献②将谨慎义务分为决策义务和监督义务。

决策义务是指董事(受信人)③应对公司决策尽到合理、充分、审慎的考虑,在充分思考的基础上作出公司决策。具体可包含 3 层含义:一是信息收集,在进行任何一项商业决策前,都应当全面收集并了解所有可合理获得的实质性信息;二是信息评估,应以一种批评性的眼光来评估、处理相关信息的确定性;三是在该等基础上做出谨慎决策。决策义务典型地受到商业判断规则这一董事保护型规则的审查,其通常指向批准公司政策和战略目标、评估和选任高级管理人员、批准重大支出和重大交易、收购和处置重大资产等事项。

监督义务则是指董事(受信人)必须勤勉、积极地履行其公司职责,并对公司的商业运行尽到合理而充分的监督。对此,美国法院创立了两个著名的规则:一是 1963 年 Graham 案所确立的"红旗警示"(red flag)规则,即除非存在可引起合理怀疑的情形,董事不负有去调查"搜出"错误行为的义务;仅当董事知晓存在怀疑情形时,才负有采取行动的义务。另一个是 re Caremark International Inc. 案所确立的"监督失灵"规则,即董事负有确保公司具备足够的内部监控系统以保证董

---

① 参见何宝玉:《信托法原理研究》(第2版),中国法制出版社 2015 年版,第 308 页。
② 参见任自力:《公司董事的勤勉义务探析》,载《人民司法》2007 年第 3 期;蒋昇洋:《董事注意义务的司法认定:美国的经验和中国的再造》,西南财经大学出版社 2019 年版。据称,美国特拉华州的经典案例 Caremark 案对这两种义务类型进行了具体阐释。在美国《标准商事公司法》《公司治理准则:分析与建议》《公司董事指南》3 个规则文件中,也将董事的注意义务划分为决策义务和监督义务两大类型。
③ 本书参考的文献多在公司治理语境,因此谈及受信义务的主体,往往是公司董事。但正如前文所述,如果是公司型基金,基金治理和公司治理本身就有相当大的重合成分,对公司董事的要求其实也可以是对基金(公司)董事的要求。如果是契约型基金,这里对公司董事的要求则可以延伸至基金管理人(或基金管理人的董事),因为基金管理人对基金承担信义义务,而基金管理人的董事对基金管理人承担信义义务,该信义义务的逻辑链条是成立的。以上董事、基金管理人等承担信义义务的主体,本书统称为"受信人"。

事会能及时获取相应信息的确定性义务。若董事未能确保公司中存在此一内部监控机制,或被证明董事会的监控存在持续或系统性的失灵,则将足以证明董事欠缺诚信,并构成对勤勉义务的违反。后一规则的要求明显高于前一规则,是目前美国法院判断董事勤勉监督义务履行情况的主导型规则。监督义务通常指向对公司的财务状况、管理状况以及符合法律规定和公司政策的公司运行状况进行合理监督,并评估和设计适当的风险管理架构。我国学者认为,董事的监督义务有两项内涵:其一,董事负有督促公司建立健全内部控制体制、信息收集与报告机制之义务;其二,董事有义务在发现公司存有重大异常时采取主动调查等行动。①

3. 谨慎义务的意义

相对于忠实义务的履行标准,谨慎义务的标准更难界定和确立。

如本书前文所述,忠实义务侧重消极不作为的义务,具体来说就是要规避或减少利益冲突。尽管商事交易的具体语境会产生各种利益冲突,但此类冲突依照专业能力,原则上还是能够被识别的,在识别后就可采取措施规避或减少,不能"顶风作案",侵犯投资者利益,否则,就构成忠实义务的违反。因此,遵守和履行忠实义务相对简单。

但对谨慎义务而言,从其内涵来看,很难把握所需技能、经验的量和质、所需注意的范围和程度、所需保持谨慎的合理程度以及所需勤勉的程度等。如果从为受益人"最佳利益"或利益最大化角度,这更是一种孜孜不倦的、法律上的"道德义务"了,②毕竟"最大化"是没有止境的。按照康德的路径,一项义务不能成为法定义务,除非它足够狭窄得以具体化它所要求的行为。③ 如是,就有一种诘难:谨慎义务还能构成一项法律上的义务么?它还有意义么?受信人到底履职到什么程度方可达到"谨慎""勤勉"的要求?

对此,本书赞同如下观点:首先,信义义务是预防性的,即这些义务的存在,是为了防止特定事态的发生。④ 其次,谨慎义务具备补偿、阻却与威慑、教育和指引三项功能。⑤ 这可以视为上述预防性的展开。补偿即给予了受损害的投资人一个请求权基础,使其可以受信人违反谨慎义务为由主张损害赔偿,这对投资者利益

---

① 参见吕成龙:《上市公司董事监督义务的制度构建》,载《环球法律评论》2021年第2期,第87页。
② 参见〔美〕艾瑞特·萨梅特:《作为康德式美德的受信人忠义》,载〔美〕安德鲁·S.戈尔德、保罗·B.米勒编:《信义法的法理基础》,林少伟、赵吟译,法律出版社2020年版,第159页。
③ 参见〔美〕安德鲁·S.戈尔德、保罗·B.米勒编:《信义法的法理基础》,林少伟、赵吟译,法律出版社2020年版,第172、173页。
④ 参见〔英〕格雷厄姆·弗戈:《衡平法与信托的原理》,葛伟军、李攀、方懿译,法律出版社2018年版,第666页。
⑤ 参见任自力:《公司董事的勤勉义务标准研究》,载《中国法学》2008年第6期,第84页。

保护总体上是有利的;这种赔偿机制的存在也对受信人构成威慑,同时也是指引,使其知道应当恪守自己的谨慎义务。从这个角度,即便谨慎义务的内涵相对宽泛,不易把握,但仍有必要去探讨其标准(本质上是"谨慎"的程度和标准),或者在某个具体商事语境下的标准,这可能是谨慎义务最为核心的问题。

(二)谨慎的标准

1. 一般标准

对此的研究很多,本书大致概括为如下几种进路:

第一种进路是考察谨慎的对标对象,即是按普通人的谨慎还是商人的谨慎;以及对此如何归责;是仅对重大过失负责,还是看是否具备善意等。据此,有学者概括英国属于一般勤勉标准,公司董事只须为重大过失负责,英国存在实质意义上的商业判断规则;美国则是更宽松的一般勤勉标准,其对标"普通谨慎勤勉之人";德国法则是严格勤勉标准,要求商人的注意;法国法要求善良家父的勤勉义务;日、韩是折中的严格勤勉标准,董事如果善良无过失,则可以免除赔偿责任。其中,德国法最严,其次是日、韩,再次是英国,美国最松。[1] 另有学者在新近的论文中指出,勤勉义务的判断标准可采用一种理性人标准,通过理性商人知识和能力的具体化以及重述决策行为的商业背景,来判断董事的决策行为是否具有过失。[2]

第二种进路是把谨慎义务的行为标准剖析为几个要件:一是善意(in good faith);二是处于相似位置的普通谨慎人在类似情况下所应尽到的注意;三是须合理相信其为了公司的最佳利益。[3] 其中,善意是对为人诚实状态的一种心理或道德评价;其对立面"恶意"即是明知相关行为对公司(受益人)不利。但目前,善意的基本内涵已在美国公司法学界达成共识,就是"基于诚信的目的追求公司的最大利益"。[4] 这样上述第一个要件和第三个要件就合二为一了。

第三种进路是将谨慎的对标对象进一步细分为三种情况:一是主观检验

---

[1] 参见任自力:《公司董事的勤勉义务标准研究》,载《中国法学》2008年第6期,第85—88页。

[2] 参见叶金强:《董事违反勤勉义务判断标准的具体化》,载《比较法研究》2018年第6期,第79页。

[3] 参见施天涛:《公司法论》,法律出版社2018年版,第426、427页;罗培新、李剑、赵颖洁:《我国公司高管勤勉义务之司法裁量的实证分析》,载《证券法苑》2010年第2期,第375页。

[4] 蒋昇洋:《董事注意义务的司法认定:美国的经验和中国的再造》,西南财经大学出版社2019年版,第51页。

（subjective test），即考虑受托人自己的技能、经验和知识，参考受托人能够实现什么来衡量。二是完全的客观检验（pure objective test），即受托人的行为通过一个合理的或审慎的受托人的标准来衡量，同时考虑其在管理他自己事务中行使的勤勉和注意。而对于哪些事务构成商人自己的"事务"，有时候被解释为是指他的私人事务或者他自己的业务。三是修正的客观检验（qualified objective test），即受托人通过一个理性人的标准来衡量，但是该理性人被视为具有一个特定的受托人所具有的那些技能、经验和知识。根据该方法，受托人被期待具有的技能和注意，可能高于或低于理性人，这取决于受托人实际具有的技能和注意。① 易言之，谨慎的标准要么是具体案件中的专家主观标准（受托人自己的技能、经验和知识），要么是按一个客观的社会平均标准，即普通谨慎人，抑或二者结合。有学者认为，英国2006年《公司法》和1986年《统一破产法》均已采取上述第三种主客观结合并偏向客观的标准，即"要求董事具有与其所任职务相当的技能和注意程度，但当董事实际具有的技能和注意程度超过与其所任职务相当的水平时，则其执行职务应达到实际的水平，否则将被视为违反了注意义务。"②

需要注意的是，上述客观检验标准一般适用于业余或无偿受托人。如果受托人是有偿、专业的受托人，那么对其应有一个更高的注意标准，即该受托人将被期待展示其专业性，因为专业的管理人将自己视为是具有专门的技能和经验的人，这也是其获得报酬的依据所在。③ 这就是说，有偿、专业的受托人要适用修正的客观检验。

本书认为，谨慎的标准与违反谨慎义务的归责原则之间有联系，但毕竟不是同一件事，二者不宜混淆，归责原则此处暂不讨论。善意和最佳利益都侧重主观心理状态，这应该是受信人在履行谨慎义务时应秉持的一种状态，应当作为履行

---

① 参见〔英〕格雷厄姆·弗戈：《衡平法与信托的原理》，葛伟军、李攀、方懿译，法律出版社2018年版，第580页。还有一种划分，属于类似进路：①处理自己事务的同一注意义务标准；②善良管理人的注意标准（大陆法系）；③中等纯粹标准；④宣誓标准；⑤专业标准。参见钟向春：《我国营业信托受托人谨慎义务研究》，中国政法大学出版社2015年版，第76—85页。

② 罗培新、李剑、赵颖洁：《我国公司高管勤勉义务之司法裁量的实证分析》，载《证券法苑》2010年第2期，第379、380页。赵廉慧也持此同样观点："受托人的注意义务标准是客观标准。所谓合理人的注意，指管理信托事务的时候，义务的内容和程度不是以单个具体的人的能力为基准，而是考虑到受托人所属的社会、经济地位以及职业等因素，然后按照这种类型的人所应具有的一般、客观的注意作为判断的标准，也即不考虑管理人个人、具体能力的差异，而是要求管理人以其从事的职业和与其社会地位通常应付出的注意。当受托人为信托公司等机构的时候，则应以较高的、专业性的注意能力为前提进行判断，应该比对个人受托人课以更高的注意义务。"赵廉慧：《信托法解释论》，中国法制出版社2015年版，第335页。另可参见张天民：《失去衡平法的信托》，中信出版社2004年版，第82、83页。

③ 参见〔英〕格雷厄姆·弗戈：《衡平法与信托的原理》，葛伟军、李攀、方懿译，法律出版社2018年版，第580—582页。

谨慎义务的行为要件,不宜视为谨慎本身的标准。谨慎标准的核心,本质上是谨慎到何种程度可以达标的问题,所以就是对标的对象如何选定和加以论述的问题。因此,从抽象和一般的角度来说,本书赞同上述无偿、业余下的完全客观标准和有偿、专业下的修正客观标准。

2. 基金投资语境下的谨慎标准及其演变

即便如上所述,这个一般标准仍是抽象的:"普通谨慎人"如何"普通";"管理他自己事务"中的事务范围如何选定(什么是相似情况、相似位置);在专业受信人场合,如何判定达到了其具有的"专业"标准。这些恐怕都只能因案而异、一事一议了。对此,普通法系统的判例法传统可能有其优势;而大陆法系则会有一点尴尬,相关学者也在为此继续努力。①

但如果具体到某一个特定的领域,比如资产管理和基金投资领域,问题也许可以变得稍微简单一点。② 在该领域,谨慎的第一个标准被称为"法定名录规则",起源于英国,是衡平法院和制定法规范受托人投资行为的最早规范形态。南海泡沫事件是其产生的经济动因。出于保障信托财产安全和受益人利益的考虑,英国衡平法院逐渐通过判例法确定了被法院视为适当的投资项目,法院假定这些列明的项目是安全的,因而受托人对其进行投资是谨慎的。

但如果投资标的仅限于法律规定的几个固有的项目,显然是太局限和被动了,而且也容易滞后于社会经济的发展,导致错过更多更好的投资机会。到了美国 Harvard College v. Amory 一案,法院认为绝对安全的投资是不存在的,人们只能尽力为信托财产提供安全保障,而这种安全保障则依赖于受托人的忠实和良好的判断能力。马萨诸塞州最高法院的 Putnam 法官在判决中写道:对于受托人投资的全部要求,就是他必须忠诚行事并进行合理的决断。他应如同谨慎、明辨且理智之人管理自己事务那样,不着重于投机……这被称为"谨慎人规则"。③ 谨慎人规则赋予受托人更大的灵活性和自由裁量权,投资项目的限制被放开了,法律约束直接施加于人,要求受托人必须是特定的"谨慎人"。但同时,要求这种谨慎必须体现在对每个具体投资项目的决策上:每项投资要单独判断,禁止将投资事务委托他人执行等。

---

① 有学者考察,我国没有任何有关董事注意义务的司法解释、指导案例。参见蒋昇洋:《董事注意义务的司法认定:美国的经验和中国的再造》,西南财经大学出版社 2019 年版,第 20 页。
② 以下整体上参考了姚朝兵:《美国信托法中的谨慎投资人规则研究》,法律出版社 2016 年版。
③ 在以 Scott 为中心编撰的第二次《信托法重述》(1959 年完成)中,第 227 条以下就有关投资的内容作了具体的规定,要求在"信托条款以及法律没有特别规定的场合,受托人要如同一个审慎的人(prudent man)那样保全信托财产,且考虑其正常的收益和额度,像处理自己的财产那样进行投资。"〔日〕能见善久:《现代信托法》,赵廉慧译,中国法制出版社 2011 年版,第 77、78 页。

随着社会经济的进一步发展,尤其是证券投资活动的大量出现,谨慎人规则也开始滞后了。对于基金投资形成的"一揽子"股票并考虑到股票市场的高波动性,很难要求对每只股票的投资都把握得那么精准,在单只股票的单项投资上都赚钱可能是做不到的,但基金整体仍然可以是营利的。这就涉及经济学上的现代投资组合理论。① 据此,美国《信托法重述(第3版)》进一步引入了"谨慎投资人规则"。受托人于投资时是否违反应有的谨慎义务,应根据每一投资或技术在信托财产组合中的作用,结合相关信托的目的和情况加以判断。如果风险资产通过有效的风险分散的财产组合方式,分散了财产组合的总风险,就没有违反谨慎义务。② 在投资中,即使包含高风险、高回报的投资对象,但如果和安全的投资对象构成投资组合,且从整体上看构成健全投资的话,也是可以的。③ 这样,对"谨慎"的理解就更进一步了,使之更加符合现代投资理论和投资实践。在资产管理和基金投资领域,谨慎投资人规则可谓目前判断受信人是否谨慎的核心标准。

3. 谨慎投资人规则的具体内容

综合各在先文献,④谨慎投资人规则的内容如下:

第一,这里的"谨慎"(prudence)包括注意(care)、技能(skill)和审慎(caution)三个方面要素。其中,"注意",是指受信人在作出投资决定或者监督投资的过程中,应尽到合理的努力和勤勉,调查和了解与投资有关的情况,必要时还应咨询专业人士的建议。"技能",是指受信人能力方面的客观标准。如果受托人具备比一个仅具有一般智慧之人更高的技能,该受信人必须以较高的技能作为标准。"审慎",是指除了运用注意和技能外,受信人必须运用一个谨慎投资人在类似情况下为类似目的管理类似财产的审慎。在没有信托条款规定的情形下,审慎的要求是受信人进行投资时应考虑资本的安全性和保障合理的收益。对信托财产的安全,以前的规则只要求本金的安全,新规则写的是"资本的"安全。⑤ 这与

---

① 参见赵廉慧:《信托法解释论》,中国法制出版社 2015 年版,第 343 页。
② 参见陈雪萍、豆景俊:《信托关系中受托人权利与衡平机制研究》,法律出版社 2008 年版,第 165、166 页。
③ 参见〔日〕能见善久:《现代信托法》,赵廉慧译,中国法制出版社 2011 年版,第 77、78 页;张天民:《失去衡平法的信托》,中信出版社 2004 年版,第 84 页。
④ 本部分仍以姚朝兵的专著为参考本,并参考了赵廉慧:《信托法解释论》,中国法制出版社 2015 年版。该等内容的原始出处为美国 1992 年《第三次信托法重述:谨慎投资人规则》和 1994 年《统一谨慎投资人法》。
⑤ 有学者在考察了英国 2000 年《受托人法》,也得出了类似的结论。例如,在英国,受托人的谨慎义务应体现出合理的注意、技能、知识和经验。"注意"内含了避免伤害和风险的目的,要求受托人在履职的时候应当以实现信托目的、维护受益人的最大利益为出发点,在作出决定和实施管理的过程中,尽到合理的努力和勤勉,认真检视信托环境,尤其是在开展特定行动时要为此开展恰当合理的全面(转下页)

前述一般标准的论述基本一致。

第二，谨慎指向的是投资的整体而不是某项单个投资。在判断某一投资是否违反谨慎义务，不是从组合投资的一部分或者个别进行判断。对每一项投资，受信人应考虑的核心要素是风险和回报之间的权衡取舍(trade-off)。首先应确定特定产品组合的风险承受能力，然后据此确定适合于此的风险收益目标。只要合适地考虑了投资风险与回报，运用合理的注意、技能和审慎并满足其他对于谨慎投资的要求，就可以投资于任何项目。在综合考虑风险和回报的基础上，如果整体构成合理的投资，某些具体投资项目可以被允许。"谨慎人规则"以规避风险、保存本金为核心；"谨慎投资人规则"则以管理风险取代规避风险，强调投资组合风险和收益的合理平衡。

第三，"其他对于谨慎投资的要求"，应指信托或基金合同约定的目的、条款、分配要求及其他相关约定，意在强调受信人根据谨慎投资人规则做出投资策略时应考虑的多种因素。从保护和最大化受益人利益的角度而言，上述考量因素的抽象性和灵活性仍然是合理和必要的。因为赋予受信人广泛的自由裁量权更有利于激励受信人在综合各项因素后，做出最有利于受益人的投资决策。

美国《统一谨慎投资人法》第2条(c)款对谨慎投资时所应考虑的因素还进行了列举，包括：①总体经济条件；②通货膨胀或通货紧缩可能产生的影响；③投资决策或投资策略产生的预期税收负担；④每项投资在整个信托财产投资组合中的作用；⑤预期总收益；⑥受益人的其他收入来源；⑦资产流动性、收益的规律性以及资产保值和增值的要求；⑧如果某项资产对信托目的或者某些受益人有特殊关系或者存在特殊价值，应当考虑这种特殊性。

第四，考虑到投资的"谨慎性"，应保持投资的多样性。现代投资组合理论表明，分散投资可以在不影响投资组合既定收益的前提下，消除投资组合的非系统风险，从而使投资组合能够在更低的风险程度下获得同样的收益。但应注意，分散投资义务不是绝对的，分散到何种程度需要斟酌，允许存在某些例外。但原则

(接上页)调查，尽可能地获取与所管理的信托义务相关的信托内容、有益资源等有效信息，以规避其能力范围内的风险。同时，还应该多方收集信息，在一个合理恰当的基础上广泛地听取和考虑其他人的建议，这也应当是受托人作出决策尤其是重大决策之前必要和应当采取的步骤和程序。"技能"内含了对受托人应当具有能够做好某事的实践知识和能力的要求，受托人在履职时应恰当、有效地运用这些个人所拥有的专业知识和能力。"小心"(caution)是指受托人与所从事的信托业务相适应程度的小心。"知识"内含了一个人的学问和见识的内容，这是受托人专业化的体现。首先，应该拥有作为一般人的常识性认知。其次，其还应该具备作为从事专业信托业务所应当具备的金融、管理、投资以及法律等相关领域的专业知识。谨慎义务要求受托人将其所拥有的所有相关知识体现和运用在履职的全过程中。参见钟向春：《我国营业信托受托人谨慎义务研究》，中国政法大学出版社2015年版，第54—56页。

上,作为合理投资的要素,应明确纳入分散投资义务,除非在当时情形下不如此行事反而是谨慎的。

第五,改变以往信托法禁止受信人将信托的投资和管理活动授权他人的规定,只要在安全措施保障下,转委托授权现在被允许,唯一的要求是受信人在决定是否以及如何进行委托、选择和监督代理人时,应当履行注意、技能和审慎的义务(本书后文再述)。

第六,要求受信人在投资信托财产时避免产生不必要的成本,只能产生与信托财产、目的以及受信人的技能相称且合理的成本,以最大化受益人的利益。

第七,对受信人是否遵守谨慎投资人规则的判断应当根据做出投资决定或采取行动当时的事实和情况来判断,不能当"事后诸葛亮"。

(三)谨慎义务的审查

这是从事后角度和外部中立第三人角度看待受信人是否妥善履行了谨慎义务,其义务履行是否达到了谨慎的标准。对此,可按照谨慎义务的外延分别讨论。

1. 决策义务的审查与商业判断规则

在更为具体的商事环境下,如每一项股票投资或股票交易的买卖决策中,受信人(如基金管理人)是否达到了谨慎的标准,是否是一个"谨慎投资人",这是不能从"事后诸葛亮"的角度去评判的,因而也不能从某项投资是获利还是亏损去评判,因为任何商事活动都有风险。那么,该如何评判和审查呢?这就引出了商业判断规则。本书认为,商业判断规则的本质是在事后对谨慎义务中的决策义务是否得到妥善履行加以审查和判断的一项方法论。

该方法论,是指董事、高级管理人员等受信人善意地做出了商业决策,即推定满足谨慎义务的要求。所谓"善意",是指受信决策人①在决策时,与所进行的商业决策事项不存在利害关系(否则可能首先就违反了忠实义务);②对所进行的商业决策是了解的,并合理地(reasonably)相信在该种情况下,决策是适当的;③理性地(rationally)相信其商业决策符合公司的最佳利益。[①] 上述"合理地"是客观标

[①] 参见施天涛:《公司法论》,法律出版社2018年版,第430页;罗培新、李剑、赵颖洁:《我国公司高管勤勉义务之司法裁量的实证分析》,载《证券法苑》2010年第2期,第381、382页。该种观点强调:法院在适用商业判断规则时,主要考虑以下几个方面的要件:其一,必须是一个商业的业务决策。其二,必须是善意的。法院一般从决策行为的方式和过程来推定主观意图是否是善意的。而关于恶意的举证责任在指证方。其三,无利益冲突,包括直接利益冲突和间接利益冲突,也可叫"无利害关系关联",(转下页)

准,而"理性地"则是主观的,基于受信人广泛的裁量权。① 在对商业判断规则作出明确定义的 Aronson 案中,Moore 法官作出如下解释:"商业判断规则假定公司董事们在做出决策时,是在充分知悉的基础上、基于善意并且以诚实的信念相信其所采取的行为是有利于公司利益最大化的。"②

因此,对于证成其"合理地相信",会特别要求董事(受信人)所采取的决策程序的完备性。如果董事就特定事项履行了咨询专家意见的程序,其善意信赖专业咨询意见就可以免责。③ 美国法院在审查和认定被告董事的决策行为是否尽到了合理的注意(并达到合理相信)时,尤为关注董事在作出决策时知道或者推定应知哪些特定事实与特定情形,这些事实与情形所形成的信息是否构成被告董事作出某决策的正当理由,从而来认定被告在作出决策时是否基于公司最大利益进行了充分而审慎地考虑、是否基于善意作出某项决策。若董事在决策时所获知的信息足以成为决策的正当理由、足以证明该决策的事前合理性,那么,即便该决策在事后形成了不利结果,造成公司损失,也不应当认定董事未尽到合理注意。④ 中国法院的法官也撰文指出,如果要追究董事对公司违反勤勉义务的责任,则可从以下几个方面举证:①经营判断另有所图,并非为了公司的利益;②在经营判断过程中,没有合理地进行信息收集和调查分析;③站在一个通常谨慎的董事的立场上,经营判断的内容在当时的情况下存在明显的不合理。⑤ 日本有学者持类似观点,在判断董事是否违反善管注意义务时,应判断董事是否收集、调查、探讨了在当时情况下被认为属于合理程度的信息,同时,应当站在作为董事通常的能力和见识的立场上,按照判断时的状况,审查是否有明显不合理之处。⑥

可见,之所以说商业判断规则是方法论,是因为其把一个受信人在决策时是否谨慎、其谨慎是否达标的实体问题,转换成了一个在事后看决策程序是否完备、信息收集及评估是否充分,从而体现出受信人是否谨慎的程序审查问题。这也可

(接上页)即决策者应没有个人利益,保持其决策时的独立性。如果有利益关联,那就没有商业判断规则的适用余地,涉及的是忠实义务的问题。其四,掌握了充分信息。

① 参见〔日〕近藤光男编:《判例法中的经营判断规则》,梁爽译,法律出版社 2019 年版,第 4 页。
② 蒋昇洋:《董事注意义务的司法认定:美国的经验和中国的再造》,西南财经大学出版社 2019 年版,第 49 页。
③ 参见蒋昇洋:《董事注意义务的司法认定:美国的经验和中国的再造》,西南财经大学出版社 2019 年版,第 70 页。
④ 参见蒋昇洋:《董事注意义务的司法认定:美国的经验和中国的再造》,西南财经大学出版社 2019 年版,第 67 页。
⑤ 参见何琼、史久瑜:《董事违反勤勉义务的判断标准及证明责任分配》,载《人民司法》2009 年第 14 期,第 42 页。
⑥ 参见〔日〕近藤光男编:《判例法中的经营判断规则》,梁爽译,法律出版社 2019 年版,第 5 页。

以让法官避免"事后诸葛亮"式地评价决策的对错优劣,避免陷入对商业决策"地方性知识"的不专业和承担高昂司法审查成本的困境。①

本书认为,基金管理人、基金董事等基金语境下的受信人在为基金作出各项自由裁量决策时,包括但不限于投资决策、聘请相关服务提供者的决策等[所谓服务提供者(service provider),如聘请投资顾问(investment adviser)、聘请券商(broker)、聘请行政服务商(fund administrator)等],实际就在履行谨慎义务项下的决策义务,于是就应当遵守上述商业判断规则的逻辑,并以此作为判断其是否谨慎的操作性标准,同时也在事后使自身得到商业判断规则的保护。

2. 监督义务的审查

在董事监督类谨慎义务的案件中,美国法院首先的关注焦点是,董事是否确保公司中存在一个信息收集与报告系统、董事是否在公司的日常运营中有效地运行了该系统。第二个非常重要的关注点是,董事是否知道或应当知道引起他们注意并提醒他们采取行动措施的"红旗警示"(red flag)信息。在知道或者应当知道"红旗警示"后,法院还对是否立刻做出补救与整改行动予以审查,董事应立即对公司中所存在的不当与违规行为予以阻止,并对已经形成的不当与违规行为采取措施予以整改与补救,以避免或者减少公司因不当违规行为造成的损失。②

本书认为,上述所谓信息收集与报告系统,其实也是一种必要的合规、内控、风控机制,从而能通过该机制,谨慎地发现或注意到"红旗警示"信息,再据此进行勤勉地补救和整改,实现或保障受益人的最大利益。如果上述合规、内控、风控机制未能有效建立,则"谨慎性"是有瑕疵的。至于"有效"的标准,仍可以把该问题转换为一项建立此类机制的决策,该决策在当时看,是否能合理地被认为有效,这就又变成决策义务项下适用商业判断规则的问题了。因此,谨慎义务项下的决策义务可能是第一位的,这是一个重要时点上的谨慎义务;而监督义务其实是决策过后对该决策履行情况的持续(on-going)监控义务。二者合在一起,在整个时间轴上方构成完整的谨慎义务。因此,把谨慎义务分为决策义务和监督义务可能是周延的。由此,对监督义务的审查,应侧重日常对已作出决策的落实、已建立制度的运行情况,并考察当偏离发生时,是否能被及时纠正,这种纠正体现的正是受信人在监督方面的谨慎和勤勉。

---

① 国内也有学者认为,"将(业务判断规则)理解为一个思维模式也是非常恰当的。"参见邓峰:《业务判断规则的进化和理性》,载《法学》2008年第2期,第79页。

② 参见蒋昇洋:《董事注意义务的司法认定:美国的经验和中国的再造》,西南财经大学出版社2019年版,第91—98页。

(四)余论

1. 中国法关于谨慎义务的规定

就忠实义务而言,本书前文认为我国总体上已经建立起了可以对标国际指引的利益冲突防范体系;但就谨慎义务而言,这方面的规定可能还失之笼统。

第一,《证券投资基金法》第 9 条、《信托法》第 25 条、《私募投资基金监督管理暂行办法》(以下简称《私募办法》)第 4 条和《私募投资基金管理人内部控制指引》(以下简称《内控指引》)第 7 条都用了"恪尽职守""谨慎勤勉"的措辞,但没有具体展开。上文所述美国谨慎投资人规则在中国实定法上没有体系化的对应规定。"谨慎""勤勉""恪尽职守"在基金语境下的具体标准仍是模糊的。

第二,把谨慎义务的内涵分开来看,对于前述提及的"注意",《内控指引》第 20 条要求"健全投资业务控制,保证投资决策严格按照法律法规规定,符合基金合同所规定的投资目标、投资范围、投资策略、投资组合和投资限制等要求",但没有涉及调查和了解投资情况,多方咨询、获取信息等内容。对于"技能",《私募基金管理人登记须知》对此提出了基本要求。但对"审慎"而言,则没有更明确的表述。

第三,关于风险,《内控指引》第 13 条的表述是"建立科学的风险评估体系,对内外部风险进行识别、评估和分析,及时防范和化解风险",这比较宏观和抽象,并没有突出风险与收益的权衡或对等。关于投资要考虑的要素,没有明确的列明或指示。关于分散投资,仅对公募基金有明确要求,私募基金则没有。关于转委托,《信托法》第 30 条开了"口子",《证券投资基金法》第 101 条允许基金管理人委托基金服务机构代为办理基金的份额登记、核算、估值、投资顾问等事项,《内控指引》第 22 和 23 条则笼统地提到要"风险评估",但均没有对如何开展尽职调查做出明确要求。相应地,对于转委托环节如何体现"谨慎"在实定法上基本是空白的。关于成本控制,可能立法者认为这可以通过基金业绩激励和市场竞争的外部治理来加以约束——即成本高了,占用了基金财产就会导致基金业绩变差,从而在市场竞争中处于下风——因而也没有具体规定。至于"商业判断规则"以及如何在事后认定基金管理人决策义务和监督义务的履行,则更是空白。[①]

由此,在对标和考察境外相关规定后,我国如何通过实定法进一步规范谨慎

[①] 有国内学者在考察了中国证监会的诸多行政处罚案例后认为,(我国上市公司董事)监督义务的内涵、适用条件、认定标准与免责事由等,一直没有明确的法律界定和统一做法。笔者赞同此观点。参见吕成龙:《上市公司董事监督义务的制度构建》,载《环球法律评论》2021 年第 2 期,第 87 页。

义务并建立相应的规范体系,是有必要结合实践进一步完善的,还有很大的空间。当然,这里会涉及外部治理的问题,即受信人是否履行好谨慎义务是可以从另一个方向加以约束的——受信人不谨慎勤勉,其投资业绩就不会好,从而受到市场优胜劣汰的惩罚——在实践中,笔者也相信内部管理规范、业绩优秀的市场机构会对自己提出良好基金治理的自律要求,着力履行好谨慎义务;但这些与实定法上对谨慎义务做出正向规定可以并行不悖。如前文所言,正向规定具有补偿、阻却与威慑、教育和指引三项功能,对此仍值得探索。

2. 受信人的义务体系

述及至此,本书最后还想讨论一下受信人义务的体系问题。在关于信托法的文献中,除了作为信义义务的谨慎义务和忠实义务外,一般还会列举如下受托人义务:依照信托文件处理信托事务的义务、分别管理义务、亲自管理义务、记录和说明义务、公平对待不同受益人的义务[1]、信息提供义务[2]等。

有学者认为,信托法上有四种义务类型并决定了信义义务在民事义务体系中的位置,即①约定义务;②基于诚实信用原则而产生的义务(自利性为基础);③信义义务(利他性为基础);④法定义务。后三种均为非约定义务。[3] 也有学者认为,信义义务的外延应该三分,除了谨慎义务(勤勉义务)和忠实义务外,还有诚信义务。前两者的含义和本书前文论述差别不大,"忠实义务意图防范基于不良目的之恶意决定,勤勉义务旨在规制基于重大过失之错误决定,那么诚信义务则重在填补以上义务的空隙地带,即着眼于'利益冲突行为'和'重大过失行为'之间的'有意怠于义务履行或故意忽视责任'行为",具体可包括合规义务和信息披露义务。[4]

针对以上论述并结合前文考察,本书对此的观点是,受信人的义务体系应该有这样几个层次:

首先,根据信义关系的特点——这是信义义务存在的基础——并非所有受信人/受托人承担的义务都是信义义务。[5] 易言之,只有基于信义关系,或信义关系

---

[1] 参见何宝玉:《信托法原理研究》(第2版),中国法制出版社2015年版,第285—326页。

[2] 参见〔日〕能见善久:《现代信托法》,赵廉慧译,中国法制出版社2011年版,第70—134页;赵廉慧:《信托法解释论》,中国法制出版社2015年版,第345—361页。

[3] 参见赵廉慧:《信托法解释论》,中国法制出版社2015年版,第301页。

[4] 参见许可:《私募基金管理人义务统合论》,载《北方法学》2016年第2期,第50—52页。

[5] 潘纳(Penner)教授认为,在信托法上,应当区分信义义务和其他义务。并非所有的违反信托义务都是违反信义义务。参见赵廉慧:《信托法解释论》,中国法制出版社2015年版,第304页。弗戈教授认为,"受托人负有一系列与管理信托和处分信托财产相关的义务,这些并不是受信义务。"参见〔英〕格雷厄姆·弗戈:《衡平法与信托的原理》,葛伟军、李攀、方懿译,法律出版社2018年版,第648页。国内学者徐化耿认为,信义义务≠受托人的所有义务。信义义务属于当事人约定之外的,由法律课加在受托人身上的法定义务。参见徐化耿:《信义义务研究》,清华大学出版社2021年版,第124页。

存在的地方,才有信义义务,如上文提到的合规义务(包括投资者适当性管理义务),这是法律、法规明确提出的要求,是带有强制性的法定义务,受信人必须严格履行,其自由裁量的空间很小,也难以与"利他性"直接挂钩——更可能是"利己"为先,因为如果违规,是受信人首先接受处罚。因此,合规义务、投资者适当性管理义务应当是一项受托人应履行的法定义务,[①]但不是信义义务,其被信义义务所涵摄的合理性与必要性都不充分。受托人的分别管理义务、依照信托文件处理信托事务的义务、记录和说明义务等也是如此。这里不涉及自由裁量,无须被纳入信义义务。

需要指出的是,无论是信义义务还是非信义义务,只要受信人有所违反,都应承担相应的法律责任。在法律责任的适用上,本书不认为在大陆法上,信义义务和非信义义务在归责、损害赔偿等理论建构方面需要有本质不同。在这个问题上,本书初步认为,英美法系因为对于责任建构的需要,其要受到在先判例法的拘束,所以在后案的具体情形中可能要借助信义义务作为工具;但大陆法系有其自身的法律责任理论体系,对此首先要把法律责任问题和信义义务问题分开看,不必混而一谈。当然,这个问题值得进一步研究。但笔者认为,信义义务嵌入大陆法系的合理性和必要性,是其可以作为一种法律工具来解决一些单纯依靠合同义务已不能解释和解决的、委托代理领域中存在的大量代理人自由裁量权的问题,对这样的代理人(受信人)构成强大约束,建立起事前预防机制,以保护委托人(投资者)的利益。因此,对于受信人而言,其因履职时的自由裁量而会涉及受益人利益的义务属于信义义务,而法律、法规规定的其他义务并不见得都是信义义务。

其次,受信人的义务还是应二分为约定义务和法定义务的,信义义务的规范性质应当是法定义务,但具体履行的程度和范围(俗称"颗粒度")可以由当事人另行约定。

第一,对于前述受托人义务四分法,本书不赞同基于诚实信用原则而产生的义务以自利性为基础。因为大陆法系合同法上的附随义务,其理论基础就是诚信原则,但对附随义务的履行首先是利他的,是以"爱人如己之心"给予合同相对方方便,使其他合同义务可以得到正常履行。[②] 诚实信用原则和信义义务之间的关系似不能按自利和利他作为分野,其关系前文已述。

[①] "投资者适当性制度是以证券基金法律关系主体中的法定义务为横向基础,以监管层的监督职责为纵向规制,以法律责任为制约保障的一个综合制度体系。"参见郑泰安等:《证券投资基金法律制度:立法前沿与理论争议》,葛伟军、李攀、方懿译,社会科学文献出版社 2019 年版,第 267 页。

[②] 参见申卫星:《民法学》,北京大学出版社 2013 年版,第 43、399 页。

第二，信义义务的规范性质应为法定义务。有学者提及，在美国信托法中，谨慎投资人规则在性质上属于默认规则（default rule），指当事方可利用事前协议来绕过的规范。在合同法中，默认规则填补不完全合同中的空白，除非当事方绕过默认规则，这些规则具有法律约束力。[1] 笔者也在实践中看到过明确排除基金管理人信义义务（Fiduciary Duty）的英文合同条款。但本书认为，从投资者利益保护的角度出发，这是不妥的，而且是不可接受的。如果法律允许信义义务可经约定而排除，而且这样的约定被视为有效，那么理性的资产管理人一定会这么做，从而使其权利边界（自由裁量权）得到极大的延展，几乎要无拘无束了（都无须承担忠实义务）。这就使信义义务原本的工具目的完全落空，投资者的权利将很容易受到侵害。因为管理人完全凭借道德上的良心而不再有法律上的约束，若造成侵害管理人可就对方已同意排除信义义务作为抗辩。这将是一个经济上弱肉强食的世界，最终也会以资产管理行业（或相关行业，如律师业）的信任崩塌而作为结局。因此，无论西方的法官、学者如何在其体系中加以建构和论述，本书坚定地主张信义义务首先是强制性的法定义务，整体排除信义义务的合同条款应当无效。

第三，也有学者认为，当事人对信义义务的具体内容和标准可以进行一定的约定。信义义务作为对受托人行为的限制，无法提供绝对清晰的欲禁止行为的清单，只能是抽象的规定，这给当事人进行约定留下必要性和空间。[2] 这有一定的合理性。比如，信托各方都同意某一项具体的谨慎标准，根据民商法的意思自治原理，这当然可以接受——但整体上排除谨慎义务就不可接受。[3] 不过，这其实已经是信义义务履行标准的问题，而不是信义义务规范性质的问题了。

所以，受信人的义务应分为法定义务和约定义务。法定义务分为信义义务和其他法定义务（如合规义务）。而约定义务，就是相关当事人之间达成的其他任何意思表示一致了，其内容可以超越信义义务范畴，其属性应当是某项合同义务。

最后，在信义义务内部，本书不赞同三分法，上文提及所谓"诚信义务"是没有

---

[1] 参见姚朝兵：《美国信托法中的谨慎投资人规则研究》，法律出版社2016年版，第40页。
[2] 参见赵廉慧：《信托法解释论》，中国法制出版社2015年版，第306页。
[3] 类似观点："谨慎义务中的有些核心性的义务是不能够通过约定减损的，因为其具有的强制性是较任何任意性的合同规则都要高的。结合信托法的任意性和强制性属性，可以确立谨慎义务作为法定义务不得免除，受托人应当承担中等的谨慎义务标准，此为法定默示条款。基于意思自治，如果信托文件规定了较低的谨慎义务标准，应从其约定；但不能放任委托人在信托合同中免除受托人的最低谨慎义务（如故意或重大过失责任）。"钟向春：《我国营业信托受托人谨慎义务研究》，中国政法大学出版社2015年版，第100、103页。

必要的。① 如前所述,构成诚信义务之一的合规义务应属于其他法定义务。至于另一项信息披露义务,如果具体到披露内容,受信人确有一定的自由裁量权,也涉及专业判断,披露也有利于受益人(利他),可以被信义义务涵摄。信息披露本身是规避利益冲突的一个手段,如关联交易披露,这属于忠实义务范畴;而披露事项的详细程度,则可以属于谨慎、注意的范畴。因此,如果进一步细分信息披露有关事项,仍具备分别属于忠实义务和谨慎义务的内容,没有逻辑上的合理性和必要性在此之上再建构"诚信义务",这不符合同一律、排他率等逻辑规则。

由此,本书建构的受信人义务体系如图2-5所示。

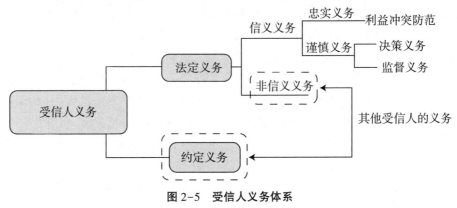

图2-5 受信人义务体系

---

① "忠实义务与注意义务,为信义义务的两大基本类型。除此之外,尚有若干次级义务(sub-duties),次级义务或从属于忠实义务,或从属于注意义务,或兼具两者性质,或为两者之补充。"李宇:《商业信托法》,法律出版社2021年版,第850页。

七、从谨慎义务看基金管理相关职能的外包

在传统的信托法理论中,受托人有亲自管理信托财产的义务,[1]以体现出受托人受托管理的谨慎并对委托人和受益人负责。根据信义义务中谨慎义务的内涵,亲自管理义务当属谨慎义务的一部分。

但随着经济、社会的发展和演变,专业化分工不断深化,让更专业的人来发挥其优势并从事更专业的事,这是提升整个人类社会运行的经济效益的必然之举。从推动生产力发展和文明进步的维度,这一趋势在价值上是值得肯定的,具有第一性。因而,当下的受托人是否还有能力、有必要对所有受托事项亲力亲为就值得检讨。[2] 美国的谨慎投资人规则已经改变以往信托法禁止受信人将信托的投资和管理活动授权他人的规定,只要在安全措施的保障下,转委托授权现在是被允许的,唯一的要求是受信人在决定是否以及如何进行委托、选择和监督代理人时,应当履行注意、技能和审慎的义务。可见,在现实条件下,受信人(如基金管理人)的部分谨慎义务已经在相当程度上完成了一种实现进路的转换——从要求其自身谨慎、勤勉地作为,转换到要求其谨慎地遴选和监控次受托人(即外包的承包人),并按委托代理关系对该次受托人的行为负责。次受托人谨慎、勤勉地作为及其后果归于受信人,系受信人谨慎、勤勉地作为。通过这一谨慎义务逻辑链条的延伸,受信人将一部分专业工作和对应的信义义务一并外包(outsourcing)了出去,从而使受益人享受到了更专业的次受托人的服务,当然也符合实现受益人最佳利益的原则。

因此,对于"外包"而言,其在基金治理维度上的要义即要保证上述谨慎义务或信义义务延伸的逻辑不被破坏,否则,最终将损及基金投资者的利益。IOSCO在2005年发布了关于市场中介外包金融服务原则的最终报告(*Principles on Outsourcing of Financial Services for Market Intermediaries*,以下简称《IOSCO外包报告》),下文将结合该报告的内容对基金领域的外包进行若干讨论。

---

[1] 参见何宝玉:《信托法原理研究》(第2版),中国法制出版社2015年版,第285—326页。

[2] 英国1925年以前的规则是不允许受托人将其权利、责任转移给其他人的。但法院早就承认,如果不允许受托人授权的话,有些信托可能无法实施,因为有些事务是一个普通商人不会亲自做的。参见赵廉慧:《信托法解释论》,中国法制出版社2015年版,第350页。

(一) 什么职能可以外包

《IOSCO 外包报告》对"外包"下了一个定义,是指一个受监管的主体(一般为"受信人")与服务提供者(service provider)签订合同,将应由该主体自身所履行的受监管或不受监管的相关职能交给该服务提供者履行。① 但无论是否受到监管,该等被外包的职能都涉及外包主体"非公开的专有信息(non-public proprietary information)或客户信息";否则,相关行为应视为该主体向出售方(vendor of services, good or facilities)"购买"(purchasing)服务、商品或设施的行为。

在美国法上,日常执行性事务(ministerial function)通常可以转委托,而裁量性的事务(discretionary function)则只有在必要或具体情形下是合理的和谨慎的场合才能转委托,关于利益分配的裁量性职能是不能转委托的。②

本书认为,受信人开展商业外包需要为此支付对价,这与"购买"相似。但外包行为和购买行为的区别,除了《IOSCO 外包报告》提及的前者涉及非公开的专有信息或客户信息外,更重要的区别应该在于:前者会涉及包括信义义务在内的法定义务的移转,要求承包方同样承担该等信义义务或其他法定义务,美国法上所谓的裁量性事务一定是伴随信义义务的③;而后者仅仅是一项具体服务、商品或设施的购买,是简单的买卖合同关系,是合同债权债务关系。基于此,我们可以观察一下基金管理人的各项职能,以大致确定哪些职能可以外包。④

(1)基金的募集,包括基金份额的销售、投资者适当性管理、反洗钱等。这部分工作涉及客户信息,也涉及监管对基金募集的法定要求和法定义务,因而其对外转移属于"外包"。在境内的实践中,承包方即为代销机构(境外一般称为 Distributor/Fund Finder),其和基金管理人签署代销协议,代销机构是基金管理人在基金募集、基金份额销售职能上的代理人,二者是委托代理关系。所有的外包均应是委托代理关系。

(2)基金的投资,包括前期研究、做出投资决策并下达交易指令、执行交易指

---

① 在《IOSCO 外包报告》中,"外包"仅限于将一项职能从受监管实体转移到服务提供商;而从一个第三方服务提供商向另一个第三方服务提供商进一步转移一项职能(或该职能的一部分),则称为"分包"(Subcontracting)。本书从之。
② 参见赵廉慧:《信托法解释论》,中国法制出版社 2015 年版,第 352、353 页。
③ 可参见本书前文对信义义务的基础,即信义关系的界定。
④ 本书前文"基金组织的形式与治理架构"部分对各法域基金管理人的职能进行过梳理,这里的观察以此为基础。

令（包括下达给经纪券商）、代表基金行权等。这部分工作涉及基金非公开的专有信息，也当然涉及信义义务。该等职能如果要由第三方履行，当属外包。但关键是，该等职能是基金管理人的核心职能，实践中一般是将前期研究、出具投资建议（含执行交易指令的建议）的职能外包给投资顾问，基金管理人则最终保留做出投资决策（含执行交易指令的确认）的职能。本书认为，从实质合理性角度来看，任何负责资产管理的受信人（在中国境内包括但不限于信托计划的受托人，资产管理计划的资产管理人，各类公募、私募投资基金的基金管理人等）都应该保留其资产管理的核心职能，即具有自由裁量权（discretion）的投资决策的职能；否则，从逻辑上看，一个概念失去了其核心内涵实际上就演变成另一个概念了，"管理人"就演变成了所谓的"通道"。因此，基金投资相关职能并非不可外包，而是必须注意外包的限度。

（3）基金的运营（行政管理），包括基金的估值，基金份额的登记，基金会计核算和会计账簿的管理，募集（含申购、赎回）、投资、收益分配等环节的资金划拨，基金其他资产的清算交割等。实践中，估值和份额登记需要较强大的IT系统，私募基金管理人从节约成本的角度会外包给专业机构[往往是券商，境外一般称为基金行政行（Fund Administrator），境内统称为基金服务机构]。估值和份额登记涉及"非公开的专有信息或客户信息"，对特定资产（如流动性不好的资产）进行估值时也涉及专业判断和自由裁量，因而这些职能的转移属于外包。其他运营活动则较为简单或机械，实践中一般由基金管理人自己完成。

（4）基金的投资者关系管理，包括基金的信息披露、基金份额持有人会议的召开、客户服务（接待询问和投诉）等。在存在代销机构的情况下，这部分职能可以一并请代销机构协助完成，其本质是外包的一部分。

（5）基金管理人内部控制相关事宜，包括合规管理、风险控制、内部审计等。这部分职能能否外包，各个法域有不同的规定。目前，对于中国的私募基金管理人而言，该等职能尚不允许外包。但这部分职能会涉及信义义务，比如基金管理人是否恪守了信义义务中的忠实义务，是否规避了利益冲突，显然属于合规管理的范畴。因此在其他法域，该等职能的转委托是外包，不是简单的服务购买。

（6）其他职能，如基金独立财产的持有和保管、对投资的监督、对基金申赎、收益分配的监督等，这些职能的分配由基金治理的架构所决定，各个法域的规定各有不同，一般会分配给独立的基金托管人或保管人等，不属于基金管理人的职能。

综上，基金管理人可以外包的职能主要是四项：基金募集职能可外包给代销机构；投资研究及投资建议职能可外包给投资顾问；基金运营中的估值核算和份额登记职能可外包给基金行政行；合规风控等职能可外包给第三方专业中介（如律师事务所、合规顾问公司、会计师事务所等)。我国实践中,前三项基金管理人的职能目前可外包。除此之外,如果基金管理人向数据服务商购买一个数据库、向猎头公司购买相关人才延聘服务、向物业公司缴付办公室租金等,均属于一般的"购买"而不是外包。

需要指出的是,如何看待信息技术(IT)系统及其运营,尤其是与基金业务相关的核心应用系统,包括销售系统、投资交易管理系统、份额登记系统、资金清算系统、估值核算系统等。[①] 本书对此的观点是:基金管理人不具有IT系统开发能力,该等系统由IT服务商完成技术上的开发,基金管理人付费得到该系统的使用许可或为此买断(实践中可能许可的较多),这一环节属于"购买",不是"外包"。基金业协会发布的《私募投资基金服务业管理办法(试行)》(以下简称《私募服务办法》)第40条规定,服务机构提供基金核心应用系统的,不得从事与其所提供系统相对应的私募基金服务业务,不得直接进行相关业务操作,可以提供信息系统运营维护及安全保障等服务。这说明IT服务商只是从技术角度提供了IT系统,而在开展基金业务中对该系统进行操作则应该由私募基金管理人亲自完成,IT系统的操作事项并没有外包。至于在这种情况下,基金业协会的《私募服务办法》仍涵盖IT服务机构并要求其登记,本书对此的理解是:IT具有技术上的复杂性,IT系统涉入基金业务的各个重要方面,因而会涉及"非公开的专有信息或客户信息",该等信息就运行在这些系统中;同时,因为复杂性,IT服务机构总体上要协助基金管理人进行系统的运营维护,相当于"购买"后的操作职能没有"外包",但运营维护职能还是存在"外包"的,而且这种"外包"可能是不可避免的。所以,IT的外包是系统运营维护的外包,需要与系统(及其许可)的购买分开来看。

由此,上述《私募服务办法》把"私募基金服务"的外延涵盖基金募集(代销)、投资顾问、份额登记、估值核算、信息技术系统,[②]大致是周延的。

(二) 对承包方的遴选

如《IOSCO外包报告》所言,外包有一系列实质性的好处,如它可以允许受信人以更低的成本获得更好的专业服务,让受信人得以专注于他们的核心业务。通过外包降低成本,还有利于小型公司和初创公司进入市场,增加市场竞争。但外

[①] 参见中国证券投资基金业协会发布的《私募投资基金服务业管理办法(试行)》第39条。
[②] 详见《私募服务办法》第2条。

包也有风险,如会导致受信人对企业专有信息和与客户相关的信息失去控制,也可能会降低受信人保护其专有信息、与客户相关信息的能力,并可能损害客户信息的保密性。如果承包方选择不当,则可能导致业务中断,给相关客户带来负面影响。某些情况下,还可能给整个市场带来系统性风险等。

因此,根据上述"外包"定义和基金管理人所承担的谨慎义务,就有必要分两个阶段对承包机构进行监控,确保其"保质保量"地完成原应由基金管理人履行的职能并承担好信义义务:一是建立合作关系前的遴选阶段,应谨慎地做出遴选决策并签订外包合作协议;二是建立合作关系后的持续跟踪评估和监控。①

关于谨慎地遴选和决策,《IOSCO 外包报告》建议如下:受信人(即外包方,outsourcing firm)应在选择合适的承包方并对其持续绩效方面进行适当的尽职调查,确保承包方有能力有效地提供服务。受信人要制定尽职调查的流程和程序,评估该承包方是否具备有效、可靠和高标准执行外包活动的能力,包括技术、财务和人力资源能力,也要评估使用特定承包方可能会面对的任何潜在风险因素。具体来看,本书建议:

在合规方面,应调查承包方的工商登记信息情况;承包方及其员工取得相关许可资质的情况;一段时间内(如 12 个月或 36 个月,下同),承包方及其控股股东、实际控制人和董监高是否有因违法违规而被调查或处罚的情况;一段时间内承包方是否有违约或其他重大民事纠纷(存在诉讼或仲裁)的情况;一段时间内承包方在监管机构或行业自律组织是否有被投诉的记录;一段时间内承包方的诚信记录情况等。

在财务和整体经营方面,应调查承包方股东的实际出资情况;一段时间内股东及董监高的变更情况;一段时间内的财务报表情况(如净利润变化等);内部授权机制、决策机制、人力资源机制(包括但不限于聘用、培训、考评、晋升、淘汰等)、复核制衡机制、内部控制机制、风险控制机制、保密机制、应急机制(是否有应急预案)等。

在相关业务和客服方面,应调查承包方是否根据监管要求建立了相应的业务管理制度;采用互联网开展业务的,是否有特定的制度流程;客服机制;客户投诉应诉机制;信息披露机制等。

---

① 美国《统一谨慎投资人法》第 9 条在明确规定了受托人授权应当注意事项的基础上允许了受托人适当的授权。受托人应当注意的事项主要包括:①挑选被授权人;②在符合信托目的和信托条件的基础上确定授权的范围和相应的条件;③定期检查被授权人的行动。受托人在任期间可以授权他人为信托进行事务性或行政性行为在英美国家已经成为一项通例。参见赵廉慧:《信托法解释论》,中国法制出版社 2015 年版,第 351 页。

在信息系统管理方面,应调查信息系统管理的制度和体系;授权机制和复核制衡机制、信息隐私保护机制、信息安全防护措施、灾备机制及应急预案、是否对应急预案进行定期演练等。

IOSCO还建议评估如下可能的影响:一是承包方未能履行相关义务时对受信人财务、声誉和运营的影响;二是由承包方对受信人客户提供适当服务的影响;三是承包方的某些失败可能给受信人客户造成的损失;四是外包行为对受信人能否满足监管要求(含监管要求变化后)的影响;五是外包的成本;六是受信人与承包方之间是否有从属关系或其他关系;七是承包方本身是否受到监管的情况;八是在必要时选择另一家承包方或将业务活动纳入受信人内部、由受信人亲力亲为的难度和所需的时间等。

如果承包方是受信人所在企业集团的下属主体,如把某项职能外包给子公司,在一些情况下,集团内部的风险可能不大;但也会有业务混同、隔离不够、独立性不够的问题(less than an arm's length relationship)。

对于跨境外包而言,在确定使用外国承包方是否合适时,受信人往往需要做加强版的尽职调查。比如,需要对经济、社会或政治条件进行分析,这些条件可能对承包方为受信人有效执行业务的能力产生不利影响;需要重点关注特殊的合规风险;还要考虑受信人对外国承包方的业务能力、对受信人信息和客户信息保密的能力、在跨境服务时执行应急计划和退出策略的能力是否能有效监控等。跨境外包可能会产生的额外问题应在尽职调查过程中以及在与外国承包方签订的合同中加以解决。

遴选完成后,受信人应与承包方签订一个具有法律约束力的书面合同,合同的性质和细节应与外包活动对受信人正在开展业务的重要性相适应,体现所需要的监控、评估、检查和审计的程度以及所涉及外包服务的风险、规模和复杂程度。合同主要条款可以包括:对承包方再分包能力的限制或条件以及(在允许分包的范围内)与其相关的义务;受信人需要的服务内容、服务水平、度量服务水平的指标、目标绩效及其衡量标准;受信人保密信息和客户保密信息的范围及保密要求;受信人检查承包方相关业务和查阅承包方账簿和记录的权利;明确受信人、承包方和次承包方的责任以及如何监控的责任;与信息系统安全有关的责任;付款安排;承包方在服务业绩不佳或发生其他违约行为时的责任;担保和赔偿;承包方根据要求向受信人及其审计人员和/或监管机构提供与外包活动有关的记录、信息和/或协助的义务;外包安排可能引发纠纷的解决机制;发生突发事件或灾难时的业务连续性条款(Business Continuity Provisions);跨境外包中所适用的法律;合同终止、已取得信息的处置及退出的策略等。

(三)对承包方的持续监控

在遴选完毕后,受信人需要对承包方进行持续监控。当承包方的行为偏离合同约定时,应对此及时纠正,这种纠正恰是受信人在履行谨慎义务中的监督义务。根据《IOSCO外包报告》,持续监控应当涉及如下几个方面。

1. 信息保密

IOSCO要求受信人采取适当措施,确保承包方保护有关受信人及其客户的专有信息和其他机密信息,防止有意或无意地泄露给未经授权的其他方。从事外包业务的承包方应采取适当措施,确认保密信息没有被滥用或挪用。在相关外包服务协议中应加入以下条款:①承包方及其代理人不得使用或披露受信人及其客户的专有信息,但双方在协议中明确同意的除外;②在适当的情况下,对分包商施加保密义务的约束。受信人应结合对此适用的所有监管或法律规定,考虑是否应将向承包方传送客户数据这一事实向客户披露。

2. 应对外包业务集中带来的风险

一家承包方可能向市场中的很多受信人提供外包服务,这很常见,能使承包方取得经济上的规模优势和比较优势,符合经济法则。但在基金治理层面,当一家承包方向多个受信人提供服务时,对那么多数据的操作风险就会集中,甚至可能带来系统性风险。例如,如果承包方突然不能对大量受信人执行对其至关重要的服务时(比如估值),每个受信人的业务都将受到影响。如果受信人持续地依赖同一承包方提供外包服务,这些服务的中断可能会导致受信人也缺乏持续运营的能力。为此,受信人需要定期评估自身对单一承包方提供关键外包服务的依赖程度,并根据相关集中度,调整对承包方的检查程序或后续外包活动。在切实可行的情况下,受信人应考虑采取措施,确保承包方无论在正常运作还是不正常运作的情况下,都有足够的能力满足受信人的需要。

3. 对服务水平和合规情况的监控

受信人应根据外包服务协议的约定,对承包方提供服务的内容和水平进行监控和定期评估;建立发现和报告承包方未按协议约定履行或履行不当的相关措施。另外,受信人应监控承包方提供的服务及其行为是否符合所在法域适用的法律、法规和监管要求。当发现承包方未能履行法律、法规要求时,受信人应依法向监管部门或自律组织报告,并采取相应的纠正措施。受信人可以要求承包方向其提供服务交付报告(Service Delivery Report),也可以使用内部和外部审计师来监控、评估承包方和向受信人报告承包方的服务业绩。

4. 有权检查和查阅业务底稿记录(Access to Books and Records)

IOSCO要求受信人及其审计人员能够查阅与外包活动有关的承包方(包括所有分包商)的账簿和记录,并始终能对这些账簿和记录进行直接访问,对此应有相关事前约定。在合适的条件下,这些检查可以包括对承包方营业场所的实地检查、通过审计人员进行检查以及利用电子技术进行检查。

5. 对信息技术安全及业务连续性的监控

受信人应采取适当的措施确保承包方具有保护受信人专有信息和与其客户有关的保密信息的软件或程序;确保承包方已建立和定期维护相应的应急程序和灾备计划,并定期对灾备设施(程序)进行测试;确保承包方已具备适当的信息安全能力以及灾后恢复能力。具体而言,应监控承包方所使用自动化系统的安全性,如在技术上和组织上能够保护公司、客户相关数据的措施;应要求承包方采取适当措施,确保受信人的软件以及承包方为受信人使用而开发的所有软件的安全性;对安全程序的修改保持监控,关注在何种情况下可能发生此类更改;监控承包方的应急程序、灾难还原和灾备计划;监控承包方在使用外国服务提供商时可能需要处理的任何特定问题;监控承包方所使用的分包商的信息安全情况,并采取适当措施尽量降低该等分包所导致的风险;要求承包方定期测试关键的系统及后备设施,检查其是否能在异常的物理及/或市场情况下运行良好,确定是否在所有情况下具备足够的应对能力;要求承包方披露可能影响受信人或其客户的、未经授权的违反信息安全规定的入侵(无论是蓄意的还是意外的,无论是否已经得到确认)以及采取纠正措施的报告;制定受信人自己的应急计划,用于处理其承包方未能充分履行信息安全义务的情况等。

6. 外包的终止

当监控和评估发现相关问题时,应终止外包合作关系。双方应在合同条款中约定终止事项,包括何时终止合同,终止合同后会发生什么以及将业务转回受信人或第三方后该如何管理。IOSCO列举了如下触发终止的情况:承包方破产、清算或被接管;其所有权发生变更;不遵守监管要求或业绩不佳等。在外包终止后,承包方应有序地移交业务,返还与客户相关的数据和所有其他资源。对于知识产权,双方应有明确的产权界定。

(四)基金管理人对外包的责任

目前来看,主要有两种进路来规制基金管理人对于外包的责任:

一种是基于信义义务中的谨慎义务对受信人(基金管理人)进行归责。在美国,"首先看权限是否可以转委托。不能转委托的功能进行了转委托,受托人为此承担一切责任。如果是可以转委托的职能,则还要看受托人在选择、指示和监督接受委托的人之时是否尽到了适当的注意义务,若否,受托人仍要承担责任;若尽到了相关义务,则要看是否有谁因代理人的过失或者其他错误行为受到损害。若是受益人受到损害,则受托人不承担责任。如果是第三人受到损害,则受托人有可能承担责任,当然承担责任的受托人有追偿权。"①易言之,对于可以外包的职能,受信人如果在遴选和持续监控阶段尽到了谨慎义务,则可以免责,相关责任就由承包方承担。反之,则由受信人承担。日本也采同样的进路:合法转委托的受托人此时仅负有就第三人的选任责任和对第三人必要和适当的监督义务(《日本信托法》第28条),受托人的责任范围受到限制。②

另一种是按照民法的委托代理法理进行归责。我国《信托法》第30条第2款规定,受托人即使依法将信托事务委托他人代理的,也应当对他人代理信托事务的行为承担责任。基金业协会发布的《私募投资基金募集行为管理办法》第7条规定,(私募基金管理人)委托基金销售机构募集私募基金的,不得因委托募集免除私募基金管理人依法承担的责任;《私募投资基金服务业务管理办法(试行)》第5条第3款规定:"私募基金管理人委托服务机构提供私募基金服务的,私募基金管理人依法应当承担的责任不因委托而免除。"易言之,对于外包事项,承包方是受信人(私募基金管理人)的代理人,因此,其行为结果及责任均首先归于受信人。如果给投资者造成损失,投资者应直接追究受信人的法律责任;受信人再基于与承包方之间的外包服务协议(如代销协议等)向有过错的承包方追偿。

本书认为,如果站在投资者的立场上,上述两种进路可以并行不悖。从完善基金治理、加强投资者保护的角度出发,考虑到我国对私募基金的代销机构、投资顾问机构、估值核算、份额登记、IT运营等基金服务机构均已要求其登记或持牌,目前均已受到较强的行政监管,本书建议我国的司法机关在解决纠纷和归责时可以采取如下整合的进路:首先看与投资者或相关业务直接发生关联的承包方是否有过错(或者以监管机构的行政处罚作为认定依据等),如果有,则直接归责。同时,基于全案事实及证据,可以对私募基金管理人是否履行了谨慎义务(包括遴选的决策义务和持续监控中的监督义务)进行审查及评价。如果有瑕疵,则可以在该等瑕疵范围内,要求私募基金管理人承担相应的责任——可以是一定比例的

---

① 赵廉慧:《信托法解释论》,中国法制出版社2015年版,第352、353页。
② 参见赵廉慧:《信托法解释论》,中国法制出版社2015年版,第352、353页。

连带责任，或与承包方之间的按份责任，根据实际案情而定。从诉讼法上看，如果原告选择的被告是基金管理人（外包的委托人），则可以依请求或依职权追加承包方为第三人；如果基金管理人同时起诉承包方，则可以把两案合并审理，以提高诉讼效率。

（五）余论

如前所述，目前中国的监管部门已经对基金代销机构、投资顾问机构和主要的基金服务机构提出了较为明确的监管要求，基本上将其纳入了监管体系，使其业务开展有了一个较为规范的基础，这对基金治理和投资者保护来说是一件好事。

但从另一个角度来看，行政监管资源毕竟是有限的。中国市场那么大，全靠监管，或者说事前监管（做登记、发牌照）可能不行。一是管不住、管不过来；二是为了能管过来，就在市场准入端形成过多的人为约束导致供给不足，产生监管红利，也容易滋生腐败。如要对此突破，本书认为，就要考虑回到基金治理的源头，即作为基金治理灵魂的信义义务，将这类义务更明确地施加在受信人身上，要求其在业务外包时履行相应的谨慎义务，对承包方严格遴选，遴选后严格监控；如果未尽到此类义务，就由受信人承担相应的责任。如此才充分利用了市场机制的力量，更符合市场竞争的法则，能调动更多的受信人更广泛的积极性，监管则可以退后至更超脱的位置，也节约了监管资源。从目前中国的市场实践来看，私募基金管理人对于外包环节的遴选尽调、事后监控等信义义务履行情况是不甚理想的，要么没有，要么走过场；很多管理人对该环节存在信义义务也基本上没有意识；立法机关、行政监管机关也没有制定足够的法律、法规来给私募基金管理人履行信义义务赋权。所以，下一步，除了对有关外包事项的承包方加强业务监管外，如2020年中国证监会印发实施的《公开募集证券投资基金销售机构监督管理办法》及其配套规定对独立基金销售机构提出了相当严格的监管要求，大幅提升了其合规成本和经营成本（也限缩了其经营范围），还应当对外包业务的受信人赋权、加责，使其能够依法行权并履行自己的谨慎义务，出于为投资者负责以及自身声誉的考虑，真正做好业务外包工作。这符合IOSCO关于外包监管的思路，应成为我们努力的方向。

第三篇

基金运作中的治理细节

一、基金交易

基金运作的核心环节是对外投资,证券投资的主要方式是在证券二级市场进行交易。因此,在交易环节加强基金治理就尤为重要。早在 1997 年,IOSCO 就发布过一份《监督基金管理人的原则》的报告(*Principles for the Supervision of Operators of Collective Investment Schemes*),提到了交易最佳执行(Best Execution)、结算公允分配(Fair Allocation)、规避过度频繁交易(Churning)、交易成本及佣金等交易环节的治理问题。本书认为,过度频繁交易违反了基金管理人的信义义务,前文已有涉及,此处不赘。其他几项则可以认真讨论,尤其是交易最佳执行、交易成本和软回佣的问题。

(一)交易最佳执行

产生交易最佳执行问题的场景,是一个基金在多家券商开立了证券交易账户,[①]这时基金管理人通过哪一家券商下单交易呢?基金管理人在哪一家券商交易,就意味着该券商可以取得交易佣金;基金规模越大,交易频次越多,佣金就越多。这时,对基金管理人来说,其选用执行交易指令的券商的决策就有自由裁量权(discretion),但为了保护投资者最佳利益,该裁量权不能被滥用,比如向关联券商多下指令,使其赚取更多佣金等,因而需要在最佳执行这个维度,对此进行控制。最佳执行的背后,本质上仍是基金管理人对投资者承担的信义义务[②]——"最佳执行"应体现投资者的"最佳利益"。

---

① 基金在多个券商开户,尤其是对从事国际化、多样化的证券交易的私募基金来说,存在商业和投资角度的合理性。比如其在 A 券商开户,因为 A 券商能够提供更快的交易速度;又在 B 券商开户,因为 B 券商有更大的证券池,可以出借更多种类的证券以供融券卖空(而这点 A 可能就做不到,A 没有小盘股可以借出);还在 C 券商开户,因为 C 券商有美国子公司,可以就美股交易提供收益互换服务等。

② Margaret R. A. Paradis: *Best Execution for Investment Advisers: The Goal and the Process*, The Journal of Investment Compliance, Summer 2004, p. 20.

对于最佳执行,本书总结如下几点:①

第一,是否是"最佳"执行是一个定性的、综合的判断,不能从单一维度的定量上来判断,如就选择佣金最低的券商等。"最佳执行"的标准应该结合信义义务,如果被发现存在利益冲突且未能有效解决,就违背了"最佳执行"要求。举例来说,如果仅仅因为某个券商给基金管理人推荐了客户,就选择其为交易券商,这显然与基金的现有投资者无关,只是给基金管理人带来了增量客户。这一选择不符合"最佳执行"要求。

第二,"最佳执行"始于对交易券商的选择。对此需要考虑的因素包括但不限于:佣金价格;交易经验(尤其是对某项特定金融工具的专业经验);执行交易的速度;能否介入某个市场(Market Access,如是否能从事美股交易);是否能提供某只股票的流动性(如能提供融资融券服务);结算能力;券商规模;券商性质(本书理解,比如所有权架构等);提供服务和支持的能力(如研究服务);合规性;财务稳健性;运营设施水平(如IT系统能力);较强的市场联系(能获取各种市场资源、信息);可靠性(低操作风险);诚实和保密;其他有效执行指令要考虑的因素等。如本书前文所述,对上面这些因素的考虑,所体现的也是基金管理人对自身谨慎义务的履行。另外,对上述因素也要进行持续、动态的评估。

第三,基金管理人对于"最佳执行"要有自己的书面政策,其标准往往需要结合该管理人自身的投资策略等。书面政策也是美国SEC在Rule 206(4)—7规则中的要求。

第四,在实践中,建议为此成立一个委员会进行监控,成员应包括交易、投资组合管理和合规的高级别人士。其规模可以根据基金管理人自身的规模而定。必要时,也可以聘请外部独立顾问。该委员会需要定期,如每个季度,来回顾检查相关证券交易,看是否符合"最佳执行"的要求。上述交易券商的选择需要委员会批准,得到批准的券商应明确记录在一个清单上。委员会还应设定每一笔交易符合"最佳执行"的相关标准或考虑因素。对于例外情形,需要委员会特批。委员会需要考虑采用相关的技术系统来监控交易执行情况。对于最佳执行政策,委员会也要定期回顾评估。各种检查、评估要做好留痕记录。

第五,对于每一笔交易是否符合"最佳执行"的标准,其考虑的维度包括但不限于:成交价格;佣金;券商对某类金融工具的交易经验;交易速度;是否能介入某个市场(Market Access,比如是否能从事美股交易);是否能提供某个股票的流动

---

① 以下内容参见 Margaret R. A. Paradis, *Best Execution for Investment Advisers: The Goal and the Process*, The Journal of Investment Compliance, Summer 2004, p. 21-24。同时也参考了中国香港特区市场有关基金管理人自身的最佳执行政策(Best Execution Policy)。

性(比如能提供融资融券服务);结算能力;提供服务和支持的能力(比如研究服务);合规性;运营设施水平(比如 IT 系统能力)以及其他需要考虑的因素。其中,关于成交价格的合理性判断标准有:①股票、权益类互换、权益类期权、指数期货,一般在成交量加权平均价(VWAP)正负 X%的范围内,X 由基金管理人自身的政策设定(需要论证其合理性);②柜台交易产品(OTC)、债券或相关互换类产品,需要向两个以上交易商询价,具体数量由管理人自身政策设定(需要论证其合理性)。如果监控到成交价格不符合上述标准,则可能不属于"最佳执行",对此需要进一步审查。

第六,需要就"最佳执行"政策在基金管理人内部开展培训。

由此,基金管理人应该至少做到以上六点以证成其在基金交易环节履行了"最佳执行"的要求。

在这部分最后,有必要提及与最佳执行相关的一个概念,其处在交易的后端,即结算时的公允分配。这个问题涉及证券的托管/存管机制、结算机制(T+1,T+3 等)和交易机制,在目前中国境内不突出(或不存在)。因为在中国内地,一个基金作为一个独立的会计主体,其最终就只有一个证券账户开立在中国证券登记结算有限责任公司(以下简称中国结算),其名下的股票在法律意义上实际都存管在这个中国结算账户中;其开立在各家券商的证券账户,是这个中国结算账户之下的各个台账。通过 A 券商买入的股票,在 A 券商证券账户/台账中记录,但实际还是在中国结算账户中登记存管。中国内地的证券交易机制中还有一个独特的"事前校验"机制。如果该基金要通过 A 券商卖出股票,其卖出数量不得超过 A 券商证券账户/台账上记录的数量,超出部分不会被自动视为向 A 券商融券卖空。因此,在证券交易完成并进行结算时,一般不存在买入或卖出的证券要在不同券商的证券账户/台账中分配,因为其最终是登记在中国结算,无所谓分配问题。

但境外证券市场的机制不是这样(比如中国香港市场、美国市场等)。以中国香港为例,证券在法律意义上是由券商存管——这样的券商即 Custodian。提供证券交易经纪服务的券商(即 Broker)和提供证券存管服务的券商可以不一一对应。如果一家券商既是某一基金的交易券商,又是存管券商,那么该券商就是 Prime Broker(即 PB,主交易券商)。一个基金可以聘用多家 Broker,也可以将证券存管在多家 Custodian。比如甲基金选聘 A、B、C 三家券商为 Broker,选聘 A、D 两家券商为 Custodian,那么只有 A 是甲基金的 PB。发生实际交易时,甲基金要卖出 X 股票。根据最佳执行要求,其选择 B 券商下达交易指令。B 券商完成交易后,相关基金经理在盘后要再下达一个 Settle 指令,告诉 B 券商向 A 和/或 D 哪家券商去要券完成结算。所谓公允分配问题,是在上述机制的基础上,进一步发生如下情况:例如,张三基金经理管理着两个基金,甲基金是对外募集的产品,其证券存管账户开立在 A 券商;乙基金是内部员工募资的产品,其证券存管账户开立在 D 券商。甲乙基金都聘用 B 券商为 Broker。张三指令 B 券商当日在每股 90~100 元的区间各卖出占甲乙基金规模 1% 的 X 股票。B 券商在收盘前完成全部交易后,按所有卖出股票的总量算,成交均价为 96 元。如果是公允分配,张三的 Settle 指令应该是按 96 元每股的价格下达给 A 和 D 券商,以此结算交割。但如果张三有私心,违反信义义务,他还可以这样操作:在所有成交中,按乙基金 1% 规模的成交量算一个更高的均价,比如每股 98 元,把卖出的这些股票分配给乙基金,在 Settle 指令中要求 D 券商按每股 98 元交付乙基金规模 1% 的股票数量。同时,甲基金分配到的股票成交均价只能低于原来的 96 元了,比如是 93 元,其指令 A 券商按 93 元/股的价格对外交付。这样操作后,乙基金的利益,即自我利益,其实就凌驾于甲基金之上,张三没有为甲基金的投资者实现最佳利益。这是一个典型的利益冲突问题,是一个基金治理问题。因此,从基金治理角度来说,就必须强调公允分配了。

上述情况在中国内地不会发生。因为甲基金和乙基金名下的股票都存管在其各自在中国结算的最终证券账户内。当张三下达卖出的交易指令后,在证券交易所的每一笔撮合成交中(B 券商虽然也是 Broker,但本质只是报单通道),其实都已明确卖出证券是来自甲基金账户还是乙基金账户,也明确了每一笔成交的价格。张三并没有在结算时点上去做分配的任何裁量权。所以,本书不把公允分配作为一个要点单列出来,而只是在最佳执行的后面提及。

(二)交易成本及其计量和披露

交易成本是基金从事证券期货交易所产生的"一揽子"费用。如果基金进行大量不必要的交易,就会向券商(包括期货经纪商等,以下统称券商)支付大量交易佣金,提升交易成本,由此损害到基金投资者的利益。实践中,券商收到此类佣金后,还会以软回佣/软美元(Soft Commission/Soft Dollar)[①]的形式向基金管理人

---

① 本书下文无差别地交替使用"软回佣"和"软美元"这两个概念,主要是基于相关外文资料的原文翻译。

提供有关产品或服务,将相关利益返回给基金管理人。① 这就会造成(至少部分)基金财产转移给了管理人,在基金管理人和基金投资者之间形成利益冲突。因此,交易成本及软回佣事项应纳入基金治理的范畴。

IOSCO 在 2016 年发布的《关于基金收费和支出良好实践的最终报告》(*Good Practice for Fees and Expenses of Collective Investment Schemes: Final Report*,以下简称《IOSCO 基金收费报告》)②涉及这些问题。《IOSCO 基金收费报告》把交易成本的外延划分为:执行交易下单的经纪佣金(券商收取)、证券交易相关的税费(政府财政收取)、交易所费用(交易所收取)和交割清算费用(结算机构收取)等若干项。另外,当交易标的的流动性较低时,大额的证券交易会产生冲击成本,这也被认为是交易成本的一项;另一项则是相关交易伴生的机会成本。以上都构成与证券交易相关的成本。IOSCO 认为,各法域的监管者可以对其认为的基金交易成本给出定义。监管者应当明确在基金财产中不能被当作交易成本而扣除的费用,也应当明确其所定义的交易成本应该如何计量。

就 IOSCO 而言,其提出 3 种测量交易成本的方法:一是使用已产生的历史数据;二是对每一类资产设定一个标准化的费率(standardised rates),然后乘以该类资产组合的成交量(turnover);三是把净值(NAV)的变化和总费率(total expenses rate, TER)进行对比,得出一个指示性的数值(indicative figure)——相当于把易于明确计量的成本从净值变化中扣除,残差项视为不易计量、"不可见"的交易成本。

但无论采用上述哪一种方法,IOSCO 都承认交易成本的准确计量是十分困难的,其精确值往往很难得到。因此,交易成本金额总体上可以不对外披露。但 IOSCO 认为也有必要披露一些指标。比如,可以准确计量的部分交易成本应当披露;关联方处理的交易量和百分占比、组合的换手率等应该披露。无论如何,从事后来看,(口径、定义明确的)交易成本金额是可以确定的。对这一交易成本的历史数据,IOSCO 建议对投资者披露。

---

① 软回佣,也称软美元,其含义可参见张惟诚、张国清:《论对机构投资者佣金分仓的监管——美国的实践及其启示》,载《江西财经大学学报》2018 年第 4 期;原凯:《美国券商佣金规制的若干分析及对我国的启示》,载《华侨大学学报(哲学社会科学版)》2014 年第 4 期;陶耿:《论契约型证券投资基金治理结构之优化》,2011 年华东师范大学博士学位论文;王俊:《美国投资管理和研究协会"软美元"制度简介》,载《证券市场导报》2002 年第 6 期。但软回佣在绝大多数法域并没有统一、明确和法律上的定义。当年 IOSCO 下的 SC5 委员会一般性地认为,软回佣是基金管理人因其证券交易支付佣金而收到的反馈性利益。这种利益一般采取物品或服务的形式,由证券经纪商(broker-dealer)提供给基金管理人。软回佣和硬回佣(Hard Commission)的区别是:前者提供商品或服务(goods and services),后者直接提供现金。

② 在《IOSCO 基金收费报告》的释义部分,IOSCO 明确这里的 Collective Investment Scheme 是指开放型的、可以赎回份额的基金,不包括投资于私募股权(Private Equity)或风险资本(Venture Capital)的对冲基金。因此,我国公募基金、私募证券投资基金是这份报告指涉的对象。

(三)对软回佣的规制

对软回佣而言,IOSCO 还于 2007 年发布了专门的《关于基金软回佣安排的最终报告》(*Soft Commission Arrangements for Collective Investment Schemes: Final Report*,以下简称《IOSCO 软回佣报告》)。软回佣与交易成本直接相关,其内生于交易成本中的经纪佣金部分。如果不对软回佣进行规制,就会刺激基金管理人频繁交易,增加交易成本以换取更高的软回佣,这对基金管理人总体上是有利的。另外,软回佣与商业贿赂之间的界分也不是那么清晰,这会刺激券商进行不正当竞争,扰乱资本市场秩序;在目前的中国法上,这也会让基金管理人面对商业受贿的合规风险。我们有必要对软回佣机制进行一个全面的审视。

1. 主要渊源与利弊得失

美国在 1975 年前实行相对简单的固定佣金制。在券商业务较为单一的年代,这可以防止券商恶性竞争,但固定佣金制作为券商服务的"行业定价"形式,其本身不具有市场逻辑下的合理性。由于佣金是固定的,券商为了争取客户订单并绕过固定佣金制,就采取向客户尤其是机构客户提供研究服务或直接支付的方式变相返还其所收取的佣金,借以争夺客户资源。

随着美国证券市场的逐渐成熟,美国国会在 1975 年立法废除了固定佣金制,实行浮动佣金制,券商拥有了对其中介服务的定价自由。废除固定佣金制后,上述软美元就失去了原来存在的充分理由,而且与机构管理人的信赖义务有所抵触。但券商给予软美元的行为在当前证券市场环境和券商行业格局下也具备一定合理性,一概禁止并不现实。[①] 有美国学者认为,使用软美元支付研究费用是一种有效率的创新经济组织形式。在软美元安排下,经纪商先向投资经理提供研究等相关服务,实际相当于事前向投资经理提供了针对其交易执行的履约担保,确保其能够获取高质量的交易执行。而且,基金管理人提供的溢价佣金与风险调整后投资回报存在正相关性,因此,软美元交易总体上有利于基金投资者。但也有实证研究论证软美元交易会增加基金交易成本,引发利益冲突。相较于前一类文献,这一类文献在数量上更多。[②]《IOSCO 软回佣报告》指出,软回佣会带

[①] 参见原凯:《美国券商佣金规制的若干分析及对我国的启示》,载《华侨大学学报(哲学社会科学版)》2014 年第 4 期,第 126、128 页。

[②] 参见张惟诚、张国清:《论对机构投资者佣金分仓的监管——美国的实践及其启示》,载《江西财经大学学报》2018 年第 4 期,第 123、124 页。

来利益冲突：如果存在软回佣，就会刺激基金管理人多做交易，而且该交易也未必再严格适用最佳执行原则，这就会产生更多的交易成本从而增加回佣金额，但基金业绩可能更差。另外，如果存在软回佣，基金管理人可能就愿意接受更高的交易佣金费率，不愿在这方面和券商认真谈判。这些都不利于基金投资者。

但在美国，券商雇用的游说集团成功说服美国国会通过了1934年《证券交易法》第28条(e)款，即软美元"安全港"规则。有了该"安全港"规则，软美元就并不构成被当然禁止的事项，但必须符合"安全港"规则的要求。于是，上述软美元问题的本质就转化为具有投资自由裁量权的人接受软美元的行为是否符合"安全港"规则。如符合，可以认为该行为满足基金治理的基本要求，基金管理人将不被认为违反其对投资者的信义义务，从而也就消除了利益冲突；①否则，则不构成良好的基金治理，甚至对投资者利益有害。

2. 美国"安全港"规则的适用

根据《证券交易法》第28条(e)款，美国SEC分别于1976年、1986年、2004年和2006年发布了4份解释规则以指导对"安全港"规则的适用。这些规则的主要内容如下：②

对于是否适用"安全港"规则，在程序上要分三步审视：第一，基金管理人得到的相关产品或服务是否与适当的经纪(brokerage)和研究服务相关。第二，这些服务是否有助于基金管理人做出投资决策。第三，支付的软回佣金额和这些产品或服务的价值是否相当。

"券商经纪服务"是指与交易指令的执行相关的服务。适当的经纪服务包括：在基金管理人、经纪券商和/或存管券商之间的连接/联络服务(connectivity service)、提供算法交易的软件(algorithmic trading software)、经纪券商下单给交易中心的软件等。相比较而言，电脑终端、电话等硬件、指令管理系统(order management system)、一般交易软件(trading software)则不在经纪服务的范围内。行政管理事务方面(administrative purpose)的软件、记录保管方面(recordkeeping)的软件或定量分析的软件(quantitative analytical software)也不包括在内。基金管理人履行合规方面的职责(比如查验指令是否符合最佳执行标准的软件)或用于计算融资担

---

① 该判断可参见《IOSCO 软回佣报告》。参见张路：《诚信法初论》，法律出版社2013年版，第191页。

② 以下参考了Proskauer律师事务所就美国法上的软美元问题于2011年10月出具的一份报告 *Client Commission (Soft Dollar) Arrangements: The Section 28(e) Safe Harbor*；以及张惟诚、张国清：《论对机构投资者佣金分仓的监管——美国的实践及其启示》，载《江西财经大学学报》2018年第4期，第126、127页。

保费用相关的软件等,都不属于交易指令执行,这些与交易指令执行之间的关系都非常远。

"研究服务"是指某人直接或通过出版物或书面方式(publications or writings)提供关于证券价值的建议,或提供关于买入、卖出证券的建议,或提供关于证券买卖双方信息的建议;也包括提供关于证券、证券发行人、行业、经济因素、经济发展趋势、组合策略或组合业绩的分析或报告。SEC认为,上述"研究服务"概念的共同要素是,这些建议、分析、报告包含了对特定主题、标的(subject matter)的知识、信息或相关推理(reasoning)。由此,传统的券商卖方报告是符合这个标准的;其他与证券相关主题的报告,如金融市场、政治因素对证券市场的影响等,也符合这一标准。进一步延伸,为了解公司业绩情况而与投资分析师的讨论、与公司高管的会见都符合这个标准;关于公司治理的研究、关于公司治理评级的服务(corporate governance rating services)、提供证券组合分析的软件以及相关会议、讨论会等,都是符合的。但SEC特别指出,上述报告、建议等出版物一般应该是针对较小范围、有特定兴趣的受众,比如金融通讯(financial newsletter)、交易类期刊或技术类期刊等,这些可以用软回佣支付;但如果是针对市场广泛人群的出版物,则不包括在这里的"研究服务"内。是否针对市场广泛人群,不以出版物的分发形式为标准,如通过EMAIL、互联网站分发等,而要看它最终的目标受众。

如果咨询建议是与组合策略相关,或者咨询是有关交易策略、市场氛围(market color)、买方和卖方信息(包括提供这类市场研究的软件)等,这种咨询服务可以包括在软回佣内。如果是提供市场数据或经济数据,如股票价格、最后成交价、成交量等数据类服务,或者该类服务包括与证券相关的信息,也可以允许。但如果该项咨询是与基金管理人的内部管理或运营相关,就不能用软回佣支付。

对于第三方提供的研究服务,SEC也允许用软回佣支付。对于法条中的"由券商提供的研究服务",既指券商自己准备的研究报告等服务,也包括由券商用软回佣购买的第三方服务。即便该第三方是基金管理人亲自遴选的,其提供的研究服务也可以用软回佣支付。该第三方可以把研究报告直接提交给基金管理人。

但基金管理人的日常运营管理费用是不能用软回佣支付的,包括但不限于办公设备、办公家具、电话通信、研究人员的工资、日常经营所需的相关供应、房屋租金、财会费用、一般软件费用、网站设计费用、网络服务、电子邮件、法律支出、人事管理支出、营销费用、公共事业、会员费、特别许可费、运营系统费、后台行政管理相关的软件和文字处理等。当然,旅行费用、娱乐支出、或出席有关研讨会的费用,或公司高管拜访的餐饮费等,这些都不能用软回佣支付。

对于上述支付的软回佣的金额和这些产品或服务的价值之间的等价性,美国法律要求基金管理人秉持诚实信用(good faith)原则确定,诚实信用的证明责任在基金管理人一方。

2010年10月,SEC还修订了Form ADV的披露要求。新的Form ADV要求每一位投资顾问使用通俗的、叙述性的语言描述投资顾问的业务、利益冲突、违规历史及其他重要信息,目的是让投资顾问以更加清晰的方式披露更多有意义的信息。其中,表格第二部分的第12项"经纪业务做法"描述有关客户经纪佣金安排的相关信息,主要包括软美元交易、客户推荐、客户直接分仓以及集中交易4个方面的信息。①

3. IOSCO关于软回佣的规制要求

IOSCO在比较了各个法域对此做法后的总体态度是:软回佣安排对基金管理人是有用的,而且在一些法域,软回佣安排是一个可以接受且比较传统的机制,基金管理人可以通过软回佣获取更好的投资研究服务,②但要防止其被滥用。因此,IOSCO提出如下规制要点:

第一,基金管理人不应该取得任何现金利益,即不应该取得硬回佣。

第二,因回佣造成的利益冲突应被消除或得到管理,从而确保投资者的最佳利益。无论是否存在软回佣,交易都应该按照最佳执行的原则进行。不能以回佣的存在作为选择经纪券商的标准。软回佣的存在只能对基金投资者有利。

第三,存在软回佣时,要限制相关的利益冲突。一个进路是明确不能用软回佣购买的商品或服务;另一种进路是反过来,明确可以用软回佣购买的商品或服务。③ 如上所述,美国的监管就是通过"安全港"规则,在限制利益冲突和软回佣豁免之间做出了平衡。但无论如何,IOSCO下SC5委员会成员一致认为,软回佣不能以现金形式返还,也不能用于日常运营支出(day-to-day operational expenses),如办公室租金、员工工资、旅行费用等。

第四,即便如此,软回佣仍可能产生利益冲突。基金管理人应该在如下情境中考虑其对基金投资者的信义义务:①安排其关联方执行交易指令时;②用软回

---

① 参见张惟诚、张国清:《论对机构投资者佣金分仓的监管——美国的实践及其启示》,载《江西财经大学学报》2018年第4期,第127页。

② IOSCO承认,截至2007年报告的发布时点,国际实践中的软回佣金额数量还是很高的。

③ 对若干对软回佣有限制的国家及地区来说(如英国、美国、加拿大、中国香港等),一般而言,软回佣可用来购买与投资决策、投资研究、交易指令执行有关的事项。投资研究包括:证券价值研究及建议,证券投资建议,对证券、组合策略、业绩、发行人、行业、经济要素和趋势的分析或报告等。参见《IOSCO软回佣报告》。

佣购买商品或服务且可以谈判具体价格时；③用软回佣购买商品或服务但没有一个可比市场价格时；④收到一组(a bundle of)以软回佣形式换取的商品或服务，但只有部分是对基金或其投资者有益时。尤其是当执行交易指令的券商是收取软回佣的基金管理人的关联方时，相关交易应接受更多的审视(heightened scrutiny)。

第五，尽管IOSCO认为不用对使用/禁止软回佣的场合做穷尽式的列举(non-exhaustive list)，旨在确保投资者的最佳利益；但基金管理人对此应有内部政策和程序来监督软回佣的使用，以管理好利益冲突。本书认为，这是要求基金管理人在法律、法规的范围内，在保障投资者利益的根本原则下，自己制定相应的合规政策，对自身适用软回佣的场合做出更具体的规定。

第六，对于通过软回佣取得的商品或服务，基金管理人应对此留存一份记录，这可以表明其对利益冲突是有识别的，而且有助于对此的管理。

第七，对于软回佣的存在，应事先向投资者披露。同时，事后应持续披露软回佣的金额规模和取得商品和服务的种类。对于软回佣的披露，应该包括但不限于如下内容：①用软回佣取得商品和服务的种类；②给予软回佣的经纪商或相对方以及软回佣协议中的其他各方(如有)名单；③一段时间内软回佣的总体规模；④按逐个经纪商或相对方列示给予的软回佣；⑤按不同的商品和服务列示其用软回佣取得的价值；⑥对其中利益冲突的分析和应对。有的法域(如中国香港、葡萄牙、意大利、英国、美国)也要求对存在使用软回佣的情况向基金董事或基金财产保管人(depositary)披露，使其可以受到有效的监督。披露应该有固定的格式，且在定期报告中披露。

第八，如果有些商品或服务是被"混用的"(mix-used)，即一部分用于基金投资目的，另一部分用于其他目的，那么就要求把相关支付金额分开。与基金投资相关的支付金额部分可以用软回佣来支付，其他部分应用自有资金支付。

此外，IOSCO还提到一些对软回佣的规制进路。比如，对存在的软回佣安排，事先应取得客户的同意；软回佣要采取正式的、留痕的形式，为此要签订书面协议并得到合规官批准；对于对基金本身不利的回佣金额，监管机构可以要求基金管理人将同等金额补偿给基金财产等。

需要指出的是，欧盟在2016年对软美元采取了禁止措施。欧盟委员会于2016年7月通过了对欧洲议会第2014/65号指令(MIFID Ⅱ)进行补充的C(2016)2031号授权指令，原则上将软美元研究服务视为一种利诱而予以禁止，除非资产管理机构自掏腰包用硬美元支付，或者通过向客户专门收取特别研究费并通过独立研究付款账户支付。该项法令已于 2018 年 1 月正式生效。① 目前的国际实践是,监管者(如中国香港 SFC)或一些机构投资者对软回佣采取了越来越审慎、严格的态度(虽然未明文禁止),不少基金管理人开始不用软回佣。

(四)评论与建议

根据笔者考察,我国证券监管部门或自律监管组织对于交易最佳执行问题似没有任何明文的要求。但目前,一个私募基金初步可以在 3 家券商开立证券交易账户,如有合理理由,还可以多开。因此,在理论上,是存在交易最佳执行问题的。基金管理人使用哪家券商下单有自由裁量权,其中就可能有权利滥用的风险。本书建议监管部门应对此重视,也建议合规良好的基金管理人应对此制定自身的合规政策,就交易最佳执行问题证成其操作的合理性。

同样,关于交易成本和软回佣问题,国内对此的研究似乎也不多。② 无论是在相关论文的总结中,还是在笔者对相关实务处理的感知中,都感到这是目前我国证券法制领域的一个盲点。如果站在更上位的经济法学理论来看,此类软回佣问题在中国法上则可能被定性为商业贿赂。③ 根据 2019 年修订的《反不正当竞争法》第 7 条,④有执业律师认为,把上述法条的内容映射至软回佣现象,二者是匹配的:券商是证券经纪业务的经营者,业务相对方其实是基金,基金管理人则是基金利益的代理人。券商返还软回佣(财物)给"受交易相对方委托办理基金证券交易事务的"管理人,以谋取交易机会或竞争优势;同时,接受软回佣(以财物的形式)的基金管理人对此是不入账的。

本书认为,在当下,基金管理人在中国接受这样的软回佣有合规风险。但对

---

① 参见张惟诚、张国清:《论对机构投资者佣金分仓的监管——美国的实践及其启示》,载《江西财经大学学报》2018 年第 4 期,第 127 页。
② 最近一篇比较全面的论文是发表于《江西财经大学学报》2018 年第 4 期上的《论对机构投资者佣金分仓的监管———美国的实践及其启示》,作者为张惟诚、张国清。在该论文中,两位作者也承认国内学者对此的相关研究成果较少。笔者检索到的国内相关主题论文只有第 147 页脚注①提及的 4 篇。
③ 笔者曾咨询过有刑事法律服务和证券法律服务双重背景的执业律师,其对此的观点和定性就是商业贿赂;也曾咨询过知名券商的法务人员,其对此讳莫如深,但表示有合规风险。
④ 《反不正当竞争法》第 7 条第 1、2 款规定:"经营者不得采用财物或者其他手段贿赂下列单位或者个人,以谋取交易机会或者竞争优势:(一)交易相对方的工作人员;(二)受交易相对方委托办理相关事务的单位或者个人;(三)利用职权或者影响力影响交易的单位或者个人。经营者在交易活动中,可以以明示方式向交易相对方支付折扣,或者向中间人支付佣金。经营者向交易相对方支付折扣、向中间人支付佣金的,应当如实入账。接受折扣、佣金的经营者也应当如实入账。"

照其他国家的经验实践,尤其是美国等发达资本市场,并不能认为此类软回佣没有存在的合理性与必要性,软回佣可以有条件地存在。其如果被用于特定目的,并不会"当然"地损害到基金投资者的利益,反而也有可能有利于基金投资者。比如,如果软回佣以券商的研究服务来体现,基金管理人通过获得此类研究服务,可以更好地发现上市公司的价值,从而做出更好的投资决策,这当然对基金投资者有利。因此,本书不赞成一概禁止软回佣的进路;相反,以我国《反不正当竞争法》第 7 条为原则,同时制定中国的"安全港"规则对特定情形加以豁免,可能是更现实可取的规制路径。本书建议监管部门参考:①美国 1934 年《证券交易法》第 28 条(e)款;②SEC 对此的解释;③IOSCO 推荐的相关做法,对软回佣加以规制。这样既明确了"游戏规则",降低了市场主体的合规风险,使国内各券商处于公平、公开的法治竞争环境下,同时也保护了基金投资者的利益,一举多得。

另外,关于基金的交易成本问题,考虑到其不易在事前被预测,也不易在事中被计量,那么在事后对投资者披露其已经形成的历史数据,也不失为一个好的基金治理手段,应该予以考虑。

二、基金估值

(一)为什么估值对治理重要

基金估值系在特定时点对基金财产价值的计量和确认,它在相当程度上是一项会计工作。[①] 在笔者的涉猎范围内,将基金估值与基金治理联系在一起的观点并不多见。但如果按本书的观点,把治理视为"确保基金有效地且仅为基金投资者(不为基金内部人员)之利益进行运作的框架",那么在基金日常运作过程中的估值就会显著地影响到基金投资者的利益,因而成为基金治理的一项重要内容。

首先,估值问题会在基金投资者和基金管理人之间产生利益冲突。按目前的行业实践,基金管理人收取的报酬,无论是管理费还是业绩费,都以基金财产的价值为基准进行计提。如果高估基金财产的价值,显然有利于基金管理人而不利于基金投资者,对于基金托管人等按照基金财产价值规模计提报酬的其他主体,这也是有利的。本着"理性经济人"的假设,在完全没有外部约束的情况下,可以认为基金管理人有动机做高估值。当这种利益冲突在基金财产中存在没有流动性、没有公允价值的财产(如停牌股票),以及基金采用复杂的投资工具等情形时会更加突出。

其次,估值问题也会在不同基金投资者之间产生利益冲突。投资者申购、赎回基金份额的价格是以基金开放申购、赎回当日的基金估值为依据的。如果基金的估值不准(高估或低估),就会造成相关利益在申购和赎回的投资者之间重新分配,但这种分配显然是不公平的。如果高估,将有利于赎回的投资者而不利于同日申购的投资者,一部分利益实际上就由申购的投资者转给了以高估净值赎回的

[①] 综观中国证券投资基金业协会托管与运营专业委员会估值工作小组编的《中国基金估值标准2018》,其援引的前三份总括性文件就是《中国证监会关于证券投资基金估值业务的指导意见》《证券投资基金会计核算业务指引》《证券投资基金股指期货投资会计核算业务细则(试行)》;而在中国证监会《关于证券投资基金估值业务的指导意见》中的估值原则部分,其首先提及:基金管理人在确定相关金融资产和金融负债的公允价值时,应根据《企业会计准则》的规定采用在当前情况下适用并且有足够可利用数据和其他信息支持的估值技术。

投资者,这对申购投资者是不利的;低估则相反。为了公平对待所有的基金投资者,有必要通过公允估值消除上述利益冲突。

从比较法上看,以美国为典型的公司型基金治理架构,就把估值事项视为基金董事的职责。① 基金董事以独立董事为主,以增强估值工作的独立性;基金管理人(美国叫投资顾问)则由基金董事选任。这种设计在制度的形式意义上,就体现出了基金治理的考量,以更好地保护投资者利益,降低利益冲突——当然其实际的保护效果如何,可能是另一个问题。中国香港证监会 2018 年 11 月修订了《基金经理操守准则》,要求估值政策、程序及过程应定期由具备胜任能力且在职能上独立的人士(如合格独立第三方或执行独立审计职能的人士)进行检视(至少每年1 次),也体现出对基金估值的重视。

IOSCO 在 2007 年 11 月发布了《关于对冲基金组合估值原则的最终报告》(*Principles for the Valuation of Hedge Fund Portfolios: Final Report*),②提出了九项原则;2013 年 5 月,又发布《关于基金估值原则的最终报告》(*Principles for the Valuation of Collective Investment Schemes: Final Report*),提出了十一项原则(以下合称《IOSCO 估值报告》)。对比这两份报告,后者指向更广义的基金,因此十一项原则的部分内容针对公募基金,但与前者九项原则有很多重叠。这也说明,IOSCO 对基金估值问题非常关注。

(二)IOSCO 推荐的基金估值原则

1. 私募证券基金估值问题重要性的驱动因素

第一,私募证券基金对全球资本市场日益重要。该等基金为全球所有资产类别提供了大量的流动性,它也为机构投资者和经验丰富的个人投资者提供了多样化投资工具。私募基金有助于增强全球金融体系的流动性和弹性。

第二,某些私募基金的投资策略及其所用的投资工具具有复杂性,从而难以对复杂的或流动性不好的金融工具进行估值。在某些情况下,一些金融工具精确价值的可靠市场信息不易获得,如处于困境中的公司证券(distressed securities)和场外结构性票据。它们有时也缺乏流动性好的市场,或其估值只能依赖于不完善的数据和/或未来事件是否发生的估值模型(这种可能性往往很难预计)。值得注

---

① 详见本书基金组织形式与治理架构部分。
② 需要说明的是,私募证券投资基金,在境外一般就被称为 hedge fund;所以,也可认为该报告指向的是私募证券基金。

意的是,与私募证券基金打交道的交易对手方、投资于私募股权和其他复杂或非流动性投资工具的人,将面临类似的估值挑战。

第三,金融工具估值对私募基金具有核心作用,其治理意义已如前文所述。但 IOSCO 还提到,有的法域要求私募基金设立一个独立于管理人的董事会。但事实上的经典做法是该董事会的成员仍由管理人来遴选,这会加剧估值问题上的利益冲突。

2. 基金(尤其是私募基金)估值应该遵守的原则

(1)应为基金持有或使用的金融工具制定全面的书面估值政策和程序。基金的治理层(Governing Body)——就公司型基金而言,是基金董事会;就契约型基金而言,应该是基金管理人的董事会或基金托管人/受托人等,因各国的立法而不同——应当确保估值过程的诚信。一般而言,基金管理人会代表治理层深度介入估值政策的制定。书面的估值政策应明确各方及其人员的职责和义务。估值政策应特别注意如下几点:①负责金融工具估值的人员的独立性;②基金特定投资策略和组合中金融工具的种类;③对估值数据来源、方法的控制;④估值产生分歧时的解决办法;⑤在特定场合,由于头寸规模或流动性问题而导致的估值调整;⑥暂停估值的适当时机;⑦估值频率。基金管理人还应制定书面的执行估值政策的流程。

(2)估值政策应列明基金持有或使用的每种金融工具的估值方法。估值应该基于善意和诚信原则(in good faith),这是最重要的。在可行的情况下,资产应该以市场价格定价。对于难以估值的资产,则要考虑特定技能或系统(system)。资产越缺少流动性,就越需要坚实可靠(robust)的估值流程,应该建立一个能适用于当下及未来基金可能用到的金融工具的估值框架。

估值方法应包括基础数据的来源(input)、模型、估价标准、市场数据来源等信息。在对某项金融工具估值时,应对使用不同方法得出不同结论的敏感性进行分析。在确定使用某一项特定估值方法前,要对适格或有经验的主体会采用的不同方法进行比较和评估,然后做出决定。在采用某种模型估值时,要就模型的相关数据、假设、模型限制条件进行论证,并做好留痕记录以供日后复核。估值政策还应考虑例外情形,即万一某项金融工具的估值超出了既定的政策范围该怎么办。对此,应该对这种例外的估值方法、结果及相关理由进行特别的记录,以供事后复核。

(3)基金持有或使用的金融工具应根据估值政策保持持续估值的一致性。这种一致性体现在:①估值政策和估值方法对某一基金持有的具有相似经济属性的金融工具应一致适用;②在考虑时区和交易策略基础上,对同一基金管理人管理的所有基金应适用同一估值政策和方法;③在不同的时间段内应一致适用相同的估值政策和方法,除非外部条件发生变化导致该政策要更新。

(4)应定期审查估值政策,以确保其持续的适当性。基金治理层应通过复核确保估值政策是持续适当的,而且是被有效执行的。至少每年应该由独立第三方(如外部审计师)对基金的估值流程进行复核。如前所述,这一条已经被明确写入中国香港特区的《基金经理操守准则》。

如果要改变估值政策,应该向基金治理层提出,由其审阅并批准。每当基金采用一项新的投资策略前,有必要重新审核其估值政策,检视其是否能充分满足新投资策略(及适用的新投资工具)的要求。

(5)在估值政策的实施、复核过程中,基金治理层应保证其具有高度独立性以避免利益冲突。有三种途径可以确保独立性:一是使用第三方的估值服务,如由基金保管人(depositary)①、行政服务商(Administrator)或估值代理人(Valuation Agent)进行估值;二是要求基金管理人在其内部设立独立汇报线,如由层级和功能均不同于组合管理的人士对估值进行复核,或者不允许组合经理(portfolio manager)本人来估值;三是成立一个审计委员会或估值委员会。估值委员会的独立性可以通过增加代表投资者利益且和管理人没有关联关系的人士来实现。

如果估值信息是从有利益冲突的第三方获取的,那么该估值结果应由独立第三方定期复核,或者由基金保管人复核,或者由基金内部、与资产管理独立的特定单元(unit)进行复核。

(6)对于每一项特定的估值(each individual valuation),特别是受管理人影响的估值,应有独立复核。不合理估值风险较大的场合有:①价格数据仅来自单一对手方或经纪商(broker);②价格数据来自创设金融工具的对手方,尤其是该对手方还为基金管理人在该金融工具所拥有的头寸上提供融资;③流动性不好的金融工具,如场外衍生品或结构性产品;④估值受到基金管理人的影响;⑤估值受到基金管理人关联方的影响;⑥估值受到其他在基金业绩表现上有财务利益的相关方的影响。

对估值复核的途径有:①一段时间内(over time),在对手方提供的多个价格数据中进行比较,由此复核;②检查和记录例外的情形(exception);③比较账面价值(carrying value)和已实现的成交价格(realized price),判断合理性;④考虑数据来源的信誉度、一致性和质量;⑤把基金管理人提供的价格和其他第三方估值代理

---

① 本书认为,中国采取的就是这种方式。中国法上的基金托管人在功能上和depositary相近。可详见本书"基金的组织形式与治理架构"部分。

人提供的价格进行比较;⑥标注与相关金融工具估值阈值(valuation threshold)存在明显差异的不寻常的数据,并对此进一步研究;⑦对已过时的报价(stale price)和隐含参数(implied parameters)(如波动性)进行测试;⑧把要复核的价格与其他相关金融工具的价格或者对冲工具的价格进行比较;⑨对输入模型的数据进行复核,尤其是对模型产生的价格具有敏感性的输入数据。

应独立复核基金管理人对外部价格、数据来源及其供应商的选择。基金管理人应对该等选择及其理由做好记录。

(7)估值政策应包括对价格替代(price override)的处理和记录,应有独立的一方对价格替代进行复核。价格替代,是指按照既有估值政策,应对某项金融工具的价格得出某个结论,但在某些特殊条件下,这个结论可能并不合适,因此,原结论被拒绝而以其他数据替代。对于所有发生价格替代的情况,估值政策应要求把这种情况向一个独立方进行报告并由其对此复核。替代价格不应纳入基金净值计算除非其已被复核并接受。同时,要记录发生价格替代的原因、复核的过程和替代价格的决定方法。

(8)基金治理层应制定政策,发现、防止并纠正估值错误(pricing errors)。对投资者产生重大不利后果的错误估值应被迅速处理,受损的投资者应得到补偿。

(9)对于提供估值服务的第三方,基金治理层应在聘用前和后面的持续过程中,对其开展尽职调查。尽职调查要保证该第三方有合适的系统、内控、估值政策和流程,有经验丰富的、与基金估值要求相匹配的人员。

(10)基金投资组合估值的安排应对投资者保持透明。应该向投资者披露的事项包括但不限于:①估值政策及其重大变更(包括变更产生的影响);②基金估值涉及各方的职责、技能和经验;③估值由基金管理人提供或受基金管理人的影响;④基金估值涉及各方之间的重大利益冲突;⑤基金对投资者关于估值问询的回应方式;⑥估值服务协议的内容,如其法律关系的性质和服务内容的范围等。

(11)估值政策应该规定,在基金可以申赎的开放日,对基金进行估值。申赎价格不能按历史价格决定。基金的单位净值(NAV)应免费向投资者披露。

以上这些原则的目标是促进一套估值政策和程序在基金投资组合估值中能被一致应用,并保证估值过程的独立性和透明度。IOSCO认为,如果基金遵循这些原则,投资者将最终受益。但IOSCO也指出,每只基金尤其是对冲基金,在适用这些原则时,应考虑其实际情况,不应生搬硬套。如果基金在其估值过程的各个方面均未体现这些原则,那么投资者对此应保持警惕。

(三) 摆动估值及侧袋估值

1. 摆动估值[①]

摆动估值(或者称摆动定价,对应英文单词为 swing pricing)在境外市场的运用已逐渐成熟,尤其是欧洲卢森堡市场,美国则从 2018 年起执行,但国内无论是公募基金还是私募基金,似乎还没有开展大规模的实践。但笔者接触到这个概念后认为,它可以被纳入基金治理的范畴,因为它是一种能够更公平地对待投资者的进路。本书认为,良好基金治理的核心就应该是基金治理层、基金管理人通过其基金运营的各种实践,公开(私募基金不对公众公开,但对投资者公开)、公平、公正地保护投资者利益,并对基金每个投资者的利益都给予公允、合理的保护,这应该是最理想的目标。摆动估值的引入可以向这个目标再进一步。下文对此简单介绍。

摆动估值最适合的场景是巨额赎回或巨额申购。[②]由于发生巨额申赎,基金管理人必须进行大量的证券买卖以维持必要的流动性或合理的证券仓位,而当证券市场本身的流动性不足时(如 2015 年年中的 A 股股灾或创业板、科创板等小盘股市场),大量证券买卖就会冲击市场,带来所谓的"冲击成本"。直观来看,以赎回为例,为了抛售某只股票换取应对基金赎回的现金流动性,基金管理人的指令可能瞬间把某只个股的股价打到跌停,导致基金(以及市场中的其他基金)不能以合理的价格卖出股票,只能被迫第二天以更低的价格卖出股票,同时拉低了基金的净值。对于这一冲击,选择赎回的客户实现了赎回(虽然也是以较低的价格),换取了流动性;但选择不赎回的客户却因此承担了更低的基金净值,其利益因选择赎回客户的赎回操作而遭受了一定的损害,这对不赎回的客户是不公平的。易言之,这在选择赎回和不选择赎回的客户之间造成了利益冲突,而好的基金治理机制应该尽量减少这种利益冲突。

在极端市场情况下,这种利益冲突更会给全市场造成挤兑恶果。因为上述不公平性增大了剩余基金投资者的"挤赎"动机。股市剧烈下跌时,由于存在"先行优势"(First-mover Advantage),越早提出赎回申请的投资者,越能获得资产组合中

[①] 这一部分参见徐淑婧:《基金摆动定价机制》,载《中国金融》2017 年第 18 期,第 68、69 页;基金业协会为基金从业人员提供的培训课件:《中国实施摆动定价探讨》,主讲人为普华永道会计师事务所中国资产和财富管理行业主管合伙人薛竞。

[②] 考虑到 A 股 2015 年年中的大幅波动,基金遭到投资者巨额赎回,讨论巨额赎回情形下的摆动估值,就有了更为现实的意义。

流动性好的资产的保障和更高的资产净值——就是流动性好的资产先被出售,获得更好的价格;越往后,流动性越差,成交价会被打压得更低。在此情形下,投资者就会抢着最先赎回。随着市场流动性恶化,市场冲击成本增加,剩余投资者的利益会被更严重地稀释,这又进一步增加了"挤赎"动机。投资者"挤赎"、基金管理人变卖资产应对赎回、市场价格剧烈下跌三重因素互相叠加产生放大效应,造成市场危机或金融危机。

摆动估值怎么做呢?就是通过"摆动"来调整赎回(或申购)基金份额的估值/价格,使相应的冲击成本由因为其赎回行为而造成这类冲击的一方承担,通过估值来重新分配不同投资者之间的利益,实现公平目标。仍以赎回为例,应将相应冲击成本摊入赎回基金份额的价值,把净赎回当日基金的单位净值调低,使赎回的投资者获得更少的利益;如果是巨额申购,就应该调高净申购当日基金份额的单位净值,使申购的投资者获得更少的基金份额,承担因此产生的在市场中买入证券的冲击成本。

在技术层面,主要有全摆动定价(Full Swing)和半摆动定价(Partial Swing)两种操作方式。全摆动定价是指每日的基金净值均按摆动因子向上或向下调整,调整的方向取决于当日是净申购还是净赎回(净申购上摆、净赎回下摆)。半摆动定价是指当基金净申购或净赎回超过某个确定比例,即摆动门槛(Swing Threshold)时,才将基金份额净值按摆动因子(Swing Factor)向上或向下调整。全摆动定价操作简单,但频繁调整估值带来的基金运营成本太大。半摆动定价的使用更为普遍。本书认为,结合上述巨额申赎场景,并考虑私募基金并不放开每日申赎,半摆动定价是更合适的做法。举例来说,某基金共发行10000份,启动半摆动定价机制的门槛为基金净资产总额的0.5%,净申购摆动因子为2%,净赎回摆动因子为1%,当前的基金份额净值为100元。某日,基金收到200份额的申购申请和100份额的赎回申请,净申购100份,占1%,达到摆动门槛;于是按照净申购摆动因子2%,将当日的基金份额净值确认为100×(1+2%)=102元,当日所有投资人必须按102元进行申购及赎回。这中间,最难的地方就是如何设定摆动门槛和摆动因子的参数值,需要根据基金的类型、策略、投向、规模、流动性、投资人结构等因素综合考量,摆动因子的设定还应考虑券商佣金、买卖价差、印花税以及市场冲击成本(对此有一定争议)等。

在制定摆动估值的政策时,应注意如下几点:第一,不允许单边摆动,就是净申购摆动,净赎回不摆动,或反之。第二,允许上摆和下摆的摆动因子参数值不对等,这可以由基金管理人根据基金实际情况经测算后确定。第三,允许渐进设定参数,即如果摆动门槛达到1%,设定一定数值的摆动因子,摆动门槛上升到2%,再设定一定数值的摆动因子。第四,摆动门槛可以按基金规模的百分比设定,也可以按一个绝对金额数来设定,还可以按"或"的关系同时事先设定上述两个标准,达到其一即启动摆动。第五,多份额类别基金不应仅针对部分份额类别采用摆动估值(如美国的规定)。第六,公司型基金的董事会应至少每年复核摆动估值的政策、效果等(如美国的规定)。第七,摆动门槛和摆动因子并不能时时变化,可以在定期复核时调整。第八,在披露问题上,必须披露本基金的估值采用了摆动估值,但一般可以不披露摆动门槛,对于摆动因子可原则性披露其上限(美国定2%,欧洲极限为3%),不用对每一个基金净值拆分出摆动因子来披露。第九,在业绩报酬的计算上,建议采用未摆动的会计净值,应披露业绩报酬的计算方式。

2. 侧袋估值

侧袋估值主要针对流动性较差的资产。其原理是把缺乏流动性的资产(如私募股权、长期停牌股票等)剥离出来,放入"侧袋"单独估值,从而避免由于非流动性资产估值不公允带来的基金资产风险分配不均衡的问题,确保不同时段赎回的投资者公平地承担基金整体资产风险。使用侧袋机制时,赎回的投资者只能获得"主袋"部分的赎回款,只有待"侧袋"资产恢复流动性予以出售或清盘时,方能获得侧袋部分的赎回款。①

中国香港特区《基金经理操守准则》对侧袋估值做出了较为具体的规定:

第一,基金引入任何侧袋安排前,基金管理人应向投资者披露如下事项:①存入侧袋的总资产上限;②对于侧袋部分的整体费用结构及收费机制(任何管理费及业绩报酬等);③侧袋的赎回限制期将会有别于同一基金的普通单位/股份的赎回限制期;④如何界定及区分哪些投资产品将会放入侧袋,及有关将投资转入及转出侧袋的政策及依据;⑤如侧袋的资产被允许转拨至另一项投资工具,则允许发生转拨的情况及就有关转拨而采用的定价机制。基金管理人应不时地向基金投资者披露就已存入侧袋的资产而征收的实际费用。

第二,基金管理人本身在设立及管理侧袋时,应确保:①具有管理侧袋的风险管理能力;②设有涵盖侧袋内资产且符合《基金经理操守准则》的估值政策;③具有将投资转入及转出侧袋的检查及监控措施。

第三,如基金管理人已决定将某项基金资产放入侧袋,则还应向基金投资者披露:①侧袋已设立;②已存入侧袋的具体资产;③资产存入侧袋时如何作出估值,以及如何持续对资产进行估值。

---

① 参见秦子甲:《私募基金法律合规风险管理》,法律出版社2017年版,第223页;转引自鲁宁:《关于国内基金行业引入侧袋机制的研究》,载《经营管理者》2012年第18期。

(四)我国实践及评论

1. 我国的实践

我国私募证券投资基金估值的政策框架,大概可以分为如下几个层次:

首先,由于是私募基金,其投资者数量的上限是200人,在契约型基金组织形式下,这里发生的是私募基金管理人与最多200人的主体之间的民事法律关系。相对于投资者数目不特定的公募基金,私募基金合同的意思自由居于更重要的位置。因此,估值首先可以被视为一个合同约定事项,其各个重要方面(甚至是含有基金治理意义的方面)就都通过基金合同这份法律文件来进行约定,进而对基金管理人形成约束。基金管理人如果因不当而造成估值有误,该错误的估值结果及衍生出来的其他后果都将成为基金管理人违反基金合同的违约行为,将被依照基金合同追究违约责任。基金业协会制定的《私募投资基金合同指引1号(契约型私募基金合同内容与格式指引)》第41条规定,(基金合同应)根据国家有关规定订明私募基金财产估值的相关事项,包括但不限于:估值目的;估值时间;估值方法;估值对象;估值程序;估值错误的处理;暂停估值的情形;基金份额净值的确认;特殊情况的处理。

其次,在估值工作的承担上,《证券投资基金法》第101条规定,基金管理人可以委托基金服务机构代为办理基金的估值,基金托管人也可以委托基金服务机构代为办理基金的估值,但基金管理人、基金托管人依法应当承担的责任不因委托而免除。易言之,估值工作可以外包出去,但外包承接方只是代理人角色,基金管理人、基金托管人仍是估值相关工作的第一责任人,其作为估值工作的委托人,应就代理人的工作对外承担责任。

再次,为了控制外包环节的风险,基金业协会对私募基金管理人制定了《内部控制指引》,要求开展业务外包应制定相应的风险管理框架及制度;根据审慎经营原则制定其业务外包实施规划,确定与其经营水平相适宜的外包活动范围;应建立健全外包业务控制,至少每年开展一次全面的外包业务风险评估;在开展业务外包的各个阶段,关注外包机构是否存在与外包服务相冲突的业务,以及外包机构是否采取有效的隔离措施。对承接外包的基金服务机构,则制定了《私募投资基金服务业务管理办法(试行)》,要求开展私募基金估值核算服务的机构具备相应条件并在基金业协会登记,同时明确了基本的估值业务规范,如协议(含备忘录)签署、业务隔离、估值依据、估值频率、与托管人对账、差错处理、信息披露、档案管理等。

最后,就是在技术上如何估值,涉及估值的具体方法和操作,这主要是会计专业问题。法律上,在这个层面,我国私募证券投资基金除了在基金合同上有一定的约定外,原则上是参照公募基金的相关估值指引。中国证监会发布的《关于证券投资基金估值业务的指导意见》附则中规定,在基金业协会登记的私募基金管理人可根据基金合同约定,参照执行该意见。基金业协会发布的《私募投资基金服务业务管理办法(试行)》第33条规定,基金估值核算机构开展估值核算服务,应当遵守《企业会计准则》《证券投资基金会计核算业务指引》以及协会的估值规则等相关法律法规的规定。进一步来看,除了上述《企业会计准则》《证券投资基金会计核算业务指引》外,基金业协会为股指期货、黄金交易型开放式证券投资基金、参与国债预发行交易、国债期货、同业存单、港股通投资、基金中基金(FOF)、流通受限股票、停牌股票、增值税、非上市股权投资、参与转融通证券出借、信用衍生品等金融工具、投资工具或相关事项的估值提供了指引,建立起了估值工作的总体框架。

在实践中,我国的私募证券投资基金管理人一般会把基金估值工作外包出去,承包人为受监管的持牌金融机构(证券公司或商业银行,应该是证券公司居多)。该等金融机构按照基金合同的约定和上述具体估值规则、指引对私募基金进行估值。需要注意的是,依照《证券投资基金法》第36条规定,基金托管人有义务安全保管基金财产;对基金财务会计报告、中期和年度基金报告出具意见;复核、审查基金管理人计算的基金资产净值和基金份额申购、赎回价格。因此,在实务中,上述承包估值服务的金融机构一般也同时是该基金的托管人,这样把估值和复核两件事情归于同一金融机构,从经济上看,有协同效应;但从基金治理角度来看,这当然是明显的利益冲突。基金业协会规定,基金(估值)服务与托管应隔离,私募基金托管人不得被委托担任同一私募基金的服务机构,除非该托管人能够将其托管职能和基金服务职能进行分离,恰当地识别、管理、监控潜在的利益冲突,并披露给投资者。但对上述规定的执行情况,目前尚没有公开的实证研究和相关报告。

2. 评论

第一,由于承接私募基金估值外包服务的持牌金融机构受到金融监管部门较严的监管,其采用的具体估值方法又参考公募基金的实践,往往也受到较严的监管,因此,在前述估值政策、估值程序、独立性、一致性、估值方法等估值事项的主要方面,本着实质大于形式的原则,本书认为,私募基金估值治理的规范性可以满足基本要求,在相当的范围内,可能不会有特别大的风险或问题,目前该领域也没有特别显著的问题被曝光或揭露。

第二,对于前述IOSCO报告中关于估值调整、估值分歧解决、价格替代、估值错误防范和纠正以及信息披露等事项,大多数私募基金合同文本会对此有所约定。实践中,在触发相关事项时(不常见),基金管理人一般会事先和基金托管人协商,听取基金托管人意见;但最终将以基金管理人的意见为主(如估值调整等),或引入争议解决程序(如发生估值错误,也不常见)。对这些事项,本书认为,基金合同的文本表述非常关键,目前这方面的实践总体合格,但上述IOSCO提出的各项原则的引申和展开是值得完善的方向。另一个需要完善的方向是基金管理人在做出最终估值决策时的留痕,要保留决策的依据和各项考虑。

第三,对于估值政策的审查以及前述各项与估值相关的复核工作,是我们后续亟待努力的方向。一些管理规模较大的私募基金管理人聘用自己的基金会计岗专业人员对相关估值进行内部复核,这是值得推荐的做法,是好的基金治理机制。随着投资工具的复杂化,如通过场外收益互换机制,以券商为对手方投资于境外市场股票等,正成为一种跨境股票投资的新模式。对于收益互换工具,券商处于较强势地位,目前的合同实践均以其自身为计算机构,收益互换的估值就以其给出的报价为依据。有个别券商还潜在地希望将基金托管、基金外包服务和提供收益互换三项服务打包出售,这更会加剧利益冲突。如果私募基金管理人不具备自己的估值复核人员和复核机制,监管机构又没有对券商进行更严的监管,则存在基金投资者利益被侵害的潜在风险。鉴于目前金融市场的国情,对于上述券商同时开展,甚至向特定客户打包出售具有利益冲突的不同业务,本书建议监管部门对此要逐渐重视。但是否要引入第三方(一般是独立的注册会计师)对基金管理人定期复核,建议继续观察,因为过多增加合规成本也不利于私募基金管理人的发展。但如果增加一些制度建构的想象力,考虑到券商为多家私募基金管理人提供服务的规模效益(包括各类利益冲突的服务),不妨要求注册会计师对券商该等业务进行审计,从而加强估值相关事项的复核,同时替代监管者的直接检查,也不失为一个好办法。另外,应该明令要求私募基金管理人对估值外包服务商(即便其是一家券商)在事前及事中进行尽职调查。虽然私募基金管理人在商业上的体量小而券商的体量大,但在法律关系上,两者首先是平等的,前者更是后者的委托人,后者是代理人。要求私募基金管理人对券商进行尽职调查,有充分的法理依据和正当性,也是一种对券商加强监督的平衡机制。从加强和完善基金治理的角度来说,监管层应该考虑这些措施。

第四,对于摆动估值、侧袋估值等问题,建议学界和业内较领先的基金管理机构——无论是公募基金还是私募基金——对此逐步探索,监管层则对此给予支持,并在条件成熟时积极回应,明确监管政策和要求。

三、基金收费

基金管理人向客户收取管理费,尤其是业绩报酬,属于基金治理的范畴,因为这里明显存在基金管理人与基金投资者之间的利益冲突——如果基金管理人付出少、服务差而从基金中收费多,就侵害了基金投资者的利益。

基金业协会曾试图制定有关私募基金业绩报酬的指引,对私募基金提取业绩报酬事项予以规范(但目前尚未有正式发布的文件)。IOSCO 于 2004 年发布了《关于基金收费和支出良好实践的最终报告》(*Good Practice for Fees and Expenses of Collective Investment Schemes: Final Report*)[①],总结了国际上各监管法域对此的做法,形成了其推荐的若干良好实践;2016 年 8 月,IOSCO 与时俱进地更新了该主题的最终报告(以下合称《IOSCO 基金收费报告》),显示出对这个领域的重视。

(一)国际良好实践

考虑到 IOSCO 所处的地位及其职能,其最终报告往往是对各国市场以及监管实践的梳理、汇总和总结,并常以"良好实践"的形式来体现。对我国而言,以这些良好实践为对标,可能是完善基金治理的一个捷径。

1. 总体框架

综观 IOSCO 基金收费报告,与基金收费有关的问题或事项主要包括:①明确允许发生的费用和不能从基金中列支的费用;②就收费事项对投资者进行信息披露;③与业绩相关的收费;④投资于其他基金产生的费用;⑤同一基金不同类别份额的收费;⑥收费发生变化时的注意事项等。

对于上述第①项,允许发生的费用包括四个类别:一是管理人报酬相关费用;二是分销成本(该报告的注释说明,该项成本只有部分法域是分开计算的,如美国);三是运营成本(如基金会计费用、托管费用);四是交易成本。不能从基金中列支的费用则有:基金管理人合并、重组、变更的费用;基金管理人未能履行其自

---

① 在这份报告的释义部分,IOSCO 明确这里的 Collective Investment Scheme 是指开放型的、可以赎回份额的基金,不包括投资于私募股权(Private Equity)或风险资本(Venture Capital)的对冲基金。

身义务(如违法违规)所产生的损失;广告推介费用;未在基金法律文件中向投资者披露的费用等。IOSCO 认为,各法域的监管者,应该对不能列支的费用加以明确或给出指引;但无论如何,允许发生的费用和不能列支的费用应当在基金法律文件中对投资者进行披露。

关于收费须把握这样两条原则:

第一,要让投资者知情,无论是已认购/申购基金份额的现有投资者,还是潜在投资者,而且要让投资者理解该等基金的性质、架构及收费对基金业绩的影响。投资者的知情应当是全面的、有理性基础的。

第二,要防范利益冲突,不能为了纯收费目的而损害到投资者的利益,不能因收费而扭曲基金管理的行为。

2. 信息披露

IOSCO 在信息披露方面提出了若干条良好实践的做法,主要分为披露的形式、内容、频率和媒介四个方面。

(1)在信息披露的形式上,IOSCO 要求采用易于理解的格式和语言。披露的信息应尽可能简单、精确,语言清晰并避免对投资者产生误导;建议用一个概括的方式(summarised)披露费用的各项要素(key elements of fees and expenses),保证投资者能在知情的前提下做出投资决策。比如,建议使用一个标准化的(standardised)费用表披露总费用率(total expenses ratio, TER),同时应列示基金的成本结构(cost structure),如管理费、托管费等,要区分由投资者直接支付的费用(如认购费、赎回费)和可以从基金财产中扣除的成本(如交易成本等)。对此更高阶的要求是,所披露的各项基金费用能够让投资者较容易地在不同基金之间进行比较。这可能需要监管部门(含行业自律组织)对信息披露的格式加以统一或规范。

(2)在信息披露的内容上,除了真实、准确、不能误导投资者以外,披露的信息要使投资者理解收费对基金业绩的影响。IOSCO 提出,应当披露历史上已支付的费用,并在可期待的基础上(anticipated basis)披露未来可能要支付的费用。对未来费用的披露,可以采取多种方式,如披露一般不可能超过的最大费率(the maximum rate of fees and expenses)、能合理预测的费率等。

(3)在信息披露的频率上,IOSCO 首先强调及时性,费用信息的披露要保持更新。但对于更新的频率,则建议各法域通过立法或监管规则自行明确。

(4)在信息披露的媒介上,IOSCO 推荐使用电子方式(如互联网站)进行披露。其认为这方面的技术目前已经可行,电子披露的信息可获取性更高(availability),但需要投资者对此事先同意。同时,传统的纸质披露方式仍应保留,尤其是当投资者对此有要求的时候。

3. 关于业绩报酬

IOSCO 专门论及了与业绩(performance)有关的费用,即国内所称的"业绩费"或"业绩报酬"。本书认为,与一般管理费相比,业绩报酬有如下特点:第一,一旦触发,能收取到的金额一般较大。实践中,管理费的上限是基金财产规模的2%,但业绩报酬的上限往往是收益部分的20%甚至更高的比例。第二,提取业绩报酬的触发点更容易因人为主观动机而被操纵。这里还存在两个方面:一是操纵基金业绩的比较基准(benchmark),如选取一个容易达到的基准,从而操控触发提取业绩报酬的门槛线。二是操纵基金业绩本身(基金净值)。基金业绩的会计确认,即基金估值,并不是一个完全客观的过程,会涉及一系列的会计政策和会计估计,尤其是基金财产中包含了流动性较差的资产(如长期停牌的证券)或对此采取了特殊的估值方法(侧袋估值法)等。如果基金净值本身不能公允地反映基金财产的合理价值,那么,该等基金的业绩就会失真,在此基础上提取业绩报酬就会损害到投资人的利益。第三,资本市场本身的价格波动会导致基金业绩的波动,即基金业绩的波动性是一种客观存在,但利用这种波动性操纵业绩报酬的提取频率,则会损害到投资人的利益。对于提取业绩报酬的规制,其实是私募基金收费的核心。

但也不能因为业绩报酬更容易被操纵就禁止或特别限制此类收费。业绩报酬的存在是对(私募)基金管理人的重要激励。在一定程度上,它也把基金管理人的利益和基金投资者的利益绑定,促使基金管理人为了自身利益而更加勤勉尽职。一些实证研究表明,业绩报酬对基金经理的作用是正面的;[1]或者在法律环境健全的国家,固定报酬较低而业绩报酬较高。[2] 因此,参照国际良好实践,加强基金治理,拿捏好其中的"度",可能是对此最为合适的进路。IOSCO 对业绩报酬强调了如下几个方面:

首先,要明确业绩报酬的计算方法,该方法必须是可验证的(verifiable):

(1)要清楚说明基金业绩如何评估,业绩是否包含认购费和赎回费;基金业绩

---

[1] Cohen、Starks(1988)的模型研究发现,按照基金净资产的一定比例提取加业绩报酬的基金管理费激励方式会使基金经理付出比投资者所期望的更大的努力水平,但他们会选择一个比投资者所期望的更大的风险水平。Joshua、Moskowitz(2001)发现基金管理费中的业绩报酬与经风险调整后的收益呈正相关关系,与投资组合的非系统风险和系统风险也呈正相关关系。Elton、Gruber 和 Blake(2003)分析了业绩报酬对基金经理投资组合选择的影响,他们发现有业绩报酬的基金经理表现出更出色的股票选择能力。参见龚红:《证券投资基金经理激励问题研究》,湖南大学 2005 年博士学位论文。

[2] Sofia Johan(2007)的研究发现,法律环境对基金经理的薪酬具有统计上和经济上最为显著的影响。在那些法律环境不够健全的国家,基金经理的报酬中固定报酬较高而业绩报酬较低;而法律环境健全的国家则是固定报酬较低而业绩报酬较高。参见王华兵:《基金经理业绩报酬提取及激励思考》,载《财会通讯》2009 年第 16 期,第 136 页。

应以基金的净值为计算基础。

（2）要明确比较基准如何确定,该基准也必须是可验证的,应该由独立第三方提供,具有历时的一致性。实践中,一般采取"高水位法"(high-watermark)。① 本书认为,从为投资者创造真正价值的绝对收益角度(而不是从资产配置和管理的相对收益角度)来看,"高水位法"作为提取业绩报酬的基准是合适的。

（3）要说明业绩报酬的具体计算公式是什么;业绩报酬的金额及其升降应该与基金一段时间内的业绩表现成比例关系。

（4）业绩报酬的计算、提取要和基金的投资目标一致,不能为了多提业绩报酬而诱发管理人承担更多的风险。

其次,业绩报酬的提取必须对每个投资者公平,对同一基金(或同一基金同一类别)的投资者应该平等对待。由于每个投资者申购赎回基金的时点不同,该时点的基金业绩表现就不同,因此,以每个具体的投资者为基础来提取业绩报酬更为合理,即"单人单笔高水位法"。

实践中,境外会有两种操作方法,"系列会计法"(Series Accounting Method)和"均衡调整法"(Equalization Adjustment Method)。② 本书认为,这两种方法都是合适的。但在国内,如果采取"单人单笔高水位法",目前是按扣减份额的方式来提取业绩报酬。

再次,对于业绩报酬的提取频率,IOSCO 建议不超过一年一次。当然,如果投资者在年中赎回基金,且根据"高水位法",此时基金的业绩表现已经创出新高,那

---

① "高水位法"的原理,是指以基金初始募集时的单位净值为 1 元,未来只有在约定可以提取业绩报酬的时点,基金单位净值不断创出新高后(即达到"高水位")来看,才能触发提取业绩报酬。

这里在实践中还有两种区分:一是基金整体高水位法;二是单人单笔高水位法。

对基金整体高水位法而言,1 年后,假设基金的单位净值变为 1.4 元,那么对初始募集时的投资者 A,就可以在 0.4 元部分根据约定的比例提取业绩报酬。假设费率为 20%,那么费后单位净值变为 1.32 元。第二年年中,基金单位净值变为 1.5 元;但如果又约定 1 年只能提取 1 次业绩报酬,那么这时就不能提取。第二年年末,基金单位净值跌至 1.3 元,低于 1.32 元,这时也不能提取业绩报酬。到了第三年年末,如果基金单位净值涨至 1.5 元,那么就可以在 0.18(1.5-1.32)元的部分,再提业绩报酬。整体高水位法跟踪的是基金的单一单位净值,只有该基金单位净值创出新高,才能提取业绩报酬。

对单人单笔高水位法而言,由于不同投资者投资基金取得基金份额的成本是不一样的,其高水位跟踪的是单个投资者的投资成本,并通过扣取基金份额的方式实现业绩报酬的提取。比如:投资者 B 投资时的基金单位净值是 1.5 元,取得基金份额 100 万份,投资总成本 150 万元。1 年后基金单位净值涨到 1.8 元,基金份额价值 180 万元,因此就 0.3(1.8-1.5)部分可以被提取业绩报酬,业绩报酬的价值 = (1.8-1.5)×100×20% = 6(万元)。由于每份额价值 1.8 元,相当于要扣取 3.33 万份基金份额,投资者 B 在被提取业绩报酬后的基金份额变为 96.67 万份,每份 1.8 元,合 174 万元基金份额价值,实现了被提取 6 万元业绩报酬的效果。未来,只有当基金单位净值超过 1.8 元时,才能对投资者 B 再提取业绩报酬。

② 这两种方法的举例详见本书附录:系列会计法和均衡调整法举例。案例源自基金业协会培训课件:《基金费用及业绩报酬介绍》,主讲人为 Alter Domus 大中华区负责人毕鸣。

么管理人对新高部分提取业绩报酬也是合理的。

最后,仍旧要强调信息披露:要对投资者充分披露业绩报酬的各种情形以及存在业绩报酬对基金业绩的潜在影响;披露的方式要尽量简单,可以采取举例子的方式。

《IOSCO 基金收费报告》还提到,自 2004 年以来,有一些法域对提取业绩报酬采取了进一步的监管,比如设定业绩报酬的上限,或者要求基金管理人在提取业绩报酬达到某个限度时向监管者报告,或者禁止"后进先出"法等对投资者不公平的操作方式等。但本书认为,从市场自由的角度来看,似乎没有必要对提取业绩报酬强制性地设定上限或要求到限报告。如果基金的业绩表现一贯很好,投资人甚为认可,愿意为此支付高一点的业绩报酬,没有理由对此禁止,这本身就是市场买卖(服务)双方的博弈过程。即便投资者保护是重要的,过分的"父爱主义"也不可取,何况私募基金的投资者还往往是专业投资者,其和普通投资者相比,有更强的博弈能力。如果信息披露是到位的,费率过高自然会阻遏专业投资者对该基金的投资热情。

4. 其他事项

(1)基金再投资其他基金的双层收费结构(double fee structure)。

有时,基金根据其特定的投资策略,会投资于其他资管产品(无论该资管产品采取何种法律架构,如基金、信托、有限合伙等),这就会带来额外的成本,因为这些被投资资管产品的管理人也会收取相应的费用,如基金中基金(Fund of Fund, FOF)就会面临这样的问题。

IOSCO 认为,这里的关键是向投资者披露这样的双层收费结构,并使其理解这对上层基金业绩的影响。对此,有必要披露综合总费率(synthetic TER)。

如果所投资资管产品的管理人是基金管理人的关联方,该事实更应向投资者披露,对此产生的申购费和赎回费应予以豁免。本书认为,在这种关联情况下,收费结构的设计应非常小心,要避免构成"利益输送"。需要讨论的还有母子基金架构(Master-Feeder Structure)。在该架构下,上下层基金(母子基金)的管理人是同一人。对此合适的做法是上下层基金只有一层真正对投资者收费(一般是承接投资者资金的子基金收费),规避重复收费。子基金对母基金份额的申赎也必须豁免申购费和赎回费。

如果上下层基金的管理人之间签有费用分享协议(Fee-sharing Agreement),该协议的约定应该对上层基金本身有利,而不应该对基金管理人有利,要避免此类利益冲突。如果上层基金所投资的资管产品有不同类别(class),且各类别在收费标准外的其他方面本质都相似,那上层基金的管理人就应该投资于费用最低的类别。

(2)同一基金不同类别份额(class)的收费。

同一基金可以设置不同份额类别,不同类别的基金投资者面对不同的费率,也因此享受差异化的服务,这也会导致基金不同类别份额的业绩表现(类别份额净值)不同。IOSCO 对此提出的原则是:应保证同一类别基金投资者的权益相同,他们彼此之间应得到公平对待,其面对的费用应该一致。而不同类别之间的费用差异,则应基于客观的区分标准,这种标准应该在基金法律文件中披露。

(3)收费发生变化时的处理。

基金管理人不能随便从基金财产中扣除一项新的费用或提高管理费,除非根据不同法域的要求,事先得到监管部门的批准或经过特定治理程序的批准(如董事会批准、基金份额持有人会议批准等)。

IOSCO 希望各法域监管部门要在基金收费发生变化时及时通知投资者,使其注意到收费已经或将要变化。如果变化是大幅增加的话,基金管理人对此应采取适当的行动:①在信息披露通知发出后、收费实际发生变化前,应给投资者预留一段时间;在这段时间内,应允许投资者免费赎回基金份额。②应允许投资者投票反对这项变化。上述程序应事先通过基金法律文件予以设置和确定。

(二)收费合理性的判断标准

即便有上述良好实践,依然不排除投资者会在现实中挑战基金管理人已收取费用的合理性,而这往往发生在基金业绩不好、投资者出现亏损的时候,其就有动机来向管理人主张返还管理费或前期提取的业绩报酬,从而有所弥补自己的损失。因此,有必要探讨收费合理性的标准,尤其是从司法审判的角度。他山之石,可以攻玉。回顾美国基金业在这方面的演进,可以让我们看到数条不同的标准以及在此之间的权衡和取舍。[1]

美国在 1940 年《投资公司法》施行初期,对基金管理费[2]的规制采取了"基金资产浪费"(corporate waste)和"信托权力滥用"(gross abuse of trust)标准。依此,投资顾问向基金收取的管理费收入只有达到对基金财产构成浪费的程度,且

---

[1] 参见张国清、曾维涛:《论对基金管理费的规制》,载《江西财经大学学报》2005 年第 1 期;陈斌彬:《美国对投资基金管理费的法律规制初探》,载《现代财经(天津财经大学学报)》2012 年第 5 期。

[2] 本书理解,这里的基金管理费是一个总称,既包括固定的管理费,也包括浮动的业绩报酬,是因管理人的资产管理服务而获取的对价。

这种浪费是在投资顾问严重滥用代理权操纵基金董事会代表基金签订基金管理费协议所致时,法律才会对基金管理费作出干预,即帮助基金索回超额的管理费。显见,这种标准虽为法院干预投资顾问过高或不公平的管理费收入提供了一条可能的通道,但由于标准过高,严苛的举证责任使基金份额持有人要以此作为救济的可能性不大。

1962年,德州法院审理了 Saxe v. Brady 一案。原告向法庭宣称投资顾问每天按基金净资产2%的年费率计提管理费缺乏合理性,对基金资产造成浪费,因为同其他规模相当的基金相比,被告管理费提取的比例偏高,而且被告又没有为基金提供与之相称的管理服务,从而使基金的业绩表现最后优于其他同行。虽然原告没有提出足够的证据,但法院并没有马上如同以往那样援引基金资产浪费标准和信托权利滥用标准直接驳回原告的指控,而是对被告的管理费是否偏高做了一个有限的核实。法院认为,判断投资顾问的报酬是否合理除了是否经过股东大会和独立董事的批准之外,还可用同业审查标准来检验,即如果基金业内其他投资顾问和基金董事依照正常的商业判断,都认为基金得到的这种服务在价值上不值得基金支付那么多管理费时,可认为投资顾问向基金收取了过多的管理费,从而给基金资产带来浪费。由此,单个投资顾问今后不能再凭借其对基金股东会及董事会的控制而随心所欲地收取管理费。换言之,基金管理费收取的合理性要掣肘于同行的审查意见。

SEC 于1966年向美国国会提交的报告中提议,将《投资公司法》原有的基金管理费规制标准改为"合理性"(reasonable)标准,即赋予法院依各种相关因素来决定基金管理费是否合理的权力。SEC 在该报告中提到,基金规模增加到一定程度会产生规模经济效应,从而引发基金单位运行成本的降低,这使投资顾问管理规模更大的基金并不一定比小规模的基金要花费更多的成本。SEC 后来又发现,很多基金投资顾问不但无视规模经济的存在主动下调管理费,而且还继续营销基金以比拼基金规模,全然不顾业绩拐点(break point)的存在。为此,SEC 于1967年又向国会补充了其倡立"合理性"标准的另一理由,即基金资产规模无限制地扩大势必累及后续基金投资的灵活性,引起基金单位净值的普遍下降,损及基金先前持有人的利益。故投资顾问在明知无力为基金提供更好业绩的同时又向基金收取比以前更多管理费的做法是不合理的。最后,SEC 列举了评价基金管理费"合理性"标准的3个基本考量因素,即投资顾问提供服务的质量和性质、同行即其他投资顾问在管理相似基金资产的情况下所收取的行业惯例费用(Customary fee)以及基金规模经济程度等。对上述"合理性"标准,美国基金业界强烈反对,理由有二:一是赋予法院根据上述如此苛刻的因素以考量基金管理费合理性的权力,很容易使法官以个人判断取代基金董事的商业判断,从而使确定基金管理费协议的权力从基金董事转移到法院,徒增基金管理费协议的不确定性;二是"合理性"标准主要是基于费用的基础而非投资顾问的过失来衡量,这样实际上就排除了投资顾问通过提供更优质的基金管理服务而获取额外营利的机会。

作为对 SEC 建议与基金业界反对的平衡,美国国会于 1970 年通过《投资公司法》修正案,增加了第 36 条(b)项,该款主要涉及投资顾问就其所获得报酬方面的信义义务(Fiduciary Duty)。① 该款规定:一家已注册投资公司的投资顾问在它或它的关联人士接受了公司或公司证券持有人支付的服务费之后,将被视为负有信义义务。如果投资顾问、基金官员、董事或顾问委员会的成员违反了信义义务,SEC 或股东可以代表公司提起派生诉讼。同时依第 36 条(b)(2)的规定,在这种诉讼案件中,法院应该考虑:公司董事会、公司股东对这种服务费的批准,或对规定这种服务费的合同或其他协议的批准,在任何情况下都是适当的。

在第 36 条(b)项下,基金份额持有人无须再像以往那样提供投资顾问严重滥用信托权利和导致基金资产浪费的证据,而只须举证投资顾问在收取基金管理费问题上违背信义义务即可。信义义务标准实际上是将投资顾问收取管理费是否合理的证明责任从原告转移到投资顾问。如果投资顾问在诉讼中能证明其收取基金管理费的合理性及事先得到独立董事的批准,且这些证明已得到法院的认可,那么法院就可视投资顾问没有违背信义义务。反之,法院就会推断基金的指控成立,投资顾问必须向基金归还多计提的管理费。信义义务标准并没有如"合理性"标准那样允许法官直接用个人的自由裁量来断定管理费的合理性,而是要求法官的这种断定必须在尊重投资顾问自身论证和基金董事会商业判断的基础上。

1982 年的 Gartenberg v. Merrill Lynch Asset Mgmt., Inc 一案为信义义务标准的实施起到了极好的示范作用。在该案上诉审中,第二巡回法院认为管理费用过高与否,要看其是否与投资顾问提供的服务质量成比例。即便基金的费用水平较其他同类基金偏高,但只要费用不超过双方各自独立当事人"常规交易"(arms-length)、公平协商所订立的最高费用额度之限制,且基金董事会在批准时,其决定是根据合理信息和合乎理性的判断做出的,那么基金费用偏高也可以。

本书认为,原则上可以接受上述信义义务标准,而对于是否履行了信义义务的判断,除了董事会商业判断等程序外,根据不同法域的立法和监管情况,似也有

---

① 相关论文在这里表述为"忠实义务"。经核对法条原文,其用词是"Fiduciary Duty",故应称为信义义务,其包括谨慎义务和忠实义务。如果用"忠实义务"则限缩了原文的含义。

必要考虑上文所述的良好实践的各个方面。易言之，履行 IOSCO 所提倡的良好实践，如信息披露、提取业绩报酬须符合各项具体要求等，就可以更好地证成基金管理人对基金投资者履行了信义义务，这样就把较为困难的实体商业判断事项（收费是否过高、收费与付出是否对等）转化为可以观察、留痕、举证的程序事项，从而使对收费合理性的判断以及纠纷双方届时的举证更有可操作性，也兼顾了商业上可能的利益空间和市场各方的买卖博弈空间。

（三）评论

参照上述国际良好实践及收费合理性标准，本书对我国有关做法有以下三点评论。

第一，IOSCO 提倡的很多做法，国内的实践其实已经达标。比如，基金合同明确列示允许发生的费用及其费率或计算公式。对于业绩报酬计算这种较为复杂的情况，也会通过举例方式在合同中进行描述。本书认为，目前我国的 FINTECH（金融科技）水平是处于全球领先地位的，因此，通过电子方式（如互联网网站、电子邮件）开展信息披露也已经成为较普遍的实践。对于提取业绩报酬而言，主流私募基金均采用"高水位法"并以单个投资者为基础进行提取，业绩报酬的金额与基金一段时间内的业绩表现构成比例关系。在双层收费结构上，主流的架构是 Master-Feeder 结构，一般在子基金层面收费，母基金层面不收费，避免双重收费。同一基金不同类别的投资者能够在该类别中享受平等权利。收费发生变化（尤其是调增）时，基金业协会发布的《私募投资基金合同指引》要求召开基金份额持有人大会对此作出决议。实践中，往往以代表 2/3 基金份额的基金投资者出席会议，并以代表其中 2/3 基金份额的基金投资者同意为通过。双层 2/3 的绝对多数标准，对投资者权益的保护总体上也是有利且到位的。关于基金收费合理性的判断，曾有一个 MM 资产管理公司与其相关投资者发生纠纷的案件。据媒体报道，中国证监会下属的中证中小投资者服务中心已经支持并协助"基民"维权，要求 MM 资产管理公司返还有关业绩报酬。但后续未见到最终的裁判结果。报道称，本案系投资者与私募基金公司围绕计提业绩报酬条款所发生的基金合同纠纷，此前尚无同类型司法判例，因此，存在一定诉讼风险。①

---

① 吴绮玥：《投服中心协助投资者起诉猛犸资产》，载《上海证券报》2017 年 11 月 10 日，参见 http://news.cnstock.com/paper,2017-11-10,908532.htm，2021 年 6 月 25 日访问。

第二，尽管有上述较好的实践事实，但参照国际标准，本书认为，国内仍可在以下两个方面做出治理改善的努力：一是扩展披露的范围，如费用对基金业绩的影响，这方面目前可能是薄弱的。二是总费用率的核算和披露以及不同基金总成本之间的比较。对于后者，监管部门（含行业自律组织）可以有所作为，从而让投资者通过对比不同基金的信息披露格式、内容而做出更好、更方便的比较，在知情基础上作出投资决策。

第三，还有一个可资讨论的问题，即已收取的业绩报酬是否应在特定条件触发时对投资者进行返还。根据上文讨论，本书初步认为，首先是看基金管理人（或投资顾问）是否履行了前文所述的信义义务，对此可以对照相关良好实践是否履行到位，并以此作为收费合理性判断的依据。如果在这一方面确实存在瑕疵，则应根据司法确认的瑕疵程度（或通过其他诸如调解、和解等纠纷解决方式而达成纠纷双方互认的瑕疵程度），向投资者返还一定的业绩报酬。这是对基金管理人（或投资顾问）未能充分履行信义义务的惩罚，也说明这一范围内的业绩报酬金额不具备合理性和可接受性。但值得注意的是，在上述实体法的信义义务标准和程序法的司法确认或双方互认标准之外，建议对在其他何种情况下会触发业绩报酬返还的表述要格外谨慎，避免在立法上使用模棱两可的语言。如果对此的界定不够清晰明确，就容易使投资者产生误解，大概率造成只要有投资损失，就前来主张业绩报酬补偿或返还的情况，这会强烈地冲击"买者自负"的风险自担原则，形成或变相形成刚性兑付，扰乱市场秩序，也会给基金管理人的正常投资运营造成困扰，甚至形成只要投资人没营利，管理人就会陷入诉累的情况。另外，如果界定不清晰，也容易给基金管理人创造通过返还业绩报酬而变相保底保收益的机会。这会给投资者和管理人两方造成合规隐患。因此，更妥当的方式是，不在监管上前置界定触发业绩报酬返还的具体时点。如果投资者认为基金管理人未尽到信义义务，其可以通过相应的争议解决途径解决。其实，类似争议的触发往往是基金管理人在市场价格高点（也是基金业绩高点）提取了业绩报酬，后却因市场的波动导致基金业绩下跌，给投资者造成了亏损。对此的解决进路，与其考虑业绩报酬的返还，不如考虑规范业绩报酬的提取频率。如果提取频率不是过高，就可以在相当一段时间内消化市场的价格波动，这对投资者权益保护是有利的；①相反，如要界定返还的触发时点，在表述上就非常困难，副作用更大。对已提取业绩报酬的返还应该慎行。

---

① 目前的市场实践中，有的私募基金管理人设定了2—3年不得赎回的封闭期，封闭期内也不提取业绩报酬。这种商业模式在相当程度上可以熨平市场波动，是对长期投资、价值投资的积极引导，值得鼓励。

附录：系列会计法和均衡调整法举例

1. 系列会计法

在系列会计法下，对每一次基金开放时投资的单个投资者，因为其投资成本不同，就把他们分为不同的系列，有不同的系列份额净值；最后，在提取业绩报酬后，把上述系列合并（但上一个高水位以下的系列不合并），对基金整体实现一个净值。

举例如下：

在1月初，投资者A以每份100元的价格认购基金1000份，价值10万元。到了1月末，该基金营利40万元，按20%业绩报酬费率，可计提业绩报酬8万元，基金整体单位净值（费前）变为500元，实际单位净值是420元。基金资产总值为50万元（假设业绩报酬仅计提未支付）。这时，投资者B投资该基金50万元。于是系列会计法的操作是，把实际单位净值为420元的基金份额记为系列1。对投资者B来说，其认购的是系列2，系列2基金的单位净值为500元。因此，投资者B取得1000份系列2基金份额。基金实际净值为92万元，总值为100万元。

到了2月末，基金亏损50万元。这50万元要分摊至投资者A和B。由于他们每人都是1000份额，所以每人承担25万元亏损。这时对投资者A可以计提的业绩报酬变为$(40-25)\times20\%=3$（万元）。对B来说不能计提业绩报酬。这时，基金实际净值为47万元，总值为50万元。系列1基金的单位净值是$(500000-250000-30000)/1000=220$（元），系列2基金的单位净值是$(500000-250000)/1000=250$（元）。基金整体单位净值（费前）为$500000/2000=250$（元）。

这时又进来投资者C，投资25万元。按系列会计法操作，设立系列3基金份额，该系列单位净值为250元（即2月末的基金整体费前单位净值）。因此，投资者C取得1000份系列3份额。基金实际净值为72万元，总值为75万元。

到了3月末，基金又营利了60万元。这时，对投资者A（系列1）来说，要计提业绩报酬$(60/3+40-25)\times20\%=7$（万元）；对投资者B（系列2）来说，还亏损5万元；对投资者C来说，要计提业绩报酬$20\times20\%=4$（万元）。系列1基金的单位净值是$(500000-250000+200000-70000)/1000=380$（元）；系列2基金的单位净值是$(500000-250000+200000)/1000=450$（元）；系列3基金的单位净值是$(250000+200000-40000)/1000=410$（元）。基金总值为135万元，基金实际净值为124万元。

这时，对投资者A和C实际提取业绩报酬，提取业绩报酬后可以对系列进行合并。合并的原则是,合并后的净值取最早期一个处于高水位的系列净值,其他系列的净值在此之上的系列都可合并,在此之下的不合并。最早期的系列 1 单位净值为 380 元,大于初始值 100 元,所以合并后的基金单位净值取 380 元,系列 2 和系列 3 的单位净值都高于 380 元,可一起合并。

合并后,系列 1 单位净值 380 元,投资者 A 的基金份额为 1000 份;投资者 B 持有的基金份额净值变为 380 元,其持有的基金份额为 $450 \times 1000/380 = 1184.21$ 份;投资者 C 持有的基金份额净值变为 380 元,其持有的基金份额为 $410 \times 1000/380 = 1078.95$ 份。

2. 均衡调整法

在均衡调整法下,整个基金的所有投资者适用一个基金单位净值。不同投资者因投资成本不同而在考虑业绩报酬提取后的权益差异时,通过贷记(Credit)或借记(Debit)一个差值在会计上进行确认。

举例如下:

在 1 月初,投资者 A 以每份 100 元的价格认购基金 1000 份,价值 10 万元。到了 1 月末,该基金营利 40 万元,按 20% 业绩报酬费率,可计提业绩报酬 8 万元,基金整体单位净值(费前)变为 500 元,实际单位净值是 420 元。基金总值为 50 万元(假设业绩报酬仅计提未支付)。这时,投资者 B 投资该基金 50 万元。于是均衡调整法的操作是,基金的整体单位净值(费前)仍为 500 元,因此,投资者 B 取得 1000 份份额,但因为实际单位净值是 420 元,所以投资者 B 有 8 万元的 credit。基金总值为 100 万元。

到了 2 月末,基金亏损 50 万元。这 50 万元要分摊至投资者 A 和 B。由于他们每人都是 1000 份份额,所以每人承担 25 万亏损。这时,基金总值为 50 万元,基金整体单位净值(费前)是 $500000/2000 = 250$(元)。对投资者 A 可以计提的业绩报酬变为 $(40-25) \times 20\% = 3$(万元),基金实际单位净值是 $(250 - 30000/1000) = 220$(元)。对于投资者 B 而言,有 3 万元的 credit。这时又进来投资者 C,投资 25 万元。按均衡调整法操作,基金的整体单位净值(费前)为 250,投资者 C 取得 1000 份份额。基金实际净值为 72 万元,总值为 75 万元。

到了 3 月末,基金又营利了 60 万元,基金总值为 135 万元,基金整体单位净值(费前)是 $1350000/3000 = 450$(元)。这时,对投资者 A 要计提业绩报酬$(60/3+40-25) \times 20\% = 7$(万元);对投资者 B 来说,还亏损 5 万元;对投资者 C 要计提业绩报酬 $60/3 \times 20\% = 4$(万元)。这时基金实际单位净值是 $450 - 70000/1000 = 380$(元)。对投资者 B 而言,其有 7 万个 credit。对投资者 C 而言,其还要扣除 4 万元的业绩报酬,与基金实际单位净值 380 元比,其仅剩 3 万个 credit。

到了实际提取完业绩报酬后,基金单位净值为 380 元,投资者 A 的基金份额为 1000 份;投资者 B 持有的基金份额变为 1000+70000/380=1184.21(份);投资者 C 持有的基金份额为 1000+30000/380=1078.95(份)。

由上可见,上述两种方法只是操作和计算过程存在差异,实际经济结果是一致的。

四、基金信息披露

谈到"治理",就绕不开信息披露。因为治理问题的核心是所有权与经营权分离产生的委托代理问题,以及由此带来的信息不对称问题;[①]加强信息披露则是使具有所有权的委托人与掌握经营权的代理人在信息获得上足以对称起来的一种努力,至于努力后能产生的效果如何,则取决于信息披露的机制建构和对该机制的实施。

IOSCO 于 2004 年 5 月发布了《基金的业绩披露标准:最佳实践标准报告》(*Performance Presentation Standards For Collective Investment Schemes: Best Practice Standards*,以下简称《IOSCO 业绩披露报告》),于 2011 年 2 月发布了《销售时点的披露原则:最终报告》(*Principles on Point of Sale Disclosure: Final Report*,以下简称"《IOSCO 销售披露报告》"),在国际范围内为基金信息披露工作提供了若干指引。

本部分拟对基金信息披露做一个系统化的梳理:一是阐明信息披露在基金治理层面的意义;二是梳理信息披露应达到的标准;三是总结 IOSCO 对基金销售时点(Point of Sale)信息披露提出的建议;四是指出基金业绩披露的最佳行为准则,并简要地介绍国际上基金业绩披露的 GIPS 标准;五是对照我国目前的监管要求给出若干评论意见。

(一)信息披露的基金治理意义

美国布兰代斯大法官的名句"阳光是最佳的防腐剂,灯光是最有效的警察",[②]已经成为证券领域信息披露重要意义的标志性宣言。在公司型基金的语境下,基金本身就是一家投资公司(investment company),其向投资者募集资金相当于该投资公司的证券(股票)发行,因此,基金的信息披露和上市公司信息披露在

[①] 根据 Fama 和 Jensen(1983)的论述,公司治理是研究所有权和经营权分离情况下的代理问题,如何降低代理成本是公司治理要解决的中心问题。参见张宗新:《上市公司信息披露质量与投资者保护研究》,中国金融出版社 2009 年版,第 111 页。

[②] 张宗新:《上市公司信息披露质量与投资者保护研究》,中国金融出版社 2009 年版,第 26 页。

理论本质上是相通的,在制度目的上是一致的,即消除因两权分离带来的信息不对称——只是在披露的信息内容上有所差异。上市公司信息披露的公司治理意义,可以视为信息披露对于基金治理意义的借鉴。而在契约型基金语境下,该等治理意义可同样延伸过来。本书经考察后认为,该等治理意义在于:①

第一,降低基金内部人(主要是基金管理人)和外部投资者之间的信息不对称,帮助投资者鉴别基金业绩、运作的好坏,降低投资者对基金价值的估价风险,从而减少逆向选择和流动性风险,有利于投资者作出正确的价值判断。这应该是基金信息披露的首要意义。

第二,基于上述第一层意义,反过来会给内部人带来外部监督的压力,从而约束其机会主义行为,控制内部人的道德风险,降低外部投资者面临的可能被内部人剥夺的损失风险。② 从这个角度来看,信息披露机制也成为内部治理和外部治理之间的一个"桥梁"。

第三,如果披露的基金业绩信息是真实的、准确的、公允的,且该业绩本身又是良好的,就能提升该基金的市场竞争力,使信息披露机制还同时兼具定价功能③并提升整个基金市场的效益。在基金语境下,这个定价可以体现在收取更高的管理费和业绩费,或在同等费率条件下募集到更多的资金。这对于基金管理人是正向的激励。④ 在激励的维度下,还可能存在超出监管要求的自愿性信息披露。自愿性信息披露的质量与机构投资者满意度正相关。自愿性信息披露质量越好,机构投资者满意度越高。⑤

---

① 参见郭锋、陈夏:《证券投资基金法导论》,法律出版社 2008 年版,第 270—272 页。
② 参见张程睿:《上市公司信息披露机制对投资者保护的有效性研究》,经济科学出版社 2016 年版,第 3 页。
③ 参见张程睿:《上市公司信息披露机制对投资者保护的有效性研究》,经济科学出版社 2016 年版,第 202 页。
④ 有学者对上市公司做了实证检验:Razaur(2002 年)从不完全契约角度出发,考察了信息披露与公司内部治理机制、外部治理机制的内在关系,认为三者构成一个完整的公司治理框架。其检验表明,信息披露越充分的公司,其公司价值以及财务业绩都较高。Rahman(2002 年)认为,公司信息披露程度提高有利于激励相容,形成外部经理市场压力和声誉激励实现外部治理。Fombrun(1996 年)等实证表明,公司声誉价值提高有利于改善上市公司与外部投资者之间的关系,对公司价值产生积极的正向效应。Madhavan(1995 年)的检验表明,公司股价和透明度呈正相关,信息披露规范、透明度高的上市公司,容易得到外部投资者认可,公司股价相对较高。参见张宗新:《上市公司信息披露质量与投资者保护研究》,中国金融出版社 2009 年版,第 12、118、119 页。
⑤ 在实证上,Healy 等(1999 年)研究发现,对于自愿性信息披露水平不断提供的公司,它的股价会相应上升,并吸引更多的市场中介机构的关注。DeAngelo(1988 年)认为,由于公司董事会往往根据公司业绩来更换经理人员,因此,管理者出于避免失业的考虑,倾向于自愿披露更多的信息以减少公司价值被低估。参见李慧云:《上市公司自愿性信息披露:机构投资者满意度、影响因素及经济后果》,经济科学出版社 2017 年版,第 12、17、197 页。

因此,加强基金的信息披露,对于提升基金治理,保护基金投资者权益,使投资者有更高的满意度和获得感,有重要的意义。

(二)信息披露应达到的标准

本书想借此机会一并讨论下信息披露应达到的标准,因为诸多资本市场或基金领域的违法行为,包括滥用市场(Market Abuse)、操纵市场(Market Manipulation)等,在某些方面,实际上都是由所披露的信息内容或披露行为违反这些标准所造成的。无论是上市公司语境还是基金语境,本书认为,信息披露都应达到如下五项标准。[①]

1. 真实性标准

这是信息披露的最低要求,即所披露的信息必须是客观真实的事实,信息内容必须与发生的客观事实一致。"真实"的反面是"虚假"。比如,基金的投资决策实际由李四做出,是李四把投资指令下到交易部,交易部直接执行。但在基金合同中披露的基金经理却是张三。这就违反了真实性标准。又如,基金组合中有长期停牌股票,在停牌期间,该股票对应上市公司的重要生产车间发生火灾,损失惨重,该股票在停牌前的收盘价已经不能反映其真实价值。但该基金仍以停牌前的收盘价对基金财产进行估值,披露的基金净值为1.1,但实际上,该基金的净值肯定小于1.1了。这样的净值披露就是不真实的(当然也不准确)。

2. 准确性标准

"准确性"的要求比"真实性"高。"真实"只是一个定性的二元标准,要么真,要么假。"准确"的内涵则更丰富:其在定性上,要求所披露的信息在内容上、意思上更为聚焦、精准,不仅仅是二元的;同时,在更具体的一些场合,还增加了定量的要求。"准确"的反面是"错误""有误导"。从定性上看,"准确"要求使用更精确、不含糊的语言来表达相关意思,使信息在"内容"上不会让人误解;从定量上看,则要求信息的内容在数量上与事实一致。比如,监管上一般禁止基金在募集文件中使用"最……"等最高级类的表述,或其他具有广告效应的语言,因为这类表述往往没有坚实的依据,很难说是准确的,往往是夸大的。

[①] 这一部分内容参考了郭锋、陈夏:《证券投资基金法导论》,法律出版社2008年版,第272—282页,但加入了笔者自己的进一步理解。

3. 可理解性/可比性标准

"可理解性"及"可比性"在"准确性"的基础上，又进了一步，可以视为更高阶、更具体的准确性标准。它具体体现在两个方面：

一是披露的语言要合乎逻辑上的一致性，要通俗易懂，不得故弄玄虚、含糊其辞、模棱两可、大而化之、语焉不详，以致产生歧义，引发误解。有的基金募集文件故作高深，用一些极为隐晦、艰涩的金融专业术语来描述该产品的投资策略，使投资者不明就里，产生"基金管理人使用了何等高明的投资技术、有何等精深的专业水平"这种错觉。这种披露，从"准确性"的角度来看，似是而非。说它不准确吧，管理人却说我其实是准确的，只是"你不专业，不能理解"。但反过来，如果所披露信息的内容不能让投资者有较为确定和一致的理解——找不同的投资者来读，每个人得出的结论不尽一致而有分歧——"准确性"又如何评判呢？这就陷入哲学认识论暨不可知论的窠臼中去了。正因为此，把"可理解性"从"准确性"这一维度中剥离出来，成为信息披露单独的标准，有其合理性。① 在上市公司语境下，已经有这样的违规案例，上市公司股东利用模棱两可的话术，打"准确性"的"擦边球"（也包括同时违反完整性、及时性等标准），通过各个维度"综合"操纵所披露的信息，实现其操纵市场的目的。② 本书认为，这种违法行为，也可视为操纵所披露信息的可理解性。在"综合性"地操纵后，所披露的信息在一般意义上看似准确，但如果具体深入下去，则不精确，歧义丛生，不能被投资人理解或被一致地理解。

二是披露的格式既要符合法律、法规的相关规定，具有一定的标准性，也要在具体形式上力争清晰简明，易于比较（如图表化），进一步增强可理解性。这点在基金语境下更为重要。与上市公司信息披露相比，基金所披露的信息（数据）往往更加结构化，尤其是基金的业绩，要具有前后可比性，才更易于被投资者准确理解，帮助投资者作出价值判断和相应的投资决策。这会对披露的格式、形式提出更具体的要求。可比性是可理解性的一个侧面。经典的例子是：一个绝对收益的

---

① 在 2020 年 3 月 1 日实施的《证券法》第 78 条规定："信息披露义务人披露的信息，应当真实、准确、完整，简明清晰，通俗易懂，不得有虚假记载、误导性陈述或者重大遗漏。"原《证券法》（2014 年）第 63 条对此的规定则是："发行人、上市公司依法披露的信息，必须真实、准确、完整，不得有虚假记载、误导性陈述或者重大遗漏。"《证券投资基金法》对此的规定是："基金管理人、基金托管人和其他基金信息披露义务人应当依法披露基金信息，并保证所披露信息的真实性、准确性和完整性。"可见，《证券法》的本次修订特意增加了"简明清晰，通俗易懂"的表述，是为此处所称的"可理解性"，说明立法者已经把"可理解性"作为一个单独的标准了。

② 《中国证监会行政处罚决定书〔2017〕80 号》，参见秦子甲、刘思远：《私募基金视野中的资本市场行为底线：案例、分析与防范》，法律出版社 2018 年版，第 228—232 页。

私募基金宣称上年(T-1年)收益率达到20%,"十分优秀"。但如果它一并披露股票市场对应指数上年上涨了25%,两相对照,就似乎"优秀"不起来了。或者,它如果披露T-3年的绝对收益率为30%,T-2年的绝对收益率为-80%,上年(T-1年)是20%,三者一比,波动率如此之大,也难言优秀。从"准确性"维度,其披露上年收益率20%是准确的(假设已经过托管人独立复核);但从可理解性/可比性维度,这个"准确性"似乎就失色了,该等"20%""优秀"又显得不那么准确,其实是有误导的,是不易被理解的。

4. 完整性标准

该标准要求当事人充分、完整地披露:①所有法定要求披露的信息;②所有可能对投资人权益产生重大影响的信息,不得有隐瞒或重大遗漏。该标准与上述可理解性标准有一定的交集。从对投资人权益产生重大影响这一维度出发,基金所披露的信息必须完整,其完整性必须达到有助于投资者对相关事项形成准确理解的程度。在披露某一具体信息时,应对该信息的所有方面进行周密、全面、充分的揭示,不仅要披露对基金管理人有利的信息,也要披露对基金管理人不利的信息,包括诸多潜在或现实风险因素,不能有遗漏。完整性标准其实也是信息披露(强调"披露行为")范围上的标准,而真实性标准、准确性标准和可理解性标准则是披露信息(强调"信息")内容质量上的标准。上述孤立披露20%业绩的示例,从完整性角度来看,也是有瑕疵的。

5. 及时性标准

该标准要求基金管理人站在维护投资人利益的立场上,在法定的或重大事件发生后合理的期间内作出信息披露"行为",还应当保持所披露信息的最新状态。及时性标准是信息披露(强调"披露行为")在时间上的标准。值得注意的,是在上市公司场合,已经有上市公司股东通过违反及时性标准,提前或延后披露上市公司相关利多或利空信息,达到对该公司股票进行信息操纵的目的(也可能叠加内幕交易)。在基金场合,定期信息披露的内容相对法定化,数据结构化,只要不发生重大疏漏,一般不会有及时性问题,但对于重大事件的临时披露,尤其是负面事件,则需要注意披露的及时性,不宜滞后。

综上,对于基金的信息披露及其标准,更好的表述应该是:基金管理人应及时、完整地披露真实、准确、可理解的信息。

(三)基金销售时的信息披露

本部分介绍《IOSCO销售披露报告》的主要内容。基金销售时所披露的信息是投资者做出认购/申购基金决策的主要依据,因此,非常重要。

1. 基金销售时披露信息的内容及方式

IOSCO 认为,一般来说,在没有对投资者进行适当性测试或评估前,不宜披露与基金销售有关的信息,因为信息披露的有效性还取决于投资者的理性和行为特征。很多零售投资者(散户)——IOSCO 用了 retail investor 这一概念,但本书认为,对此适度延伸至自然人投资者可能也是合适的——在做决策时会有偏误(bias),其依据的往往是情感而不是事实。我们要对自然人投资者的行为或心理模式有更深刻的理解。

有研究表明,自然人投资者(尤其是非专业投资者)在审视投资产品时,主要看与潜在回报、风险和成本有关的信息。他们常常对支付给代销机构的款项和支付给产品开发商(product producer,一般是基金管理人)的款项感到困惑。投资者更喜欢具备如下特点的信息披露文件:简明扼要、展示和布局良好、措辞清楚明了、提供投资者认为所需要的信息以及用易于理解的示例、表格和图形来说明概念。文本的整体行文风格对自然人投资者很重要。如果提供投资者关于如何查询更多信息的说明,则会被视为提高了所披露信息的整体可信度。自然人行为或心理上的偏误有:情感冲动、对自身投资能力的高估和过分自信、受过往好的或差的投资业绩的影响以及刻板印象、拘泥于原有的投资策略等。要克服这些问题,一种可能的方法就是,在销售过程中,向自然人投资者提供便于他们理解的基金信息,如要采用摘要的形式,让他们在做出购买决定前意识到潜在的收益、风险和成本;同时,也要注意提升所披露信息的可读性(readable)。

IOSCO 对有效的信息披露做了全球考察。一些国家的监管者认为,有效披露在总体上取决于以下因素:①具备基金产品的关键信息;②在代销场合,提供代销服务相关的信息;③以可比较、可获取(accesible)的方式提供信息;④在正确的时间披露信息;⑤以分层法(layered approach)提供信息。分层法,是指先披露关键摘要信息,再通过链接等方式,附加更多、更详细的信息作为补充。在披露时,要考虑投资者对信息披露的依赖程度、财务能力水平、投资产品的复杂性等情况,应考虑该披露是针对散户投资者,还是专业投资者。

在内容上,应披露的关键事项包括:①投资目标和投资策略。②投资风险,例如与投资潜在负面表现有关的风险、更一般意义上的价格波动风险、流动性风险(如赎回限制、禁售期、门槛要求等)、交易对手风险、运营风险等。③过往业绩,可以用表格和图形呈现,该形式最好可以标准化,以用作不同产品的比较;如果没有过往业绩,可以披露未来可能的收益。④投资相关成本,即费用和开支,如申购费、赎回费、每年的管理费、杂项费用或总费用率(Total Expenses Ratio, TER)、税务信息等。⑤利益冲突情况,包括基金管理人内部产生的冲突、代销机构和管理人之间的利益冲突以及披露降低利益冲突的方法。⑥投资顾问、次级顾问(sub-adviser)和投资组合经理的信息。⑦申购、赎回的规则、代销的信息。⑧联系方式等。

在表达的语言上,应使用通俗易懂的语言,即采用一种便于读者理解的方式进行交流,清晰、简洁、易懂,同时避免不必要的术语和专业名词。

在披露的时间上,许多国家或地区要求在交易完成前披露信息。在日本,交易执行前必须进行披露。美国商品期货交易委员会(CFTC)要求,在接受潜在投资者的任何投资资金前,必须获得其签署的一份确认文件,确认投资者已经收到一份信息披露文件。在那些受 MiFID 约束的欧洲国家,要求确保投资者在进行相关业务"之前及时"(in good time before)收到信息,以便这些信息能够用于他们的投资决策。另外,监管者还应考虑哪些信息应在销售前披露,哪些信息可以通过索引或在投资者要求时再披露,以及哪些信息可以推迟到投资交易完成或执行之后再披露。加拿大要求保证投资者在销售时或销售前收到一份两页文件,如果投资者有其他要求,则可再获取其他信息披露文件。

2. 基金销售时披露信息的原则

在全球考察和强调因地制宜的基础上,IOSCO 推荐了如下关于基金销售时披露关键信息(Key Information)的原则:

(1)关键信息应包括产品的基本收益、风险、期限、成本、代销机构的报酬以及与代销机构之间的利益冲突。

就产品而言,具体包括:①本项投资的名称和产品种类。②产品的投资目标和投资策略。③产品涉及的风险和收益概况,对风险的披露应包括产品涉及的所有重大风险,如业绩风险/波动性、信用风险、流动性风险和操作风险等。④费用和成本,包括任何折扣、正常运营的费用支出或费用减免的信息。⑤提供的任何担保,包括其性质、担保所具有的限制或条件。⑥产品固有的潜在利益冲突。⑦过往业绩,该披露应具有可比性,且应该包括一个警告,即历史业绩不能作为未来业绩的参照;如果没有过往业绩可用,应该提供预期的收益情况。⑧其他信息,诸如有关投资组合经理和关键服务提供商(如受托人或托管人)的信息、投诉机制、基金管理人不能履行义务时可能获得的赔偿、取消或赎回权、税务影响等。

就代销机构(Intermediary)而言,具体包括:①代销机构的名称、服务内容和联系方式。②代销费用、代销服务报酬和成本,包括会导致投资者收益减少的任何费用;以及③潜在的利益冲突,如因销售特定产品可以获得的激励与投资者最佳利益之间的冲突。

(2)关键信息应在销售时点之前免费提供给投资者,以便投资者有机会考虑这些信息,并据此做出投资决策。

代销机构和基金管理人可以保留适当、充分的文件,证明已满足上述要求,比如可以从投资者处获得一份由其签署的确认书,确认其已收到或能够获得适当的信息。

(3)关键信息应以适合目标投资者的方式交付或提供。

披露信息时,应当考虑自然人投资者的特点和偏好,如通过电子邮件、传真等方式发送。

(4)关键信息的披露应采用简单、易懂、可比的形式,以便于各个有竞争关系的基金的信息可进行有意义的比较。

披露时应考虑采用以下语言平实的技巧:①采用日常用语(everyday words);②如果技术、法律和商业术语不可避免时,对其进行清晰、简明的解释;③运用示例和插图(包括使用表格和图表)来解释抽象概念。披露文件的文字字符大小应便于阅读。

至于可比性,一是披露的格式应便于比较,注意披露的顺序以及某些敏感条款(如业绩、风险和成本);二是披露的信息内容应做过一定的处理,使之能满足可比性标准,对此 CFA 协会(CFA Institute)制定了一套 GIPS 标准,下文会对此展开介绍。

(5)关键信息的披露应清晰、准确,不得误导目标投资者,信息披露应定期更新。

不应在未对任何风险做出公允论述的情况下,突出基金可能的收益。所披露的信息不应混淆包括警告在内的重要条款或设法降低其重要性。如果披露的信息把本基金与其他基金进行了比较,应注意该等对比必须是客观的,不能有偏见,应指明用于比较的信息来源、事实及假设。如果披露的关键信息包含过往业绩,应关注其是否有潜在的误导性。如果关键信息包含对未来业绩的预测,应确保该等预测有客观事实基础,不具有误导性。对所披露的信息应注意更新,需更新的信息包括但不限于:投资策略的变更、风险状况的变更、采用新的收费结构或对过往业绩的描述等。

(四)基金业绩的信息披露

基金业绩是基金信息披露中最核心的部分。除了在销售时点披露外,在后面持续的信息披露中都要披露基金业绩。IOSCO 注意到,包含基金业绩信息的宣传材料(advertisement,本书对此作广义解)是很多基金的重要营销手段,基金投资者将依据这些材料做出投资决策。但是,如果基金业绩计算得不准确、遗漏重要信息或对重要信息一带而过,该等含有基金业绩信息的材料就可能误导投资者。如果投资者不能真正、有效地比较各个基金的业绩,单个基金的业绩信息也可能是有误导性的。

1. 业绩披露的最佳行为准则

《IOSCO 业绩披露报告》总结了关于基金业绩披露的最佳行为准则,共 9 项:

(1)基金宣传材料不应有虚假陈述,不应遗漏必要的事实,以防止其(在具体语境中的)陈述产生误导。

基金宣传材料(包括那些含有业绩信息的材料)应当附有全部必要的解释、使用的限制和相关声明,以防止此类信息误导投资者。该等材料的内容应当与基金募集说明书(prospectus)等法律文件的内容相一致。包含业绩信息的材料应当对业绩进行客观公正的展示,如不应侧重于展示产生最佳业绩的时间段而排除业绩不佳的时间段。业绩信息应与其他相关信息并重,如应披露产生了某项特别优异业绩的特定背景情况,如是由于基金投资策略产生一次性变化而在未来不太可能再次产生该等业绩。

(2)应从普通投资者的角度计算和提供基金业绩信息。

基金的业绩信息应当显示扣除投资者间接支付的所有费用和支出的情况,如支付的管理费、业绩费(如有)和税款。如果上述费用和支出是含在基金业绩信息之中的,应对此进行特别的说明,并强调扣费后会导致特定或所有投资者实际回报率偏低。

(3)应当根据标准化公式计算所披露的业绩。

标准化公式应当:①扣除每个基金投资者间接支付的所有费用和支出;②扣除基金普通投资者(average CIS investor)直接支付的所有费用和支出;③假定基金投资者在信息披露的业绩期终点时完全赎回(这将显示申购费、普通投资者在赎回时直接支付的赎回费或其他类似费用对业绩的影响)。如果未满足上述 3 个条件要求的,应对未满足的情况作出额外说明。

标准化公式要求基金管理人管理的所有基金在计算其业绩时依靠相同的假设,不允许单个基金依靠可能夸大其业绩的假设。

基金根据标准化公式计算和宣传其业绩时,也可以包括其他非标准化的业绩信息,只要该等非标准化业绩信息本身不具有误导性。

(4)如果基金未根据标准化公式计算业绩,那么应保证所使用计算公式或方法的一致性。

基金管理人应当提供关于其计算基金业绩所使用公式或方法的信息,以便投资者了解公式或方法对基金业绩计算和披露的影响。如果改变了这一公式或方法,那么就应当:①就该改变事项进行特别披露;②披露新公式或方法与原公式或方法的不同之处;以及③披露新公式或方法对基金业绩计算和披露产生的影响。

(5)基金的业绩信息应当在标准化的期限内披露。

期限应当包括一个短期的间隔如 1 年,以显示基金的近期表现;但也不应太短,以免基金的业绩误导投资者。如果是非常短的期限,如不到 1 年,基金的业绩宣传可能不具有代表性。

期限也应当包括较长的时间间隔,如 3 年、5 年、10 年,或自基金成立以来的期限(如果基金自成立至今时间较短的话),以显示业绩随时间的波动性。一个期限应当从一个最近的日期(recent date)开始计算,如从最近一个季度的结束日开始计算。

如果基金改变了投资政策,或者与另一只基金发生了合并,该基金的业绩仍应按标准化的期限披露,但应解释该基金所披露的业绩中与之相关的所有变更。

(6)披露的最近一次基金业绩可能不是披露日当日最新的业绩情况——上一个季度最后一个交易日的净值,但不是披露日的净值。对此,应当特别地说明:基金在披露日的实际业绩可能低于宣传或披露材料中的业绩。同时,应告诉投资者如何才能获取最新的业绩信息。

(7)应当向投资者提供其他必要的信息,如市场整体的行情,使投资者能够更好地评估基金的业绩及风险。

(8)披露基金业绩时应同时附上显著的免责声明,即基金的业绩会随着时间的推移而变化,过去的业绩表现并不能代表基金未来的业绩情况。

免责声明应放在突出位置以告知基金投资者风险,而不是放在脚注中,或以较小的字体展示。免责声明有助于确保投资者认识到基金所披露的业绩代表的是历史数据,并不构成对未来业绩的保证或预测。

(9)基金或基金管理人应在投资者的合理要求下提供与业绩相关的其他信息。

2. GIPS 标准[①]

GIPS 标准的全称为全球投资业绩标准(The Global Investment Performance

---

① 本部分内容来源于①一家合规顾问机构 ComplianceAsia 合伙人 Phillipa Allen 提供的资料,②参见 CFA 协会(CFA Institute)在 GIPS 标准的网站:www.gipsstandards.org 上披露的信息。

Standards），是 CFA 协会为了帮助投资者更好地比较全球各基金管理人（或其他资产管理人，无论用何种名义上的概念）的投资业绩而制定的一项统一的资产管理业绩披露标准，是目前全球接受的行业标准。最新的 2020 年发布的 GIPS 标准已经生效，以替代 2010 年发布的 GIPS 标准。

GIPS 标准旨在公允、完整地披露一家基金管理人的业绩历史。凡声称信息披露符合 GIPS 标准的公司，必须遵守其收益率计算的规则，也必须遵守披露的格式要求。对于符合 GIPS 标准的业绩披露，投资者可以确信该业绩反映了基金管理人过往的投资决策具有一致性基础，且在同一投资策略下，该业绩与其他基金管理人旗下的基金业绩具有可比性。

但为了符合 GIPS 标准，基金管理人需要做出非常多的努力：①该标准必须在全公司适用（a firm-wide basis），而且必须满足该标准的所有要求。②该标准包括合规基础环境（fundamentals of compliance）；数据输入；业绩计算方法；类似投资策略集合的构建（composite construction）；①信息披露要求；房地产基金、私募股权基金、专户（Separately Managed Account）的估值原则；宣传推介指引（advertising guidelines）以及核查要求等方面。③基金的会计处理必须按权责发生制，估值必须符合 GIPS 估值原则中关于公允价值的公允标准。④必须计算总收益（total returns），包括现金和现金等价物产生的收益，可以扣除实际交易费用。⑤对于大额现金流出，要求基金管理人按类似投资策略集合为单位，明确相应的支出政策并保证一致性。⑥类似投资策略集合的划分必须以投资授权（investment mandate）、投资目标和投资策略为依据。所有向管理人付费的、管理人有自主决策权的投资组合（discretionary portfolio）必须被纳入某一个类似投资策略集合。⑦类似投资策略集合的收益（composite returns）必须按期初个别组合资产的价值为权重，对个别组合的收益进行加权计算，或者按反映期初资产价值和现金流出（external cash flow）的方法计算。⑧对于新的投资组合，必须按照一致性标准，及时纳入某个类似投资策略集合。对于已结束的投资组合，在最后一个完全计量的期间内仍应保留在类似投资策略集合中，视为尚未结束。一个投资组合不能从一个类似投资策略集合随便更换到另一个类似投资策略集合，除非该投资组合的投资授权、目标或策略发生变化，或上述集合更换确实是适当的。⑨需要有一个独立的第三方来核查、评估基金管理人是否符合 GIPS 标准，GIPS 标准鼓励接受核查……这样的具体要求还有很多，本书无意再一一详列。

---

① 根据 2020 年版 GIPS 标准中的释义：Composite 是指 An aggregation of one or more portfolios that are managed according to a similar investment mandate, objective, or strategy.

由此可见，GIPS 标准是一个比较高的标准。从全球行业实践来看，国际上目前主要是面向零售投资者的公募基金管理人采用这一标准，旨在方便投资者比较同一平台上各公募公司旗下产品的业绩。在私募基金或对冲基金行业，GIPS 标准尚未被广泛采用，本书猜测的一个原因是合规成本太高。只有个别对冲基金管理人采用了这一标准，采用的原因往往是该管理人同时在管理公募基金，或者它们希望通过某个分销平台进行分销。但为了增强合规性，也有个别国家的主权财富基金会要求其委托授权管理某个投资组合的投资顾问最好采用 GIPS 标准。在中国，根据笔者观察，除了极个别管理人外，无论是公募基金还是私募基金，总体上都还尚未采用 GIPS 标准。

（五）我国实践及评论

1. 我国的实践

中国证监会《私募投资基金监督管理暂行办法》第 24 条规定，私募基金管理人、私募基金托管人应当按照合同约定，如实向投资者披露基金投资、资产负债、投资收益分配、基金承担的费用和业绩报酬、可能存在的利益冲突情况以及可能影响投资者合法权益的其他重大信息，不得隐瞒或者提供虚假信息。信息披露规则由基金业协会另行制定。基金业协会为此制定了《私募投资基金信息披露管理办法》(以下简称《信息披露办法》)并配套出台了分别针对私募证券投资基金和私募股权投资基金的《私募投资基金信息披露内容与格式指引》。[①] 上述规则在如下方面对私募基金的信息披露做出了具体规定：

（1）在信息披露的内容上，一是规定了信息披露义务人应当向投资者披露的信息。披露文件包括基金合同、招募说明书等宣传推介文件、基金销售协议中的主要权利义务条款(如有)。具体披露内容包括基金的投资情况、基金的资产负债情况、基金的投资收益分配情况、基金承担的费用和业绩报酬安排、可能存在的利益冲突、涉及私募基金管理业务、基金财产、基金托管业务的重大诉讼、仲裁、中国证监会以及中国基金业协会规定的影响投资者合法权益的其他重大信息(《信息披露办法》第 9 条)。二是规定了在基金宣传推介材料中须披露的内容(《信息披露办法》第 14 条)。三是规定了定期披露中年度信息须披露的内容(《信息披露办法》第 17 条)。

---

① 针对私募证券投资基金的是《私募投资基金信息披露内容与格式指引 1 号》；针对私募股权投资基金的是《私募投资基金信息披露内容与格式指引 2 号》，本书不涉及 2 号指引。

四是规定了需要做出临时披露的重大事项(《信息披露办法》第 18 条)。

（2）在披露信息的质量上，禁止虚假记载、误导性陈述或者重大遗漏；要求尽量采用简明、易懂的语言进行表述。

（3）在信息披露的行为上，禁止公开披露或者变相公开披露；禁止对投资业绩进行预测；禁止违规承诺收益或者承担损失；禁止诋毁其他基金管理人、基金托管人或者基金销售机构；禁止登载任何自然人、法人或者其他组织的祝贺性、恭维性或推荐性的文字；禁止采用不具有可比性、公平性、准确性、权威性的数据来源和方法进行业绩比较，任意使用"业绩最佳""规模最大"等相关措辞。

（4）在信息披露的语言上，要求向投资者募集的基金信息披露文件应当采用中文文本；同时采用外文文本的，应当保证两种文本内容一致，发生歧义时，以中文文本为准。

（5）在信息披露的频率上，强制规定了月度、季度及年度的定期披露要求及触发重大事项后的临时披露要求。

（6）在信息披露的格式上，《私募投资基金信息披露内容与格式指引 1 号》为私募证券投资基金的月度、季度、年度报告提供了基本的格式。

除上述几个方面外，《信息披露办法》还规定，原则上应由基金合同约定向投资者进行信息披露的内容、披露频度、披露方式、披露责任以及信息披露渠道等事项。这说明在遵守刚性信息披露要求的基础上，基金管理人、基金托管人还可以通过基金合同的约定，就信息披露与投资人做出更多、更灵活的安排。

另外，有媒体报道，我国监管部门于 2020 年 3 月下发了一份题为《严格规范宣传推介行为，促进权益类基金健康发展》的机构监管情况通报，对基金宣传推介中存在的问题予以规范。提出的要求有：登载基金经理过往业绩的，原则上应当覆盖该基金经理管理的全部同类产品，严禁片面选取基金经理特定或部分产品、特定或部分区间过往业绩进行宣传，不得登载 6 个月以下的短期业绩；应当以显著方式向投资者充分揭示过往业绩不等于未来收益，提示产品收益波动风险，不得以明示、暗示或任何方式承诺产品未来收益；基金产品的募集上限、比例配售等安排，可以在宣传推介材料中作为风险提示事项予以列示说明，但不得以不同字体、加大字号等方式进行强调，不得作为销售主题进行营销宣传。[1]

2. 评论

对照前述两份 IOSCO 报告，本书认为，在私募基金信息披露上，我国监管机构

---

[1] 参见李树超：《重磅！监管部门强化权益类基金宣传推介底线要求，这些行为被叫停》，https://www.sohu.com/a/377260914_465270，2021 年 6 月 28 日访问。

就披露信息的内容范围、披露时点、披露频率、信息披露应达到的标准、披露格式、免责声明等事项，与 IOSCO 推荐做法已基本一致。私募基金管理人如果能遵守我国监管机构规定的话，在信息披露这一基金治理维度上，是可以达到及格的。

但对标国际上的最佳行为准则，在如下一些方面仍存在进一步完善的空间：

第一，在所披露的信息内容方面，对潜在利益冲突的披露强调得不够。利益冲突是基金治理的重要方面，对此在程序上应该向投资者充分披露。投资者如果签署了含有该等披露的法律文件，则可视为表达了其已知情和/或同意的意思，这本身就是降低利益冲突的一种方法，也将提升基金治理的水平。

第二，关于信息披露的可理解性，强调得也不够，只是笼统地要求采用简明、易懂的语言。但对于如何使用平实语言，如何运用示例和图表，如何增强披露信息的可比性，如何通过加强信息披露的完整性和准确性，如何提升可理解性，还缺乏更明确的指引。最新下发的机构监管情况通报可视为一次矫正、完善的努力，但相关要求尚不具备系统性，仍有待进一步总结和梳理。

第三，对基金业绩（净值）的披露，尚未明确统一为扣费前或扣费后，也未明确要求对此清楚地注明，这导致不同产品、不同基金管理人所披露的业绩在可比性维度上留有瑕疵，会给投资者产生误导。本书认为，应该按扣费后的净值加以披露。至于更进一步的标准化，目前阶段不急于苛求，需要平衡相应的合规成本和运营成本。但有更多业务前瞻性考虑的私募基金管理人，可以更积极地关注 GIPS 标准，或者以此为参照，提升自己的信息披露和基金治理水平。

第四，对于信息披露文件中免责声明、提示声明的内容，也可以有一个梳理或为此给出指引。《IOSCO 业绩披露报告》提到，应注明"基金在披露日的实际业绩可能低于（或不同于）宣传或披露材料中的业绩"，这是有合理性的。因为披露的业绩往往是上一个披露周期截止日的时点情况，而并非披露日的真实情况，提示二者之间存有差异，是减少投资者误导的必要举措。

第五，对于使用分层法向投资者披露信息，这在信息化时代，是一个可取的、可以探索的进路。一方面，可以调动投资者自身的积极性，增进其亲自参与基金治理的体验感和获得感，在主观层面使之体验到基金治理水平的提升。毕竟 IOSCO 有实证的行为研究结论表明，如果提供自然人投资者关于如何查询更多信息的信息，会被视为提高了所披露信息的整体可信度。另一方面，也可以充分利用当下 IT 技术的发展趋势，使投资者可以自主地接近（access）更多的信息，降低披露成本。

结合现有的监管要求，如果私募基金管理人能在上述五个方面进一步主动完善，那不啻于在信息披露事项上向着满分迈进了。

五、基金赎回

目前的私募证券基金主要是开放式基金,可定期申购和赎回——只是与国内常见的、可每日申赎的公募基金相比,私募基金在开放申赎方面周期较长(采一个月或一个季度的较为常见)。基金申赎是基金运作的重要内容。

在申赎过程中,最可能影响到投资者权益的是暂停赎回环节(Suspension of redemption),即当投资者提出赎回申请时或赎回开放日来临时,基金因各种原因(包括发生了巨额赎回),不能按时向投资者兑付基金赎回款,从而中止接受赎回申请或中止兑付(或部分兑付)的情况。这就导致投资者不能按意愿顺利退出投资,取得现金,并因此造成其他风险或损失——如再投资风险,即把基金赎回款及时投向其他回报更高的资产的机会成本等。如本书前文所述,退出权是基金份额持有人最为核心的权利。基金管理人做出暂停赎回的决定,本质上是限制了基金份额持有人的退出权,将影响投资者的利益,使其面对一系列的不确定性和风险,这就有必要通过相应的基金治理机制对此进行调整和规范。

IOSCO 于 2012 年就基金的暂停赎回事项发布最终报告(*Principles on Suspensions of Redemptions in Collective Investment Schemes: Final Report*,以下简称《IOSCO基金赎回报告》),对此提出了若干原则。本书对此扼要整理,并和我国私募基金目前暂停赎回的合同实践加以对比,提出可以改进的方向。

(一)概述

赎回基金份额是基金份额持有人的基本权利。暂停赎回阻碍了投资人取回其所投资的资金,尤其会对没有准备的零售投资者带来严重的后果。对机构投资者而言,尤其是当 A 基金大额投资了一个暂停赎回的 B 基金,A 基金也会因 B 基金暂停赎回而产生流动性差的问题,并造成进一步的影响。

暂停赎回的主要原因一般是特定证券交易所或市场关闭、基金资产缺乏流动性、基金估值困难或发生巨额赎回等。如果暂停赎回未能被很好地应对,就会产生多方面的影响:

第一,一般而言,暂停赎回会打击投资者的信心并带来溢出效应(spillover

effect)。在一些场合,信心对金融系统的稳定至关重要。如果信息披露的实践状况也很差,那么一旦投资者失去信心,不仅会影响基金行业,也会影响金融行业的其他领域,如投资者对其他投资工具也不再投资等。暂停赎回也会影响到基金和基金管理人的声誉。投资者会认为,基金及其管理一定是出了大问题;一旦恢复赎回,投资者可能会加速完成赎回操作。

第二,对市场而言,如果投资者需要流动性的话,一个基金的暂停赎回,会导致其他基金也被赎回。这时,其他被动赎回的基金就会选择抛售股票来换取流动性。如果相关股票的市场深度不够,就会造成该股票价格急剧下跌,并进而引发其他抛售,带来恶性循环。

第三,在上述第二种语境下,因赎回带来的流动性问题还会影响到其他基金要履行的对外支付义务,如在基金加杠杆的情况下,因股价下跌而被要求追加保证金(margin call)。但这时加杠杆基金如果不能从其所投资的基金中赎回款项,就无法履行保证金支付义务,流动性风险就扩散到了出借资金给该基金的对手方(counterparty),进而对出借人也造成影响。

对于暂停赎回,如果没有适当的规则加以约束,会导致不公平地对待不同的投资者。比如,有些投资者被优先告知基金会暂停赎回,他们就会冲过去提出赎回申请,这对未被告知或后被告知的投资者是显失公平的。对此,有的法域赋予基金管理人自主决定权来决定是否暂停赎回;有的法域就要求有权机构对此事先批准。

(二) IOSCO 推荐的原则

IOSCO 在流动性风险管理、对投资者的事前披露、可以暂停赎回的标准或具体原因、做出暂停赎回的决定、暂停赎回期间的操作 5 个方面提出了在暂停赎回环节加强基金治理的 9 项原则。这些原则体现了处理这一问题的一般进路(common approach),可以视为对监管者和业界从业人员的实践指引。

1. 流动性风险管理

原则 1:基金管理人应确保基金流动性处于合理水平,使之能满足赎回的要求和履行其他义务(比如追加保证金)。

保证基金充分的流动性从而避免暂停赎回是对基金管理人的基本要求。赎回开放的频率——这在基金法律文件中进行规定,国内的基金法律文件就是基金合同——应在流动性管理时予以考虑。尽管基金对外融资借钱(borrowing)也是一种可以满足赎回要求的手段,但借钱不是流动性管理的适当举措。基金管理人必须考虑到极端情形发生(借不到钱)的可能。

原则2:在某一项投资前和投资后,基金管理人必须考虑特定工具(instrument)或资产的流动性,使该项资产的流动性和基金整体流动性保持一致。为此,基金管理人对基金必须建立、执行和维持一个适当的流动性管理流程和政策框架(本书后文会详述)。

2.对投资者的事前披露

原则3:在投资前,基金管理人就应该清楚地告知投资者,其有权在例外情形(exceptional circumstances)下暂停赎回。该等告知应通过基金主要法律文件向投资者披露。

对于"例外情形",IOSCO不推荐下一个明确的定义,因为未来可能会有各种不确定性。IOSCO推荐采用"列举+兜底"的模式对此界定,要列举构成例外情形的具体情况,如证券交易所关闭等。

3.可以暂停赎回的标准(Criteria)或具体原因

一般而言,如果计算基金净值的相关公允价值难以取得,暂停基金赎回是比较合理的;或者在一些紧急情况下,比如基金财产难以被处置(disposed),这时也可以暂停赎回。如果赎回被暂停,申购也应同时被暂停。

原则4:暂停赎回的标准有两项:①法律、法规允许,同时暂停赎回是唯一(exclusively)对基金份额持有人利益最大化的选择;或者②法律、法规要求暂停赎回。暂停赎回的具体原因是必须存在"例外情形";否则,就是不合理地暂停,不能无条件、任意启动暂停赎回。

例外情形应该是较为罕见的(rare)情况。在这种情况下,公允、可靠(robust)的估值不可能被获得。IOSCO列举的例外情形有:

□ 市场失败(Market failure),如证券交易所关闭。这种情况下,基金财产难以被估值,基金也很难兑付赎回资金(redemption proceeds)。如果上述情况影响了很大比例的基金财产,该基金应该暂停赎回;如果影响的比例不大,则不应暂停赎回。出现市场失败的因素还包括政治、经济、军事、货币及其他紧急状态。

□ 运营(operation)因素,包括技术失败(technical failure)。这种情况会临时影响基金交易和基金财产的估值。

一个为基金管理人提供服务的失败的第三方是导致运营失败的因素之一。但这里的运营失败必须具备不可预测性(unpredictable)、已事前对该第三方做了充分的尽职调查、而且事先准备的灾备计划(disaster recovery procedures and contingency plans)都难以应对,这才可以合理化暂停赎回;否则,运营失败就属于管理人糟糕的管理行为(poor management),对此可能会有相应的法律后果。

□ 流动性因素。因糟糕的流动性管理造成暂停赎回一般是不可接受的。这应该作为应对流动性问题的最后手段(last resort)。

□ 糟糕的基金管理。如果因管理不善造成了上述运营失败或流动性问题,这时如果选择暂停赎回对投资人是利益最大化(best interest)的话,也可以暂停。但管理人要因此面对管理不善的后果,比如该等管理失败是否已经构成违法违规。

□ 其他事项,比如因自然灾害造成估值困难等。

4. 做出暂停赎回的决定

原则5:基金管理人应采取有序、高效的措施实施暂停赎回程序。

在暂停赎回真实发生前,管理人应就潜在的赎回事项做出是否要暂停的决定并制定相应的应对流程或紧急预案(emergency plan),如确定具体负责决策和应对的人员。紧急预案应说明与相关各方(如托管人、监管机构、代销机构等)的沟通渠道和沟通机制。同时,也要明确可以避免暂停赎回的替代手段或最终做出暂停赎回决策的客观依据标准。要考虑向监管机构通报相关的程序,准备好一份沟通预案。除此之外,还要准备好如何与投资者或相关方沟通,准备好暂停赎回后应对其问询的话术及口径。

当暂停赎回的触发事件真实发生后,管理人要冷静地分析形势。该等分析评估要包括相关专家的意见,比如外部法律顾问等,要邀请各相关方进行。对此要有独立的监控(independent oversight)以避免利益冲突。有些法域在暂停赎回前,会要求管理人和托管人达成一致,或要求向监管机构通报或得到其批准;有的法域则赋予管理人这方面的自由裁量权。基金管理人在认为暂停赎回是符合投资人最佳利益之前,应穷尽其他替代方案。基金管理人应保证该等"暂停"是暂时的以及其操作流程和已披露的条款一致。

原则6:对于基金管理人做出的暂停赎回决定及其理由依据,应该适当地予以记录,向相关各方通报以及向投资者披露。

基金管理人应及时记录暂停赎回的决策,记录做出该等决策的具体原因和后续的行动方案(何时恢复正常运作或对基金进行清算等)。基金管理人应在记录中明确触发恢复基金正常运作或对基金进行清算的具体客观标准,应该考虑暂停赎回的时间长度,是否能采取其他行动以保障投资者最佳利益。

如果相关法域法规有要求,则应向监管机构通报暂停赎回的情况。基金管理人还应尽快通知其他中介机构或代销机构,尤其是应通知它们同时暂停申购操作(以及积极的代销活动)。

基金管理人应平等对待所有基金投资者,应将暂停赎回的信息披露给全体投资者,而不仅仅是那些要求赎回的投资者。基金管理人应重视沟通策略,避免重大的信心或声誉损失,从而对全市场造成前述溢出效应。

5. 暂停赎回期间的操作

原则7: 在暂停赎回期间,基金管理人不应接受任何新的申购。

如果相关法域的法律、法规允许,那么在基金净值可以被合理计算和取得的条件下,申购可以继续。在这种情况下,应在投资者申购前,向其明确、全面地告知本基金的赎回已经被中止。如果申购指令尚未被最终接受,应该给予申购人撤销申购的机会。

原则8: 在暂停赎回期间内,基金管理人应定期复核暂停赎回的决定,努力采取所有必要措施尽快恢复基金的正常运营以保护投资者最佳利益。

基金管理人应审慎考虑暂停赎回的时长。可接受的时长取决于市场实际情况、触发暂停赎回的原因以及相关法律、法规的要求。该等期限也取决于本基金是如何销售给投资者的。如果销售时说本基金具有高度的流动性,那么暂停赎回期限应尽可能短。

基金管理人也应该考虑替代方案,如是否应该终止并清算基金,或者在不清算的情况下,根据相关法律、法规改变基金的架构(如改为封闭式基金)、改变赎回政策或者建立侧袋估值机制(side-pockets)等。

原则9: 基金管理人应该在暂停赎回期间保持与监管者及投资者的沟通,恢复正常运营的决策应该在第一时间向投资者披露。

除了上述9项原则外,《IOSCO基金赎回报告》提出了3项解决流动性问题的应对措施。

一是门槛机制(Gating Mechanism)。这里的"门槛",是指基金管理人规定单日可赎回的上限数额(如基金净资产的某个比例)。如果在某个赎回开放日,投资人提出的赎回数量超过了该上限,所有赎回指令将全部按一个比例被部分执行,每个投资者将依据该比例赎回部分基金份额。为了对所有投资者公平,这里没有"先到先得"机制,在赎回开放日提出赎回的投资者,都将适用上述相同的单一比例。而未能赎回的份额,有两种处理方式:一是该部分赎回指令作废;二是自动推迟到下一个赎回开放日继续赎回。上述门槛机制应该在基金主要法律文件中进行事前约定,并应该对此详加描述,如触发的参数等。

二是侧袋机制(Side-pocket)。该机制是把流动性不好的基金财产剥离出来,放入侧袋。提出基金份额赎回申请的投资者,只能获得"主袋"部分的赎回款。对于侧袋中的财产,只有在其恢复流动性予以出售或清盘时,投资者方能获得相应的赎回款。这样,可以解决基金财产的流动性问题,也可以使主袋资产的估值更加准确,有利于申赎,降低因难以对整体基金估值而触发暂停赎回的可能性。侧袋机制已在前文所述,此处不赘。

三是提供折扣。有的法域允许在极端市场(stressed market)和巨额赎回发生时,在赎回价格上进行打折。当适用这种方法时,该等折扣必须事先向投资者披露。对在赎回开放日当天提出赎回的所有投资者,应统一适用相同的折扣;折扣金额(the amount of the discount)应该有利于未提出赎回份额申请的投资者。基金管理人应负责向投资者或监管者解释确定折扣金额的计算方式和依据。

(三)我国实践及评论

1. 我国实践

按照笔者的观察,目前境内的私募证券基金在基金合同中往往会约定暂停赎回的条款,[①]其表述大抵如下:

在如下情形下,基金管理人可以暂停基金份额持有人的赎回:①因不可抗力导致基金管理人无法支付赎回款项的情形;②证券交易场所交易时间临时停市,导致基金管理人无法计算当日基金资产净值的情形;③本基金的证券/期货经纪商没有或未及时发送交易清算数据或对账数据、发送的交易清算数据或对账数据不完整或有误,导致无法或未能及时计算当日基金资产净值的情形;④对于没有或未及时获取场外交易数据或场外行情数据、场外交易数据或场外行情数据不完整或有误,导致无法或未能及时计算当日基金资产净值的情形;⑤发生本合同

[①] 一般也有拒绝接受申购和暂停申购的条款,其表述大抵如下:(1)在如下情形下,基金管理人可以拒绝接受基金投资者的申购申请:①根据市场情况,基金管理人无法找到合适的投资品种,或其他可能对基金业绩产生负面影响,从而损害现有基金份额持有人的利益的情形;②因基金持有的某个或某些证券进行权益分派等原因,使基金管理人认为短期内接受申购可能会影响或损害现有基金份额持有人利益的情形;③基金管理人认为接受某笔或某些申购申请可能会影响或损害其他基金份额持有人利益的情形;④法律法规规定或经中国证监会认定或本合同约定的其他情形。基金管理人决定拒绝接受某些基金投资者的申购申请时,申购款项将退回基金投资者账户。(2)在如下情形下,基金管理人可以暂停基金投资者的申购:①因不可抗力导致无法受理基金投资者的申购申请的情形;②证券交易场所交易时间临时停市,导致基金管理人无法计算当日基金资产净值的情形;③本基金的证券/期货经纪商没有或未及时发送交易清算数据或对账数据、发送的交易清算数据或对账数据不完整或有误,导致无法或未能及时计算当日基金资产净值的情形;④对于没有或未及时获取场外交易数据或场外行情数据、场外交易数据或场外行情数据不完整或有误,导致无法或未能及时计算当日基金资产净值的情形;⑤发生本合同规定的暂停基金资产估值的情形;⑥法律法规规定或经中国证监会、中国基金业协会认定或本合同另行约定的其他情形。基金管理人决定暂停接受全部或部分申购申请时,应当以约定的形式告知基金投资者。在暂停申购的情形消除时,基金管理人应及时恢复申购业务的办理并以约定的形式告知基金投资者。

规定的暂停基金资产估值的情形；⑥法律法规规定或经中国证监会、中国基金业协会认定或本合同另行约定的其他情形。

发生上述情形之一且基金管理人决定暂停赎回的，基金管理人应当以约定的形式告知基金份额持有人。已接受的赎回申请，基金管理人应当足额支付；如暂时不能足额支付，应当按单个赎回申请人已被接受的赎回金额占已接受的赎回总金额的比例将可支付金额分配给赎回申请人，其余部分在后续工作日予以支付。在暂停赎回的情况消除时，基金管理人应及时恢复赎回业务的办理并以约定的形式告知基金份额持有人。

同时，基金合同也会约定巨额赎回的标准及处理方式。在单个开放日，基金需处理的净赎回申请份额超过基金上一工作日基金总份额的某个比例时（一般定20%甚至50%），即认定本基金发生了巨额赎回。在这种情况下，基金管理人对巨额赎回可以全部接受。但如果支付赎回款有困难或认为因支付赎回款而进行的财产变现可能会对基金资产净值造成较大波动的，可以不全部接受，对此主要有如下两种处理方式：

一是不全部接受时，根据情况适当延长赎回款项的支付时间，即延期支付。合同仅约定一个最长延期期限，如最长不超过30个工作日，不约定部分接受的门槛标准。但同时还约定，在未完成基金份额持有人赎回款项的支付之前，不得将托管资金账户的资金用于新增投资。延期支付赎回款项的赎回价格为基金份额持有人申请赎回开放日的基金份额净值。延期支付的赎回款项不支付利息。

二是设定如上文所说的门槛机制，对超过门槛的赎回申请，由基金管理人决定延期办理或予取消。门槛内的赎回申请，当日受理赎回；未能赎回部分，由基金投资人在提交赎回申请时选择延期赎回或取消赎回。选择延期赎回的，将自动转入下一个开放日继续赎回，直到全部赎回为止；选择取消赎回的，当日未获赎回的部分申请将被撤销。延期的赎回申请与下一开放日赎回申请一并处理，无优先权并以下一开放日的基金份额净值为基础计算赎回金额，以此类推，直到全部赎回为止。如基金投资人在提交赎回申请时未作明确选择，按照自动延期赎回处理。

基金业协会对私募基金的基金赎回、暂停赎回、巨额赎回没有作出特别具体的规定。在《私募投资基金信息披露管理办法》中，其要求基金的宣传推介材料披露申赎安排，触发巨额赎回的应按照基金合同约定向投资者披露；在2019年的《私募投资基金备案须知》中，则对巨额赎回除了向投资者披露外，增加了向该协会信息报送的要求；在《私募投资基金合同指引1号》中，要求基金合同应对"巨额赎回的认定及处理方式""拒绝或暂停申购、赎回的情形及处理方式"作出约定，但约定的具体内容则开放给各市场主体自行达成意思表示一致。

由此可见,我国监管层对私募基金总体上是持合同意思自由的态度,①监管强度大幅低于公募基金。在基金暂停赎回、巨额赎回等事项上,具体操作细节是由一个个体现行业通行实践的基金合同来加以约定的——当然,这些实践包含了对公募基金实践的参考——对此,可能更体现出私募基金管理人的自律和对行业通行实践的遵从。从目前的实践情况来看,也体现了基金治理的基本要求,并没有发生典型的、为社会所侧目的侵害投资者利益的事件。

2. 评论

对照《IOSCO 基金赎回报告》的 9 项原则,在基金合同的事前披露、暂停赎回的触发原因、向投资者披露、门槛机制的设定、发生巨额赎回后延期支付的处理等方面,我国的实践与此是基本一致的。但在没有外部强监管的环境下,私募基金管理人宜从基金治理的角度、在如下几个方面继续完善:一是就暂停赎回的决策和应对、巨额赎回延期支付的决策和应对做好记录留痕。在此过程中,要强调已穷尽所有替代方案,并论证拟采取的方案是对投资人最有利的方案。必要时也应听取托管人或其他专业第三方(如外部律师)的意见,对其意见做好留痕。二是探索建立暂停赎回后尽快恢复正常运营的流程机制,以及未兑付赎回款尽快完成支付的流程机制,对流程中的相应操作步骤做好留痕。三是要明确暂停赎回期间同时暂停申购,这一点宜写入基金合同进行约束。四是在基金财产中如有流动性不好的资产时,探索侧袋机制,加强流动性风险管理,提高估值的公允性和准确性。五是当相关事项发生后,与各利益相关方加强沟通,主动做好较全方位的信息披露,争取主动。至于流动性风险的管理,则可以纳入风险管理的大框架内,这是基金管理人在另一个维度上的"功课"了。

---

① 对私募基金而言,这里发生的是私募基金管理人与最多 200 个主体之间的民事法律关系。相对于投资者数目不特定的公募基金,私募基金合同的意思自由居于更重要的位置。

六、基金终止

基金终止是基金运作全过程的最后一环。终止的原因多种多样,包括投资者认购需求不足、宏观经济状况不佳或基金管理人作出基金重组的商业决策等。在某些情况下,如果投资者大量赎回基金份额导致继续投资运作不再可行时,基金管理人也会提前终止基金。

严格来说,本书这里的基金终止应指"基金的投资运作终止",即基金管理人不准备再开展正常的基金投资活动而逐步退出投资或启动基金清算。基金作为一个会计主体,其真正发生"终止"的准确时点,应该是基金托管账户中的基金财产已全部经清算而分配完毕,基金财产清零,基金因不再有具体的基金财产存在而正式终止。但为简便计,下文所述"基金终止"都是指"基金的投资运作终止"。

基金终止所需要的权力以及触发基金终止的情形,通常会在法律和/或基金章程文件内做出规定。实践中,基金终止需要有一个具备可操作性的计划,并与主要利益相关者(如投资者、公司型基金董事会、基金管理人、保管人和/或托管人、监管机构或特定法域、特定情况下的清算人等)协调一致,还需要其他一系列基金服务机构,如审计师、法律顾问、代销机构/分销商、基金份额登记机构(transfer agent, TA)等,为此提供服务。

在基金终止发生后,如何合理保持基金的价值以及保证投资者能及时从基金撤回其投资,无论对散户投资者还是专业投资者,都有重大的影响。当基金管理人单方提出终止时,基金一般情况下仍有偿付能力,不过相关资产的流动性可能较差或难以估值,这在商品基金、房地产基金或对冲基金中都较为常见。由于继续投资不具有经济上的可行性或已无法实现其预期目标,基金管理人仍会主动选择终止。这时,基金管理人承担的信义义务就要求其善意、稳妥地结束基金的全部运作,充分保证投资者的利益,既不能虎头蛇尾,更不能在最后一刻还将剩余的基金财产"中饱私囊"——如通过关联交易等方式操纵流动性较差的财产变现价格,使其自身获利。

因此,从投资者保护的角度出发,IOSCO 意识到了对基金实施终止程序的重要性,其于 2017 年 11 月发布《关于终止投资基金的良好实践的最终报告》(*Good Practices for the Termination of Investment Funds:Final Report*,以下简称《IOSCO 基金终止报告》),为此总结出 14 项良好实践,覆盖的基金范围包括集合投资计划

(CIS)、商品基金、房地产基金、对冲基金等各种投资基金产品(以下合称基金),主要指向基金管理人单方提出的自愿终止。

(一)国际良好实践

1. 投资前的披露

良好实践1:基金终止时做好信息披露。

基金管理人应在投资前披露其关于终止基金的权力以及与该终止程序有关的信息。相关基金的主要法律文件应当列明:①概述基金可以被终止的一般情形;②阐明终止基金合同是否需要获得投资者批准或同意;③在作出终止决定时,基金管理人应制定一项实施方案,并将该计划的主要内容告知投资者;④告知上述终止方案中的关键事项;⑤阐明投资者是否要承担终止的费用。

基金管理人应通过基金主要法律文件在较高层次上,阐明自己可以做出终止基金决定的原因。通过该披露,投资者可以了解基金终止的全过程,从而了解自己在未来某个时点以正常方式及时退出投资的能力是否会被限制。

基金终止可能是一个漫长的过程,尤其是在证券流动性不足、停牌或管理人(清算人)无法与投资者联系的情况下。因此,当管理人决定终止基金时,必须提前制定相关终止方案,旨在解决终止的不同阶段可能出现的实际问题。其中必须考虑的,是要保证基金分销商(即代销机构,fund distributor)和相关金融中介机构(intermediary)在确保投资者充分了解基金的重要细节方面发挥作用。当基金管理人不能直接联系到最终投资者的情况下——如投资者通过经纪人投资——其应考虑如何保证将基金终止的信息传达给最终投资者。

良好实践2:与投资者保持联络。

基金法律文件应列明:基金管理人会如何处理在其决定基金终止时无法联系到投资者的情况。要重点考虑的是基金管理人将如何处理联系不上的投资者的权益。在某些情况下,基金管理人将对无人认领的款项作出安排,直到可以返还的时点为止。基金管理人还应有明确的计划,尝试不断联系这些投资者。

基金管理人应在基金法律文件中详细说明:①其试图与投资者取得联系所采用的程序;②如何处理无人认领的款项,包括持有这些无人认领款项的期限;③应适用的相关法律、法规,在持有期限到期后,基金管理人应遵循的程序。

一些法域规定,可以将无人认领的款项存放在不运作(dormant)或无人认领(unclaimed)的账户中,或者选择转移至法院、监管机构或国家。

2. 做出终止决定

良好实践 3：保证投资者最佳利益。

基金管理人做出终止基金的决定时，应充分考虑投资者在基金中的最佳利益。基金管理人有责任在基金的整个生命周期内，为基金投资者的最佳利益行事。

一些基金一开始就没能吸引到大量资金并停止运营（投资运作）。因此，其在最初启动后的较短时间内便告终止。而在其他情况下，基金管理人可能会考虑到诸如成本之类的因素，认为继续投资运作已不符合投资者的最佳利益，也会设法终止投资基金。但总体上看，长期不良业绩记录是终止基金的主要原因之一。特别对于封闭式基金而言，如果其"自然寿命"（存续期）已到期，根据其投资目标进行清算并向投资者分配赎回收益，也是一种基金终止的缘由。一旦完成最终分配，封闭式基金就正式终止。

基金管理人对于终止基金可能有自己的商业动机，并可能与投资者利益产生冲突。基金管理人应当证明，其终止决策已充分地考虑了投资者的利益。

良好实践 4：制定终止方案。

在决定终止基金后，基金管理人应发布终止方案。方案应当阐明终止基金过程所采取的步骤，并应考虑投资者最佳利益。终止方案应根据基金的法律形式，视情况包含以下关键事项：

①终止基金的理由；②必要时获得投资者批准以完成对基金合同的终止；③终止所产生费用的预计值以及投资者是否承担这些费用；④是否会聘请其他主体（如清算人）履行终止程序；⑤预计终止程序的持续时间以及如何在整个过程中将信息传达给投资者；⑥是否存在其他投资机会（包括合并或转移到其他投资产品）；⑦关于基金投资者的申赎交易安排（包括暂停申赎的必要性）；⑧列明基金财产的估值方法（包括对流动性很差或难以估价资产的估值）；⑨基金终止后处理流动性不好的资产的方法，以及对应付给基金及其投资者任何意外收入（windfall payment）的处理流程。

终止方案应合理、详细地说明终止基金所需的每个适用步骤。对于终止方案的发布来说，可以是向投资者沟通完整的终止方案，也可以是向投资者沟通终止方案摘要，但在投资者提出具体请求时提供完整的文件。如果提供摘要，则应至少披露以下信息：①预估的终止所需的时间；②从通知终止之日起的投资者申赎交易安排；③投资者是否承担终止的费用。

基金管理人应根据相应要求，取得投资者对基金终止的批准。如果该项终止需要投资者批准且需要通过投票决定，那么当赞成票达到最低票数要求时，该赞成的结果应对所有基金份额持有人(包括不投票和不赞成的人)具有约束力。

在大多数情况下,自愿终止基金的费用将由基金先行承担,最终由投资者承担。如果需要指定清算人或其他代理人的,基金管理人所预估的费用应覆盖与之相关的所有费用。

尽管基金管理人对基金终止的全过程承担责任,但它也可以聘用清算人为基金财产变现和推进基金终止提供服务。

在终止过程中,基金管理人应确保能与投资者沟通,应明确沟通的方式和频率。如果聘用清算人的,终止方案应详细说明清算人对投资者所采取的沟通形式和频率。

终止方案还应明确基金管理人是否向投资者提供替代性的投资机会,如基金合并,或将基金份额转移至具有类似投资策略的其他投资产品或其他投资基金中。另外,应明确投资者是否可以在终止程序正式开始前赎回其在基金中的份额。

如果基金财产中的非流动性资产不能以公允价值处置,某些法域允许基金将这些资产的价值定为零;出售投资组合中其他资产的收益将在投资者之间分配。一些情况下,基金托管人会持续持有基金财产中的非流动性资产,直到其变现为止;另一些情况下,基金管理人可以选择将非流动性资产放入侧袋(side-pocket);或者也可以选择在最后的终止日变现该资产,方法可以是自己买下该资产,或为了其管理的其他投资基金的利益买下该资产。总之,以零对价处分资产是万不得已的解决方案。无论如何,基金管理人应对流动性不好的证券制定估值程序,作为投资政策文件中估值政策的一部分,或在终止方案中向投资者披露。

对于清算中的意外收入,良好实践是由基金管理人尽其最大努力,在终止时按比例分配给基金中的所有投资者。意外收入的处理可能会带来行政管理上的挑战,因为这需要基金管理人或托管人对此保留适当的记录且长久保持。基金管理人还应将处理过程向投资者披露。

良好实践5:暂停申赎的安排。

考虑到相应的监管框架,管理人应在开放式基金的终止过程中,暂停投资者的申赎以保护其利益。

基金终止时,如不考虑申赎问题,能提前赎回的投资者就能够在正式终止启动前抢先赎回其拥有的份额,以便于从最有利的基金财产流动性条件中获利,这会将流动性风险造成的成本转移给剩余投资者(即"先发优势")。通过暂停申赎,基金管理人不至于在终止一开始就先出售流动性较好的资产(以应付赎回),然后才被迫处置流动性较差的资产,导致剩下的投资者承担更高的流动性成本。

基金法律文件应规定暂停基金份额申赎的标准;而终止方案应披露基金管理

人做出基金终止决定后是否会暂停申赎。终止方案还应明确基金管理人的相关政策以及为解决上述先发优势问题而采取的公平对待投资者的措施。

良好实践6：批准基金终止方案。

基金管理人应当正式批准基金终止方案。公司型基金的董事会应负责批准；如果没有这样的董事会，那么负责独立监督的第三方，如基金管理人或托管人/保管人应批准终止方案。

终止方案的内容应受制于适当的治理框架和内控监督，以保障投资者的最佳利益。在某些情况下，由监管机构批准终止方案也许是合适的。

3. 关于基金合并的决定

良好实践7：对基金合并情况进行披露。

基金管理人应将基金合并的决定明确告知投资者。基金管理人应考虑合并的两个基金的投资范围，其最好具有相似的投资目标和政策。对投资者来说，基金合并可能是有好处的，如相关成本会降低、基金规模会扩大并产生更好的投资业绩。

基金管理人应向被合并基金的投资者提供充分的信息，使其能够在充分知情的基础上评估合并建议并做出是否继续投资的决策。基金管理人应披露的信息包括但不限于：合并的背景和逻辑、合并后的基金的投资目标及风险收益特征、合并后的基金服务机构（如行政行、证券经纪商）的具体信息、合并后基金的申赎费用细节（该等费用不涉及本次合并）、合并后基金运营的其他费用和成本；还应披露合并生效的条件，如是否需要投资者投票批准、投票时限、批准所需的最少票数以及不同意的投资者该如何应对等。此外，合并时的操作细节，如基金财产如何转移、基金份额如何交换等情况，也应告知投资者。向投资者披露的信息必须真实、无偏（well-balanced），不得误导投资者。

良好实践8：应选择相似的基金作为合并标的。

在可行的情况下，基金管理人只应在合并方基金与被合并方基金有相似投资目标、投资政策和风险特征时，才向投资者提供基金合并这一选项。

理想的基金合并是具有相似投资目标的基金的合并。如果相关法域的法律、法规允许基金合并，投资者应谨慎地评估合并后的基金产品是否还符合他们的投资目标和风险承受能力。当然，基金管理人有义务确保该等合并始终符合投资者的最佳利益。

良好实践9：免除投资者的赎回费。

基金管理人应在合并前向投资者提供不收取任何费用的赎回权，并应提前充分告知投资者其可以选择的方案。

在大多数情况下,基金合并会触发基金份额持有人的投票,借此决定是否批准该次合并。份额持有人应被充分告知本次合并的条款和条件,并在投票前应享有一段充分的时间来消化理解合并方案。在合并最终生效前,基金管理人应给予份额持有人无偿赎回基金份额的权利。

良好实践 10:免除合并费用。

基金管理人应承担与合并有关的所有法律、咨询和行政费用。如果管理人不愿承担这些成本,则应在向投资者披露的沟通文件中记录该决定,包括做出该决定的依据。

一般来说,基金合并都会产生法律、行政(administration)服务和顾问的相关费用。如果基金管理人不愿承担这些费用的话,那只能由基金投资者承担,但对此应该向投资者进行明确的信息披露,并告知不承担的合理理由,同时应说明为何这么做符合投资者的最佳利益。在一些法域,如果该等费用由投资者承担的话,需要得到监管者的批准。

4. 基金终止过程中的相关事项

良好实践 11:与投资者保持持续沟通。

基金管理人应确保以适当和及时的方式,向所有投资者告知终止程序方面的充分信息。当形势变化后,投资者应对此保持跟进。

在整个终止过程中,与投资者的沟通非常重要。有时,终止过程可以拖延超过一年。

在和投资者沟通时,对于基金的直接投资者,应采取适当方式保证沟通的同时性以实现对投资者的公平对待。基金管理人还应考虑到基金的间接投资者、金融中介机构、基金服务机构和监管机构等重要利益相关方(stakeholder)。与投资者沟通的信息包括但不限于:

①投资者批准程序的相关结论,基金终止进程是否推进;②基金终止启动后,是否允许投资者赎回,赎回费由谁承担;③基金终止启动后,正常申赎是否暂停,如果暂停的话,期限有多长;④投资者获悉基金终止进度的时点;⑤可以预计的最终终止日;⑥基金组合中证券的清算过程;⑦基金终止后向投资人分配的时间安排等。

根据基金的组织形式,可能需要指定清算人。公司型基金需要清算人,而契约型基金(信托架构)不需要。一般来说,当清算人确定后,基金管理人和基金本身就很少再介入基金管理事项了。

当清算启动后,基金投资目标、投资政策、投资限制等事项一般很难严丝合缝地满足,但基金管理人仍应恪守投资者的最佳利益;在与投资者或第三方监督机构的沟通中,上述事项在必要时仍应被提及。如果清算未能在当年完成的,清算人应至少每年出1份年报,向投资者说明为何清算未能完成。

良好实践12:终止过程中的估值。

在对拟终止基金财产进行估值时,基金管理人应该:①确保对各类资产公允估值;②妥善解决利益冲突问题。

基金的各类资产应该按市价估值,并与当地的法律规定、基金基本法律文件(如基金合同)的约定保持一致。如果不能取得某些资产类型的报价,也要对该类资产给出估值。基金组合中的所有资产都应估值,这是非常重要的原则。

基金管理人对基金组合中每一类资产在正常环境和极端环境下的估值方法都应制定相应的书面政策,包括终止时的估值程序等。该等估值政策应足够稳健(robust),使基金在必要时可以调整政策以反映其公允价值。调整估值的理由应该清晰地披露。

实践中,对于流动性差或难以估值的资产,基金管理人是唯一可靠的估值信息来源,因此会有更高的利益冲突风险。基金管理人在估值时会有内在的机会主义冲动,因为其收费就是基于基金的估值。另一种利益冲突是,基金管理人终止基金是由于考虑了其管理的其他基金的利益。但无论如何,基金管理人应承担管理利益冲突的义务,确保其终止基金的决定是基于正当理由(legitimate reason),估值过程也不应以一个基金为代价而使另一个基金获利。基金管理人应始终恪守投资者的最佳利益。在财产变现时,基金管理人不应在时间上延迟以等待未来可以得到更好的价格(从而使基金管理人得利),这也会带来利益冲突。

5. 特定问题

良好实践13:实物赎回。

在确保拟终止基金中其他投资者的最佳利益不受损害的情况下,基金管理人可以经机构投资者同意,向其提供实物赎回(redeem in specie)选项。

实物转让(in specie transfer)可以用来全部或部分满足赎回申请。发生实物转让时,基金管理人将相关基金份额对应基金财产的所有权直接转让给赎回该份额的投资者,通常会导致该投资者按比例获取基金财产中的各类资产的一部分——尽管在一些场合,这种操作是不切实际的,如资产类型是大额债务工具。

采用实物转让对基金管理人来说有不少好处,其可加速持有流动性较差证券的基金的清算和终止:①基金可以不长期持有流动性较差的资产;②基金可以及时完成终止,从而不必持续履行清算期间的各项法定义务;③基金及其投资者不必再向基金服务机构支付管理流动性较差资产的更多费用。但这种做法对分到实物的投资者可能会有问题。人们会担心,流动性较差的资产的所有权给了投资者后,投资者同样要承担管理这些资产的义务和责任,如果不尽快变现,也有相应的风险。因此,实物转让的适当性应合理评估。作为一种良好实践,基金管理人如采用实物转让方式,应仅针对机构投资者实施且已经得到其同意。

良好实践14:有序地终止相关基金。

对于有到期期限的基金,基金管理人应在预计到期终止日之前的合理时段内,采取相应程序以保证有序、及时地终止基金。

当一个有期限的基金成立后,基金管理人是清楚知道其终止日的。在此情形下,基金管理人应该在终止日之前相对合理的一段时间内,考虑如何了结基金的敞口头寸(open position)以及如何将基金收益分配给投资者。这符合投资者最佳利益原则。

(二)我国的实践及评论

1. 我国的实践

关于基金终止,我国目前的主要实践情况是,一般会在基金合同中约定投资运作终止的触发条件,[①]然后进入清算程序。清算程序的核心内容亦通过基金合同加以约定。如果基金存在流动性较差、不能立即清算的资产,如停牌股票,则先将可以清算的资产全部清算、变现及分配完毕;剩余基金财产则待到具备流动性时,再进行二次清算(或后续多次清算)。对于有期限的证券投资基金来说,一般会在基金合同中约定,在期限到期前多少日内,买入证券的投资运作就告终止,后续陆续卖出证券进行变现。这也符合《IOSCO基金终止报告》关于有序终止基金的良好实践。

2. 评论

受监管要求,[②]我国的证券投资基金目前主要投资于上市流通的证券,故除去极端情况,流动性总体上可以保证,目前未发现在这一环节出现特别重大的问题。

---

① 触发条件主要有如下几种情形:一是基金管理人或基金托管人依法解散、被依法撤销、被依法宣告破产或被依法取消私募投资基金管理人相关资质,在6个月内未能依法律法规及本合同的约定选任新的基金管理人的;二是基金份额持有人少于1人的;三是基金存续期(投资运作期限)届满而未延期的;四是经基金份额持有人、基金管理人和基金托管人协商一致决定终止或基金份额持有人大会决定终止;五是连续一段时间基金的资产净值低于某个金额,管理人有权提前终止;六是基金未能通过基金业协会备案;七是基金定向投资的标的产品投资运作终止。

② 与海外的对冲基金(hedge fund)不同,我国即便是私募基金,也较清晰地划分为私募证券投资基金和私募股权投资基金,前者不允许开展大量的私募股权投资。

而且,由于私募基金的发展年头较短,《IOSCO基金终止报告》中提到的,诸如无法联络到投资者、基金合并、(实在无法退出时的)实物赎回等问题,均还没有足够和充分的实践。对照这一环节的基金治理要求,本书的简要评论是:

第一,我国目前的实践总体上符合《IOSCO基金终止报告》中的诸多重要方面。基金业协会发布的《私募投资基金合同指引1号(契约型私募基金合同内容与格式指引)》,对于基金合同的提前终止(意味着基金投资运作必须更早终止)也有"必须召开基金份额持有人大会做出决定"的要求。因此,目前在基金终止环节,尤其是私募证券投资基金,尚未出现特别重大的问题,基金治理总体可以得到保障。

第二,随着基金投资实践的深入,未来可能会出现一些目前没有监管规定或基金合同没有约定的情形。这时,《IOSCO基金终止报告》中的内容就应当作为重要的指引,尤其是作为这些特别事件的指引,以加强基金治理,保障投资者最佳利益。比如,对于较复杂的清算情况,是否需要制定终止方案并做好信息披露;失联投资者如何处理(基金运作周期更长以后,会出现这种情况的);暂停申赎的处理;基金合并的处理;实物赎回的处理等。监管机构也可以参照《IOSCO基金终止报告》的总结,提前有所应对。

第三,唯需要注意的,是我国实践中,有的私募基金管理人草拟的基金合同还需要加强严谨性,有必要区分基金投资运作终止、基金合同终止、基金终止这几个概念,避免互相混用的情况。比如,有的基金合同会把投资运作终止的触发条件写成基金合同终止的触发条件,同时基金合同还规定了"基金清算"一节。在这种情况下,触发条件成就,基金合同就终止了,那么,后续基金清算的依据又在哪里呢?这就导致合同在基本逻辑上的混乱,对此应予注意。

第四篇

基金管理人的
内部治理和外部治理

一、基金管理人的内部治理概述

如本书前文所述,基金治理和基金管理人的治理是两个不同但有联系的问题,基金管理人的治理是基金治理的一个组成部分,其中内部治理尤为重要。

(一)基金管理人的组织形式和治理

根据我国《证券投资基金法》,基金管理人可以采取的组织形式有两种:一是公司,二是合伙企业。

对于公司而言,基金管理人的治理本质上就是公司治理,将此置于公司治理的语境进行讨论,本书认为并无不妥。其中,基金管理公司的控股股东、董监高应对其他中小股东承担信义义务,基金管理公司的股东(大)会、董事会(执行董事)、监事会(执行监事)应依法履行各自的职责。

合伙企业相对复杂一些。本着税务及有限责任等考虑,作为基金管理人的合伙企业一般会采取有限合伙企业的形式,因此,就有普通合伙人和有限合伙人之分。有限合伙人不参与合伙企业事务,普通合伙人担任合伙企业的执行事务合伙人。因此,这里的有限合伙人可以视为公司中被动投资的中小股东,而普通合伙人则类似于控股股东。根据本书对信义关系的讨论,可以认为普通合伙人应对有限合伙人承担信义义务,普通合伙人也应为合伙企业的最佳利益而努力。至于有限合伙人对普通合伙人的约束,则倚赖合伙企业法的规定及双方在合伙协议中的约定。这是合伙企业层面的治理。就普通合伙人本身而言,如果他/她是一个自然人,其职责和信义义务则可类比公司董事;如果它是一个公司,则又回到上面公司治理的语境。

对于基金管理人治理和基金治理的连接点,本书认为:治理的传统核心目标是保障委托人的利益。[①] 就公司治理而言,一般是公司利益最大化暨保障公司全

---

① 在较早的公司治理论述中,治理目标就是实现公司的经营目标并最终实现股东利益的最大化。参见赵旭东主编:《公司法学》,高等教育出版社2006年版,第362页。

也有论述是将公司治理分为狭义和广义,狭义的公司治理解决的是因所有权和控制权相分离而产生的代理问题,要处理的是公司股东与公司高层管理人员之间的关系问题;广义的公司治理可(转下页)

体股东的最佳利益;就基金治理而言,就是基金利益最大化暨保障基金所有投资者的最佳利益。在基金治理的组织架构中,基金管理人居于核心地位,其负责基金的募集、投资、运营、收益分配、终止清算等各项工作——行业内叫作"募投管退"——并因此从基金收取费用(管理费和业绩报酬),取得收入。如果基金管理人有一个良好的治理机制,着眼于公司股东利益的(长期)最大化,它就会通过内部的各种努力,确保能从基金持续地收到更多的收入,它会有动机和激励来维持基金的健康、持续运营和规模的不断壮大,进而也就保证了基金投资者(即契约型基金的份额持有人或公司型基金的股东)的利益最大化(或最佳利益)。尤其是当基金管理人的利益和基金利益发生冲突的时候,治理良好的基金管理人会着眼于自身更长期的利益,着眼于未来持续取得(更多)收入的可能性,于是会以基金利益为先,牺牲自己的短期利益,追求自身的长远利益。因为如果不这样,基金投资者就会逐渐"用脚投票",基金规模也就会不断缩小,最终也就给基金管理人(及其公司股东或有限合伙人)的利益造成负面影响。这样,在长期和持续性的维度上,就把基金管理人的治理和基金治理对接上了;进而在信义义务侧面,就把基金管理人对基金投资者的信义义务,传递和延伸到基金管理人的控股股东、实际控制人、董监高等自然人对基金管理人及其股东的信义义务上,二者的终极目标是收敛和一致的。

对于以有限合伙企业形式存在的基金管理人来说,自然人普通合伙人(执行事务合伙人)可以与公司董事类比,应本着其对合伙企业和有限合伙人的信义义务恪尽职守。如果普通合伙人是公司,则通过该公司的治理机制,按上一段表述的逻辑在"公司控股股东、实际控制人、董监高等自然人——公司(作为普通合伙人/执行事务合伙人)——合伙企业(作为基金管理人)——基金"链条中传递信义义务,以实现基金治理的目标。

(二)基金管理人内部治理的主要范畴

由上文可知,无论采用公司还是合伙企业的组织形式,基金管理人内部治理

(接上页)以理解为关于企业组织形式、控制机制、利益安排的一系列法律机构、文化和制度安排,界定的不仅仅是企业与其所有者之间的关系,而且包括企业与所有利益相关者之间的关系。上述狭义的公司治理也可称为内部治理,旨在"两权"分离的框架下保障股东利益的最大化。参见李维安等:《公司治理》,南开大学出版社 2001 年版,第 31 页;范健、王建文:《公司法》,法律出版社 2008 年版,第 344 页;李建伟:《公司法学》,中国人民大学出版社 2008 年版,第 338 页。

的核心仍落入公司治理的范畴。其中,最重要的是作为(经济学上)代理人①的相关自然人(实际控制人、董监高等,以下简称"基金受信人")对(终极意义上、经济学上)委托人的信义义务。因此,考虑到基金管理人在业务上相对其他公司的特殊性并参考公司治理问题的一般语境,②本书认为,基金管理人内部治理的主要范畴大致有如下两个方面。

1. 建立组织机构健全、职责划分清晰、制衡监督有效、激励约束合理的治理结构

第一,对于股东而言,应履行其法定义务,不得虚假出资、抽逃或者变相抽逃出资;不得有代持、循环出资、交叉出资、层级过多、结构复杂等情形;不得隐瞒关联关系或者将关联关系非关联化;不得以任何形式占有或者转移基金管理公司资产。对于股东(大)会而言,应依照《公司法》等法律、法规明确职权范围和议事规则。基金管理人与股东之间,在业务和客户关键信息上应予隔离。股东或实际控制人应当通过股东(大)会依法行使权利。

第二,在董事会层面,应依照《公司法》等法律、法规明确职权范围和议事规则。董事会应为基金管理人制定其公司基本制度,决策相关重大事项,监督、奖惩经营管理人员,但董事会和董事长不得越权干预经营管理人员的具体经营活动。董事会对经营管理人员的考核,应当关注基金长期投资业绩、公司合规和风险控制等维护基金投资者利益的情况,不得以短期的基金管理规模、营利增长等为主要考核标准。董事会应有合理的人员构成。中国证监会要求公募基金管理人的总经理应当为董事会成员;如单个股东或者有关联关系的股东合计持股比例在50%以上的,与上述股东有关联关系的董事不得超过董事会人数的1/3。

第三,关于独立董事,中国证监会要求公募基金管理人建立健全独立董事制度,独立董事人数不得少于3人,且不得少于董事会人数的1/3。独立董事应当以基金投资者利益最大化为出发点,勤勉尽责,依法对基金财产和公司运作的重大事项独立作出客观、公正的专业判断,如公司及基金投资运作中的重大关联交易、公司和基金的审计事务(如聘请或者更换会计师事务所)等事项,应当经2/3以上的独立董事同意后通过。对于私募基金管理人而言,从完善治理结构,对外增加

---

① 经济学上的"委托—代理"关系及代理理论所指向的对象,在本质上是要比大陆法系民法中的代理关系更为广泛的,对此有必要区分。

② 参见施天涛:《公司法论》,法律出版社2018年版,第307—502页;在实定法上,则可以参见中国证监会发布的《证券投资基金管理公司管理办法》《证券投资基金管理公司内部控制指导意见》《关于加强私募投资基金监管的若干规定》,中国证券投资基金业协会发布的《私募投资基金管理人内部控制指引》等法规的规定。

公信力等角度来说,本书认为由董事会聘请独立董事不失为一个好的选择。尤其是基金投资运作涉及较多关联交易的场合,通过独立董事发表意见,可以增加交易本身的公允性,加强对投资者利益的保护——无论是客观上的利益保护还是投资者在主观认知上的保护。

第四,在监事(监事会或执行监事)层面,应当依照《公司法》对基金管理人的财务及董事会、高管层的履职情况进行监督,维护股东合法利益,但不得越权干预经营管理人员的具体经营活动。基金管理人应为监事的履职提供保障。对于公募基金管理人,中国证监会要求监事会应当包括股东代表和公司职工代表,其中职工代表的比例不得少于监事会人数的1/2;不设监事会的,执行监事中至少有1名职工代表。对于私募基金管理人而言,邀请职工加入监事会成为执行监事,本书认为,对于员工激励是有意义的,对外也可彰显管理人对公司治理的重视,增进其公信力。

第五,在高级管理人员层面,中国证监会要求其忠实、勤勉地履行职责,不得为股东、本人或者他人牟取不正当利益。对于公募基金管理人,要求建立健全督察长制度,督察长对董事会负责,对公司经营运作的合法合规性进行监察和稽核。督察长发现公司存在重大风险或者有违法违规行为,应当告知总经理和其他有关高级管理人员,并向董事会、中国证监会和公司所在地中国证监会派出机构报告。对于私募基金管理人,基金业协会要求设立负责合规风控的高级管理人员,其应当独立地履行对内部控制监督、检查、评价、报告和建议的职能,对因失职渎职导致内部控制失效造成重大损失的,应承担相关责任。

以上是从治理结构角度偏重组织机构及其职能的论述。对于该等结构和组织机构在各个细节层面的探讨,有诸多在先的公司治理学术文献可供参考,其原理是相通的,本书不再进一步深入。

2. 要求基金受信人在上述治理结构中真正履行好其信义义务

在任何组织结构中,真正开展运作的是一个个具体、鲜活的自然人。治理结构若要制衡监督有效、激励约束合理就必须依靠人的积极行为。如果仅仅是在字面上把上述组织机构建构得十分完善妥帖,但实践中却另搞一套,那么,公司治理和基金治理也就注定是空中楼阁,失去其原本的目的和意义。考虑到基金管理人处于基金治理组织架构的核心,因此,对于基金投资者的信义义务应根据上文所阐述的逻辑层层传导,最终必须由作为自然人的基金受信人来承担。由于在长期维度上,基金管理人股东的利益与基金投资者的利益是一致的,因而基金受信人在基金管理人治理层面所履行的信义义务最终也将投射至基金治理层面,二者在终极意义上是等价的。按照信义义务的法理,基金受信人应履行好自身的忠实义务和谨慎义务。

在忠实义务方面,如本书前文所述,其核心是利益冲突的防范。基金受信人应通过各种机制安排、内部流程,也包括上述公司治理结构的建立等,对此作出妥善应对。

在谨慎义务方面,分为决策义务和监督义务。基金受信人应当谨慎地依照必要或法定的程序,收集尽可能完备的信息,做出各项决策,如制定各项内部制度、合规政策;开展各项合规管理、风险管理活动等建立信息收集与报告系统,以谨慎的态度监控各种"红旗警示"(red flag)信息,对可能出现的风险和问题及时采取补救或整改行动。

在日常具体的业务实践中,上述忠实义务与谨慎义务的履行需要转化为更具体的内部经营管理活动,以保证其落到实处,这就是内部治理的抓手问题。

(三)基金管理人内部治理的主要抓手

在基金管理人的内部,除了基金募集、投研、交易、运营以外,还有合规管理、风险管理/风险控制(以下一般称为"风险管理")、内部控制、内部审计等工作。其中,内部审计侧重事后的监督检查,①相对独立;而合规管理、风险管理和内部控制这三个概念则是人们经常一并提及甚至互相混用的。本书认为,这三个概念所指涉的对象在理论建构上,处在内部治理(governance,对应的是治理层,如董事会)和经营管理(management,对应的是管理层,如经理、高级管理人员)之间的过渡地带,其往往由相关高管牵头,并聘请专业人员(如合规专员、风控经理等)开展具体工作,但需要直接向治理层汇报。这些具体工作,在性质上应被视为内部治理得以落实、完善的抓手,确保基金管理人和基金受信人履行好谨慎义务和忠实义务。

1. 合规管理、风险管理和内部控制的概念内涵与相互关系

(1)三个概念的内涵。

合规,顾名思义,就是"合乎规范",可以理解为企业和员工对法律、法规及规则的遵守。合规侧重的是企业、员工行为与规则对照的符合性与一致性。此处的"法律、法规及规则",取广义概念,既包括企业外部公权力机关所制定的所有法律、行政法规、地方性法规、部门规章、司法解释、行业规范和自律规则等具有规范性效力的各类文件,也包括企业自身制定的各项内部规章制度等文件,以及行业

---

① 参见秦子甲:《私募基金法律合规风险管理》,法律出版社2017年版,第17、18页。

公认并普遍遵守的职业道德和行为准则等。① 这就使"合规"的外延可以非常广泛，与风险管理、内部控制取得了相应的联系。基金管理人的合规管理，就是基金管理人为了实现"合规"目标而采取的各项内部管理活动，包括但不限于制定和执行合规管理制度，建立合规管理机制，旨在防范合规风险。②

风险管理包括风险消除、风险转移、风险降低和风险保留，③其外延比"风险控制"要略大。风险的消除、转移和降低可称作"风险控制"，但经过权衡后的风险保留则往往也是风险管理的一种方法。对于风险来说，《巴塞尔协议》提出金融机构可以计量的三大风险，即市场风险、信用风险和操作风险。在实务中，人们谈到的风险则往往包括：市场风险、信用风险、操作风险、流动性风险、法律风险、合规风险、声誉风险、政治风险、环境风险、财务风险、战略风险以及系统性风险等。其中，法律事务管理与合规管理就分别对应着对法律风险与合规风险的控制。从更广泛的角度来看，金融监管机构也会制定诸如《商业银行资本充足率管理办法》《证券公司风险控制指标管理办法》等监管规定，遵守这些规定本身就是"合规"的要求，同时，对市场风险、流动性风险等风险类型也起到了控制和管理的效果。于是，"合规"与"风控"这两个概念之间，其实存在交叉的关系。

内部控制起源于企业所有权和经营权的分离，从而产生了内部牵制、查错防弊的控制需要。1985年6月，美国成立了虚假财务报告全国委员会后援组织委员会（COSO）。COSO 于20世纪90年代发布了"内部控制—整体框架"报告，确定了内控五要素，即控制环境、风险评估、控制活动、信息与沟通、监督；以及内控三目标，即①保证公司经营运作严格遵守国家有关法律、法规和行业监管规则；②防范和化解经营风险，提高经营管理效益；③确保财务和其他信息真实、准确、完整、及时。因此，内部控制，是指公司为防范和化解风险，保证经营运作符合公司发展规划，在充分考虑内外部环境的基础上，通过建立组织机制、运用管理方法、实施操作程序与控制措施而形成的系统。由于内控的目标中提及了风险防范与合规，一些内控措施可能也会是相关法律、法规的具体要求，因此，它与"合规""风控"就都有了交集。④

（2）三个概念的相互关系。

综上，这三个概念在外延上其实有相互交叠的地方。但如果考虑到"风险"的

---

① 中国证监会2017年发布的《证券公司和证券投资基金管理公司合规管理办法》第2条第2款称：本办法所称合规，是指证券基金经营机构及其工作人员的经营管理和执业行为符合法律、法规、规章及规范性文件、行业规范和自律规则、公司内部规章制度，以及行业普遍遵守的职业道德和行为准则（以下简称法律法规和准则）。

② 参见中国证监会发布的《证券公司和证券投资基金管理公司合规管理办法》第2条第3款。

③ 参见中国注册会计师协会编：《公司战略与风险管理》，经济科学出版社2009年版，第231页。

④ 以上可参见秦子甲：《私募基金法律合规风险管理》，法律出版社2017年版，第15—17页。

广泛性和对企业持续经营的重要性,从广义上去界定"风险"的话——比如包括财务风险、合规风险、声誉风险、操作风险、战略风险等——本书认为"内部控制"和"风险管理"可能是等价的,二者只是从不同的角度和在不同的层次上加以论述。① 内部控制侧重宏观上整体控制环境的一面,突出控制的系统性(尤其是内控五要素);而风险管理则侧重微观上对每一项风险的管理,但又由于风险存在的广泛性,如果对每项风险都加以覆盖,其最终效果也能实现内部控制。如果把风险管理的范畴适当减小,如对合规风险、财务风险、战略风险等均不考虑,而仅侧重市场风险、信用风险、流动性风险等具体经营事项,那么狭义上的风险管理则应该是内部控制的子集。上述三个概念彼此之间的关系大体如图4-1所示:

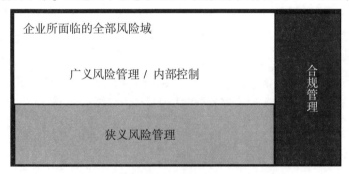

图4-1 合规管理、风险管理、内部控制的关系

2. 三者与基金管理人内部治理的具体联系

首先,法律、法规对基金管理人尤其是公募基金管理人的治理结构提出了明确的要求;对于私募基金管理人而言,其也要遵守《中华人民共和国公司法》的相应规定。因此,合规管理的一项重要工作,就是确保治理结构合规并且遵守公司治理方面的其他具体要求。

其次,关于基金受信人的信义义务,尤其是利益冲突防范方面的强行性法律规范(忠实义务),必须通过合规管理及内部控制来保证遵守。② 对于其他信义义

---

① 本书此处的观点已有别于笔者2017年所著《私募基金法律合规风险管理》中的相关观点,笔者根据近年的实践情况,对此有所修正。

② 有国内学者认为,"出于公司防范法律风险、减少公司损失的需要,合规机制逐步被纳入公司治理的结构之中。""合规机制对于企业的经营活动会产生两个方面的规范效果:一是执法部门对企业提出带有强制性的合规要求,企业为避免不利的法律后果而被迫实施合规治理;二是在执法部门的合规机制作用下,企业对内部利益相关方展开自我监管活动,主动实施内部合规治理,使企业合规机制起到代替法律制度的效果,所谓'超越法律的自我治理'。"陈瑞华:《企业合规基本理论》,法律出版社2020年版,第5、87、88页。
笔者认为,上述第一项可对应基本的合规要求,而信义义务的履行则能产生上述第二项的效果。

务或其他法定义务(如投资者适当性管理义务),基金管理人也必须做到合规,才能避免因违法违规带来的监管处罚、财务损失及声誉损失。[①]

再次,对于风险管理而言,其突出体现的是基金受信人信义义务中的谨慎义务。基金管理人(基金受信人)在做决策时,必须考虑风险的因素,否则,难言收集信息的完备。履行风险管理职责可谓履行谨慎义务的一个重要方面。

最后,对于内部控制而言,其第①个目标即合规管理,第②个目标和风险管理兼容,第③个目标侧重财务信息。但要确保财务信息的真实、准确、完整、及时,同样需要基金受信人履行好信义义务,尤其是谨慎义务中的监督义务——也涉及决策义务,如对各种会计政策(如会计估值)的决策等——否则便是缘木求鱼。

因此,就基金管理人内部治理而言,其"目标函数"是建立完善的治理结构和要求基金受信人履行好信义义务;但在具体的实施或保障手段上,就体现为合规管理、风险管理和内部控制所指涉的具体工作。这三者是基金治理通过基金管理人内部治理而走向最终落实的末梢,也是基金治理通过基金管理人在基金运作和日常经营实践层面保证实现治理效果的抓手。[②]

[①] 参见 IOSCO《市场中介机构的合规职能:最终报告》(*Compliance Function at Market Intermediaries: Final Report*)。

[②] 有学者在公司治理的语境中提出,公司治理不能等同于公司合规。"遵守了合规规定就能做好公司治理吗?答案显然是否定的。公司治理至少应该比公司合规多三个方面的维度:一是专业判断;二是受托义务;三是制衡性。"参见曾斌、林蔚然等:《资本治理的逻辑》,中国法制出版社 2020 年版,第 87、88 页。

笔者赞同此论,但认为这与本书的"抓手论"并不矛盾。"抓手论"本身意味着"工具论",但不是"目的论"。"抓手"仅仅意味着一个能实现目标的发力点,但发力点不是目标本身。因此,基金管理人的合规管理不等于基金管理人的内部治理,更不等于基金治理。但基金管理人必须通过加强和完善合规管理(以及风险管理、内部控制等手段),从而确保基金受信人履行其信义义务,来实现内部治理目标,合规管理目标可谓内部治理目标的底线。

二、合规管理、风险管理与内部控制的展开

本部分紧接上文,对基金管理人的合规管理、风险管理以及内部控制展开论述。基金管理人应在相应框架或范畴内开展具体工作。

(一)合规管理的框架

IOSCO 于 2006 年 3 月发布了《市场中介机构的合规职能:最终报告》(Compliance Function at Market Intermediaries: Final Report,以下简称《IOSCO 合规报告》)。如本书导论所言,基金管理人是直接融资模式中的市场中介机构,[①]因此,本书参考这份《IOSCO 合规报告》及中国目前的日常实践,[②]建立合规管理的相应框架。

1. 合规管理职能(compliance function)的构建

《IOSCO 合规报告》对此提出如下意见:

第一,要建立合规职能。每个中介机构均应建立和维持合规职能,作用是持续地识别、评估、监督该机构遵守证券监管规定的情况,并就此提供意见和报告。在建立合规职能时,应考虑该机构所提供的产品和服务、客户的特征(如是个人投资者还是机构投资者)、业务的结构和多样性(包括业务的地域分布和监管要求)、从事业务的人数等因素。如果是金融集团,那么在法律规定允许的范围内,可将合规职能集中于母公司或集团内的其他实体,实现合规系统的集中。

合规职能的范围、结构和活动应与相关业务的性质、规模和复杂性相符。机构应当明确其合规职能及责任是集中于一个部门还是分布到其他不同部门。但无论如何,合规要求应传达到公司内的有关个人。根据业务的规模和性质,机构应有正式的合规记录;应鼓励员工就如何遵守证券监管规定向合规人员咨询。为此,也应当让员工知道如何向合规部门咨询。

[①] 在中国香港特区的《证券及期货条例》中,金融中介就包括持有 9 号牌的资产管理人。

[②] 日常实践部分,笔者曾在《私募基金法律合规风险管理》(法律出版社 2017 年版)一书中有所总结。关于利益冲突,可同时参考前文。另外,也参考了中国证监会发布的《证券公司和证券投资基金管理公司合规管理办法》,这里的证券投资基金管理公司是指公募基金管理人,但私募基金管理人也可一并参考。

第二,高管人员和治理层的角色。高管人员的任务是建立和维持合规职能并遵守相关政策和程序,以达到合规的目的。治理层应提供充分条件,确保合规人员履行职能所需的必要权利和资源。治理层应对合规人员采取问责制,促进合规文化。

具体来说,机构应指定一位适任的高管人员负责日常合规工作。该高管要与合规人员讨论重要合规事项;定期评估机构的整体合规情况,包括内部合规政策和程序的遵守情况及合规管理的有效性等;应确保合规问题都能得到有效和迅速的解决;确保合规职能不断完善,保障新的政策和程序可以有效地实施。治理层则应该定期从高管人员处或独立的合规人员处获取合规管理是否有效的全面信息,包括机构内部的任何重大问题。此外,高管人员应直接监督合规职能的范围、架构和履职活动,确保合规职能始终发挥作用;应鼓励业务部门在必要时就其业务向合规部门咨询。

机构应针对违反证券监管规定或内部制度的情况制定合规政策和相应的处置流程,包括但不限于:识别违规的方法;发现违规时应采取的措施;违规发生时,应通知何方(内部或外部);对于必须报告的违规情形,要明确报告的时限;纠正违规并确保其不再发生的措施;违规的记录等。

第三,合规管理的独立性和专业能力。合规职能部门应该独立运作,不受其他业务的不当影响。合规人员的薪酬和晋升不应该直接取决于特定业务线、产品或交易是否成功或机构的财务业绩。合规人员的薪酬应取决于机构整体的业绩或收入。

合规人员应具有主动与其他人员沟通的能力,并有权查阅其履行职责所需的记录或其他信息。合规人员应该能接触到高管人员和治理层。万一相关人员不得不既进行业务活动又进行合规活动,他们不应监督自己的业务活动。

第四,合规人员的资质。为了有效地履行合规职责,合规人员应具备诚信、理解相关规则、必要资格、行业经验以及专业素养等资质,有必需的技能、知识和专门技术。

为此,在接受合规任务前应完成相关课程和培训;对于证券监管要求的知识和经验,可通过完成规定的考试予以确认;应参加继续教育活动(Continuing education),从而具备相关工作经验及行业经验等。

第五,评估合规职能的有效性。机构应定期评估其合规职能的有效性。除内部评价外,应定期接受外部审查,如作为独立第三方的外部审计师、自律组织或监管机构的审查等。应允许评估方自主跟进他们在检查期间发现的任何问题或扩大检查范围。

对于评估的内容,应包括合规风险识别、评估、监控、报告的政策和程序;是否就合规职能的有效性向高管报告;是否及时解决合规职能的任何缺陷;向合规人员提供额外培训的情况等。

第六,跨境合规安排。如果机构跨境运作,合规部门必须了解所开展业务的每个法域的适用法律,并采取措施确保有必要的合规人员和专业知识来遵守这些法律。考虑到管理上的简便性,机构可以在不同法域之间,统一采用孰严的标准。如果需要在两个或两个以上法域之间划分人员,则需要明确不同员工之间的责任分工,明确相关合规人员的报告线和问责流程,确保在相关法域的所有活动都受到合规部门的适当监督。此外,应定期审查机构在境外法域的业务活动和合规职能,保证合规人员随时可以获取该机构在境外法域活动的详细信息。

最后,如果合规职能有外包的话,机构仍应对其外包出去的职能负有最终的和完全的法律责任。

2. 合规管理的职责范围

在综合多方资料后,本书认为,合规管理应至少包括如下工作或活动:

(1)监管方面,包括但不限于:

☐ 基金管理人及其员工的牌照、许可或登记事项;

☐ 基金备案和基金信息报送;

☐ 跟踪法律、法规变化,识别监管风险,明确监管要求;

☐ 加强监管以及行业沟通,如担任监管机构与公司的联络人;必要时配合监管机构的检查、调查;必要或有机会时参与规则评议过程,如咨询过程,尤其要关注商业管理方面的意见;必要时或定期向监管机构汇报(包括将严重违规及纠正情况、整改措施向监管机构报告等);必要时或有机会时积极参加行业委员会和工作组等;

☐ 净资本和财务责任合规(如需要)[1]等。

(2)内部治理结构及机制设计方面,包括但不限于:

☐ 监督并确保基金管理人在公司治理(治理结构)方面充分履职;

☐ 制定程序、流程、合规政策等内部制度,并对此在内部加强沟通和执行,以考虑、回应监管要求和监管风险;

☐ 建立合规管理及业务监督的框架,建立授权体系;

☐ 监督公司活动使其符合上述各项内部制度;

---

[1] 目前中国法对私募基金管理人没有这方面的要求,但其他法域的监管机构对基金管理人会提出类似要求。

□ 必要时(如定期)撰写合规报告并向公司管理层或治理层汇报(包括违规情况)等。

(3)基金募集及客户方面,包括但不限于:

□ 履行反洗钱职能,包括为反洗钱提供相关咨询;

□ 对投资者适当性管理及监督,关注有关联关系的基金投资者;

□ 监督对客户数据隐私的保护;

□ 监督向客户提供的推介或建议;

□ 监督与客户信息和市场信息相关的各项职责等。

(4)基金①投资及利益冲突防范方面,包括但不限于:

□ 建立隔离墙,阻断内幕信息的传递,维护限制清单和观察清单,监控及防范内幕交易(如对运用专家系统保持监控等);

□ 监控具体证券交易的合规性(如参与股指期货交易等),监控和防范市场操纵;

□ 监控基金间同日或近日的同向交易,确保公平交易;

□ 监控基金间同日的反向交易;

□ 监控私募证券投资基金与私募股权投资基金之间的交易,确保没有利益冲突或利益输送;

□ 监控和/或审批关联交易,确保没有利益冲突或利益输送;

□ 监控最佳执行(Best Execution)的落实;

□ 监控不同基金交易头寸的公允分配(我国因特定的证券交易及结算制度而没有这项要求);

□ 监控基金在上市公司投票中的利益冲突等。

(5)员工行为及利益冲突防范方面,包括但不限于:

□ 监控员工保密义务的遵守,防止机密信息的不当披露;

□ 监控未公开信息的泄露,防止"老鼠仓"行为;

□ 员工个人交易(含基金管理人自有资金的自营交易)的申报和审批,员工个人交易账户开立的审批等;

□ 监控员工遵守业务规则、合规手册等内部制度的情况;

□ 监控业绩报酬提取中的利益冲突;

□ 监控软回佣中的利益冲突;

□ 其他发现、预防和管理利益冲突,如反商业贿赂,挪用基金财产的防范等。

---

① 此处第4点所称基金均为证券投资基金,除非其中另行标注私募股权基金和私募证券基金。

(6) 基金运营方面,包括但不限于:

☐ 监控基金的信息披露(定期披露及触发重大事项时的披露);

☐ 监控估值及份额登记中的合规性等。

(7) 投诉、举报及内部纪律方面,包括但不限于:

☐ 处理客户投诉;

☐ 处理内外部人员的举报;

☐ 独立或协同其他部门(如内部审计部门、法务部门等)开展内部调查(可以由公司内的一个或几个职能部门来进行,也可以使用第三方服务);

☐ 配合司法机关对特定员工的调查(如金融刑事犯罪调查);

☐ 就纪律问题(包括解雇),向高级管理人员提供咨询意见等。

(8) 合规培训及合规文化塑造方面,包括但不限于:

☐ 教育和培训,使治理层、高管层、业务人员和其他员工了解最新适用的法律、法规以及内部政策、程序,并告知其应如何遵守这些要求;

☐ 弘扬员工中的道德行为等。

(9) 其他方面,包括但不限于:

☐ 提供合规咨询机制,回复公司内部各个部门、各个员工就合规事项提出的咨询请求;

☐ 对各项重大经营决策(如新产品、新业务方案)、重要法律文件(如重要合同、产品推介文件)、信息披露文件进行合规审查;

☐ 就主动发现的合规风险发出合规提示,要求相关部门及人员给予关注、加以落实或进行整改;

☐ 对特定事项或依照监管要求开展合规检查;

☐ 向管理层或治理层报告合规问题,寻求合规支持;

☐ 开展合规考核;

☐ 对风险管理职能、制定和测试业务应急计划进行监督;

☐ 对外包服务提供商(如代销机构、托管人等)的遴选保持监控,反商业贿赂,特别关注有关联关系的此类机构;

☐ 监控公共关系处理(如网站、公众号宣传)中的合规性;

☐ 对赠与、捐献开展监控;

☐ 监控信息系统及信息安全工作的合规性等。

3. 评价企业合规文化或合规环境是否有效的要素

《IOSCO 合规报告》在其附录 D 中列示了企业合规强文化的各种要素。本书认为这是比较重要的内容,可以作为合规管理工作的对标,故译介如下:

(1)最高管理层对合规职能重要性的认识和强烈支持:

□ 最高管理层和治理层在鼓励合规方面应发挥的作用:制定一套清晰、公开的价值观;管理层积极地以可见的方式遵守价值观;不论人员的地位如何,对类似的行为要有一致的奖惩,管理层对此要有意愿采取行动;在每个职位描述中加入合规表现指标;必要时,具有增加合规人员的意愿。

□ 企业文化中蕴涵强烈的社会责任感。

□ 合规原则体现在组织架构的各个层面,渗透到公司内部。

□ 具有与合规相独立的管理措施。

□ 高级管理人员向所有员工明确传达合规优先的精神。

□ 将个人目标与公司目标和价值观结合起来。

□ 建立奖惩机制,奖励合规行为并惩罚牺牲公司合规情况的行为。

(2)与承担合规职能的组织有关的要素,如是否有健全的合规政策和程序、是否有足够的资源用于合规活动、向高级管理层报告的质量、合规人员的素质:

□ 存在技术上完善的合规政策和程序,使合规部门能够独立运作,并在整个企业内部能进行有效的沟通;

□ 建立牢固的"防火墙",对于组织架构复杂的公司,持续审查业务线、产品和服务之间的潜在利益冲突;

□ 有足够的资源用于合规活动(包括监管环境和道德规范方面的培训);

□ 为合规职能和独立性提供明确、严谨的授权;

□ 赋予合规人员经常和不受限制地接触高级管理人员的机会;

□ 具有清晰的报告线;

□ 定期向高级管理层/董事会汇报合规情况;

□ 向高级管理层/董事会报告合规上的不足和违规行为;

□ 要求具有监督职能的人员有适任能力并对其进行培训;

□ 指定合规专员,并由高级管理层监督;

□ 具有明确的关于合规控制的自评程序;

□ 人员流失率低。

(3)与合规管理质量直接相关的要素:

□ 合规部门对其所提供的咨询意见有信心;

□ 合规人员能出席重要的业务委员会,讨论、评估和实施拟议的业务计划或新产品开发;

□ 合规部门与被监控业务之间保持良好的工作关系和持续的沟通;

□ 合规问题的响应质量;

- ☐ 主动而不是被动的合规管理工作方法,对发现的问题采取适当的解决方案;
- ☐ 评估什么是要做的、正确的事情,而不是刻板寻找规则;
- ☐ 积极制定和颁布新的行业标准;
- ☐ 避免依赖监管机构来识别合规缺陷;
- ☐ 在提供业务建议方面发挥强大的合规作用;
- ☐ 积极为同业分享最佳实践并讨论新的问题;
- ☐ 合规部门在内外部评审中均获得良好评级。

(4)企业员工方面的要素:
- ☐ 员工能够理解"有效的合规职能可以带来商业回报";
- ☐ 员工能承诺合规;
- ☐ 参与合规培训,具有合规意识;
- ☐ 销售队伍由没有违纪记录的人员组成。

(5)与诉讼和客户投诉有关的要素:
- ☐ 较少的诉讼和客户投诉量;
- ☐ 较少的未解决的投诉问题;
- ☐ 现在或过去未出现重大或实质性的监管方面的问题;
- ☐ 较少的合规方面的问题;
- ☐ 违规行为是轻微的;
- ☐ 较少或没有欺诈记录;
- ☐ 内部审计和合规监控报告中一再发生的问题较少;
- ☐ 较少受到处罚;
- ☐ 与监管机构建立有效的关系,较少受到监管指责;
- ☐ 较好的公司声誉。

(二)风险管理的框架

从广义角度来说,风险普遍存在。因此,从履行自身的谨慎义务出发,基金管理人有必要建立一个风险管理的框架,旨在更周延地实现管理风险的目标。综合有关资料,[①]该框架可以分为如下四个大的方面:

[①] 这一部分内容参考了基金业协会 2014 年发布的《基金管理公司风险管理指引(试行)》、持有中国香港证监会(SFC)9 号牌照的资产管理人的风险管理框架文件以及中国境内私募证券投资基金管理人的风险管理框架文件等。

1. 组织层次和相应职责

首先是董事会。董事会作为治理层对风险管理承担最终责任,其职责主要包括:确定风险管理的总体目标、战略和应对策略;确定总的风险容忍度(risk appetite)、风险敞口(risk exposure);批准相应的风险管理制度;审议重大风险的评估意见和风险管理报告;作出相关风险管理的授权(如授权风险管理部门向员工收集信息、有权获取外部专业支持、有权询问或质问内部员工等);监控和检讨整个风险管理框架等。

其次是高级管理人员(经理层)。其职责主要包括:建立风险管理的具体框架;制定风险管理制度并执行;在授权范围内进行风险管理;组织各职能部门实施风险解决方案;撰写风险管理报告等。管理层可以设立履行风险管理职能的委员会开展具体工作,如制定风险管理的政策、识别和评估各类风险、对内控薄弱环节提出解决方案、对重大风险事项作出决定或审批等。此外,高级管理人员应该为风险管理工作尤其是在业务发展迅速时以及业务发展迅速的部门,配备足够的人力和技术资源;对于风控人员应给予培训和支持,使其具备必要的能力等。

再次是具体的风险管理部门。其职责主要包括:执行公司的风险管理战略、制度、政策等;协同各部门制定风险管理流程和评估指标;对风险进行定性和定量评估;改进风险管理方法、技术和模型;建设和优化风险管理系统;对风险进行独立的识别和监控,对各部门的风险管理工作进行检查和报告;推动风险管理的文化建设等。

最后是各具体业务部门。其职责主要包括:根据公司的风险管理战略、制度、政策等,制定本部门的风险管理各项制度、流程并付诸实施;对本部门的风险进行识别、评估、检讨、回顾,提出应对措施;对本部门的风险进行监测并撰写相应的报告等。同时,各部门要有意识地将风险管理融入日常的经营活动。

2. 风险管理的流程和环节

首先是风险识别。本部分附录"基金面对的风险"列举了一般情况下可以识别出的基金层面主要风险,这可以作为基金管理人的一个风险识别路线图。除此之外,基金管理人还应定期开展更具体的风险识别工作。识别应覆盖各个业务环节和各种风险类型,并应对此定期回顾;对于新产品、新业务,更要开展风险识别工作,保证其风险可测、可控、可承受。风险识别的过程,其实也是梳理业务流程的过程,应趁此机会对主要风险点建立相应的控制措施。

其次是风险评估。可采用定性和定量的方法进行评估。评估的核心维度有两个:一是风险发生的概率,如按五等分的话,大于80%为极可能发生(Highly likely),61%—80%是很可能发生(Likely),41%—60%是可能发生(Possible),

21%—40% 是不太可能发生(Unlikely),小于 20% 是几乎不会发生(Highly Unlikely)。还可以把上述概率对应到时间周期,"极可能发生"可以对应 1 年内发生多次,"很可能发生"对应 1 年内发生 1 次,"可能发生"对应 1—5 年内发生 1 次,"不太可能发生"对应 5—10 年内发生 1 次,最后一种情况则是十多年甚至百年一遇的风险。当然,上述指标和阈值应当由风险管理委员会或董事会根据公司实际业务的性质加以确定。二是风险产生后果的严重性。如果也分为五类的话,可以分为十分严重(Severe)、很严重(Major)、一般(Moderate)、轻度(Minor)和很轻(Insignificant)。每一类可以从财产损失金额、监管或法律后果(如吊销牌照)、对内部管理的影响(如十分严重的话就要重塑管理架构)、对公司声誉的负面影响以及对人员的负面影响(造成大量人员流失或牺牲)5 个方面加以综合评定。

基金管理人应结合上述两个维度对识别出来的各类风险进行定级。后果十分严重且发生概率高的风险,当然是等级最高的风险;反之,则是等级最低的风险。对于不同等级的风险,应采取不同的风险应对策略。

第三是风险应对,包括风险规避、风险降低、风险转移和风险容忍(风险承受、风险保留)。对于上文所述等级最高的风险,原则上应采取风险规避措施,即不要去做。对于风险等级次高或适中的风险,可以采取风险降低的措施(如公司董事长和总经理不同坐一架飞机出差等),或者采取风险转移的措施,如购买相关保险,将风险转移给保险公司。对于风险等级较低或最低的风险,在权衡相应可能带来的收益(如收益足够大)和风险管理的成本(如成本并不高)后,可以对此容忍或保留。

第四是风险报告。基金管理人根据评定的不同事项的风险等级来确定风险报告的频率和路径。风险报告应明确风险等级、关键风险点、风险后果及相关责任、责任部门、责任人、风险处理建议等内容,确保公司管理层和/或治理层能及时获取真实、完整、准确的信息并做出相应决策。同时,可以考虑风险报告升级(Escalation)的触发条件,以保证更高层对风险相关的信息充分知情,从而可以组织更多的资源加以应对。

第五是风险事件的记录和回顾。该环节旨在记录和明确责任,事后可用于追责、跟踪整改、培训回顾等方面,起到举一反三、警钟长鸣的效果。

第六是对风险管理本身的监督,即确保风险管理工作的落实和有效性。本书认为,该项监督既可以由上述"董事会—经理层—风险管理部门—各具体业务部门"链条层层督导,也可以由董事会或经理层指定其他部门如合规部门通过合规检查、内控稽核部门通过内部审计等方式独立实施。

最后是对风险管理的考核评价。考核是一种人事管理上的激励约束机制,评价则旨在对风险管理整个系统、框架的安全性、合理性、适用性和成本收益进行分析、评估和修正,最终目标是提高风险管理的有效性,对此不断完善。

在上述流程的每一个环节,或者各环节之间,都需要员工时时加强内部沟通;同时,也需要在基金管理人层面加强监控,保证执行的有效性。

3. 具体风险种类的应对

在风险管理框架中,要考虑具体风险种类的应对方法。当然,本书对此不可能穷尽。这部分内容是风险管理具体工作的精华与核心,需要专业人员的丰富经验甚至胆识。

(1)市场风险(具体投资工具的市场价格波动的风险),其主要应对措施包括:关注宏观经济指标、趋势和重大经济政策;关注行业周期、市场竞争格局、产品价格和行业政策;关注个股的基本面变化,对个股上市公司开展全方位的深入研究,在此基础上进行合理定价,并在定价时考虑因风险带来的调整,从而把风控过程提前融入投资定价环节,使投资决策更为科学合理,本质上是加强了对风险的防控;关注各种投资比率,如夏普比率、特雷诺比率等;对个股价格、投资组合净值及其他内部设置的风控指标进行盯市监控,超过相关阈值时发出预警;加强对场外交易的监控;运用 VaR 等定量模型;运用敏感性分析等风控方法;必要时运用情境分析和压力测试技术;合理地设置止损阈值等。

(2)信用风险(交易对手方风险或债券发行人违约风险),其主要应对措施包括:参考外部评级的同时,对发行人进行内部评级;加强对交易对手方的信用及其评级的监控;加强对担保品的管理等。具体到私募基金管理人,还需要在选定证券主经纪商(Prime Broker)或一般交易券商时额外注意(可详见前文"交易最佳执行"部分的论述),因为融资融券、收益互换等交易的对手方就是该券商,如果其资本实力不够强大,会带来相应的信用风险。

(3)流动性风险(包括证券交易的流动性风险以及基金申赎的流动性风险),其主要应对措施包括:控制持仓的集中度,加大对重仓品种的监控;对投资组合资产进行流动性分析和跟踪,关注投资组合的投资者结构和投资组合资产流动性结构的匹配性;合理地设置基金赎回条款和其他对债权人、交易对手方、第三方的支付义务条款(保证有充分的清偿时间);建立流动性预警机制;开展流动性压力测试等(本书后文对此还有专题论述)。

(4)(狭义)操作风险(基金管理人内部人员的操作风险),其主要应对措施包括:建立具体、细致的日常工作制度和操作流程,关键业务操作要有复核、制约机制;明确工作授权,防范未经授权的操作;加强事后回溯和考核;加强各类印鉴的保管,制定使用和审批流程;加强业务操作培训,明确差错率考核指标并严肃考核;加强工作日志及各项业务记录的留痕;加强办公场地的安全防范措施,设立各种监控设备等。

(5)信息技术风险,其主要应对措施包括:重要信息技术系统在开发时要确保相应业务能在各种局面下有持续运作的冗余能力;加强程序变更、新程序上线的审批;对网络、重要系统、核心数据库采取多种手段加强信息安全(如密码设置一定的长度),保护数据隐私;以权限最小化和集中化为原则,对访问、登录、变更进行严格的授权,注意控制和留痕,关键操作或敏感信息的获取要双人复核;重要数据和关键设备要有本地、异地备份,对备份数据的准确性要验证;选择能够长期支持、具有合规资质、服务能力和应急响应能力优秀的信息技术系统服务商;制定信息技术应急预案并时常演练等。信息技术和信息安全话题,本书后文也将专题论述。

(6)业务持续性风险,其主要应对措施包括:建立危机处理的决策和执行机构;制定危机处理制度,包括危机认定、授权、对外发言、公共关系应对、业务恢复程序、事后检讨和完善等;建立危机预警机制,加强危机监测;定期进行危机管理演练等。

(7)人力资源风险(含关键人风险和员工道德风险),其主要应对措施包括:确保关键岗位人员有足够的业务适任能力,保证持续业务培训;制定人力资源政策,避免核心人员流失;建立关键岗位人员储备机制;为关键人购买必要的执业保险、人身保险等;不相容岗位不能由一人兼岗;建立权责匹配、科学长效的考核和激励约束机制;制定员工行为守则,使每位员工知情并遵守;强化保密制度;倡导良好的职业道德文化,对新员工进行培训;定期开展员工职业道德培训、合规培训,警钟长鸣;通过制度流程、系统监控、核查检查等方式防范员工违规行为,如商业贿赂、内部盗窃;执行有力的事后惩罚和追责措施等。

(8)合规风险(含投资、销售、信息披露、反洗钱等合规风险),其主要应对措施包括:投资方面:建立有效的投资流程和投资授权制度;在交易系统中设置风险参数;维护好信息"隔离墙"及限制清单、观察清单;对异常交易进行定义和监控,必要时展开调查等;销售方面:对宣传推介资料进行合规审核;对销售协议进行合规审核;严格遴选代销机构;对投资者适当性管理进行合规检查;制定适当的销售政策和监督措施等;信息披露方面:建立信息披露风险责任制;对信息披露文件进行合规审核等;反洗钱方面:建立风险导向的反洗钱防控体系;制定严格有效的开户流程,核实客户身份;从严监控客户核心资料的修改、非交易过户和异户资金划转;对现金支付进行监控和控制;对大额交易和可疑交易(如零对价和非公允作价)进行监控和报告等。合规风险的应对主要属于合规管理的范畴,可一并参见上文。

(9)声誉风险,其主要应对措施包括:建立声誉风险管理政策、制度和流程,积极开展各种公共关系管理;开展声誉风险情境分析,评估重大风险事件可能造成的影响和后果,并据此制定应急预案,定期开展演练;开展公益等企业社会责任行动,不断提升公司声誉等。

4. 风险管理文化的塑造

风险管理文化是企业文化的组成部分,也属于内控五要素中控制环境的题中应有之义。如果一家基金管理人不具有基本的风险管理文化,意味着其员工对风险意识是淡漠的。在这种情况下,无论是组织层面,还是风险管理的各个流程环节,抑或对特定风险的应对手段,都大概率会失效,或者成为空中楼阁,或者成为形式主义和表面文章。因此,本书将风险管理文化的塑造视为风险管理框架的重要部分,并且置于最后,这不是说它是最不重要的;相反,是说它是整个风险管理框架的基石,应处于最底层、最坚实的位置,否则,整个框架也就成了无本之木。至于塑造风险管理文化的方法,一是要从高层做起,一家企业的基因和灵魂是由创始人或高管所创设和营造的。高层应以身作则,身正为范。二是要开展形式丰富多样的风险管理培训活动,将风险及风险需要管理的意识不断灌输给员工,融入员工的思想和日常业务中。培训的形式应丰富多样,这更有助于形成实效。三是要不断回顾检讨,及时发现问题并不断纠正完善。

最后要说明的是,"风险"不等于危机(crisis),不属于失败(failure),也不等于经济损失(loss)。风险的本质是一种"不确定性",[①]是发生危机、失败和经济损失的概率。概率是一个抽象的概念和事物。当风险没有具化和现实化(materialize)的时候,人们对此是容易有侥幸心理的,是不愿相信危机、失败和损失最终是会发生的,反而会认为不可能有事,或不一定有事,或有事也未见得落在我头上。而一旦危机、失败和损失降临,这个时候就已经不再有风险,风险已经爆发;这时候所做的工作也已经不属于风险管理范畴,而应该是危机处置和应对了。因此,风险管理文化的塑造就是要在事前消除人们对风险爆发的侥幸心理,使其能够正确认识风险,从而也能尊重风险管理人员及该项工作的专业性,协助将风险管理好,将未来可能会有的损失降到最低。如果未出现风险爆发,这并非完全是上帝的恩赐或机遇的垂青,更有可能是风险管理人员在做着相应的努力。对风险管理人员的专业水平和工作业绩要有一个客观公允、恰如其分的评价。

---

① 参见〔美〕菲利普·乔瑞:《风险价值VAR:金融风险管理新标准》,郑伏虎等译,中信出版社2010年版,第4页。

(三)内部控制的范畴

如前文所述,内部控制与广义的风险管理可能是等价的。结合有关实定法和日常实践,①除去上述合规管理和风险管理的内容,内部控制的范畴还可以包括如下事项:

(1)控制环境:倡导诚信等重视声誉的价值观、道德观。

(2)建立完善的企业内部组织架构,除了治理层面的股东(大)会、董事会(独立董事)、监事会、高管层(经理办公会等)外,还有各个部门、条线的架构设计,明确权利和责任的分配;建立必要的"防火墙"与业务隔离制度;建立科学、严格的岗位分离制度,不相容岗位不得由同一人兼岗,重要业务部门和岗位应当进行物理隔离。

(3)在上述内部组织架构明确的基础上,建立授权体系,完善授权控制;重大事项授权应当采取书面形式,授权书应当明确授权内容和时效;对已获授权的部门和人员建立有效的评价和反馈机制,对已不适用的授权及时修改或取消授权。

(4)建立信息与沟通畅通的渠道和机制,具有清晰的报告路径或系统。

(5)建立内部监督制度,包括但不限于具体的风险评估、内部审计、合规检查等,及时发现、防范或化解风险。

(6)建立健全人力资源管理制度,规范岗位职责,强化员工培训,确保员工具备与岗位要求相适应的职业操守和专业胜任能力;建立与公司发展相适应的激励约束机制;可以考虑基金从业人员与基金份额持有人的利益绑定机制;建立员工行为守则。

(7)保持良好的财务状况,满足基金管理人的公司运营、业务发展和风险防范的需要;建立健全财务管理制度,制定财务收支审批制度和费用报销管理制度,依法合理运用自有资金;基金会计与基金管理人自有财务会计系统应互相隔离,独立核算;基金与基金之间应独立建账开户与核算;加强会计系统控制,要有会计工作操作流程、岗位工作手册;建立凭证制度,确保正确记载经济业务,明确经济责任;正确设置会计账簿,有效控制会计记账程序;建立复核制度,防止会计差错的产生;建立严格的成本控制和业绩考核制度;建立完善的会计档案保管和财务交

---

① 可参见中国证监会发布的《证券投资基金管理公司内部控制指导意见》和基金业协会发布的《私募投资基金管理人内部控制指引》等规定。

接制度;妥善保管密押、业务用章、支票等重要凭据和会计档案,严格会计资料的调阅手续,防止会计数据的毁损、散失和泄密。

(8)针对各项业务建立具体制度及内控措施,包括但不限于:

①基金募集应规范宣传推介,加强销售管理;建立合格投资者和投资者适当性制度;切实保障募集结算资金安全;建立和完善客户服务标准等。

②投资研究应保持独立、客观;制定研究流程,形成科学、有效的研究方法;建立投资对象备选库制度并妥善维护;建立研究报告质量评价体系等。

③投资决策应当依法合规并符合基金合同的约定;指令符合授权范围,防止越权决策;决策应当有充分的投资依据,重要投资有详细的研究报告和风险分析支持并有决策记录;建立科学的投资管理业绩评价体系,包括基金绩效归因分析等内容。

④证券交易应实行集中交易制度,确保公平交易;建立交易监测系统、预警系统和交易反馈系统,完善相关的安全设施;出现指令违法违规或者其他异常情况时,应当及时报告相应部门与人员;建立完善的交易记录制度;场外交易、网下申购等特殊交易应当有特定的流程;建立科学的交易绩效评价体系等。

⑤基金运营应加强信息披露控制,维护信息沟通渠道的畅通,保证向投资者、监管机构所披露信息的真实性、准确性、完整性和及时性;建立完善的基金资产估值系统,采取合理的估值方法和科学的估值程序,依法、及时、准确和完整地反映基金财产的状况;规范基金的清算交割,及时准确地完成基金清算等。

(9)对于外包服务机构,应根据审慎经营原则制定业务外包实施规划,确定与经营水平相适宜的外包活动范围;建立相应的遴选和尽职调查机制;确定相应的风险管理框架;定期开展全面的外包业务风险评估,关注外包机构是否存在与外包服务相冲突的业务以及外包机构是否采取有效的隔离措施。

(10)建立与发展战略和业务操作相适应的信息技术系统;系统开发应依法合规;设置保密系统和相应控制机制,保证系统的可稽性;设立授权制度、岗位责任制度、门禁制度、内外网分离制度、身份验证、访问控制、故障恢复、安全保护等措施,加强信息安全;严格划分业务操作、技术维护等方面的职责;建立数据即时保存和备份制度,重要数据应当异地备份并且长期保存。

(11)建立突发事件处理预案制度,建立危机处理机制和程序,能妥善处理可能严重影响基金份额持有人利益、可能引起系统性风险、严重影响社会稳定的突发事件。

(12)建立档案保存制度,确保信息的完整、连续、准确和可追溯。

综上,结合《IOSCO 合规报告》和我国已印发的一些监管规章制度,本书认为,我国在基金管理人的合规管理、风险管理和内部控制方面,总体上已有较完整的制度建构。如果要说可以继续完善和提高的话,可以是以下方面:一是仍可加强对合规管理有效性的评估。二是随着金融业务国际化的发展趋势,应深入研究跨境合规安排。三是对于一些中小机构而言,仍须探索合规职能如何外包,如何在降低合规成本和保证合规有效性两者之间取得平衡等问题。

附录:基金面对的主要风险

风险管理的第一个环节是识别风险。对于证券投资基金而言,本书根据日常实践,①将其可能面对的主要风险整理如下。这些内容也应当作为风险揭示的项目,在投资者做出投资基金的决策前,由基金管理人向其充分告知和披露。

1. 基金对外投资相关的风险

(1)相关投资工具的市场价格波动的风险,如股票的投资风险、债券的投资风险(含利率风险、评级风险等)、金融衍生品(期货、期权、权证、互换、场外衍生品等)的投资风险、存托凭证的投资风险等;

(2)特定投资工具产生的非价格波动的风险,如融资融券(带杠杆)、跨境产品(如港股通机制,有汇率风险)、科创板股票、新三板股票、可转换证券(如可转债等)、资产管理产品、债券正回购、转融通、证券借贷、证券公司收益凭证、其他特定投资方法或投资工具等业务、机制所固有的风险;

(3)信用风险,如金融衍生品的交易对手方违约等;

(4)基金对外投资产生的流动性风险,如所投资股票触及跌停板,难以卖出;

(5)集中投资于某项工具的风险;

(6)投资于世界某个特定地区的风险(比如东南亚、印度等),含相应的国家风险、政治风险、当地政策法规风险、货币汇兑及汇率风险、交易及交割结算风险以及市场波动性风险等;

(7)关联交易的风险;

(8)未能找到合适投资标的、实现投资目标的风险;

(9)模型风险(特定投资策略适用);

(10)对冲造成的风险(特定投资策略适用);

---

① 这一部分内容也参考了一些境外对冲基金(如设立在开曼群岛的公司型基金)的法律文件(如私募备忘录 Private Placement Memorandum)中关于风险因素的披露。

(11)证券及衍生品的发行人欺诈(如虚假陈述)造成的风险;

(12)系统性风险等。

2. 投资者投资基金产生的财务风险

(1)投资本金全部损失(甚至倒赔)的风险,也包括基金管理人不能承诺基金利益的风险;

(2)基金在赎回、份额转让方面存在限制带来的财务流动性风险;

(3)因投资同期通货膨胀带来的购买力风险;

(4)税收风险;

(5)因部分赎回基金份额而触发强制赎回并产生赎回费等资金损失的风险;

(6)汇兑损失风险(如果是非人民币基金);

(7)无预警、止损线风险等。

3. 基金运营可能给投资者带来的风险

(1)基金募集相关风险:

①委托代销机构募集所涉及的风险;

②募集失败风险等。

(2)法律层面的风险:

①基金法律文件(基金合同等)与行业协会指引文本有出入的风险;

②电子签名方式签署合同的风险;

③母子基金架构母基金合同变更的风险;

④本基金相关账户被查封、冻结的风险;

⑤特定争议解决方式(如仲裁)带来的风险;

⑤其他可能的争议而导致的风险及诉讼、仲裁结果的风险等。

(3)合规层面的风险:

①基金未在监管机构备案或未能通过备案的风险;

②法律法规、监管政策、业务规则变动的风险;

③对私募基金而言,监管较少的风险;

④产品架构设计不合规的风险;

⑤其他合作机构违法违规带来的风险等。

(4)信息披露方面的风险,包括不同基金业绩不可进行直接比较的风险等。

(5)基金估值、份额申赎登记方面可能发生的风险(含操作风险、适用的会计准则差异导致的风险等)。

(6)强制赎回的风险。

(7)业绩报酬计提方式(如按份额计提)的相关风险。

(8)基金投资终止后可能发生多次清算的风险(因为有关股票可能正在停牌,难以变现)。

(9)其他操作风险(如交易环节的操作风险、个人信息被泄露的风险等)。

(10)技术风险,如利用特定 IT 端口、平台的风险、信息安全风险等。

(11)基金终止(含提前终止)的风险等。

4. 基金治理组织架构中相关机构的经营风险

(1)基金管理人的经营风险与投资管理风险;

(2)基金管理人所聘基金服务机构(包括投资顾问)的经营风险;

(3)基金管理人所聘证券、期货经纪商的经营风险;

(4)基金托管人的经营风险等(含基金托管人投资监督范围不完全覆盖基金管理人行为的风险)。

5. 利益冲突风险

6. 不可抗力风险

7. 风险揭示不能穷尽所有风险的风险

这项风险非常重要。因为依照"风险"是一种"可能性"的固有属性,任何风险揭示,均无法穷尽未来可能出现的新风险,对此是必须要让投资者知悉的。

另外,在基金管理人层面,也要考虑自身的经营风险(包括战略风险、单一或重大客户倚赖风险)、财务风险(含流动性风险、税务风险)、操作风险、法律风险、合规风险、政治风险、员工道德风险、声誉风险、环境风险、持续经营风险、系统性风险等。

三、流动性风险管理和系统性风险管理

对于这两项风险,IOSCO 专门发布了相应的报告。本书于此扼要译介。

(一)IOSCO 推荐的流动性风险管理

IOSCO 于 2013 年 3 月发布了《基金流动性风险管理原则的最终报告》(Principles of Liquidity Risk Management for Collective Investment Schemes: Final Report,以下简称《IOSCO 2013 流动性风险报告》),概述了基金行业和监管机构关于流动性风险管理的规章要点和行业实践的原则。通常来讲,这些原则反映了一种共同的方法并成为监管机构和从业者的实践指南。2018 年 2 月,IOSCO 又发布《开放式基金的流动性和风险管理:关于最佳实践和应考虑事项的最终报告》(Open-ended Fund Liquidity and Risk Management—Good Practices and Issues for Consideration: Final Report,以下简称《IOSCO 2018 流动性风险报告》),提升和完善了《IOSCO 2013 年流动性风险报告》。

IOSCO 认为,与商业银行相比,流动性危机不太可能引发基金的系统性信用问题。但是,单个基金可能会存在流动性问题,基金的流动性风险管理是一个复杂的领域。流动性差可能由多种因素造成,有些因素在基金管理人的控制范围以外。基金流动性风险管理与基金运营,特别是估值安排直接相关,有效的流动性风险管理需要有效且稳健的估值安排。在特殊情况下,流动性问题也可能导致基金对所有投资者暂停赎回。[①] 但无论如何,流动性风险管理最重要的有两点:一是基金的赎回条件和投资策略要匹配;二是基金的投资者组成基础(investor base)要合理。

1. 基金设立前的流动性风险管理

原则 1:制定风险管理的程序。基金管理人应根据当地对流动性的监管要求,制定一个有效的流动性风险管理程序。

该程序需要在不同的市场条件下都有效。如果评估后发现流动性风险很大

[①] 详见前文论述。

（如投资组合中的非流动资产比例很高），基金管理人制定和执行的风险管理流程就要更严格。基金管理人应考虑基金所投向资产的流动性，并考虑该基金资产应与基金应对赎回的能力和其他负债能力相匹配。

原则2：预留部分现金。基金管理人应当预留基金应对赎回所需要的流动资金相关限额。

基金管理人应当对每个基金预留的流动资金有相应的标准和限度，并应符合公平对待投资者原则和基金本身的投资策略。相比于锁定期届满前不开放的基金，每日开放申赎的基金应有更严格的流动性要求。如果一个基金主要投资于房地产却又经常开放允许投资者赎回，那么该基金就要储备大量流动性较强的资产（可以与房地产有关），否则，处置房地产需要较长的时间，将会难以满足赎回要求。基金管理人在流动性问题上可以设置比监管要求更高的标准或阈值。另外要注意的是，投资者赎回不是基金流动性需求的唯一来源，参与衍生品交易后，对手方会有追加保证金的要求，这也会导致基金的流动性问题。

原则3：合理设置申赎频率。基金管理人应该谨慎确定基金的申赎交易频率。基金设置的赎回条件（redemption term）和承担的债务，应与其投资策略、投资者基础相匹配。

如果没有更具体的当地监管要求，基金管理人应保证基金的申赎交易频率（开放频率）符合其投资目标和方法，并考虑流动性风险管理的需要，使赎回请求能够被有效地处理。基金管理人不应为了获取某些税收待遇或者拓展市场需要而设置更频繁的、不适当的申赎频率。

基金管理人应综合考虑基金的投资策略、资产类别、在不同市场条件下的期望流动性、投资者基础、投资者性质或者说投资者画像（investor profile）、投资者集中度、分销渠道、赎回模式、基金相对于整个市场规模的体量大小等因素，来决定基金的组织架构、申赎频率、风险管理流程等。如果某基金在特定市场中的体量（footprint）已经大到使买卖活动有很高的冲击成本，并不符合投资者利益，基金管理人应暂时停止申购，即软封闭（soft-closing）。

原则4：明确特定的工具或措施。对于单个基金而言，本着投资者利益，管理人应在基金的主要法律文件（constitutional document）中明确能够影响投资者赎回权利的特定工具或特殊措施。

基金管理人应基于基金及基金所持有资产的性质来考虑上述工具和特殊措施的适当性。只有在公平对待投资者及所适用法律允许的情况下，才可使用这些工具和特殊措施。上述"工具"可以包括：赎回费、有限的赎回限制、赎回门槛（gate）、实物（in specie）转让或赎回、锁定期、限制赎回权利的附函（side letter)——也可理解为补充协议——需要提前通知的期限或预约期(notice period)或摆动定价等。① 其中一些工具(如预约期)可能规定在基金常规的申赎机制当中,而其他工具则可能在触发一些条件时适用,如在赎回量超过资产净值的某个百分比时,当天达到赎回的限制。特殊措施则可以包括侧袋机制或延期赎回机制。基金管理人不应使其投资策略依赖于这些特殊措施。

原则5:管理流动性风险要考虑销售渠道。基金管理人应该考虑基金的销售活动如何影响其流动性以及相关销售渠道的流动性水平。在预测投资者的数量、类型、分布以及个别分销渠道的有效性时,应考虑到市场的整体情况。

在某些法域,投资者通过名义持有人账户(nominee account)进行投资的情况很常见,这使基金管理人难以充分了解相关投资者的构成。在这种情况下,管理人应采取一切合理措施,通过合同安排从该账户管理人那里获得投资者的集中度信息,以协助其完成流动性管理。

原则6:充分获取信息。基金管理人应确保能够获取可以有效评估流动性的各种信息,以及它是否能在基金存续期内取得这些信息。例如,当一个基金计划投资其他基金时,上层基金的管理人应确保能够获得下层基金的流动性管理方法和其他相关信息,如下层基金的赎回限制情况等。

原则7:做好信息披露。基金管理人应该确保向投资者有效披露该基金的流动性风险和管理该风险的方法。

作为基金发行文件中投资风险的一部分,该文件应当对流动性风险作出适当和必要幅度的披露,包括披露该风险为什么会发生以及在什么情况下会发生、该风险对基金及其份额持有人的重要性和潜在影响,以及基金管理人旨在减少风险的方法等。在一些法域,还应披露大额基金份额持有人导致的集中度风险。

基金发行文件也应披露可能影响赎回权的任何工具或特殊措施,披露这些工具或措施是什么,应用这些工具或措施对基金流动性和投资者赎回权会产生什么影响以及应用该工具或措施的案例。

2. 日常持续的流动性风险管理

原则8:有必要依靠治理框架。

治理对于有效的流动性风险管理至关重要,因为即使有最复杂的流动性模型和完美预测的现金流,也可能因为对产生的信息缺乏有效监督或控制而导致风控

---

① 根据《IOSCO 2018 流动性风险报告》,这些方法或措施可以分为三类:第一类旨在提高申赎的交易成本,如赎回费、摆动定价、实物赎回(redemption in kind);第二类是限制或延迟投资者取得资金,如预约期、设置赎回门槛(触及门槛线后的赎回请求将不被满足)、延迟兑付等;第三类是在不同情形下进行流动性情况是否稳健(robustness)的测试,如压力测试。

失效。在风险被识别后,好的治理机制就应采取适当的升级(escalation)应对措施。在治理框架上,还应确保基金面临的风险得到整体的考量和管理,如要考虑估值和流动性之间的相互关系等。对于流动性风险管理工作的审查(review),应安排适当程度的独立监督。

原则9:必须有效履职。基金管理人应该有效地履行流动性风险管理职责。

在基金发行前建立流动性风险管理程序后,必须在基金存续期间对此有效地执行和维持。为此,基金管理人应考虑该基金的投资策略、投资的流动性情况和赎回政策。同时,还必须考虑基金本身在面对投资者赎回以外的其他义务,如交割和付款义务、追加保证金通知、对交易对手和其他债权人的义务等。基金管理人应具有更有适应性(而非静态)的风险管理和计量系统,以便能迅速改变基本假设以反映当前的实际情况。

基金管理人应定期审查流动性风险管理的有效性并不断地对方法进行更新。某些事件的发生也可以触发额外的审查和相应的流程更新,如基金投资了一种新的资产形态或投资者的种类发生了实质性改变——一个基金最初预计有大量个人投资者,但实际上只吸引了少数拥有很大份额的机构投资者等。

原则10:定期开展流动性风险评估。基金管理人应定期评估投资组合所持有资产的流动性。

基金管理人应定期测量、监控和管理基金的流动性,考虑流动性风险与市场风险、声誉风险等其他风险之间的相互关系。基金管理人应确保遵守事先约定的流动性限制和基金赎回政策,无论这是由国家法律法规、内部流动性管理政策规定的,还是基金主要法律文件或其他内部制度所规定的。对基金财产的流动性评估应考虑基金对债权人、对手方和其他第三方的义务。

原则11:流动性风险管理应纳入各个阶段的投资决策当中。

基金管理人应考虑其打算购买的或者基金可能有风险敞口的各种投资工具的流动性,以及它所应用的投资技术/策略对流动性的影响;应考虑交易、技术或策略对基金整体流动性的影响。对流动性风险的评估应考虑资产类型和相关的交易信息(如交易量、交易规模、成交手数、发行规模等)、对每种资产类型的具体分析,以及在不对市场价格产生重大影响的情况下出售资产所需的天数;必须考虑抵押品的安排(如考虑在衍生品交易中从对手方获得的抵押品,如果其缺乏流动性,将有资产质量恶化的风险);对于衍生品交易,基金管理人应确保其流动资产数量足以满足追加保证金的结算要求,可以考虑运用 VaR 工具等。

如果利用临时借款等工具来管理流动性,基金管理人应格外注意:从上述借款所受益的投资者(赎回份额的投资者)可能不是支付借款成本的人(由剩余未赎回份额的投资者支付)。在面对赎回压力时,如何变现基金财产也有类似的问题。如果先变现流动性好的资产,那么对已赎回份额的投资者就更有利,对于未赎回份额的投资者就不利。最好的办法是按相关财产的比例变现(a pro-rata approach)。基金管理人应避免剩下的投资者实际承担过多的非流动性资产。

在基金清盘时,基金管理人也应考虑流动性问题以及任何法律、法规或基金法律文件的要求,既要尽早将收益返还给投资者,又要确保处置基金资产时获得公允价格。

原则12：善于识别风险。流动性风险管理工作应使基金管理人在出现真正的流动性短缺前能够发现风险。

流动性风险管理的目标应该是在风险爆发前,帮助基金管理人识别流动性压力,从而使其在公平对待投资者的前提下采取适当的行动。在市场正常情况下,零售(散户)投资者按标准条款赎回基金是有预期的。基金管理人应尽可能少用特定措施来管理流动性,而应尽最大努力管理未来的现金流。

原则13：充分运用获取到的信息。基金管理人应该将相关数据和各种因素纳入流动性风险管理过程,对潜在风险建立一个稳健且整体性的观察视角。

在管理流动性风险时,基金管理人应考虑定性和定量的因素,确保除极为特殊的情况以外,其他所有情形下都能到期清偿债务。基金管理人应当考虑到那些可以提高流动性风险预测能力的关键信息,包括已知的、可获得的或可合理估计的信息,应保证信息和数据的时效性和可靠性。在适当的情况下,可使用一致且可验证的统计方法来生成数据和场景,这些场景可以与投资者行为和/或基金财产有关。基金管理人在必要时应进行压力测试并准备好适当的应急计划。

在确保公平对待所有投资者、不向特定投资者优先披露信息的同时,基金管理人可以识别持有大量基金份额的投资者,并及时了解他们是否打算进行巨额赎回。但这样做的前提是要避免基金管理人与这类投资者之间产生无法妥善管理的利益冲突。如果大额投资者要赎回基金,基金管理人应考虑采用一定的措施,如摆动估值、反稀释费用(anti-dilution levy)、实物赎回等,来保护其他小额投资者,也可以设置预约期来管理赎回预期并增加应对的灵活性。

原则14：多角度评估风险。基金管理人应对不同情况下的流动性进行评估(包括压力较大的情况)。

对于担保品数量而言,应评估流动资产的数量是否满足对衍生品头寸追加保证金的要求。评估应以可靠和最新的资料为基础,从已发生的情况中获得的任何反馈("后视测试")都可以用于提高未来评估的质量。基金管理人还可以对其他市场风险和因素进行评估。例如,评估基金持有证券的信用评级下调会造成什么影响,因为这种下调会影响到该证券以及基金本身的流动性。

基金管理人应根据特定基金的投资特点来决定流动性风险评估的频次。

原则 15:做好留存记录。基金管理人应确保留存适当的记录,并对流动性风险管理情况进行披露。

基金管理人应当证明(如向监管机构)其流动性风险管理是健全的(robust)、持续的和有效的。基金管理人的留痕记录应根据需要进行回顾审查,每年至少审查一次。在定期报告中如基金年报中,应详细说明流动性风险或相关问题。

如果流动性风险发生重大变化,基金管理人应该向投资者及时披露。如果要采取特殊措施,必须以适当的方式通知现有和潜在的投资者,并在一段时间内持续通知他们相关情况。

3. 各种流动性风险管理工具

《IOSCO 2018 流动性风险报告》较详细地介绍了若干种流动性风险管理的工具。在使用这些工具(或措施)时,须谨记两条最重要的原则:一是必须在特殊情况下使用(exceptional circumstances),二是必须考虑投资者的最佳利益。这些流动性风险管理工具大致分为三类。

(1)将交易成本转嫁给赎回份额投资者的工具:

□ 摆动估值(定价),详见前文。

□ 反稀释收费。这是一种保护现有小额基金份额持有人的机制,使其免受因大额基金份额持有人的申赎行为导致现金进出对基金产生冲击。与摆动估值相比,反稀释收费不会影响和改变基金的整体净值,更有透明度。它也比摆动估值更灵活,因为摆动估值的所有机制都是事先完全设定好的。反稀释收费的金额通常为基金净值(NAV)的一个比例。基金管理人应事先在基金法律文件中对此规定。

(2)限制投资者取回资金(access to capital)的工具:

□ 赎回门槛(redemption gate)。这是一个部分限制投资者取回资金的办法。比如,设置5%的门槛,意味着如果投资者提交的赎回申请超过基金净值的5%,多出部分就暂时无法取得现金,然后按各个投资者的申请比例,在5%的范围内向其分配赎回的资金。未赎回部分自动取消或延迟至下一次开放再赎回。赎回门槛要在基金法律文件中事先规定,其比例的设置很关键,不能让先申请赎回的人有优势(first mover),否则,就容易造成挤兑,加剧危机。

□ 侧袋机制,详见前文。

□ 预约期。该措施可以使基金管理人事先获知赎回量,便于做出安排。还有一种变通的做法,即规定如果投资者不提前预约赎回的话,就必须承担赎回费。

□ 延迟赎回。对该工具的讨论可详见前文。延迟赎回要有合理的理由,如基金财产的强制出售对留下的基金投资者不利等。延迟赎回应被视为最后一种应对流动性风险的手段。该措施的影响面是比较大的,它会被投资者视为基金出了大问题。

(3)其他工具,如实物赎回,即将基金财产以原有的资产形态直接分配给投资者。如果该等实物是证券的话,就可以避免证券的大宗出售冲击市场,导致证券市价下跌。因此,实物赎回对剩下的投资者是有利的,也可以减少交易成本。但这一工具的可操作性有时会有问题,它对于机构投资者来说可能是可行的,但对于散户投资者可能就无法实施。该工具也仍然会带来风险的传导,因为接盘人仍会选择将实物(证券)在市场上出售并冲击市场。

4. 压力测试

根据《IOSCO 2018 流动性风险报告》,开展压力测试是基金管理人的职责,它可以评估市场压力条件下基金资产流动性的特点,从而更好地配置基金的资产组合,据此加强流动性风险管理,完善估值流程和应急计划。

在具体测试方法上,IOSCO 认为既可以用后视的历史情境方法,也可以用前瞻的假设情境方法①;所选用的系数既可以来源于统计技术②,也可以来源于具体的压力事件(如 2007—2008 年全球金融危机)。基金管理人需要精心设计(tailor)压力情境。比如,柜台市场上交易的证券可能没有可靠和透明的交易数据,如果基金投资于这类证券,压力测试应用前瞻方法更好;又如,名义持有人账户看不出投资者基础和结构,基金管理人最好假设该渠道的投资者全部赎回的压力情境;在衍生品或证券借贷场合,则要考虑对手方违约并处分抵押品的情况。许多极端情形中的压力来自多个方面,压力测试要考虑各种因素同时发生并恶化的情况,还要考虑其他基金、基金管理人对此采取相同或相似措施的后果,要更多地考虑这种交互性。对于压力测试使用的情境,要定期复核或更新,尤其是在有重大变化的时候。

压力测试的结果应通知到投资团队,用于决定、评估基金的投资策略、交易安

---

① 对于前瞻情境,需要考虑如下因素:
第一,有全市场影响的事件,该事件源于市场参与者的行为发生改变(如更多地使用算法交易)或新的法律、法规实施(如引入"熔断"制度)等;
第二,该事件须与特定基金有关,如利率高于预期的大幅变化会影响债券类基金的价值;
第三,对基金或基金管理人有关的特定事件,如因基金投资者人群发生变化而导致赎回操作的模式发生变化等。
② 如果用统计技术,某个压力情境(stressed scenario)所需的定量参数应基于历史数据。

排和所投资的资产种类,影响组合的流动性限额,并考虑是否要对此做出调整。同时,该结果也应作为未来行动或制定应急计划的参考,还可以用来给风险定级,如低、中、高等,并据此决定后续的行动。如果压力测试所使用的情境本身是非常极端的情况,其测试出来的结果就应更加重视,这可能导致须立即采取行动调整组合。如果情境不重大,其测试结果可以在应急计划中体现或采用其他工具管理。即使基金管理人决定暂不需要立即采取行动,也要对此准备应对计划以防范这种情况真的出现。

基金管理人应综合考虑基金的规模、投资策略、所投资的资产种类、投资者群体情况以及压力测试本身的性质、复杂度和所需资源,决定开展压力测试的频率。采用后视和统计方法的压力测试可以通过不断更新参数来更新测试结果,所以可以操作得频繁些。如果一个基金的流动性变化很剧烈,如该基金的组合经常调整、投资者变化很大,或者该基金所投资资产的市场波动性也很大,就应更多地开展压力测试。相对而言,使用前瞻方法的压力测试需要更多地考虑监管、市场、技术等因素,需要更多的分析工作或各方面信息的输入,其开展频次可以略低。无论如何,基金管理人应根据基金本身的特点,在一个合理、可预见的压力情境中开展压力测试。

压力测试必须由独立的风险管理团队来开展,对过程和结果应做好留痕。

(二) IOSCO 推荐的系统性风险管理

在流动性风险以外,IOSCO 也关注整个证券市场的系统性风险问题,尤其是在 2008 年全球金融危机发生后。证券市场是对冲基金或私募证券投资基金的主要投资领域,基金投资的主要宏观环境在于证券市场的稳定性,证券市场的系统性风险是基金管理人履行谨慎义务所应该关注的重要方面。

2012 年 7 月,IOSCO 的研究部门(Research Department)发布了一篇关于证券市场系统性风险识别的工作论文(Working Paper),即 *Systemic Risk Identification in Securities Markets*,提出了一个较为完整的识别系统性风险的认知框架。该框架有五个要素:

一是多层次指标,包括微观、宏观和专项指标;

二是系统性风险因素,区分系统性风险,指导相关指标的使用、更新和发展;

三是双向进路,通过自上而下和自下而上两种进路来确保外部和内部的所有风险因素都会被考虑;

四是指标的适应性(Adaptability),框架中的指标可以有效地应用于不同法域和不同的系统性风险;

五是灵活性,允许系统随着数据的收集和新风险的出现而不断进化发展。

1. 多层次指标

本框架的目的是鼓励使用和发展切实可行、一致、具有前瞻性和动态的指标。指标分为宏观和微观两个层面。宏观指标有助于标识因宏观经济、政治和监管环境、技术和社会经济趋势等更广泛的因素而产生的新风险。微观指标是证券市场本身产生的可能具有系统性影响的风险信号。

宏观层面指标包括金融或财务压力、市场失衡、宏观经济问题、政府债务可持续性和资产价格或头寸问题以及可以提供金融系统性风险信号的指标。微观层面指标还可以分为"广义"的证券市场指标(附表:系统性风险认知框架中的指标清单Ⅱ中的 A 类指标)和"专项"的证券市场指标(附表:系统性风险认知框架中的指标清单Ⅱ中的 B 类指标)。广义指标提供各项证券市场活动、市场主体和市场本身的高水平信息。从本质上说,它们提供了对证券市场总体健康状况的评估,并有助于找出市场活动、市场主体、产品和基础设施方面的热点,这些都可能造成系统性风险。专项指标一般适用于特定活动、特定市场主体或特定证券市场。专项指标可在完成其他资料的收集——如通过调查、市场情报和专家观察等方法——识别出会有潜在系统性风险的特定领域后再使用。

2. 系统性风险因素

证券市场的系统性风险因素如表 4-1 所列:

表 4-1 证券市场的系统性风险因素

• 规模	• 集中度
• 流动性	• 行为
• 跨法域情况	• 激励结构
• 透明度	• 杠杆
• 互联性(Interconnectedness)	• 监管
• 可替代性和市场基本结构	• 复杂度
• 市场诚信(integrity)与效率	

在某些情况下,单个指标并不能反映系统性风险,要将它们组合在一起。通过为每一种具有潜在系统性风险的每一个要素提供一份指标清单(附表:系统性风险认知框架中的指标清单),方能建立起一个识别系统性风险的完整认知框架。

3. 双向进路并考虑内外部风险因素

从自上而下的角度来看,宏观指标提供了源自更广泛情境的风险信号。一旦识别出风险或异常,(监管部门)就应深入研究证券市场,使用各种微观指标和专项指标,进一步识别风险对市场的潜在影响。可以使用各种证券市场指标来查明是哪些因素(如复杂性、透明度、特定活动、参与者、产品等)造成了风险。例如,广义的微观层面指标——如前五大玩家的成交量(即规模因素)、不受监管的市场活动比例(即透明度和监管因素)、跨市场的激励结构(激励结构因素)和过度收费(即行为因素)等——可以提供风险可能在哪里聚集的大部分信息(如影子银行的风险积聚)。然后再适当地应用专项指标进一步评估风险。

从自下而上的角度来看,应利用专项指标(如货币市场的信贷产品增长及其复杂性、货币市场基金的杠杆率等)对已经标记出的、正在涌现的风险进行系统性重要程度的评估。在这种情况下,(监管部门)应利用通过市场情报、调查和日常观察等方式获得的信息和其专业判断来选择其所关注的市场主体、活动和产品。在某些情况下,应以预先确定的阈值或行业平均值等参数作为判断基准,评估某些指标的出现是否已表明存在系统性风险。

自上而下的方法是必要的,因为如果只使用自下而上的方法,就可能错失未知的和新的系统性风险,尤其是在不可能随时全面监控每一个活动、产品和市场的情况下。另外,如果整个行业出现行为异常的情况时,大概率不会有明确的微观指标可作为比较基准。通盘来看,宏观层面上的异常可以表明需要对细节进一步挖掘,即使在微观层面尚无任何发现。

与此同时,通过全方位的信息收集,微观层面指标可以让我们在系统性风险对实体经济产生重大影响之前,对其进行精确定位。

4. 指标的适应性

IOSCO 认知框架提到的所有指标并非与所有风险都相关,也不是所有指标都有必要的数据或信息可据此对其进行计算。考虑到影响证券市场风险的不同因素(规模、交互性、复杂性等),以及不同法域市场参与者、产品、市场基础设施和活动的多样性,IOSCO 建立的认知框架旨在为系统性风险识别工作提供一个"纲要",而不是一个非常严格的方法论。

如果一项指标被认为与评估某一特定潜在系统风险密切相关,但又无法获得相关数据时,这种情况应被标注为迫切的数据缺失,并需要在未来加强数据收集工作。专家判断、市场情报、使用代替变量(proxy)等方法的应用或组合应用也可以用来克服历史数据的局限性。

5. 灵活性——允许系统随着数据的收集和新风险的出现而不断进化发展

《附表:系统性风险认知框架中的指标清单》是一份可用于证券市场和跨证券市场的完整指标清单,但该清单并没有穷尽所有指标,也需要进一步发展。

在确定一个指标后,应该明确该指标数据的潜在来源和收集数据的可用工具。同时,还应针对可能造成系统性风险的不同主体、业务活动,为该指标设定参考阈值。每个人都可以根据本书认知框架中提及的各项指标,在其所处的市场内,自己生成和建立更有效的认知框架来监控系统性风险。基金管理人应该有效地建立一个集中化、有生命力的(可以进化的)系统性风险度量档案。

最后,初步展示如何运用这个认知框架。

第一步:使用该认知框架逐步识别系统性风险。

(1)从自下而上的进路开始:

☐ 使用市场情报(market intelligence)、调查、专家判断、IOCSO 报告等方法,识别可能正在出现的系统性风险;

☐ 在已建立的认知框架中选择一些适用的专项指标(thematic indicator);

☐ 利用可得数据对这些指标进行计算;

☐ 运用判断和其他相关方法确定指标的阈值,然后判断风险是否真的出现;

☐ 对宏观层面指标进行监控;

☐ 对发现的问题和结论进行政策讨论以决定如何管理风险。

(2)然后是自上而下的进路:

☐ 对宏观层面指标进行监控,看是否存在异常;

☐ 在已建立的认知框架中选择一些适用的广义的、微观的指标(broad micro-omdocatpms)来判断其对证券市场的影响及风险来源;

☐ 对指标数值进行计算(和自下而上进路一样);

☐ 在影响和来源确认后,其无法被自下而上进路覆盖,就采用一些专项指标来验证;

☐ 对发现的问题和结论进行政策讨论以决定如何管理风险。

第二步:使用该认知框架来识别和填补数据不足的缺口。

第三步:使用该认知框架跟踪系统性风险的识别或监控工作并汇总全球情况。

附表：系统性风险认知框架中的指标清单

Ⅰ 宏观指标

类型	宏观层面指标
财务压力	**定量**
	❖ 财务压力指数
	银行部门贝塔系数
	货币市场3个月欧元区银行间同业拆借利率或泰德利差（TED spreads）（GARCH模型）的波动率
	债券市场中公司债券收益率减去长期政府债券收益率
	非金融类股票市场指数
	股票市场回报（权益市场）
	汇率波动
	❖ 资产长期价值的偏离度
	FS指数
	Shillers CAPE（席勒的周期性调整市盈率）
	托宾Q值
市场失衡	**定量**
	❖ 市场价值远高于长期平均水平
	❖ 资金大量流入某一资产类别
	❖ 杠杆水平处于历史高位
	定性
	❖ 出现不合格的发行承销标准（Underwriting standards failing）
宏观经济数据	**定量**
	❖ 利率情况
	❖ 与国家规模相关的负实际利率——流动性充裕、风险定价将变得模糊、出现信贷泡沫迹象
	信贷市场情况
	全球GDP与美国、欧盟和日本的负利率（负利率的程度有多大？如果负利率变大，流动性过剩就会增加，信贷泡沫风险也会增加）

(续表)

类型	宏观层面指标
	❖ 全球市场的市盈率
	❖ 通货膨胀
	❖ 经济增长率
	❖ 资金的流动情况
	❖ 货币供应和信贷增长的变化
	❖ 银行间同业拆借
	定性
	❖ 中央银行的资产购买计划
财政债务可持续性	定量
	❖ 主权债务
	❖ 市场参与者、发行者或个人的总负债
资产价格和利差	定量
	❖ 资产价格和利差
	信贷息差
	权益市场情况
	商品市场情况
其他	定量
	❖ 国际资本流动
	定性
	❖ 地缘政治环境

Ⅱ 微观指标

系统性风险因素	证券市场综合指标(广义的—A类和专项的—B类)
规模①	A类指标
	❖ 主要的投资者指标
	前五大投资者类别(如高净值个人、机构投资者等)

---

① 广义的绝对规模、相对规模和规模的增长率指标可以衡量行业、市场、产品、市场参与者、主要把关人(gatekeeper)和市场活动,也可以用来辨别金融系统所提供的金融服务数量、市场中某一特定实体的系统重要性、某个单一市场与其他市场的相对规模、复杂产品市场的增长情况和历史趋势,从而识别潜在的系统风险。

(续表)

系统性风险因素	证券市场综合指标(广义的—A类和专项的—B类)
	❖ 市场规模指标
	市值、成长性、市场空间
	每一资产类别的成交量和成交数
	占主导地位市场的相对增长、绝对增长和增长率
	高频交易水平(成交量和成交数)
	❖ 资产和资金流动指标
	最进取的前五大机构及其规模和最具效益活动的增长情况(如投资银行、对冲基金等)
	B类指标——定量
	❖ 市场规模指标
	特定市场的相对增长、绝对增长和增长率
	每一资产类别的成交量和成交数
	❖ 主要资金来源/依赖性指标
	合格基金的数目(如对冲基金的数目)
	❖ 资产和资金流动指标
	所管理的公司资产规模
	所有基金和战略资产的净值
	B类指标——定性
	公司的主要投资策略(如对冲基金)
	发行人、金融中介、机构投资者、评级机构、审计师等的规模和性质
	投资者人群的性质
流动性①	A类指标
	❖ 市场流动性指标
	通过中央对手方和柜台市场交易的规模
	做空的情况(成交量、空头未了结头寸、净空头头寸)
	市场集中度和持股集中度

---

① 流动性指标可以衡量流动性的变化。流动性的蒸发可能是证券市场的风险信号,因为相关主体将难以履行义务。这可能引发证券市场的连锁反应。

(续表)

系统性风险因素	证券市场综合指标(广义的—A类和专项的—B类)
	❖ 信贷市场指标
	银行发行有资产担保债券的资产抵押金额
	B类指标——定量
	❖ 市场流动性指标
	投资组合、投资者和金融流动性
	成交量,市场深度
	市场集中度和持股集中度
	由于流动性较差原因而作出特别安排的基金资产(对冲基金情形)
	❖ 特定流动性对全球/市场流动性的依赖和流动性风险指标
	LIBOR-OIS(流动性和违约风险)
	LIBOR-TBILL
	买卖价差(报价、成交和生效)
	❖ 信贷市场/债券市场的稳定性指标
	资产担保债券的持有分布
	❖ 证券化和抵押指标
	可接受抵押品种类的集中度及相关性
	连续的再证券化
	再抵押链的长度
	B类指标——定性
	❖ 投资者链(investor chain)的组成
	❖ 抵押品管理
	资产的适格性
	资产质量和复杂性
	减记的适用(Haircuts applicable)
	❖ 有能力暂停赎回、设置门槛(gate)或设定其他限制(如对冲基金)
跨法域情形①	A类指标
	❖ 政治环境

---

① 跨法域指标可以提供有关某一主体、市场活动或市场本身地理方面的信息。

(续表)

系统性风险因素	证券市场综合指标(广义的——A类和专项的——B类)
跨法域情形	❖ 多边谅解备忘录(MMOU)和数据共享安排
	❖ 各法域之间结算制度的差异
	B类指标——定量
	❖ 跨司法管辖权索偿和负债指标
	跨法域索赔(claim)的价值(如非银行SIFI和G-SIB)
	跨法域负债的价值(如非银行SIFI和G-SIB)
	B类指标——定性
	❖ 每只基金在不同区域重点投资的细节(例如对冲基金)
透明度①	A类指标——定量
	❖ 非透明市场中相关活动比重的同比变化指标
	暗池/国际化/暗流动性/另类交易平台活动情况(占总数的百分比、时间序列)
	❖ 业绩表现指标
	与不当销售产品有关的诉讼费用和罚款
	A类指标——定性
	❖ 关于卖空、另类投资基金、债务和衍生品市场、场外交易市场的知识不足(knowledge gap)
	B类指标——定量
	❖ 非透明市场中相关活动比重的同比变化指标
	非交易所交易衍生品(占总衍生品的百分比、时间序列)
	豁免市场交易(exempt market transaction)的比例
	券商的表外业务(如再抵押,rehypothecation)
	非主动销售(unsolicited sales)金额
	❖ 业绩表现指标
	结算失败的水平
	B类指标——定性
	❖ 公司的持续披露程度等
	❖ 投资者教育/文化水平(literacy)的衡量(如对此做调查)

---

① 这些指标可以显示市场中缺乏透明度的领域以及与之相关的系统性风险水平。低水平的透明度可能导致风险的错误定价和复杂资产的分配、资产泡沫等。

(续表)

系统性风险因素	证券市场综合指标(广义的—A类和专项的—B类)
交互性①	**A类指标**
	❖ 市场、产品和机构指标之间的相关性
	交易对手方网络图(counterparty network graph)
	违约强度模型
	❖ 清算
	确定主要中央对手方(CCP)
	❖ 市场细分参与者和系统性金融交互(financial linkage)的网络分析
	网络分析和系统性金融交互
	格兰杰因果网络(Granger-Causality Networks)
	B类指标——定量
	❖ 市场、产品和机构之间的相关性指标
	❖ 金融系统间的资产和负债指标(如非银行性SIFI和G-SIB)
	❖ 批发融资(wholesale funding)比率(如非银行性SIFI和G-SIB)
	❖ 结算指标
	已结算衍生品交易的预估百分比(交易量)——通过中央对手方 vs. 双边结算(如对冲基金)
	已结算的回购交易(以市场价值计算)——通过中央对手 vs. 双边 vs. 三方结算(如对冲基金)
	❖ 交易对手安排、集中度/风险敞口和抵押品指标
	持有结构性产品、ETF基金等产品的散户投资者数目
	已发行结构性产品、ETF基金等产品的净值或总值
	由交易对手提供的抵押品再抵押及其他信贷支持的程度(如对冲基金)
	❖ 违约风险指标的集合
	CDX指数中单个公司的CDS价差变化,所有公司的CDS收益
	❖ 个别机构对整体风险指标的边际贡献
	CoVaR的变化和CoES的变化(其中CoVaR是指在单一机构处于困境时的整个系统的VaR)

---

① 这些度量指标揭示了系统中各组成部分之间的关系,包括依赖的广度、深度和程度。由全球化、金融创新、商业战略、技术和产品带来的交互性增长是可以确定的。可能看起来并不大的企业、活动、市场,由于相互关联,可能具有系统重要性,在市场失灵的情况下会引发溢出效应。

(续表)

系统性风险因素	证券市场综合指标(广义的——A 类和专项的——B 类)
	资产所有权(衡量价格下跌风险的一种方法)
	B 类指标——定性
	❖ 市场细分参与者和系统性金融交互(financial linkage)的网络分析
	为经纪行(broker)、中央对手方、结构性零售产品等提供网络分析
	交易存管(trade repositories)
可替代性和 市场基础设施① (market infrastructure)	**A 类指标(无)**
	B 类指标——定量
	❖ 支付系统指标
	通过支付系统(如非银行性 SIFI)对付款进行结算
	❖ 对个别资产、市场及机构的敞口规模指标
	按证券、衍生工具、实物资产、集体投资计划、投资(如对冲基金)等不同类别而持有的头寸规模和价值
	各个细分市场中参与者的市场份额
	短期融资利率(例如回购市场)
	未了结的回购合同总额
	托管资产(如非银行 SIFI)
	❖ 各机构的违约风险中性概率指标
	统筹考虑债券价格和 CDS 息差
	B 类指标——定性
	❖ 对可替代品的可得性的定性评估
市场诚信 与效率	市场操纵指标
	经纪行(broker)与客户冲突的指标
	内幕交易指标

---

① 当其他要素(如产品、供应商、和市场)未能发挥作用的情况下,这些衡量方法可以提供信息。它们可以确定特别集中或缺乏替代品的活动、市场、服务等(如结算和交付系统)。识别出大量、集中的这些要素可能预示着潜在的系统性风险,因为一旦这些要素失灵,市场基础设施将受到影响。

（续表）

系统性风险因素	证券市场综合指标(广义的—A类和专项的—B类)
集中度①	**A类指标**
	◆ 市场集中与竞争指标
	最大的主要市场(交易量在每日总成交量中占相当大的比例)
	占总市值百分比前十位的主体
	◆ 交易对手集中度/敞口和担保指标
	市场中的前五名交易对手方及总集中度
	按净交易对手信用敞口计算的主要交易对手方
	B类指标——定量
	◆ 市场集中与竞争指标
	H—H(Hertfindhal-Hirschamn)竞争指数
	◆ 交易对手集中度/敞口和担保指标
	市场中的前五名交易对手方及总集中度
	按净交易对手信用敞口计算的主要交易对手方
	◆ 市场参与者的性质和集中度
	交易对手风险敞口信息
	对交易中介(dealer)风险水平的评估(如评级等)
行为② (Behaviour)	**A类指标**
	◆ 消费者对理财顾问的信心
	◆ 投资者对金融市场的信心
	◆ 消费者对未来投资的意愿
	B类指标——定量
	◆ 加杠杆投资的资本利得价值
	◆ 资金的流动
	B类指标——定性
	◆ 销售的趋势(通过调查了解以及是否合规)
	◆ 投资策略的改变

---

① 市场整体杠杆相关指标。

② 参与者的行为可能导致金融系统风险的累积。某些行为可能表明过度冒险、过度加杠杆、投资者信心的丧失以及恐慌。

（续表）

系统性风险因素	证券市场综合指标（广义的—A类和专项的—B类）
激励结构①	**A类指标**
	❖ 市场中的薪酬趋势
	❖ 审计人员薪酬结构
	B类指标——定量
	❖ 产品收费比例（百分比）
	❖ 融资计划（margin schedule）/减记（例如回购市场）
杠杆情况②	**A类指标**
	家庭债务和杠杆
	产品杠杆的趋势
	B类指标——定量
	❖ 杠杆和资金速度指标
	总风险敞口（基于巴塞尔协议III的杠杆比率）
	借款价值（无担保借款、抵押借款、合成借款）（例如对冲基金）
	证券借贷（借贷对应的资金百分比）
	融资融券（margin-lending）水平和扣减
	无权利限制的现金数额（如对冲基金）
	机构资产负债表上的杠杆水平
	基金杠杆水平
	场外衍生品的名义价值（例如非银行性SIFI）
监管③	**A类指标——定量**
	❖ 不受监管的交易的比例指标（另类交易计划 alternative trading schemes、暗盘交易、非上市ETF等）
	A类指标——定性
	❖ 不受监管的市场领域的存在和性质
	❖ 司法管辖权共享方面的评估
	B类指标
	❖ 监管套利的证据
	❖ 涉及公司、活动、产品等的规章制度的复杂性和数量

---

① 这可以提供有关市场不正当动机、不当销售和过度冒险的信息。
② 杠杆指标很重要，因为非系统重要性的活动可以通过杠杆而变成有系统重要性。
③ 这一指标准确指出了不同法域的监管差异，这种差异可能导致风险的累积。

(续表)

系统性风险因素	证券市场综合指标(广义的—A类和专项的—B类)
复杂度①	**A类指标**
	◆ 定性评估投资者/市场参与者对市场产品的理解程度(通过调查方式)
	B类指标——定量
	◆ 复杂性指标
	已发行的复杂/结构性产品数量及价值(销售量占银行存款的百分比、增长率)
	使用复杂公式取得收益的产品的数量
	前十大热门复杂产品的风险收益特征
	◆ 投资组合渗透指标
	结构性零售产品占家庭部门金融资产的百分比
	开放头寸(open position)的数量
	B类指标——定性
	◆ 定性评估投资者/市场参与者对市场产品的理解程度(通过调查方式)

---

① 复杂度指标揭示了市场的金融脆弱性。市场的复杂性表明投资者与金融中介/提供者之间的信息不对称。

四、信息技术建设与信息网络安全

随着信息技术及互联网(以下合称 IT 技术)的发展,尤其是大数据、云计算、区块链、人工智能等技术的发展,金融和科技正在互相融合,金融科技(Fintech)逐渐成为一个新的领域。其中,证券投资基金的投资、运营活动正好是一个需要依赖大量数据和信息的场景,IT 技术将成为赋能证券投资的重要工具。能够充分运用好 IT 技术的基金管理人,大概率会在未来占据主动地位,因而信息技术建设及由此产生的信息网络安全(Cyber Security)问题就变得十分重要。

(一)信息技术建设与信息网络安全的基金治理意义

从基金治理的含义出发,信息技术建设与信息网络安全的治理意义可以从以下三个维度加以认识:

第一,基金管理人需要为基金份额持有人的最佳利益努力,这是其肩负的谨慎义务中的勤勉义务面向。最佳利益中含有的"最佳"二字,必然要求管理人在符合投资目标、投资范围、投资策略的前提下不断提升基金管理的效益。目前来看,IT 技术总体上代表着较为先进的生产力。基金管理人加强信息技术建设,为此持续投入资源,是其在时代大背景下不断提升效益和勤勉尽职的内在要求。

第二,谨慎义务的另一个面向是注意义务。基金管理人在经营过程中应始终注意不发生重大的业务差错,降低经营风险和投资风险。但由于人类本身认知、行为固有的局限性,人的本质(或核心假设之一)是有限理性的,而不是完全理性的。[①] 人类会犯错,这是一个必须接受的假设前提。比如,在估值核算、份额登记等需要大量计算的环节,人就很容易犯错——属于计算差错,也是操作风险的一种。IT 系统依靠自动化的程序运行,可以达到非常精准的程度,完美解决和克服人类的上述弱点,且永不疲劳。凡需要大量、繁复、持续计算的场合,计算机及 IT 技术的出现既极大地提升了人类工作的效率,又极好地降低了人类犯错的概

---

① 参见〔美〕埃里克·弗鲁博顿、〔德〕鲁道夫·芮切特:《新制度经济学:一个交易费用分析范式》,姜建强、罗长远译,上海人民出版社 2006 年版,第 4—5 页。

率。这样,加强信息技术建设也是基金管理人履行其注意义务、努力规避风险的必要举措。

第三,由于 IT 技术的出现,尽管有上述优点,但也必然会带来一些负面的东西如网络攻击。IOSCO 于 2016 年 4 月发布的《证券市场的信息安全——国际视角及 IOSCO 关于网络风险的协调和努力的报告》(*Cyber Security in Securities Markets—An International Perspective*:*Report on IOSCO's cyber risk coordination efforts*,以下简称《IOSCO 2016 信息网络安全报告》)和 IOSCO 于 2019 年 6 月发布的《互联网特别行动:最终报告》(*Cyber Task Force*:*Final Report*,以下简称"《IOSCO 2019 互联网报告》"。根据 IOSCO 上述报告,所有现有的证据都表明,目前全世界的网络攻击正越来越频繁,对众多组织和社会造成的损失越来越大,已成为金融市场最重要的威胁之一。金融业成为网络攻击的主要目标之一,因为"钱在那里"。IOSCO 预计,网络攻击的增长趋势短期内不会减弱,甚至在未来可能加速。另外,金融业还有一些长期趋势,如越来越多地使用移动设备、外包服务商和云计算等,这些都为网络攻击带来了额外的可能。对证券市场来说,不断增长的网络风险对市场效益、投资者保护均构成越来越大的威胁。最终,在一个高度互联和相互依赖的金融生态系统中,网络攻击可能会对整体产生系统性影响,并随着时间的推移影响到金融市场最为关键的信任。对于作为微观主体的基金管理人来说,如果不能防范网络攻击,不能保障信息网络安全,则基金份额持有人的利益时刻会面临风险,如基金份额数据被篡改,对相关投资者将造成实实在在的经济损失。因此,信息网络安全本质上是风险管理的组成部分,原则上可归类于技术风险。基金管理人对基金投资者所承担的谨慎义务,要求其加强治理,搭建组织架构,采取具体措施控制好此类风险,保护好投资者的切身利益,从而扬 IT 技术之利,弃 IT 技术之弊。

(二)信息技术治理的组织架构

基金管理人应当对信息技术建设和信息网络安全建立相应的组织架构以落实有关工作。IOSCO 认为,适当的治理是任何有效网络安全框架的核心。市场主体为处理网络安全问题而建立的治理结构(包括董事会和高管层的参与)对整个信息安全有效性至关重要。它能够帮助组织集中注意力,确定他们的风险偏好和优先事项,并将资源合理地分配。在中国证监会发布的《证券基金经营机构信息技术管理办法》(以下简称《信息技术办法》)中,信息技术治理是指完善信息技术运用过程中的权责分配机制,建立健全信息技术管理制度和操作流程,保障与业务活动规模及复杂程度相适应的信息技术投入水平,持续满足信息技术资源的可用性、安全性与合规性要求。本书认为,其中的权责分配机制非常重要,也从另一个侧面框定了治理的组织架构,对此值得私募基金管理人参考。

(1)董事会,负责审议信息技术管理目标,对信息技术管理的有效性承担责任。具体而言,一是审议信息技术战略,确保与本公司的发展战略、风险管理策略、资本实力相一致;二是建立信息技术人力和资金保障方案;三是评估年度信息技术管理工作的总体效果和效益;四是公司章程规定的其他信息技术管理职责。

(2)经营管理层,负责落实信息技术管理目标,对信息技术管理的具体工作承担责任,具体来看:一是组织实施董事会相关决议,建立责任明确、程序清晰的信息技术管理各级组织,明确管理职责、工作程序和协调机制;二是完善绩效考核和责任追究机制;三是落实公司章程规定或董事会授权的其他信息技术管理职责。

(3)信息技术治理委员会,中国证监会要求公募基金管理人(以及证券公司)在经营管理层下设信息技术治理委员会或指定专门委员会负责制定信息技术战略,其成员应当由高级管理人员以及合规管理部门、风险管理部门、稽核审计部门、主要业务部门、信息技术管理部门等部门负责人组成,可聘请外部专业人员担任委员或顾问。由该委员会负责审议的事项有:①信息技术规划,包括但不限于信息技术建设规划、信息安全规划、数据治理规划等;②信息技术投入预算及分配方案;③重要信息系统建设或重大改造立项、重大变更①方案;④信息技术应急预案;⑤使用信息技术手段开展相关业务活动的审查报告以及年度评估报告;⑥委员提请审议的事项和其他对信息技术管理产生重大影响的事项。本书认为,如果私募基金管理人所管理的私募基金,在投资策略上较倚重信息技术的,如采用高频交易、量化对冲等策略,可以参考上述机制,对提升其信息技术治理是有益的。

(4)信息技术管理部门,具体负责实施信息技术规划、信息系统建设、信息技术质量控制、信息安全保障和运维管理等工作。

根据以上权责分配,站在全局上看,不难发现,除了规划事项以外,基金管理

---

① 中国证监会认为的"重要信息系统"包括:支持证券基金经营机构和证券基金专项业务服务机构关键业务功能、如出现异常将对证券期货市场和投资者产生重大影响的信息系统。重大影响的信息系统包括:集中交易系统、投资交易系统、金融产品销售系统、估值核算系统、投资监督系统、份额登记系统、第三方存管系统、融资融券业务系统、网上交易系统、电话委托系统、移动终端交易系统、法人清算系统、具备开户交易或者客户资料修改功能的门户网站、承载投资咨询业务的系统、存放承销保荐业务工作底稿相关数据的系统、专业即时通信软件以及与上述信息系统具备类似功能的信息系统。"重大变更",是指经证券基金经营机构、证券基金专项业务服务机构自行评估,可能影响业务合规和信息系统安全稳定运行的系统变更,包括但不限于信息技术服务机构更换、技术架构重大调整、主要功能变化等。

人的信息技术具体建设工作主要在三个方面：一是软硬件（系统）建设（含质量控制）；二是软硬件日常运维；三是信息网络安全。其中，软硬件的建设与运维更侧重技术性，与治理的联系相对较弱。当然，信息网络安全机制也应当内嵌于软硬件的建设和运维当中，但信息网络安全的本质则是要解决信息技术建设带来的相应风险，属于风险管理的一部分，具有更强的治理属性。

（三）信息网络安全的概念与应对框架

在《IOSCO 2016 信息网络安全报告》中，IOSCO 认为"网络风险"（cyber risk）是与网络攻击相关的潜在负面后果。

1. 网络攻击

"网络攻击"（cyber attack）可以定义为不法分子试图对计算机数据或系统的机密性（confidentiality）、完整性（integrity）和可得性（availability）进行破坏。在证券市场环境下，网络攻击包括：

第一，对机密性的攻击。通常涉及对敏感信息的未授权访问，如不法获取客户交易账户的访问权限或公司的交易信息；获取其他知识产权，如专有算法等。

第二，对完整性的攻击。影响与金融资产或个人信息相关的数据或系统的准确性或一致性，如更改证券的所有权信息或简单地销毁该信息。

第三，对可得性的攻击。通过创设相关破坏性系统（如促进交易执行的系统），导致资本市场本身的有序和高效运作遭到中断或延迟。

国家标准和技术研究院（National Institute of Standards and Technology, NIST）对网络攻击的定义是："一种通过网络空间的攻击，针对企业对网络空间的使用，目的是破坏、禁用、摧毁或恶意控制计算环境/基础设施；或破坏数据的完整性；或窃取受控制的信息。"对网络攻击加以定义，其意在明确信息网络安全的风险源头。

2. 信息网络安全

美国证券法下的自律组织 FINRA 认为，"应对信息网络安全的概念采取广义视角定义，信息网络安全为保护投资者和公司信息不因全部或部分使用电子或数字媒体（如计算机、移动设备或基于互联网协议的电话系统）而陷入危险。""陷入危险"指的是上述数据机密性、完整性或可用性的丧失。对资产管理行业而言，数据窃取（涉及数据机密性）、对数据的操纵（如操纵基金的净资产价值、交易算法、投资组合持有量等），越来越受到资产管理人的关注。盗窃或操纵交易信息、投资策略信息及其他市场敏感信息；窃取或操纵交易算法和基础代码；使用勒索软件；

操纵估值模型以及其他知识产权盗窃等,对资产管理行业都会带来巨大的危害。

IOSCO 认为,在广义维度下,信息网络安全包括与降低网络风险相关的所有重要活动。对此,应建立识别、保护、探测(Detection)、响应(Response)、从网络攻击中恢复等机制的综合性应对框架,对此框架还应不断地测试(testing)、保持各种情境下的注意(situational awareness)并使之不断地学习和进化。

需要注意的是,当一个组织内部对网络风险缺乏适当认识时,每一个具体的个人往往就是"最薄弱的环节"。组织内部的决策过程缺陷也可能是脆弱性的来源,会被网络犯罪分子利用,如缺乏明确的问责程序等。因此,有效的信息网络安全措施不仅仅是技术问题,也是与人员和流程相关的问题,是一个治理上的问题。

3. 应对框架

综合《IOSCO 2016 信息网络安全报告》《IOSCO 2019 互联网报告》、中国证监会《信息技术管理办法》《证券期货业信息安全保障管理办法》以及相关市场主体的 IT 风险管理框架文件,本书初步认为,由上述"识别—保护—探测—响应—恢复"五个方面所构成的应对框架是较为周延的。

首先是识别关键资产、信息和系统,包括指令传送系统、风险管理系统、交易执行系统、数据发布系统和监测系统。为了强化识别功能,应建立和维持所有硬件和软件的清单,对第三方和技术供应商进行安全评估,持续关注外部信息安全威胁事项及其演变等。此外,应识别两类风险:一类是外部来源的风险,即上述网络攻击;另一类是因 IT 技术瑕疵而在内部给业务经营造成的风险。这两类风险也可能密切相关。

其次是保护。与保护有关的措施可以是组织性的(如建立安全操作中心),也可以是技术性的(如建立反病毒和入侵防御系统)。要通过风险评估来确定项目、应用程序或数据库中可以实施的最低控制水平。在保护问题上,员工培训至关重要,使员工具备安全意识是加强信息网络安全的关键。具体培训形式可包括新员工入职培训、日常一般培训以及更具体的培训,如对社会工程(social engineering)保持警醒的意识;可以对员工开展相关的能力测试以证明其对信息网络安全已具备相应的理解力,也可以组织第三方培训。

再次是探测。通常应使用外部和内部的流量和日志来监控和探测异常访问情况,如异常的用户活动、奇怪的连接时间和陌生的连接源等。许多受监管的主体都有专门应对网络威胁的团队从事文件服务器完整性和数据库活动的监控,以防止未经授权修改企业网络内的关键服务器信息。基金管理人可以定义不同的报警类别和严重程度。在监控(Monitor)上,最新的趋势是综合应用组织化的安全信息(organizational Security Information)、事件管理(Event Management)工具(涵盖公司自身的安全事件)以及(特定行业相关的)威胁情报服务。

复次是响应。基金管理人应该为企业中最有可能受到网络事件影响的风险类型制定响应计划,具体要素包括:如何进行沟通和通知利益相关方;对漏洞进行司法鉴定分析(forensic analysis),以了解漏洞或攻击的内部结构;对网络攻击记录的数据库进行维护;开展互联网方面的演习(cyber drill),包括公司层面的特定事项模拟演习以及行业层面相关场景的演习。

最后是恢复。在发生信息网络安全事件后,基金管理人有必要制定计划,对受损的能力或服务进行恢复,对恢复时间和恢复目标做出事先界定。

在应对上的另一个思路是,采用国际标准组织(International Organization for Standardization, ISO)开发的标号为27000的信息安全管理标准体系。其中,ISO/IEC 27001标准规定了管理信息风险的各种具体活动(a suite of activities),可适用于各种规模、各种类型、各个行业、各个市场中的组织,无论是公众公司还有私人公司;ISO/IEC 27002标准则提供了一套信息安全的良好实践(a code of good practice),针对信息机密性、完整性、可得性相关方面的风险。相关组织必须事先评估自身的信息安全风险,明确控制目标,进而采用适当的控制措施。

(四)信息网络安全的具体应对手段

1. 识别

(1)定期全面评估。

基金管理人应开展信息网络安全的"健康体检",内容可以包括:

☐ 内部治理情况及其有效性;

☐ 识别重要的业务信息和资产(尤其是数字资产和运营设施),以便将信息安全资源配置在高风险的地方;

☐ 收集、处理和存储信息及使用该等信息的技术系统的性质、敏感程度、薄弱环节(vulnerabilities)和具体位置,识别信息技术基础设施的支撑能力与冗余程度;

☐ 识别潜在的网络风险、IT系统面临的内外网络安全威胁和漏洞,识别最常见的事故类型和攻击载体;

☐ 识别IT系统受到损害后会造成的影响;

☐ 评估第三方供应商和客户的恢复能力;

☐ 了解公司当前的安排、政策和程序;

☐ 测试现有的IT系统、流程和程序,提高网络应变能力(包括关于响应的计划和报告、恢复计划等）；

　　□ 评估处置网络风险的资源是否充足，包括适当地培训员工（包括承包商）；
　　□ 评估是否监控对 IT 系统运行过程的网络攻击；
　　□ 与客户沟通的能力；
　　□ 法律和监管上的义务等。

有效的评估将有助于识别潜在的网络安全威胁和漏洞，以便更好地识别和降低风险。〔澳大利亚、美国 SEC、FINRA、IOSCO、中国证监会〕①

（2）查漏。

基金管理人应通过查找漏洞来检测 IT 环境或自动系统中的安全漏洞〔新加坡 MAS、美国 SEC〕。

（3）供应商管理。

基金管理人应使用风险导向的方法来管理来源于 IT 技术供应商的信息网络安全风险，建立供应商管理制度，管理方法包括但不限于：

　　□ 对潜在服务提供商在签订合同前开展尽职调查，关注其保密措施和内控措施；
　　□ 在采购软硬件产品或者技术服务时与供应商签订合同和保密协议，并在合同和保密协议中明确约定信息安全和保密的权利和义务；
　　□ 约定供应商可接触到的信息和系统，这些条款既要维持与供应商的关系，又要在关系结束后确保供应商遵守相关义务；
　　□ 对现有供应商进行持续的尽职调查，定期对供应商的资质、专业经验、产品和服务的质量进行了解和评估；
　　□ 建立并落实相关程序，保证在合同终止后立即终止其对公司系统的访问；
　　□ 对供应商保持适当的监控，使其符合基金管理人的风险偏好和信息安全标准。〔美国 FINRA、中国证监会〕

（4）情报收集和共享。

基金管理人应该利用网络威胁情报来提高识别、检测和应对网络安全威胁的能力：

　　□ 在组织和个人层面上，明确网络安全情报收集和分析的责任；
　　□ 建立机制，将威胁的情报和对此的分析迅速传递给内部有关部门，如公司的风险管理人员和前端信息安全人员；
　　□ 从战术和战略的角度评估威胁情报的内容，并明确采取行动的时限和时点；

---

① 根据《IOSCO 2016 信息网络安全报告》，凡提到是具体法域监管当局的做法，本书在"〔〕"中标注；如果是上述报告的观点，则标注为 IOSCO；如果是中国证监会《信息技术管理办法》中的规定，则标注中国证监会。

□ 参加必要的信息共享组织,如 FS-ISAC,并定期对该类组织进行评估。〔美国 FINRA、IOSCO〕

(5) 利用 IT 技术对业务系统的风险保持识别和监控。

基金管理人借助 IT 技术从事证券基金业务活动的,应当在业务系统上线时,同步上线与业务活动复杂程度和风险状况相适应的风险管理系统或相关功能,对风险进行识别、监控、预警和干预。〔中国证监会〕

(6) 关于识别的记录。

基金管理人借助 IT 技术从事证券基金业务前,应对下列与识别相关的事项开展内部验证并建档记录:

□ 业务系统的流程设计、功能设置、参数配置和技术实现是否合规;

□ 风险管理系统是否功能完备、权限清晰,能够与业务系统同步上线运行;

□ 是否具备完善的信息安全防护措施,能够保障经营数据和客户信息的安全、完整;

□ 是否具备符合要求的信息系统备份及运维管理能力,能够保障相关系统安全、平稳运行。〔中国证监会〕

(7) 再评估(reassessment)、审查(review)或审计(audit)。

在基金管理人内部,对安全和隐私计划应进行年度评估和调整;定期审查风险承受限度以及有关行业惯例和同行的基准(benchmark);在一定频率上定期开展信息技术管理工作专项内部审计;在一定频率上(可以比内部审计周期略长),委托外部专业机构开展信息技术管理工作的全面审计等。〔美国 CFTC、IOSCO、中国证监会〕

2. 保护

(1) 电子合同。

基金管理人应将电子合同存储在指定的信息系统,并提供可供投资者及合同其他相关方查询、下载的公开渠道。〔中国证监会〕

(2) 测试环境。

基金管理人应建立独立于生产环境的专用开发测试环境,避免风险传导;开发测试环境使用未脱敏数据的,应当采取与生产环境同等的安全控制措施;在生产环境开展重要信息系统技术或业务测试的,应对测试流程及结果进行审查。〔中国证监会〕

(3) 数据治理。

基金管理人应建立数据全生命周期管理机制,确保数据统一管理、持续可控和安全存储;将经营及客户数据按照重要性和敏感性进行分类分级,并根据不同

类别和级别作出差异化数据管理的制度安排。〔中国证监会〕

在基金管理的行业实践中,有境外管理人的风险管理文件将数据作如下种类划分并相应给出分级:①投资者客户信息(高风险);②员工个人信息(高风险);③基金交易信息(高风险);④基金会计及其账户信息(高风险);⑤市场推介(marketing)相关信息(低风险);⑥沟通类信息,如内部邮件或公司与外部的沟通文件(中风险);⑦技术类信息(高风险);⑧合同类信息(中风险)。建议中国境内私募基金管理人可对此参考。

(4)授权和认证。

基金管理人应实施 IT 系统权限控制,通过用户凭证管理、认证和授权方式,保护客户信息不受未经授权的访问或披露;按照"最少功能以及最小权限"等原则分配信息系统管理、操作和访问权限并履行审批流程。合规管理和风险管理部门应当对权限管理制度和操作流程进行合规审查及风险控制,并对信息系统权限进行定期检查与核对,确保用户权限与其工作职责相匹配,防止出现授权不当的情形。〔新加坡 MAS、中国证监会〕

(5)加密。

基金管理人应制定全面的数据丢失策略,以保护敏感或机密信息,并通过使用加密、加密通道和强大的访问控制来防止数据丢失,应鼓励使用长而复杂的密码。〔新加坡 MAS、美国 SEC、中国证监会〕

(6)反病毒。

基金管理人应通过使用网络安全设备和反病毒软件对 IT 系统和设备进行有效的安全管理,以提供适当程度的保护,防范恶意软件(malware)。〔新加坡 MAS、中国证监会〕

(7)安全补丁。

基金管理人应采取适当措施,控制和减轻漏洞造成的风险,如建立适当的安全补丁管理程序,确保安全补丁能够及时有效地实施。〔新加坡 MAS、美国 CFTC〕

(8)"防火墙"。

在不同信息系统、不同业务之间应建立"防火墙";公司网络和客人使用的网络(guest Wi-Fi)应该区分;应采用对敏感信息和网络资源的分层访问、网络隔离和系统加固等方式,控制对各种系统和数据的访问。〔美国 SEC〕

(9)移动设备。

基金管理人应限制使用可移动存储介质,设置具有监控技术的软件来防止敏感数据的丢失或泄露,防止未经授权的入侵、丢失或泄露敏感数据或其他异常事件的发生;应尽可能不在移动设备中存放敏感信息或保密信息;应尽可能少地接

入公共 Wi-Fi 或敏感的网站。〔美国 SEC〕

(10) 其他硬件设备(如公司电脑)。

基金管理人应制定硬件设备的使用政策,原则上应限于公司目的的使用,不得为个人目的所使用(但如果对公司经营不造成负面影响的话,可以有限例外);员工不得使用个人电脑并接入公司网络,除非其安全性得到 IT 部门的认可;硬件设备的升级、扩容、或在其上安装软件等都应取得事先的批准;端口设备(portable device)不能无人看管。

(11) 网络结构。

基金管理人应设置合理的网络结构,划分安全区域,各安全区域之间应当进行有效的隔离,并具有防范、监控和阻断来自内外部网络攻击破坏的能力。〔中国证监会〕

(12) 信息系统。

基金管理人应建立符合业务要求的信息系统。信息系统应当具有合理的架构,足够的性能、容量、可靠性、扩展性和安全性,能够支持业务的运行和发展。〔中国证监会〕

(13) 盘点。

基金管理人应定期盘点物理设备、软件和应用程序清单。〔IOSCO〕

(14) 具体功能的应用。

基金管理人应对个人电子邮件账户的使用、社交媒体平台的访问、屏幕保护程序的使用以及某些功能(如电子邮件、灾难恢复、应用程序开发)外包的程度制定政策;应让员工拒绝回复陌生的邮件。(unsolicited email)等。〔IOSCO〕

(15) 人员。

□ 保障充足、稳定的信息技术经费投入,配备足够的信息技术人员;〔中国证监会〕

□ 基金管理人应指定具体员工承担隐私和安全监督职责;〔美国 CFTC〕

□ 特定员工应仅获得其履职所需要的权限;

□ 对员工离职后的信息系统权限处置应制定政策;

□ 员工违反内、外部规定应有惩罚措施及基金管理人应有要求其改正的权利。

(16) 培训。

基金管理人应通过书面政策、程序和培训来实施其经营战略,为领导和员工提供防范网络威胁的适用指导,以预防、检测和应对此类威胁;应定期开展培训;可以提供有观众参与的互动培训以增强记忆;可以围绕损失事件、风险评估流程和威胁情报信息收集开展培训;每月可以通过电子邮件向所有员工发布安全公告;应定期就新问题和发现的信息安全漏洞与员工进行沟通;可以考虑使用宣传海报;可以定期向员工发送各种提醒;可以对员工进行模拟测试以评估其对信息网络安全风险是否已有准备;培训的内容还可以包括电子邮件的使用、加密(Encryption)、社交媒体的使用、常见的网络攻击形式、个人和家庭移动设备的使用等;培训的目的是建立有效的安全责任文化。〔美国SEC、NFA、FINRA、IOSCO〕

(17)举报。

鼓励员工向基金管理人报告可能发生的网络攻击。〔IOSCO〕

(18)投资者教育。

基金管理人应教育投资者和客户注意与他们账户有关的网络安全威胁。〔美国SEC〕

(19)物理防护。

基金管理人应通过加锁等方式对特定区域、设备加强物理隔离和防护,防范盗窃等。

3. 探测

(1)信息采集。

基金管理人应按照监管机构(如中国证监会)规定采集、记录、存储、报送客户交易终端信息,采取有效的技术措施保障相关信息真实、准确、完整。但不得收集与服务无关的客户信息,不得购买或使用非法获取或来源不明的数据。在收集使用客户信息之前,应当公开收集、使用的规则和目的,并征得客户同意。除法律、法规和中国证监会另有规定外,不得允许或者配合其他机构、个人截取、留存客户信息,不得以任何方式向其他机构、个人提供客户信息。〔中国证监会〕

(2)外部监控。

基金管理人应建立适当的安全监控系统和流程,设定监测指标并指定专人持续监测重要信息系统的运行状况,迅速检测网络攻击或异常模式,检测身份被盗的发生;应评估已检测到的网络安全事件的性质,了解潜在影响,及时处置。〔新加坡MAS、美国CFTC、NFA、IOSCO、中国证监会〕

(3)内部监控。

□ 监控员工对网络安全政策和程序的遵守情况;

□ 监控经营数据和客户信息的使用情况,并持续监督信息技术服务机构等相关方落实保密协议的情况;违规存储或使用自身经营数据和客户信息的,应当排查数据泄露途径、评估影响范围。〔美国SEC、中国证监会〕

(4) 系统上线监测。

重要信息系统上线或发生重大变更的,应当制定专项实施方案,并对信息系统上线或变更操作行为进行审查、确认和跟踪。〔中国证监会〕

(5) 系统压力测试。

结合发展战略、市场交易规模等因素,基金管理人可定期对重要信息系统开展压力测试和评估分析,确保其容量满足业务开展需要。〔中国证监会〕

(6) 监控机制有效性。

基金管理人应建立持续有效的风险监测机制,至少每年开展一次风险监测机制及执行情况的有效性评估。〔中国证监会〕

(7) 可审计功能和记录。

重要信息系统应具备可审计功能,并可以根据监管部门的要求转换、提供相关数据。

对于信息系统开发、测试、上线、变更及运维过程中产生的文档,应当妥善保存,并根据业务开展情况以及信息系统的重要程度建立与监测工作相适应的日志留痕机制,确保满足应急处置和审计的需要。〔中国证监会〕

4. 响应

(1) 政策。

基金管理人应制定信息网络安全风险管理的政策和程序,包括风险识别、风险承受限度的描述、其他适用的书面政策和程序;以书面形式识别所有可合理预见的,对个人信息安全性、机密性和完整性构成的内部和外部风险。〔美国 CFTC〕

(2) IT 基础设施及其更新。

基金管理人应当具有合格的基础设施。机房、电力、空调、消防、通信等基础设施的建设应符合行业信息安全管理的有关规定。基金管理人应制定技术更新计划,以确保 IT 基础设施是最新的,从而减少因过时和不受支持的系统和软件而引致的安全风险。〔中国证监会、新加坡 MAS〕

(3) 岗位分离。

重要信息系统的开发、测试、运维实施必要分离,保证信息技术管理部门内部岗位的相互制衡。〔中国证监会〕

(4) 测试演练。

☐ 开展脆弱性测试和渗透测试(vulnerability and penetration test);

☐ 开展业务连续性测试,即网络攻击是否会影响到业务的后续经营;

☐ 开展遭遇攻击后的复原计划演练。〔美国 SEC、FINRA、中国证监会〕

(5) 数据备份。

基金管理人应建立数据备份库,在同城和异地保存备份数据;备份系统与生产系统应具备同等的处理能力,保持备份数据与原始数据的一致性;应区分实时信息系统和非实时信息系统,配置不同的故障应对能力;应建立重要信息系统的故障备份设施和灾难备份设施,保证业务活动连续。〔中国证监会、美国 SEC〕

(6) 制定应急预案(contingency plan)。

基金管理人应制定应对和响应网络威胁的战略,包括实施该战略的书面政策和程序;针对多种事故类型分别考虑遏制和/或缓解战略;制定事件应对计划。

□ 明确网络安全事故响应负责人、风险升级后的应对及其责任;

□ 考虑最可能遭受的事故类型并有针对性地准备应对,如客户个人识别信息的丢失、数据损坏、DDoS 攻击、网络入侵、客户账户入侵或恶意软件感染等。

根据不同的信息安全事件,建立分级的应急响应机制,明确内部处置流程,确保相关信息系统及时恢复运行。〔美国 SEC、FINRA、中国证监会〕

(7) 完善应急预案。

基金管理人应持续完善应急预案,包括应急管理建设目标、备份信息系统建设和恢复机制、备份数据恢复机制、业务恢复或替代措施、应急联系方式、与客户沟通方式、向监管部门及有关单位的报告路径、应急预案披露与更新机制等内容;应充分考虑重要信息系统故障、相关信息技术服务机构无法继续提供服务、信息技术高管或重要技术团队发生重大变动以及自然灾害等可能影响重要信息系统平稳运行的事件。〔中国证监会〕

(8) 内部沟通和报告。

风险报告应定期(如每季度)提交给高管层,并在发现风险敞口有任何重大变化时立即提交给高管层及相关权力机构。〔美国 CFTC〕

(9) 外部沟通。

基金管理人应准备好风险爆发后的沟通、披露计划,应和利益相关者(如客户、行业信息共享机构等)进行交流。〔美国 FINRA〕

(10) 外部报告。

如发生任何威胁 IT 系统安全的事件,须在发现后 X 小时内向监管机构报告。〔新加坡 MAS、美国 SEC、FINRA、中国证监会〕①

---

① 中国证监会于 2021 年 6 月发布了更新后的《证券期货业网络安全事件报告与调查处理办法》,对信息系统进行了分类,对网络安全事件进行的分级,并对分类分级的网络安全事件明确了相应的报告要求。目前该文件主要针对公募基金管理人。

(11) 系统停用。

重要信息系统计划停止使用的,应当开展技术和业务影响评估,制定完整的系统停用和数据迁移保管方案,并组织必要的评审及停用后的安全检查。〔中国证监会〕

5. 恢复

(1) 恢复计划。

基金管理人应建立恢复计划,如为每个关键系统的恢复时间设立不超过×小时的目标。〔新加坡 MAS、美国 SEC〕

(2) 数据销毁。

基金管理人应建立系统和/或数据的销毁计划,如销毁"不受欢迎的"应用程序、定期清除缓存数据(cached data)等。〔美国 FINRA、中国证监会〕

(3) 事后分析。

□ 应开展调查,评估信息系统与相关业务恢复目标、恢复策略的合理性,确保与公司整体风险管理策略保持一致。〔中国证监会〕

□ 应(在特定期间内向监管机构)提交对特定信息网络安全事件/事故的调查分析报告,分析其根本原因和造成的影响。〔新加坡 MAS、美国 FINRA〕

(4) 补救。

基金管理人应该提出补救措施,包括赔偿客户所遭受的经济损失等。〔美国 SEC、FINRA〕

(五) 余论

IOSCO 于 2017 年 2 月还发布了一份关于金融科技(Fintech)的专项研究报告,即 *IOSCO Research Report on Financial Technologies (Fintech)*,对金融科技的几个主要领域做了初步研究,包括但不限于股权众筹(equity crowdfunding)、P2P 借贷(peer-to-peer lending platform)、智能投顾(robo-adviser)、分布式账本技术(distributed ledger technologies, DLT)等。对此,IOSCO 又分为 8 个具体的金融场景:支付、保险、筹划(Planning)、股权/债权融资、区块链、交易和投资、数据分析和信息安全,进一步归为四类:

一是融资平台,包括 P2P 借贷和股权众筹;二是个人交易和投资平台,包括智能投顾和社交类交易(social trading);三是机构类交易平台,包括一些债券交易机制的创新;四是分布式记账技术。

IOSCO 认为,在金融科技大发展的背景下,发行人、投资者、中介机构在沟通、研究、社交、分享、合作、资源汇集、竞争以及交易的方式上,其行为都和以往大为不同,从而给监管带来了较大的挑战。互联网的出现加速了全球的互联,使人们更容易接触到各种金融产品和服务,也使相关成本迅速降低。比如,股权众筹给零售投资者(散户)带来了投资便利,智能投顾为散户提供了以组合投资理论为基础的现代投资服务等,这些以往都是私人银行或机构客户才能专享的服务。一些社交平台甚至将佣金下降到零。

IOSCO 逐一分析了各种金融科技目前的市场规模、发展趋势和优缺点,尤其是其中的各类风险以及监管对此的回应。与本书主题最相关的应该是智能投顾,该项服务主要依靠算法(algorithms)来构建、管理和对相关投资组合进行再平衡(rebalance),一般会利用 ETF 基金作为组合财产,使该产品的成本较低、流动性较好、具备多样性,能满足不同投资者的投资目标。智能投顾服务可以面向广大投资者,并通过网上交易来减少与客户面对面的互动,并保持其组合的多样性,这是其优势。智能投顾的风险在于:算法可能出错;算法可能过于复杂或过于简单;算法基于的客户信息可能因大环境变化而滞后,导致资产配置刻舟求剑等。对此,监管上一般要求提供此项服务的基金管理人做到"了解你的客户",做好适当性管理,相关产品可能要备案,保持业务培训,做到交易最佳执行,遵守卖空、披露、记录保存、合规、内控等各项规则。此外,还应更好地做好投资者教育,加强产品的透明度,加强信息披露,保证投资者在知情条件下做出投资决策。

由此可见,即便科技与金融相融合带来了新的金融工具或金融样态,金融科技(Fintech)的发展也正在重新塑造传统的金融业,并似乎在赋予其崭新的面貌;但不可否认的是,上述各项金融科技的业务内核还是金融,万变不离其宗,该等业务的实质是利用了新科技手段的金融活动,而不是科技类活动,故对此进行回应、控制的手段总体上仍应回到金融监管的主轨道,并辅之以信息网络安全风险的管理和相应的治理机制,把金融监管和技术风险管理统筹起来,可能是对金融科技发展形势的恰当回应。信息网络安全和数据保护将是更突出和紧要的问题,或成为矛盾的主要方面。

本书认为,中国证监会发布的《信息技术办法》初步构建了我国基金管理人制度——该制度明文指向的是公募基金管理人——在信息技术建设和信息网络安全方面的治理框架。对照 IOSCO 的报告来看,该制度整体上较为完备,本书在多个方面补充了更为具体的一些手段和细节。志存高远的私募基金管理人如果自愿在如何更好地利用 IT 技术上进行更多的探索,以提升基金投资和运营的效率,宜以此为圭臬加强基金治理,确保行稳致远。

五、持续经营计划（应急计划）

持续经营计划（Business Continuity Plan，BCP），是一个境外监管或合规常用的概念，对应到境内大抵是指紧急应变制度、应急计划或应急预案、突发事件处理预案等，即在紧急情况下，如发生了自然灾害时，机构的持续经营不被影响，并能对此加以妥善应对的计划。持续经营计划的涉及面较广，与风险管理、信息网络安全均有交叉。本书认为，其总体上属于风险管理的一部分，是对各类重大、突发风险、事件及危机的应对，也可以归纳至危机管理范畴。从基金治理的角度来说，当发生重大、突发风险及危机时，基金管理人、基金托管人当然有义务采取必要且适当的行动，妥善应对，并应保护好客户的财产及信息（含隐私），这是其信义义务的题中应有之义。因此，这里有必要讨论一下持续经营计划。

根据笔者的观察，境外监管对持续经营计划是比较重视的，一般会作为相关金融机构的一份必备文件，在监管检查时也会涉及。① IOSCO 于 2015 年 12 月发布了一份《关于市场中介的持续经营和恢复计划的最终报告》（*Market Intermediary Business Continuity and Recovery Planning：Final Report*，以下简称《IOSCO 持续经营计划报告》），并在 2021 年 5 月发布了对此的主题性回顾报告。②

（一）持续经营计划的实体内容

BCP 只是一个笼统的概念，关键是其具体内容。本书根据《IOSCO 持续经营计划报告》，概括出如下实体性要点。

1. 威胁、风险的识别和评估

（1）明确对公司来说的主要威胁，要考虑火灾、洪水、极端恶劣天气、疫情、当地抗议示威、恐怖主义或者网络攻击的情况，还要考虑会物理上阻挠进入办公场所或接触到员工的任何潜在或广泛的影响。有些外部因素虽然和公司业务无关，但要考虑其对公司执行 BCP 造成的重大影响，如因公共交通系统造成的重大

---

① 根据笔者的经验，中国香港证监会（SFC）即如此。
② 参见 IOSCO：Thematic Review on Business Continuity Plans with respect to Trading Venues and Intermediaries: Final Report，2021。

经营中断等。

（2）通过定性（如评估声誉、法律和合规风险）和定量方式（如评估业务中断和监管报告后的潜在财务和运营影响）评估重大经营中断（Major Operational Disruption）的潜在影响。

（3）在重大经营中断发生的情况下，评估资本的可得性（funding access）和公司的流动性。

（4）评估保护关键数据的成本。

（5）从行业最近一次受到的威胁中吸取教训，评估客户、投资者信息、资产、公司资产可能受到的潜在损失。

（6）评估对运营、系统、数据、网络更新、维护业务加以外包的影响。

（7）对关键第三方服务商进行评估。

2. 内部关键系统、关键业务的识别

BCP应明确公司自身的关键IT系统、其他电子系统及关键业务目标，明确关键的、必须保持运营的业务板块和系统。

3. 人员和组织安排

（1）指定人员负责持续经营（危机）管理，一般可指定1名高管对此负责，往往是首席运营官（COO）；

（2）应安排全职的负责应急管理的工作人员；

（3）在每条业务线均安排应急管理的协调员；

（4）明确危机管理的公司治理架构和组织安排，应有相关部门负责BCP和危机管理，一般是运营部门，该部门还负责执行危机模拟及其应对；

（5）确保重大经营中断发生时，有必要的步骤可联系到具备专业知识和经过训练的适格人员来执行关键的危机管理任务，确保有人胜任和实施BCP；

（6）制定明确的政策或流程，当重大经营中断发生时，还要有关键人员的后备人员，必要时能确保其在岗。

4. 沟通

（1）对内外部的沟通流程有书面预案，包括与员工、客户、服务商、监管者及其他利益相关方（如媒体）进行沟通，尽量明确沟通的前后顺序或路径。重大经营中断发生后的沟通必须是清晰的、简练的和持续的。

（2）涉及跨境开展业务的，应在BCP中包含在跨境的重大经营中断发生后，与境外金融机构或监管机构进行沟通的程序。

（3）明确危机升级机制的触发条件和触发后的沟通策略。

（4）就BCP本身而言，根据当地监管要求，在监管现场检查或提出要求时，应向监管者提供 BCP,或定期提供更新后的 BCP,或把 BCP 的主要内容以及公司对重大经营中断的应对方案向客户披露(这是日本和美国的要求)。

(5)根据当地的监管要求,在经营中断时向监管者报告。

5. 事前防范和备份设施

(1)对关键业务的运营设施建立后备系统,后备系统与主要经营系统在运营能力上要基本对等。目前有两种实践做法:一是备份设施完全复制主要系统,形成镜像;二是在备份设施中保留特定的数据和软件,以供危机时使用。

(2)灾备设施要考虑地理上的分布,考虑异地灾备。备份设施一般要求距离主要经营地 20 公里以上,大致范围可以在 10—1000 公里内。

(3)确定一个可完全运营的应急备份场所。

(4)必要时,考虑对纸质或电子信息档案使用线下存储设施或数据备份中心,对备份的电子信息要加密,要考虑到备份数据会被篡改(corrupted)。考虑同步备份以及离线的数据备份,即数据存储在本地网络(in-house network)。关键信息应定期备份,在多个地点实时储存关键信息。

(5)制定信息安全政策,包括必要的(技术上、逻辑上、行政上的)对物理资产和信息接触的控制,尤其是在重大经营中断发生时;处理常规备份(frequent backup)和纸质/电子信息档案恢复的程序(如安全措施、加密程序)等。

(6)使用"防火墙"、网络安全措施(如防病毒、防间谍、防恶意代码的工具)、第三方 IT 安全服务、系统保护及监控服务等;如必要,建立 24 小时监控系统和网络。

(7)保护公司客户的隐私和相关数据。对数据隐私和资产的保护要制定特定的政策和流程,覆盖物理设施和信息系统,防止网络攻击,确保备份数据的安全。

(8)要确保上述安全措施和备份设施在正常经营和重大经营中断时,都能发挥作用。

(9)持续收集信息和新闻以应对某些可能事件,如风暴、社会扰乱、政治危机、罢工等。

6. 其他应对措施和业务恢复

(1)当重大经营中断发生时,确保采取步骤保证客户能及时接触到(prompt access)其基金份额和证券。

(2)在必要时,应处理好与可能造成重大负面影响的其他清算主体、第三方服务机构、其他合作方及对手方的关系,保持运营上的依赖及合作(operational dependencies)。

(3)BCP 中应包含灾难恢复计划(Disaster Recovery Plan, DRP)。针对金融系统运营的相关风险设置相应的恢复目标。在设定这类目标时,如有必要,可以咨询金融监管机构。

（4）恢复目标一般应包括在某个合理的时间范围内恢复到正常经营状态。

（5）服务恢复过程必须考虑服务商；但在业务外包场合，发包机构须对第三方外包的服务承担最终的职责。

（6）记录所有可用的人力、IT系统和后勤资源以及如何用于更紧急的环境（这是意大利的要求）。

（7）无论如何，员工的安全和福利应作为优先事项。

（8）制定在家办公策略，但须注意，该策略不是对所有情况都是充分的或高效的。

（二）与持续经营计划有关的管理机制

按法学关于"实体—程序"二分的观点来看，这一部分其实是BCP具体内容中的程序性部分。根据《IOSCO持续经营计划报告》，其要点如下。

1. BCP的制定和批准

（1）一家机构的董事会和高管层应共同对该机构的持续经营负责；应将重大经营中断的风险融入BCP管理中，在BCP中需要回应如何应对重大经营中断。

（2）董事会和高管层要明确战略方向，对BCP保持监控（oversight），批准其政策和流程，定期更新，并对BCP提供战略上的支持。考虑向审计委员会、风险管理委员会、运营委员会的报告机制。

（3）BCP管理的目标是：当经营中断发生后，使运营、财务、法律、声誉或其他重大后果最小化。

（4）对一家全球经营的公司来说，要考虑特定地区的独特经营问题，如为不同的市场准备不同的BCP；应建立持续经营（应急）管理的全球及地区治理机制。

（5）公司的每个部门应该有与其相适应的BCP。

2. BCP的审查和更新

（1）应定期审查BCP，将该等审查融入其持续的评估框架当中，一般按年度对BCP进行审核。

（2）对BCP的审查应保证独立性，可以使用第三方咨询公司或者外部的IT服务商进行评估。

（3）审查BCP时，可以考虑的内容包括但不限于：

□ 客户要求的变化、新出现的风险和公司本身的变化，包括运营、架构、业务、

经营地等方面发生的任何重大改变;

□ 是否存在基于市场扰乱(market disruption)从而影响到行业,包括类似其他行业机构的情况;

□ 是否有多个数据中心,是否有冗余的网络,是否有定期备份的数据;

□ 对特定技术、人员及第三方服务商是否有依赖;

□ BCP 的适用性和稳健性(robustness),包括这方面的外包服务商,确保重大经营中断发生时,关键系统能够运行以及具有抵抗力(resiliency);

□ 是否有之前未预料到的、因第三方而起的间接事项或连锁反应(chain reactions);

□ 要考虑网络犯罪或恶意软件会影响整个区域,不见得是单个法域;

□ 电子交易对连接性(connectivity)非常敏感,要关注这类常见问题等。

根据审查以及下文测试的结果,决定是否对 BCP 进行维护和更新。

(4)公司的高管层要审查 BCP 评估的结果。

(5)特别要对发生过的重大经营中断进行分析,用来改进、完善现有的 BCP。

3. BCP 的测试和演练

(1)要定期对 BCP 进行测试,确定需要改进和变化的地方,如假设关键人员、设施、系统、数据、服务商完全不可得的情况,评估其有效性;在必要时及时更新 BCP。

有的监管机构会要求大的金融中介机构开展更多的测试(如德国)。监管会对测试情况进行检查。对金融中介机构来说,BCP 测试的频率取决于业务职能和支撑技术的关键性、监管要求;或在先前 BCP 测试中发现的潜在问题。

大多数机构通过压力测试确定的需要年度 BCP 测试的领域有:

□ 危机时的沟通(确保员工能知情);

□ IT 基础设施的抵抗性和恢复能力;

□ 主营场所、数据中心和关键业务职能的恢复能力;

□ 备份设施的运营能力;

□ 可选择的其他数据中心的可得性及其功能等。

(2)必要时,要在全行业测试 BCP。有的监管者(如新加坡)会亲自组织全行业的测试演练,以应对可能的全行业重大经营中断。

(3)必要时,应跨境进行 BCP 的测试。

(4)对新的交易、结算系统以及其他 IT 系统更新要进行测试,要确保关键系统的可用性(可接触性)以及抵抗性。

(5)开展 BCP 模拟演练,记录演练情况,包括观察到的问题和弱点,对此要求负责人员在下一次测试前进行后续的跟踪和整改。

4. BCP 的培训

要对全体员工进行培训,提升其对危机的重视。

(三)我国实践及评论

就应急计划而言,中国证监会对公募基金行业在多个监管文件中提出了相应的要求。比如,《证券投资基金管理公司管理办法》第 58 条规定:基金管理公司应当建立突发事件处理预案制度,对发生严重影响基金份额持有人利益、可能引起系统性风险、严重影响社会稳定的突发事件,按照预案妥善处理。第 59 条规定:基金管理公司可以根据自身发展战略的需要,委托资质良好的基金服务机构代为办理基金份额登记、核算、估值以及信息技术系统开发维护等业务,但基金管理公司依法应当承担的责任并不因委托而免除。委托基金服务机构代为办理部分业务的,基金管理公司应当进行充分的评估论证,履行必要的内部决策程序,审慎确定委托办理业务的范围、内容以及受托基金服务机构,并制定委托办理业务的风险管理和应急处理制度,加强对受托基金服务机构的评价和约束,确保业务信息的保密性和安全性,维护基金份额持有人的合法权益以及公司的商业秘密等。此外,《证券基金经营机构信息技术管理办法》第四章第三节"应急管理"、《证券投资基金管理公司治理准则(试行)》第 73 条、《证券投资基金管理公司内部控制指导意见》第 3 条、《基金管理公司风险管理指引(试行)》第 28 条(关于信息技术风险的应急预案)、《证券期货经营机构信息技术治理工作指引(试行)》第 47 条等[①]也都对此提出了要求。其中,《证券基金经营机构信息技术管理办法》"应急

---

① 《证券投资基金管理公司治理准则(试行)》第 73 条规定:公司应当按照保护基金份额持有人利益的原则,建立紧急应变制度,处理公司遭遇突发事件等非常时期的业务,并对总经理不能履行职责或者缺位时总经理职责的履行作出规定。

《证券投资基金管理公司内部控制指导意见》第 3 条规定:公司内部控制制度由内部控制大纲、基本管理制度、部门业务规章等部分组成……基本管理制度应当至少包括风险控制制度、投资管理制度、基金会计制度、信息披露制度、监察稽核制度、信息技术管理制度、公司财务制度、资料档案管理制度、业绩评估考核制度和紧急应变制度。

《基金管理公司风险管理指引(试行)》第 28 条规定:"……信息技术风险管理主要措施包括:……(二)……信息技术部门应建立各种紧急情况下的信息技术应急预案,并定期演练……"

《证券期货经营机构信息技术治理工作指引(试行)》第 47 条规定:公司应建立有效的灾难备份系统和应急预案,明确应急预案的激活条件、紧急事件处理流程、报告流程、撤销流程、恢复流程以及人员责任等。灾难备份系统的各项技术指标应符合监管机构的要求。

管理"专节的规定更为具体,包括但不限于:制定应急预案、配置充足资源、开展应急演练、对应急管理进行评估与改进;应急预案的内容则要求包括应急管理建设目标、备份信息系统建设和恢复机制、备份数据恢复机制、业务恢复或替代措施、应急联系方式、与客户沟通方式、向监管部门及有关单位的报告路径、应急预案披露与更新机制;要求确保备份系统与生产系统具备同等的处理能力,保持备份数据与原始数据的一致性;要求建立信息安全事件的分级响应机制,明确内部处置工作流程,确保相关信息系统及时恢复运行等。本书认为,这些内容与《IOSCO持续经营计划报告》在总体上是接近一致的——后者还略微多了一些实践细节。

但对于私募基金而言,这方面的明文规定总体上是缺乏的。这可能是一个暂时的"盲点"。要知道,目前我国头部的私募基金管理人的管理规模已突破千亿,一些量化策略的私募管理人的投资实践也极为倚赖IT系统,对此做好应急管理非常重要。本书建议,相关私募基金管理人应站在基业长青、对投资者负责、履行好自身信义义务的高度,配置必要资源(包括人力、IT备份设施等),做好应急管理工作。可参照执行我国公募基金的监管规定,同时在一些细节上也可参考《IOSCO持续经营计划报告》的内容。

六、基金管理人的外部治理

类似于公司治理,基金治理同样有一个外部治理的问题。基金的外部治理,是指通过基金及其相关主体以外的机制,如市场竞争机制、声誉激励机制等,迫使基金及其相关主体恪守信义义务。这是一种被外在力量所逼迫、引导而产生的激励,敦促基金的相关主体必须为基金投资者的最佳利益服务,否则,他们将可能承受更为不利的后果。

如本书前文所述,在实践当中,基金的外部治理和基金管理人的外部治理,原则上可以画等号。总体上看,有三种主要的外部约束治理机制:一是基金管理人之间的市场竞争;二是对基金和基金管理人的评价;三是基金管理人的声誉机制。

(一)基金管理人之间的市场竞争

1. 市场竞争的治理逻辑

有学者在研究公司收购和敌意收购理论时指出,股份公司发展的事实表明,公司法试图通过这些设计使股东最终控制公司的想法,起码在英美法系的国家是一厢情愿的——可类比让基金份额持有人(或公司型基金的股东)来控制基金这一想法——这也是本书前文坚持只要保护好基金份额持有人的核心权利即可的原因。股份公司股权结构的日益分散使股东越来越远离公司的最终控制权,分散的小股东已不能肩负起监督公司董事的任务。对此主要是三个问题:①理智的冷漠;②"搭便车";③公平问题,即积极行使监督权的股东耗费自己的成本而使另外一些股东不劳而获,这种不公平妨碍了股东积极行使监督权。由此诞生了公司控制市场理论。该理论首先肯定要存在一个有效的证券市场,在这个有效证券市场中,公司的经营效益会真实地反映在股票价格上。公司敌意收购会使因公司的"所有"与"控制"分离而产生的公司经营者缺乏监督问题得到解决。① 换句话说,如果在一个有效的、完全竞争的证券市场当中,公司治理的好坏会通过股价,即公司所有权份额的市场价格体现出来。如果公司的治理差、经营

---

① 参见张舫:《公司收购法律制度研究》,法律出版社1998年版,第61、63页。

差,股价就会不断下跌,从而成为被轻易收购的对象。而一旦被收购,公司的"生命周期"也就终止了,这是市场竞争所产生的、自然的优胜劣汰。公司如果不希望自己被收购,希望能维持独立自主地正常经营,那么在不考虑一些刻意的反收购措施的一般情况下,就应该加强治理,搞好经营,维持股价。这就使公司在外部市场竞争的压力下,主动产生了公司治理提升的效果。

根据科斯的企业理论,企业产生的原因或企业的目的就是节约交易成本。但由此,公司这种生产组织形式又产生了另一种成本——代理成本。公司治理的中心问题便是怎样在节约交易成本的同时,减少代理成本。大部分法经济学者认为,这种代理成本会被外部的市场监督机制所限制。除了上述公司收购这一理论进路外,还有两种进路:一是经营者如果把企业经营得很差,他的个人资本就会贬值,市场会根据他过去的表现计算出这个经营者将来的价值。二是产品市场的压力。因此,法律经济学派主张一种外部监督的公司模式结构。①

由此放到基金语境下,基金管理人很少出现被收购的情形,但基金管理人之间仍然要互相竞争去募集资金。如果基金管理人自身的治理很差,或因此导致基金治理也很差,影响了基金的业绩或合规性,如出现风格漂移的问题,不仅不能引来增量资金,存量的资金也会被不断赎回。② 俗话说"巧妇难为无米之炊",一旦基金管理人在基金募集的竞争中失去了投资者的资金支持,那他本身的"生命周期"也就临近终止了,基金管理人本身的声誉以及其创始人、首席投资官的个人资本、声誉也会贬值。

对于广大投资者,尤其是机构投资者来说,他们可以利用基金管理人之间的互相竞争,去挑选出更为优秀的管理人,优中选优。如前文引述的中国社保基金理事会原副理事长、我国社保基金投资领域的权威专家王忠民先生的话:"社保资金的规模太大了,有一个最低的规模效应的选择。在中国私募证券投资基金管理人中,单一账户超过百亿规模的管理能力和投资能力还在成长过程中。再过10年,中国私募证券投资基金市场一定会大发展,社保基金也会进入其中。如果现在市场上只有五家较大管理规模的私募证券基金,这个业态还不够社保选;如果这当中已经有一百家、一千家、甚至一万家相互竞争的时候,我就能从中选好的。如果私募管理人确立了品牌,确立了价值,这些都有,社保为什么不选它?"这充分

---

① 参见张舫:《公司收购法律制度研究》,法律出版社1998年版,第75—77页。
② 例如,2021年年初,国内一家管理规模较大的量化投资基金,因风格暴露与以往的优势策略不同而导致业绩回撤较大,为此公开致歉;后续还引发了有资金赎回该管理人管理的基金份额等谣言。参见 https://www.163.com/dy/article/G4RL3FUD0512B07B.html; https://baijiahao.baidu.com/s?id=1697032950838721881&wfr=spider&for=pc;2021年4月19日访问。

说明了市场竞争的意义。

2. 中国基金管理人市场的竞争格局

根据基金业协会截至 2021 年 9 月的统计,全国目前有私募基金管理人 24512 家,管理基金 117484 只,管理规模 19.18 万亿元。其中,私募证券投资基金管理人 8979 家,管理存续私募证券投资基金 71901 只,管理存续规模 5.59 万亿元。公募基金管理人 151 家,管理基金 8866 只,管理规模 23.90 万亿元。其中,股票基金 1664 只,规模 2.37 万亿元;混合基金 3772 只,规模 5.64 万亿元。粗略概算,全市场管理着权益类资产的基金管理人 9000 余家,管理基金数 77000 余只,管理规模约 13.6 万亿元,一家平均管理规模为 15.11 亿元。私募证券基金管理人一家平均管理规模为 6.21 亿元。[①]

对公募基金管理人来说,非货币理财公募基金月均规模排名第一的易方达基金为 10471.07 亿元,第 20 名银华基金管理股份有限公司的规模为 2297.11 亿元。对私募证券基金管理人来说,管理的多数为权益类资产,据一些自媒体报道,目前国内的头部私募管理人所管理的基金规模一家已超过 1000 亿元,有的直逼 2000 亿元甚至 3000 亿元。[②] 因此,如果把公募基金上述数据中的非权益类管理规模剔除出去的话,头部私募管理人的权益资产管理规模有可能跻身到公募前 20 名的。从这个角度来看,在权益类资产管理市场上,与公募基金管理人相比,头部私募证券基金管理人的竞争力毫不逊色,二者已然直面竞争,直接博弈。如果以管理规模达到 100 亿元为私募头部的标准,据报道这样的私募证券基金管理人大概有 80 家,占公募管理人总数的一半以上。本书初步认为,全市场大概有 100—150 家——特别小的公募基金管理人其实竞争力也是不够的——较大型的基金管理人在参与权益类市场的博弈,竞争还是很激烈的。

从公募和私募各自的内部来看,"二八"效应也十分明显。公募第一名的规模数据是第 20 名的 4.56 倍,是第 2 名(广发基金 5961.39 亿元)的 1.76 倍。身处千亿天团的 6 家私募,占到了全私募行业规模的 18%,将近 1/5 的水平;300 亿元以上的私募规模(约 24 家管理人)在全私募行业规模的占比约为 34%。也就是说,不到 1%(仅 0.27%)的私募基金管理人管理了超过 1/3 的行业规模。根据上述数据可以有如下两个初步结论:

第一,已经有优秀的私募证券基金管理人,在管理规模及其背后的投研能力上具备了挑战公募基金管理人的能力,至少在权益资产管理领域是这样的。该领

---

① 参见基金业协会网站,https://www.amac.org.cn,2021 年 11 月 5 日访问。
② 以下有关数据参考了顾铭:《中国"千亿私募天团"横空出世!头部阵营"地盘面积",你可能想不到》,https://mp.weixin.qq.com/s/F2ctYSoJEyfVihz9lzK09g,2021 年 7 月 3 日访问。

域的竞争是激烈的,这有助于基金治理的完善。目前,处于这个竞争游戏格局中的"玩家"必须在内部治理方面不断提升和完善,万一触发风险事件(包括合规风险、声誉风险等),就可能被洗牌出局,"红线"是绝不能碰的。

第二,有一批私募证券基金管理人的管理规模正在不断乃至迅速提升。考虑到公募基金管理人的资格实行行政许可制,私募证券基金管理人则实行法定登记制,前者的"牌照"获批门槛更高,持牌家数不容易剧烈增长。因此,优秀的私募管理人在数量上的成长,某种程度上将可被视为公募的预备队或"准公募"。随着中国资本市场的国际化和迅速成长,随着外资不断进入,再经过若干年的发展演变——可能也用不了很长的时间——前述王忠民先生预计的情形就将出现。志存高远的私募证券基金管理人更要以这样的竞争格局作为自身的压力和动力,趁早完善内部治理,为此做好积极准备。

(二)对基金和基金管理人的评价

基金管理人一般不上市,因而缺乏一个像上市公司股价一样的、基金管理人之间的可比参数信号,基金之间的业绩也需要经过专业化加工后才能具有可比性。在这种情况下,基金之间和基金管理人之间的竞争就需要专业化的评价机构将竞争信息标准化或显性化,帮助投资者理解和看清市场中的竞争格局并做出相应的投资选择。有学者认为,随着证券投资基金规模不断扩大、种类不断增加以及投资者队伍日益壮大,对证券投资基金全面、合理、科学的评价就成为基金业发展中的一个关键性环节。①

对基金和基金管理人开展评价,有如下几层意义:首先,基金评价能分析基金过去的业绩,获得有关基金投资操作过程和结果的准确信息,正确评价基金经理的努力程度和业绩水平,客观展现基金和基金管理人之间的竞争及其结果,帮助投资者进行合理的投资决策。其次,对基金管理人来说,通过评价可以判断其投资策略在实际市场中的适应能力,总结基金管理成功的经验,发现投资计划的不足,促进其提高经营水平。客观公正的评价对基金管理人是一种市场化的外部约束力量。通过同类基金评价和业绩比较,能对基金管理人形成反馈机制和监督机制,促使基金管理人改善投资管理,提高风险控制水平和决策效率。国际上,基金

---

① 参见唐欲静:《证券投资基金评价体系——理论·方法·实证》,经济科学出版社2006年版,第16—17页。

评价机构对基金管理业的影响与日俱增。最后,评价结果也能为监管层提供决策参考。①

1. 对基金的业绩评价

关于基金业绩评价的在先研究非常多,②理论和实践相对成熟。③ 本书简述和强调如下三个方面:

第一,科学准确的基金业绩评价需要具备一定的基础条件,包括但不限于:完善的基金信息披露制度;确立基金的分类标准和分类方法;统一的基金评价标准,即业绩比较基准;注重基础数据的收集等。④ 我国的公募、私募证券投资基金都已有了相应的信息披露制度。⑤ 但如本书前文所述,对于国际上的 GIPS 标准,我们似仍有探索的余地(尤其是对于公募基金而言),这可以加强基金业绩披露基准的一致性。

第二,对于基金评价机构应有一定的监管和导向。基金评价,尤其是公募基金的评价,其结果公开后会影响广大投资者的投资决策,具有较明显的外部性,对此不能随意放任,应通过监管来施加一定的控制。中国证监会为此发布了《证券投资基金评价业务管理暂行办法》,设定了评价机构的准入标准,并对其从业规范明确了基本的要求。⑥ 2019 年年末,为了鼓励长期投资,强化长期评价导向,促进权益类基金发展,国内 10 家基金评价机构共同签署题为《坚持长期评价,发挥专

---

① 参见唐欲静:《证券投资基金评价体系——理论·方法·实证》,经济科学出版社 2006 年版,第 16—17 页;潘金根:《关于建立我国证券投资基金评价体系的研究》,载《国际金融研究》2003 年第 5 期,第 43 页。

② 参见唐欲静:《证券投资基金评价体系——理论·方法·实证》,经济科学出版社 2006 年版;李宪立:《证券投资基金业绩评价研究》,上海财经大学出版社 2009 年版;范新安:《证券投资基金业绩评价研究》,经济科学出版社 2014 年版等。

③ 随着基金业的发展,(境外)出现了专门对基金业绩进行评级的专业评级公司,如晨星(Morningstar)、标普(S&P)、理格(Lipper)等都是声名卓著的独立基金评级机构。

④ 参见唐欲静:《证券投资基金评价体系——理论·方法·实证》,经济科学出版社 2006 年版,第 103—113 页。

⑤ 对于公募基金而言,是中国证监会发布的《公开募集证券投资基金信息披露管理办法》以及《公开募集证券投资基金信息披露 XBRL 模板第 X 号》;对于私募基金而言,是中国证券投资基金业协会发布的《私募投资基金信息披露管理办法》以及《私募投资基金信息披露内容与格式指引 X 号》。

⑥ 例如,对基金进行评价应当至少考虑下列内容:①基金招募说明书和基金合同约定的投资方向、投资范围、投资方法和业绩比较基准等;②基金的风险收益特征;③基金投资决策系统及交易系统的有效性和一贯性。

对基金的分类应当以相关法律、行政法规和中国证监会的规定为标准,可以在法律、行政法规和中国证监会对基金分类规定的基础上进行细分;对法律、行政法规和中国证监会未做规定的分类方法,应当明确标注并说明理由。

基金评价机构应当将基金评价标准、评价方法和程序报中国证监会、中国证券业协会备案,并通过中国证券业协会网站、本机构网站及至少 1 家中国证监会指定信息披露媒体向社会公告。基金(转下页)

业价值》的倡议书,提出自 2020 年起,基金评价主要考察 3 年及以上期限的业绩,不对成立不足 3 年的基金开展评奖;取消 1 年期基金评奖,突出 3 年期、5 年期等长期奖项等。这些新规强调了长期投资导向,把基金的长期收益放在了突出位置①,是一项有利于基金治理的必要举措。

  但在私募证券投资基金领域,目前尚没有较为统一的业绩评价标准以及对于评价机构的严监管。由于私募基金的业绩不能广泛公开,对此进行统一评价在事实上有一定的难度。目前,一些代销机构以财富管理人的身份能够掌握其代销的私募基金的业绩情况,②据此,对这些私募基金的业绩作出排名,或者也对私募基金管理人进行相应的评价。一些证券行业的专业媒体则会按照其确定的标准对私募基金管理人申报的私募基金产品进行相应的获奖评选。③ 但以上各类评价缺乏标准的一致性和权威性,只能为私募基金的投资者提供参考。好在私募基金设有合格投资者门槛,该等投资者——尤其是专业投资者——较之于公募基金的投资者应该有更多的投资经验、更强的投资能力和风险承受能力,因而私募基金业绩评价的外部性相对较弱,目前的实践做法也暂未导致特别不当的后果,理论上似乎也能接受。因此,这种评价的基金治理意义主要就变成了对基金管理人管理基金的投资能力产生反馈,从而增强下文所述的声誉机制。

  第三,需要建立较为科学的证券投资基金业绩评价体系。综合若干在先研究

(接上页)评价机构修改上述内容时,应当及时备案、公告。

  基金评价机构不得有下列行为:①对不同分类的基金进行合并评价;②对同一分类中包含基金少于 10 只的基金进行评级或单一指标排名;③对基金合同生效不足 6 个月的基金(货币市场基金除外)进行评奖或单一指标排名;④对基金(货币市场基金除外)、基金管理人评级的评级期间少于 36 个月;⑤对基金、基金管理人评级的更新间隔少于 3 个月;⑥对基金、基金管理人评奖的评奖期间少于 12 个月;⑦对基金、基金管理人单一指标排名(包括具有点击排序功能的网站或咨询系统数据列示)的排名期间少于 3 个月;⑧对基金、基金管理人单一指标排名的更新间隔少于 1 个月;⑨对特定客户资产管理计划进行评价。

  基金评价机构与评价对象存在当前或潜在利益冲突时,应当在评级报告、评价报告中声明该机构与评价对象之间的关系,同时,说明该机构在评价过程中为规避利益冲突影响而采取的措施。

  ① 参见李树超:《基金评价规则迎剧变 助力权益基金大发展》,载《证券日报》2019 年 12 月 20 日,第 A01 版。

  ② 如私募排排网、诺亚财富等机构,但由于私募基金业绩不能公示,这些机构发布的私募基金榜单会设置合格投资者认定、验证等程序,未经验证不能看到相关信息。

  ③ 《证券时报》组织的"中国私募基金金长江奖"评比就包括了相关产品的评奖。参见 https://finance.sina.com.cn/stock/zqgd/2020-11-03/doc-iiznezxr9590919.shtml;https://cj.sina.com.cn/articles/view/1664176597/633151d5020010yxz?from=finance;2021 年 4 月 25 日访问。

成果,①本书认为,基金的业绩评价应聚焦如下两个方面:

一是基金投资风格的评价,如基于收益的风格分析和基于持仓的风格分析,具体指标可以包括:基金股票集中度、基金行业集中度、基金持股平均市盈率、市价与账面价值比率综合值和基金资产周转率和基金投资构成比例等。

二是基金具体业绩的评价,主要可以归纳为3个维度:①基金总体(历史)业绩评价,考察是否具有超额收益;②基金择股择时能力评价,考察超额收益来源;③基金业绩的持续性评价,考察超额收益能否持续。指标方面,一般有三大经典指标:特雷诺指数、夏普比率和詹森指数,当然还有更多细化指标,但这是金融学、投资学、财务学所要研究的课题。在历史业绩方面,考察的指标还包括收益水平、风险水平、风险调整收益、费用率、换手率②、资产流动性能力等。持续性评价则包括短期业绩的持续性和长期业绩的持续性。

有学者提到基金的合规性评价。本书认为,基金的投资运营均由基金董事和/或基金管理人所控制,其合规性主要体现为基金董事和/或基金管理人日常投资行为的合规性。对此,可以纳入下文对基金管理人的评价当中,对基金的评价主要应体现为对基金的业绩进行评价。

2. 对基金管理人的评价

有学者在早年研究时就指出,我国基金评价体系只关注基金业绩的表象,而忽视了影响基金业绩稳定情况的潜在因素,尤其是在反映基金业绩的稳定性、对基金投资运作可能带来潜在风险的细节方面,如基金管理公司的治理状况、管理层素质、基金经理的稳定性、投资决策程序、风险控制体系等没有进行深入观察,而这正是我国基金业绩不稳定的关键问题所在。③ 从笔者目前的观察来看,上述现象并没有得到根本意义上的改变。在基金评价领域,无论是实践还是理论研究,仍然是偏重基金的业绩评价,对基金管理人的评价则依旧薄弱。这并不是说没有评价。上文提到的代销机构和专业媒体仍会对公募、私募基金管理人进行评价和评奖;④一些机构投资者、财富管理机构在投资或代销私募产品前,也会对该

---

① 参见唐欲静:《证券投资基金评价体系——理论·方法·实证》,经济科学出版社2006年版,第117页;范新安:《证券投资基金业绩评价研究》,经济科学出版社2014年版,第6、11页;潘金根:《关于建立我国证券投资基金评价体系的研究》,载《国际金融研究》2003年第5期,第46页。

② 潘金根的原文是证券调整效率。考虑到该文写作时间较早,笔者认为,目前用换手率概括似乎更为妥当。

③ 参见唐欲静:《证券投资基金评价体系——理论·方法·实证》,经济科学出版社2006年版,第95页。

④ 如除了《证券时报》的金长江奖以外,《中国证券报》也每年组织中国私募金牛奖评选,会评出优秀的私募基金管理人等,参见http://www.cs.com.cn/jnj/jnsm/smjn10,2021年4月25日访问。

等产品的管理人开展尽职调查,这都可视为评价。但这些评价的标准目前都是不公开的,由每个组织方、调查方自行掌握,因而并不能从公开渠道获悉其评价、评选的具体依据,导致评价的透明度打了折扣。笔者曾了解到,某银行发行 FOF 理财产品的投资标的,就是目前业内规模最大、业绩稳定且领先、口碑好的 5 家私募管理人的产品。其遴选逻辑较简单,侧重基金业绩,辅之以管理规模加上主观声誉判断即可。这样的评价与国际上对所投资产品基金管理人的尽职调查大概要差开一个档次。后者除了机构投资者发来详细问卷亲自进行调查外,有的机构投资者还会聘请专业的第三方中介机构,倚赖其更专业的问卷及访谈开展尽职调查,力争获取更科学、合理、全面的评价,供决策参考。同时,正是因为有了以对基金管理人开展尽职调查为主业的这种第三方中介机构的专业服务,相关评价工作才能更为深入、全面和科学。

在逻辑上,基金管理人的行为和治理表现是会体现到基金业绩上的,尤其是业绩的持续性上。基金业绩与基金管理公司综合得分的高低有着必然的联系。基金业绩表现较好的基金,其所在的基金管理公司的总和得分也较高,反之,基金业绩表现较差的基金,其所在基金管理公司的综合得分也较低。[①] 本书是认同这一结论的。本书初步认为,我们对基金管理人的评价之所以还没有更多的成果和标准,一个重要原因是业界对基金治理的逻辑和治理的行为准则尚缺乏系统性的认识,从而不能建立起在基金治理视野下基金管理人应当如何行为的考察框架,也就难以对基金管理人进行评价。那么,本书的研究兴许可以在这方面提供一些参考。本书将结合前人研究和目前国际、国内的一些实践做法,提出一个基金管理人评价的初步框架(见附录:基金管理人评价框架)。

(三)基金管理人的声誉机制

对基金和基金管理人的评价连接着基金管理人的声誉。狭义的"声誉"等同于"信誉",是行为主体诚实守信的名声,强调其信守承诺、不违背契约的一面。经济学家张维迎认为,信誉可以理解为为了获得交易的长远利益而自觉遵守合约的承诺,当事人为了合作的长远利益,愿意抵挡欺骗带来的一次性眼前好处的诱惑。[②]广义的声誉则是指行为主体给社会公众的综合印象,是社会公众对某主体过

[①] 参见唐欲静:《证券投资基金评价体系——理论·方法·实证》,经济科学出版社 2006 年版,第 158 页。
[②] 参见郑秀杰:《中国上市公司声誉对公司绩效的影响研究》,经济科学出版社 2010 年版,第 9 页。

去一贯表现的总价评价,①包括在社会公众中的知名度和美誉度,是一定社会群体的成员对行为主体特定能力与行为表现的积极肯定的评价。声誉是一个人、一个组织、一个机构浓缩的历史。声誉简化了过去,成为过去与信任之间的媒介,声誉是"过去—信任"的心理机制。②

有学者认为,公司声誉中能够用前期财务业绩进行解释的部分,称为财务声誉;不能被前期财务业绩解释的部分,称为剩余声誉(residual reputation)。有大量研究指出,公司财务业绩之外的因素对公司声誉的贡献也很大,有些研究甚至指出,公司财务业绩之外的因素对公司声誉的影响大大超过了财务业绩的影响。③

本书认为,基金管理人的声誉既包括其恪守投资者对其的信任,履行好信义义务,为投资者的最佳利益(长远利益)服务这一信誉层面,也包括其在社会上经时间醇化而留下的综合意义上的知名度和美誉度,后者也会进一步带来投资者的信任,两者互为因果,相得益彰(本书下文总体上不区分"信誉"和"声誉"两个词的使用)。由于基金管理人的财务状况主要体现为其取得管理费和业绩报酬的能力,这些费用又与基金的业绩和规模紧密相关,因此,其财务声誉的本质上其实是基金在业绩评价中的声誉表现,可以算作基金声誉;基金管理人的声誉更多地应体现为剩余声誉。

1. 声誉的作用和治理机制

最早将声誉看成是对个人的隐形激励并将该思想模型化的是法玛(Fama)和霍尔斯特姆(Holmstrom)。法玛认为,在竞争的经理市场上,经理的市场价值(从而影响收入)决定于其过去的经营成绩,从长期来看,经理必须对自己的行为负完全的责任。因此,即使没有显性激励合同,经理也有积极性努力工作,因为这样做可以改进自己在经理市场上的声誉,从而提高未来的收入。④

从制度经济学角度来看,由于交易成本(如对经理人、基金管理人的监督成本等)的存在,很多长期合约(包括法律)注定是不完全合约,而声誉机制则成为这

---

① 参见雷宇:《声誉机制的信任基础研究》,经济科学出版社 2018 年版,摘要第 2 页;"一个企业的声誉是指所有利益相关者,包括社会大众、客户、企业的员工、投资者等对于这个企业的印象总和。"徐金发等:《企业软实力与声誉管理》,社会科学文献出版社 2010 年版,第 47 页。
② 参见郑也夫:《信任论》,中信出版集团 2015 年版,第 110 页。
③ 参见郑秀杰:《中国上市公司声誉对公司绩效的影响研究》,经济科学出版社 2010 年版,第 13 页。
④ 参见晏国祥:《企业声誉测评指标体系》,经济科学出版社 2009 年版,第 10 页。

一条件下的一种可"自我履行"的协议。① 社会的治理机制一般可包括法律机制、道德机制和声誉机制。法律机制的优点在于国家强制实施,威慑力强;但缺陷是具有滞后性,法律的判决和执行还依赖于当事人对声誉的重视程度。② 道德机制植根于文化血脉之中,根深蒂固、历久弥新;但缺陷在于难以自我实施,"见利忘义"有时也难以避免。比较来看,声誉机制则有以下优势:一是声誉机制以自我利益、增加自身知名度和美誉度为动机,比道德机制更能自我实施;二是声誉机制不需要外界强制实施,比法律机制的实施成本更低;三是声誉机制的治理主体是社会公众,"群众的眼睛是雪亮的",治理主体的公开化、多元化克服了法律机制面临的"监督监督者"的问题,也降低了经济成本。③ 因此,与法律和道德相比,声誉机制是一种成本更低的维持交易秩序的机制。在某些情况下,法律可能是无能为力的,只有信誉能起作用。④

声誉机制发挥治理作用的路径可以概括为以下两个方面:一是抑制机会主义行为,降低事后信息不对称引起道德风险的发生概率。⑤ 如果主体有不诚信的行为(或违法违规行为)产生,该信息传递出去并被公众得知后,基于一定的价值判断(或法律法规标准),公众(或专业机构)就会对此做出负面或否定性的评价,该主体的声誉就会受损,进而产生经济或物质利益上的损失,如投资者撤资、管理费收入下降等;而为了防范产生这样的负面声誉或声誉减损,相关主体就会积极抑制不诚信行为的发生(即便是偶尔一次),提升自己的治理水平。⑥ 须知道,公众的信任往往是脆弱的,信任一旦被损坏就很难恢复。一旦损害了这样的信任,即便花费高昂的代价也不一定能够重建。⑦ 因此,出于维护声誉的目的,公司会抑制自身的机会主义行为,认真、主动地履行相关契约或法律、法规的规定。在基金市场上,声誉是基金管理人对投资者做出的不滥用投资者资金的承诺。在美国激烈

---

① 参见〔美〕埃里克·弗鲁博顿、〔德〕鲁道夫·芮切特:《新制度经济学:一个交易费用分析范式》,姜建强、罗长远译,上海人民出版社 2006 年版,第 295—304 页。Coffee(2001)针对法与金融学理论也指出,公司行为并不仅仅依靠作为正式规则的法律来约束和决定,那些非正式的制度约束(声誉等社会规范)在现实中往往成为法律的替代机制,并且影响着公司的行为。参见醋卫华:《声誉机制的公司治理作用研究——来自中国上市公司的经验证据》,西安交通大学出版社 2018 年版,第 25 页。
② 参见张维迎:《信息、信任与法律》,生活·读书·新知三联书店 2003 年版,第 27 页。
③ 参见雷宇:《声誉机制的信任基础研究》,经济科学出版社 2018 年版,摘要第 2 页。
④ 参见张维迎:《信息、信任与法律》,生活·读书·新知三联书店 2003 年版,第 27 页。
⑤ 参见郑秀杰:《中国上市公司声誉对公司绩效的影响研究》,经济科学出版社 2010 年版,第 43、44 页。
⑥ 参见雷宇:《声誉机制的信任基础研究》,经济科学出版社 2018 年版,摘要第 1 页。
⑦ 参见雷宇:《声誉机制的信任基础研究》,经济科学出版社 2018 年版,摘要第 3 页。

的共同基金市场竞争中,声誉机制是约束基金管理人最为有效的工具之一。①二是提供信号传递功能,在一定程度上克服由于事前信息不对称造成的逆向选择问题。一个公司通过前期的声誉投资建立起良好的声誉。当声誉信息传递给潜在的交易对象时,可以降低双方的信息不对称程度。② 每一个理性人都会选择与声誉好的公司合作;公众也会因"过去—信任"心理机制而根据主体的声誉情况决定是否给予信任并与之合作。当有了良好声誉后,一家公司也能刺激雇员,使其提高生产率并提高公司的效益和业绩,同时,为公司赢得合作者、供应商、经销商、债权人和监管者的好感。这些支持会表现为投入的成本价格包括资本成本、合规成本等的降低,进而为公司带来较高利润。声誉好的公司能够得到更多的交易机会,获得长期收益。

由此,声誉的建立和维持是一种不需要任何外在强制措施而能够自我实施的过程。③ 同时,声誉也成为一项公司很难获得、很难模仿的资源,一项能使企业获得更好经营业绩的资源。④ 为了取得该等资源,公司也会更有激励来主动提升治理水平,积极构建良好声誉。

实证结果表明,公司取得声誉后,其营利能力和获取现金能力都显著提高,但这种显著性随时间延长会逐渐降低。检验结果表明,公司声誉水平与公司财务绩效正相关,公司声誉越好,其后续财务绩效越高,而且良好的公司声誉会降低后续财务绩效对前期财务绩效的敏感性,即使公司事前财务绩效较低,在取得声誉后,其财务绩效也不会更低。⑤ 声誉的无形资产价值是影响绝大部分公司可持续发展的重要因素。⑥

在中国文化中,"脸"和"面子"所代表的声誉机制有时比法律机制更能起到治理作用。正如 Allen 等学者认为:中国以前无论是法律体系还是金融体系都不发达,但却是世界上发展最快的国家之一,他们认为,"基于声誉和关系的非正式融资渠道和治理机制支撑了中国的经济增长"。在这一表述中,关系融资替代了金融体系,声誉机制替代了法律体系。也就是说,在中国,声誉机制是一种比法律

---

① 参见江翔宇:《公司型基金法律制度研究——以基金治理结构为核心》,上海人民出版社2011年版,第157页。
② 参见郑秀杰:《中国上市公司声誉对公司绩效的影响研究》,经济科学出版社2010年版,第43、44页。
③ 参见雷宇:《声誉机制的信任基础研究》,经济科学出版社2018年版,第1页。
④ 参见晏国祥:《企业声誉测评指标体系》,经济科学出版社2009年版,第97页。
⑤ 参见郑秀杰:《中国上市公司声誉对公司绩效的影响研究》,经济科学出版社2010年版,第125、126页。
⑥ 参见〔英〕阿德里安·戴维斯:《公司治理的最佳实践:树立声誉和可持续的成功》,李文溥等译,经济科学出版社2011年版,第134页。

机制更有效的治理机制。① 这一观点,值得参考。

2. 声誉机制发生作用的条件

声誉机制产生治理效果是有条件的。市场环境会影响声誉机制发挥作用的程度。根据一份近十年前的研究,在我国产品和要素市场上,公司声誉机制的作用能得到发挥,与公司财务绩效显著正相关。但在我国资本市场上,公司声誉机制的作用不能充分发挥,中国上市公司声誉对公司绩效没有显著影响。②

有学者认为,声誉机制的前提是要建立信任基础。信任缺失对声誉机制有效性的损害有三个严重的表现:第一,由于缺乏信心,公众对原本具备优良道德品质的行为主体也不敢轻易表示信任,从而可能出现对"好人"的逆向选择问题,即原本道德优良的行为主体得不到应有的评价,可能导致其退出市场。第二,如果公众发现负面事件屡禁不止,可能会出现麻木心理,即对负面事件的否定评价越来越弱,甚至置若罔闻。此时,"好人"得不到肯定,"坏人"得不到否定,公众的价值判断和评价彻底紊乱,声誉机制失效。第三,如果公众意识到在道德机制和法律机制共同存在的背景下,负面事件依然层出不穷,那么公众将会质疑法律和道德的有效性。这种情况下,原本遵纪守法的公众可能会加入到违法乱纪的行列,此时不仅声誉机制失效,全社会也将陷入信任危机。③

而要建立信任或者说信誉,则需要四项条件:第一,交易必须是重复的、长期的交易关系。一次交易不可能产生信誉。第二,当事人要有足够的耐心。第三,信息传输的速度要足够快。也就是说,不合作的行为能够被很快发现。如果不守信的行为不能被及时发现并广为人知,当事人就不会有建立信誉的积极性。第四,受害的一方有积极性和可能性对不讲信用的企业、个人实施惩罚。④

由此就能理解中国的资本市场(包括其中的上市公司、基金管理人)为何在十多年前声誉机制效果不彰了。在上述四项条件中,除了第一项可以当然达到外,第二、三、四项条件在之前,总体上都不太成熟,这也正是中国资本市场属于新兴市场的一个表征。但时至今日,这些条件开始逐步趋向成熟了:

首先,中国的投资者,包括私募基金的很多自然人合格投资者,其行为以非理性散户的表现居多,仅根据股价或基金短期业绩而追涨杀跌,一般忽视上市公司及基金管理人内部治理的基本面,耐心往往是不足的。但这一情况正随着投资者

---

① 参见雷宇:《声誉机制的信任基础研究》,经济科学出版社2018年版,第31页。
② 参见郑秀杰:《中国上市公司声誉对公司绩效的影响研究》,经济科学出版社2010年版,第196、197页。
③ 参见雷宇:《声誉机制的信任基础研究》,经济科学出版社2018年版,第37页。
④ 参见张维迎:《信息、信任与法律》,生活·读书·新知三联书店2003年版,第15页。雷宇:《声誉机制的信任基础研究》,经济科学出版社2018年版,第33、34页。

教育的深入和市场涨跌的多轮博弈后在逐步改善。一些较成熟的私募基金管理人已经在发行封闭期为 2 年或 3 年的私募基金产品,在做好充分风险揭示的前提下,"强迫"投资者有耐心地长期投资。其次,市场不良行为信息的传播原先也并不迅速,从而有大量的信息不对称。但随着目前行政执法、处罚信息的广泛公开上网,个人信用及诚信数据库的建立,以及基金评价机构等中介开展了越来越多的专业化工作,背信或影响声誉信息的传播速度正在加快。形形色色的中介组织通过监督和记录市场中的交易行为,为现代社会的信誉机制提供了信息基础,[①]信息不对称正在被削弱。最后,监管的执法和处罚力度十多年前也是相对较弱的。[②] 但随着目前监管力度的加强以及运用监管科技(如大数据)等监管能力、监管水平的提升,对违法违规的打击正在不断深化,对违法背信主体产生了越来越大的震慑力。

就私募基金管理人而言,其公司所有权的明晰化也会带来珍视声誉的激励效果。产权是信誉的载体,信任的基础。[③] 企业作为信誉的载体必须满足以下三个条件:第一,企业必须有真正的所有者。第二,企业必须能被交易,或者说,企业的所有权必须能有偿转让。如果现在的所有者在即将退休或由于某种原因不愿意继续经营企业时所有权不能转让,信誉的机制就没有办法实现,他就不会有积极性维护企业的信誉。第三,企业的进入和退出必须自由。[④] 这三项对于大量民营企业的私募基金管理人是成立的。产权的明晰和市场、监管条件的成熟共同奠定了声誉机制的基础,能够提升基金治理的效果。

3. 声誉的构建和管理

既然声誉能够约束基金管理人的机会主义行为并为其带来正向的收益,从而保证治理效果的显现,那么构建和管理好声誉,就应当成为基金管理人的一项重要的"功课"。

从构建和创造声誉角度来看,有学者提出了五项原则。[⑤]

第一是提高知名度。知名度的来源包括公众关注和市场关注。前者如街头出现率、本国传统、媒体曝光率等(但私募基金管理人对此应当慎行);后者如成为

---

① 参见张维迎:《信息、信任与法律》,生活·读书·新知三联书店 2003 年版,第 45 页。
② 比如,对内幕交易的打击,其大量执法案件是从 2012 年最高人民法院、最高人民检察院发布《关于办理内幕交易、泄露内幕信息刑事案件具体应用法律若干问题的解释》后才出现的,对市场形成了有效的威慑。
③ 参见张维迎:《信息、信任与法律》,生活·读书·新知三联书店 2003 年版,第 21 页。
④ 参见张维迎:《信息、信任与法律》,生活·读书·新知三联书店 2003 年版,第 46—48 页。
⑤ 以下参见〔美〕查尔斯·J. 福诺布龙、西斯·B. M. 范里尔:《声誉与财富——成功的企业如何赢得声誉》,郑亚卉、刘春霞等译,中国人民大学出版社 2004 年版,第 81—90 页、第 101 页。

品牌资产、交易所上市、塑造企业公民形象等。为了提高知名度,企业应当加强与公众的交流;实行公开的利益相关者活动;参与有价值的社会活动。本书认为,基金管理人积极从事社会公益活动,如慈善捐赠、环保赈灾、支教扶贫等,承担好自身的企业社会责任,积极研究和开展 ESG 责任投资,对于其声誉建设是非常有益的。

第二是塑造独特性,即与同行相比,要有能识别的差异,做出有特色的承诺,并在行业内做到出色,追求卓越。

第三是建立诚信度。在与投资者、客户的沟通中应表现出企业的诚信,在日常经营中履行好信义义务,诚实经营,同时,着力在某一或某几个方面表现出感染力。

第四是保持透明度。基金管理人应公开声明自身的理念,尤其是投资哲学、投资理念;在必要时,应公开企业改革的信息;应做好各种信息披露,回应所有利益相关者的要求。

第五是保持一致性。基金管理人应言行一致,对外应传达一致的信息,不要使投资者或利益相关者产生接受信息上的混淆。

从声誉管理的角度来看,也有学者总结了各国声誉评价的指标。基金管理人可以指定专人专岗(一般是媒体运营或公共关系岗位)对照这些指标开展相应工作,管理好自己的声誉。本书对这些指标做了如下一些梳理:①

第一,总体评价。公司是否值得尊敬;公众对企业的好感、尊重以及信任;公司的行业地位及领导力;其他企业竞相模仿的程度。

第二,公司战略。战略愿景明晰;善于识别和利用市场机遇,具有应对经济环境变化的能力,具有长期洞察力;履行最佳市场实践(Best Practice);是否开展全球化经营;具有增长潜力及如何挖掘潜力的战略。

第三,产品与服务。产品与服务的质量和创新程度;对客户的态度,是否具有人文关怀,是否以客户为导向;客户的满意度、忠诚度;产品与服务的性价比,是否物超所值。

第四,内部管理。管理质量,是否具有健康人性化的公司文化和工作条件;吸引、发展和留住人才的能力,员工是否有成长机会;员工的待遇;企业内部激励约束等治理情况;信息化建设水平;合规管理、风险管理水平。

第五,财务业绩。营利能力财务合理性;资产运用能力;业绩表现在市场中的

---

① 参见晏国祥:《企业声誉测评指标体系》,经济科学出版社2009年版,第161—163页、第181—182页;徐金发等:《企业软实力与声誉管理》,社会科学文献出版社2010年版,第209页。

地位;依法纳税情况以及对当地经济的贡献。

第六,文化与创新。是否是产业中的革新者;广告宣传情况(私募基金管理人须对此谨慎);创新是否以客户为导向;技术创新的深度和广度以及创新能力。

第七,企业社会责任。企业对环境的保护情况,是否具有环保意识;支持慈善事业的情况;企业的社会影响程度以及对国家、社会的贡献;基金管理人是否开展ESG责任投资等。

如果一家企业、一个基金管理人能在以上各个指标的维度上兢兢业业,不断追求卓越,相信这会是一家有口碑、有声誉的好企业。

附录:基金管理人评价框架

1. 基金管理人概况

(1)企业组织形式和工商登记信息。

(2)业务资质信息及其持续情况。

(3)股东信息:

①自然人股东的身份信息(国籍、身份证件号码);如果是控股股东,应加上学历信息、工作履历信息;

②机构股东的工商登记信息;如果是控股股东,应往上穿透至实际控制人(自然人、上市公司或国资);

③股东之间的关联关系;

④股权结构图;

⑤股权变更的历史沿革及变更原因。

(4)董事、监事、高级管理人员(或行使对应职权的高管,如执行事务合伙人委托代表等)的信息:

①个人身份信息;

②学历、工作履历信息;

③所获职称、奖项/荣誉等信息。

(5)其他关联方信息;

①是否存在跨境合作的关联方;

②关联方具备的业务资质情况。

(6)企业近年所获奖项或荣誉。

(7)企业实践社会责任的情况。

(8) 企业简介；自身优缺点的总体自我评价。

(9) 企业实际办公地址和官方网址。

2. 依法合规情况

(1) 历年工商年检的情况。

(2) 最近 X 个月内，控股股东、实际控制人是否存在：①因违法违规而正在被有权机构调查，或者正处于整改期间，或已被相关司法机关、金融监管机构（含自律监管机构）采取任何处罚、处分的情形；②是否存在重大失信情况（可查阅征信报告）或有其他违信记录；③是否存在不履行或未完全、未适当履行相关民事合同并产生这方面的诉讼、仲裁等重大民事纠纷的情形（关于"重大"，可以确定一个纠纷标的的金额指标）；

(3) 董事、监事、高级管理人员或对等职权人员的选任或改任是否符合法律、法规的有关要求。

(4) 在最近 X 个月内，董事、监事、高级管理人员或对等职权人员是否存在上述第 2 条第(1)、(2)、(3)项情形。

(5) 在最近 X 个月内，基金管理人本身是否存在上述第 2 条第(1)、(2)、(3)项情形。

(6) 在最近 X 个月内，是否存在被客户向监管机构投诉的情况；如存在，应说明有几件数，是否均已解决；如尚未解决，应说明投诉的具体情况和目前的进展。

(7) 基金管理人的相关员工是否均已取得相应所需的个人资质/牌照。

3. 财务和资本实力情况

(1) 股东是否已完全履行出资义务，出资情况是否符合法律、法规和监管机构的有关规定。

(2) 近 X 年的、经审计的财务报表信息；最近 X 年是否出现当年净利润为负数的情况。

(3) 自有资金对外投资情况。

(4) 关联交易情况。

(5) 财务管理制度，包括财务隔离制度；费用报销和成本管理制度；会计管理和记录制度；复核制度；是否有财务预算和规划制度；管理会计如何运作等。

(6) 依法纳税情况。

(7) 企业自有资产管理情况，包括固定资产登记；无形资产，如商标是否注册、商号（商誉）的保护等。

4. 人力资源情况

(1) 截至某个时点的员工数量及各部门分布。

(2)核心骨干人员情况(如基金经理),包括学历、从业履历等;是否有核心人员储备计划和培养机制。

(3)人力资源管理制度,包括招聘制度、绩效考评制度、报酬激励机制(是否有跟投机制、股权激励机制等)、奖惩制度、人事晋升任免制度和培训制度等。

(4)是否有员工行为手册。

(5)是否有特定的保密政策和竞业禁止政策;如何管理高管或普通员工的兼职。

(6)近×年团队人员变动情况:新入职员工人数、离职员工人数,离职去向及离职原因。

5.内部治理情况

(1)基金管理人的内部治理结构和组织架构(图)。

(2)各部门及各重要岗位的职责分工;内部报告线情况。

(3)必要的法人隔离、物理隔离情况。

(4)基金管理人内部决策、治理会议情况及会议记录(如董事会决议等)。

(5)内部治理制度建设情况,包括财产分离制度、信息隔离制度、合规管理制度、风险管理制度、利益冲突防范制度(如员工个人交易申报、同向反向交易、公平交易)、关联交易管理制度、内部审计制度等;是否有合规手册。

(6)风险管理具体机制:

①风险管理的框架、体系,风险管理的理念、制度;

②如何进行风险识别和评估;

③各项具体风险的应对政策;

④如何进行风险报告以及风险管理的决策机制;

⑤风险管理的记录、培训、考核评价情况;

⑥如何应对流动性风险;

⑦如何应对系统性风险;

⑧如何应对预警线、止损线,是否止损及如何止损;

⑨使用的风险管理IT系统;

⑩风险管理的成功案例和失败案例;

⑪应对极端风险情况、危机管理的案例;

⑫是否有企业可持续经营方案,应急预案是否演练;

(7)信息技术系统及信息安全:

①信息技术规划和预算;

②门禁系统,监控设备/系统,硬件管理;

③各系统的授权体系、授权标准和授权列表；

④IT人员的岗位分工；

⑤使用的重要信息系统清单；

⑥系统开发政策和流程,系统的可稽性(如使用堡垒机)；

⑦系统采购政策和遴选标准；

⑧系统维护政策和操作流程,系统服务商的遴选标准；

⑨信息安全风险的识别和评估；

⑩采取的信息安全保护手段,制定的内部制度要求；

⑪数据保存和备份制度,灾备计划和故障恢复机制；

(8)是否开展合规检查或内部审计,检查、审计结果如何。

(9)其他合规管理机制,如合规咨询、合规审查、合规监测、合规提示、合规考核、合规培训、合规报告等。

6.投研交易业务情况

(1)投资哲学、投资理念、投资策略、投资框架、投资风格；该等理念策略的优缺点。

(2)具体研究机制：

①研究员行业分布和内部梯队建设。

②具体的研究工作机制；特定标的的研究过程；研究目标、思路的源起(Idea Generation)。

③研究员的考核、激励机制；研究报告质量评价体系。

④研究信息的获取渠道；使用的数据库。

⑤经投资实践证明成功的研究案例。

⑤经投资实践证明不成功的研究案例。

(3)具体投资机制：

①投资决策机制；是否有投资决策委员会,如何做出决议,决议的留痕情况。

②投资决策的授权体系和具体授权机制。

③是否有股票池制度,出入池的标准。

④是否有其他投资制度；现金管理政策。

⑤是否使用特定投资工具,如使用杠杆；卖空对冲；使用其他衍生品等；如参与,是否有特定的操作流程。

⑥是否参与特定交易,如上市公司私募发行；非上市公司股权投资等；如参与,是否有特定的投资决策机制和操作流程。

⑦是否开展ESG责任投资。

⑧是否有代表基金行权(如参与上市公司股东大会表决)的决策机制和流程。

(4)具体交易机制:

①是否有交易管理的制度;交易员如何分工;交易业绩如何评价。

②合作的主要交易券商(Broker);交易券商的遴选标准。

③是否有交易最佳执行的政策。

④交易佣金费率范围;交易佣金如何分配;是否使用软回佣;如使用,具体用途是什么,是否有相应的政策。

⑤如何结算;是否保证公允分配。

⑥如何接收交易指令;如何执行交易指令;如何留痕。

⑦如何控制同向交易、反向交易;如何确保公平交易。

⑧如何防范操纵市场行为。

⑨所使用的交易系统。

⑩交易差错的处理。

(5)如何进行业绩归因;是否有自身的基金业绩评价指标;绝对收益的来源。

(6)历史上最大的3次回撤及其原因。

(7)经实践证明最为成功的一个投资案例和最为失败的一个投资案例。

(8)截至某一时点的AUM规模及AUM分部规模(如分策略、分PM等)。

(9)截至某一时点的分策略、分产品或总体业绩情况(如收益率、最大回撤、换手率、夏普比率等)。

(10)代表产品的历史、策略及业绩情况。

(11)截至某一时点合计管理的产品总数量;开交易账户的产品数量;自主管理产品和投顾型产品各自的数量;其他分类数量。

(12)基金管理人的主要业务竞争对手及其优缺点。

(13)未来业务发展目标和规划。

7. 基金募集运营及外部合作情况

(1)合作的主要代销机构有哪些;代销结构的遴选标准;利益分成主要安排。

(2)投资者适当性管理制度及其实施情况。

(3)特定产品的设计、立项、审批流程。

(4)产品推介和风险揭示流程。

(5)反洗钱的政策及执行情况。

(6)客户信息保密的执行情况。

(7)如何做好外部客户问询、投诉和内部员工举报的处理。

(8)合作的主要托管人。

(9)合作的主要基金服务机构;基金服务机构的遴选标准。

(10)估值政策;如何进行基金会计的核算或复核;是否采用摆动估值或侧袋估值;

(11)基金申赎政策(包括费率等要素设计);份额登记、非交易过户、司法协助的操作流程;延迟赎回和巨额赎回的相关政策;何时暂停赎回等。

(12)向客户进行基金信息披露的流程(含频率)和内容。

(13)基金收费政策;基金其他成本支出(公司型基金是否有董事费等)。

(14)基金分红政策。

(15)基金财产划拨、划付的流程。

(16)基金投资运作终止的政策及基金清算终止的流程。

(17)基金管理人合作的主要法律、合规顾问及其遴选标准。

(18)基金管理人合作的主要审计师、税务顾问及其遴选标准。

(19)基金管理人合作的主要公关顾问及其遴选标准;采用的公关措施。

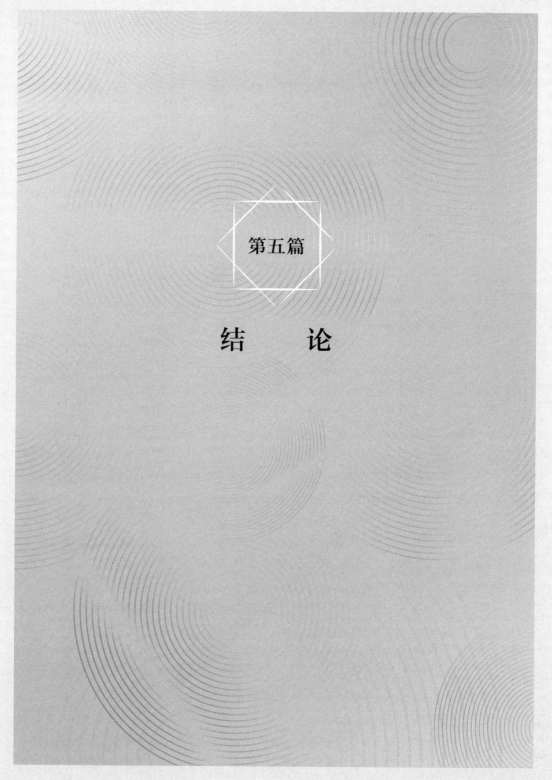

第五篇

结 论

综上所述,随着我国改革开放事业的不断深入及经济发展的不断升级,直接融资已变得越来越重要,成为服务创新驱动发展战略的迫切要求,是建设更高水平开放型经济新体制的重要途径。直接融资离不开良好的买方机制和卖方机制,对买方而言,即为基金治理。本书对照IOSCO历年发布的各份研究报告,并依据作者自身的行业实践经验和其他在先研究成果,对此梳理了基金治理的核心逻辑,建立了基金治理的框架体系,也在细节上列明了诸多规则、标准或行业最佳实践要求。

从最基础的定义出发,本书认为,基金治理是确保基金有效地且仅为基金投资者(不为基金内部人员)之利益进行组织及运作的基金组织及运作框架;其可分为内部治理和外部治理。

在基金组织形式方面,本书从功能主义出发,比较了契约型基金和公司型基金两种组织形式产生的组织架构对于实现基金治理目标所需要的核心功能和其他各项职能安排,没有发现存在一者凌驾于另一者的明显优势。只要把相关治理规则落实到位,两者总体上可以等价。因此,我国目前公募基金、私募证券投资基金采契约型基金组织形式是可行的,无更充分理由要另起炉灶,耗费立法、行政资源再搞公司型基金,因为这未必是实现基金治理目标唯一或更合理的路径,同样的资源可以用于其他方面。契约型基金在境外也并非不是主流模式。

在运作框架方面,本书先厘清运作"行为"在基金治理意义上的法理基础,即基金管理人以及作为自然人的基金受信人(如基金董事、基金管理人的董监高等),在运作时必须对投资者承担信义义务。本书认为,信义义务产生自信义关系,信义关系有三个特点:一是存在高度信任,二是受信人有利他性并做出承诺,三是受信人享有自由裁量权。因此,把信义义务和信义关系限缩在信托法及信托法律关系是狭隘的。凡存在上述三个特点的法律关系都宜被视为存在信义关系,从而通过信义义务这一法律工具在相关当事人之间进行权利义务配置,对其民商事关系进行规范调整,这更有利于健康、稳定的商业秩序的塑成。信义义务的独特功能使其可以在大陆法系民商法权利义务体系中找到自身应有的位置,发挥其应有的功能和作用,但其本身要受到诚实信用原则的约束,诚实信用原则仍是大陆法系民商法体系中的"帝王条款"。信义义务的外延分为忠实义务和谨慎义务。对于忠实义务来说,其核心是利益冲突防范。本书建构了基金领域存在利益冲突的五大模型(含25个小项),但本书不认为利益冲突是洪水猛兽而要一概禁止,对此应做的是减少、控制和防范,本书对每一个小项的利益冲突也提出了立体化的防范方案。经考察,我国对此建立的防范体系总体上是可以对标国际指引的。但在要求基金管理人制定适合于其业务实际的行为守则、合规手册、合规政策、做好各方面的记录等方面,仍可完善。对于谨慎义务来说,本书考察了其内涵和外延,尤其是"谨慎"标准的演变。在基金投资领域,境外的"谨慎投资人"标准及其各个侧面的内涵值得我国借鉴,我国这方面目前还有较多空白。本书还提出了对谨慎义务中决策义务和监督义务的事后审查方法,著名的商业判断规则宜被定位为对决策义务履行情况的审查依据。如果把谨慎义务延伸,在基金管理人职能外包领域,可以外包的职能应基于谨慎义务的履行而外包,故而对外包方应建立遴选标准和尽职调查程序,后续还应持续监控,我国在这方面的实践目前来看尚有不足,值得探索。此外,本书还从理论上梳理了受信人的义务体系:先分为法定义务和约定义务;法定义务分为信义义务和非信义义务(如投资者适当性管理);信义义务分为忠实义务和谨慎义务;谨慎义务则分为决策义务和监督义务,应有这样四个层次。

  运作框架当然还涉及基金全生命周期各个环节的运作。在这些环节的细节上,仍须体现或强化治理的要求。在基金交易环节,应确保交易的最佳执行,保证结算的公允分配(基于境内的交易结算机制,结算方面的矛盾目前不突出),控制交易成本,合理使用软回佣,保证投资者最佳利益。我国目前在这些方面的规定都还不够具体,需要完善。在基金估值环节,应确保公允估值,采用一致的估值政策,并做到透明。特定情形下,可考虑摆动估值和侧袋估值。对我国来说,对估值政策的审查、复核和对摆动估值的探索可以作为未来完善的方向。在基金收费环节,应做好信息披露,尤其是加强对业绩报酬这一利益冲突的控制;收费合理性的判断标准应以履行信义义务为前提。我国可加强的是对收费的信息披露,但本书不赞成触发特定条件后对业绩报酬进行返还,而应当从业绩报酬的提取频率等角度进行适度管控。在基金信息披露环节,本书提出信息披露及其标准的更好表述是:基金管理人应及时、完整地披露真实、准确、可理解的信息。基金管理人应着重加强基金销售时点的信息披露和基金业绩的信息披露,并可探索GIPS标准。另外,应加强对潜在利益冲突的披露,强调信息披露的可理解性以及分层披露等。在基金赎回环节,应加强流动性风险管理,加强信息披露,明确暂停赎回的标准,谨慎应对暂停赎回,采取各种努力保障投资者赎回权这一核心权利。我国对此已有较好的实践,下一步可探索侧袋机制,进一步明确暂停赎回后的工作流程等。在基金(投资运作)终止环节,同样应做好信息披露,确保公平对待投资者,与投资者充分沟通终止方案(尤其是对于基金合并),应在终止过程中保证公允估值,必要时对机构投资者可考虑实物赎回。我国在这方面的实践目前尚无突出矛盾,但随着实践的深入,在失联投资者处理、暂停申赎处理、基金合并处理、实物赎回处理等方面,仍有借鉴 IOSCO 提出良好实践的必要,也可提早有所应对。

以上这些,都是基金内部治理的组成部分。对于内部治理,本书还述及了托管职能和基金托管人,厘清了"托管"一词的含义,明确托管人关于"基金财产保管"的核心职责,述及了其选任标准和应承担的责任及归责依据。对于托管,我国在托管人报酬激励、投资监督职责的具体履行以及基金管理人对托管人的遴选和持续监控等方面,还有完善的空间。至于基金份额所有人,本书不迷信股东积极主义,认为退出权(赎回权和基金份额转让权)才是基金投资者最重要的核心权利,应得到第一位的保护。其次才是参加基金份额持有人大会及表决权等共益权,最后是一些基本民商事权利。对于积极干预基金管理人行使投资自由裁量权并达到完全控制、支配基金效果的基金份额持有人(尤其是这样的单一委托人),如果其还能任意要求赎回基金份额,再叠加其他违法或规避法律的目的,本书参照"刺破公司面纱"的法人格否认法理,创造性地提出"刺破基金面纱"这一概念,拟为解决一些所谓"通道"产品造成的法律责任问题提供一个新的法理思路。到基金管理人这里,本书强调其自身的内部治理,包括建立组织机构健全、职责划分清晰、制衡监督有效、激励约束合理的治理结构和要求作为自然人的基金受信人在上述治理结构中真正履行好信义义务,而该等履行则可以合规管理、风险管理和内部控制为主要抓手。本书参照 IOSCO 相关报告和境外的有关实践,提出了合规管理和风险管理的工作框架,梳理了内部控制的范畴,引介了 IOSCO 推荐的流动性风险管理和系统性风险管理方法,从治理角度论述了信息技术建设与信息网络安全问题,并就信息安全风险建立了相应的应对框架,最后论及了持续经营计划的问题。

对于基金外部治理,本书认为其和基金管理人的外部治理可以合一,主要分为基金管理人(基金)之间的市场竞争、对基金和基金管理人的评价以及基金管理人的声誉机制三个方面。从市场竞争维度看,我国权益类资产管理市场上,头部私募已能和很多公募基金管理人直面竞争,竞争格局总体上较为激烈,这对基金治理可能是有益的,也将在一轮轮大浪淘沙后,不断涌现出优秀的私募基金管理人。从基金和基金管理人评价维度,目前还是侧重基金评价为多,对基金管理人的评价则方兴未艾。本书综合了诸多材料,提出了一个基金管理人评价的初步框架。从声誉机制维度,本书经考察后认为,随着投资者的成熟(更多地长期投资)、市场中介机构的丰富、监管力度的提升以及产权的明晰,声誉机制在中国资本市场将发挥越来越大的作用,而这对基金治理是有益的,基金管理人应积极构建和管理好自己的声誉和品牌。

全书以 IOSCO 全球考察后的诸多最终报告为经,以我国的规则和实践为纬,互相映射。除上面总结中提到的一些不足和可待完善之处外,从大局上看,我国基金治理的逻辑和框架在立法和监管层面已趋近完备。比如:契约型基金组织形式及架构,因《证券投资基金法》规定的基金托管人的独立性及相应的机制安排,以及基金托管人必须事前取得监管机构的行政许可并由此受到强监管,已然符合基金治理的总体要求,与《IOSCO 治理报告》不悖;对于基金份额持有人而言,目前需要基金份额持有人大会表决的事项,已涵盖基金运营中最重要的事务,足以保护投资者利益;对于基金管理人而言,我国在合规管理、风险管理(含信息网络安全)和内部控制等基金管理人内部治理的重要抓手方面也已提出诸多要求,可经总结而形成必要的工作框架。在信义义务方面,一般的兜底性法律条文是具备的(即《证券投资基金法》第九条),关键是在执法和司法实践层面如何对此深入理解和适用。具体到忠实义务和谨慎义务的履行,我国也已有诸多法律法规规定,对利益冲突的防范是重视的;唯谨慎义务的规定还不够具体,仍有加强可操作性的空间。对于基金估值、基金收费、基金信披、基金赎回、基金终止等事项,我国的规定和实践与 IOSCO 相关报告的主要或核心内容均基本一致。另外,我国基金管理人之间目前有较为充分的竞争,基金和基金管理人评价机制不断完善,声誉机制在逐步发挥作用。因此,本书经考察、比较后的结论是:我国基金治理的"四梁八柱"确已建构,对此我们应有基本的自信,剩下的问题就是市场中的各个微观主体(即每个具体的基金管理人、基金托管人)自身如何实践了。

基于上述结论,本书最后呼吁中国的长线机构投资者(比如保险资金、企业年金、社保基金、养老金等),包括国际上的机构投资者,宜理性、全面审视中国的基金市场及其基金治理体系、框架和环境,认真考察其中具体的、单个基金管理人,尤其是私募基金管理人,摒弃一些文化意识层面对所谓"私"的非理性偏见和恐惧,摒弃大而化之、一概而论的方法论。本书认为,在上述"四梁八柱"已建构完整的制度环境下,如果微观的市场主体,除依法合规,符合已有制度的要求外,还能按照恪守信义义务、实现良好基金治理的要求,在日常经营中自主完善本书所提到的一些不足,则应该足以受到资本的青睐,至少在资金安全上受到更多的信任,并由此取得更多资金的支持。这种信任弥足珍贵,它本身是市场声誉的一部分,是一个完善的资本市场的软的、重要的基础设施。我们应该提倡这种信任,给予优秀的基金管理人更多这样的信任,而本书则是给这一信任的存在提供一块理论和制度考察方面的基石。

参考文献

(一) 中文文献

1. 中文著作

(1) 贝政新等:《基金治理研究》,复旦大学出版社2006年版。

(2) 陈瑞华:《企业合规基本理论》,法律出版社2020年版。

(3) 陈翔:《私募合伙人:有限合伙私募股权基金治理》,法律出版社2018年版。

(4) 陈雪萍、豆景俊:《信托关系中受托人权利与衡平机制研究》,法律出版社2008年版。

(5) 程啸:《侵权责任法》,法律出版社2015年版。

(6) 程信和、杨春林、蒲夫生:《投资基金法专论》,中共中央党校出版社2002年版。

(7) 醋卫华:《声誉机制的公司治理作用研究——来自中国上市公司的经验证据》,西安交通大学出版社2018年版。

(8) 杜晶:《公司利益冲突交易的法律规制研究——以司法"公平"审查为中心》,经济科学出版社2017年版。

(9) 范健、王建文:《公司法》,法律出版社2018/2008年版。

(10) 范新安:《证券投资基金业绩评价研究》,经济科学出版社2014年版。

(11) 郭锋、陈夏等:《证券投资基金法导论》,法律出版社2008年版。

(12) 韩世远:《合同法总论》(第四版),法律出版社2018年版。

(13) 何宝玉:《信托法原理研究》(第2版),中国法制出版社2015年版。

(14) 何佳:《论中国金融体系的主要矛盾与稳定发展》,中国金融出版社2020年版。

(15) 黄达、张杰编:《金融学》,中国人民大学出版社2020年。

(16) 黄奇帆:《结构性改革:中国经济的问题与对策》,中信出版集团2020年版。

(17) 蒋昇洋:《董事注意义务的司法认定:美国的经验和中国的再造》,西南财经大学出版社2019年版。

(18) 江翔宇：《公司型基金法律制度研究——以基金治理结构为核心》，上海人民出版社 2011 年版。

(19) 雷宇：《声誉机制的信任基础研究》，经济科学出版社 2018 年版。

(20) 李慧云：《上市公司自愿性信息披露：机构投资者满意度、影响因素及经济后果》，经济科学出版社 2017 年版。

(21) 李建国：《基金治理结构：一个分析框架及其对中国问题的解释》，中国社会科学出版社 2003 年版。

(22) 李建伟：《公司法学》，中国人民大学出版社 2008 年版。

(23) 李建伟：《关联交易的法律规制》，法律出版社 2007 年版。

(24) 李维安等：《公司治理》，南开大学出版社 2001 年版。

(25) 李宪立：《证券投资基金业绩评价研究》，上海财经大学出版社 2009 年版。

(26) 李宇：《商业信托法》，法律出版社 2021 年版。

(27) 梁慧星：《民法解释学》，法律出版社 2015 年版。

(28) 梁慧星：《民法总论》，法律出版社 2004 年版。

(29) 孔祥俊：《反不正当竞争法新原理分论》，法律出版社 2019 年版。

(30) 梅世云编：《国际证券托管结算体系研究》，中国金融出版社 2013 年版。

(31) 潘从文：《私募股权基金治理理论与实务》，企业管理出版社 2011 年版。

(32) 聂庆平主编：《证券借贷理论与实务》，中国财政经济出版社 2015 年版。

(33) 秦子甲、刘思远：《私募基金视野中的资本市场行为底线：案例、分析与防范》，法律出版社 2018 年版。

(34) 秦子甲：《私募基金法律合规风险管理》，法律出版社 2017 年版。

(35) 申卫星：《民法学》，北京大学出版社 2013 年版。

(36) 沈莹：《托管的理论与实务》，经济科学出版社 2000 年版。

(37) 施天涛：《公司法论》，法律出版社 2005 年版。

(38) 宋顺林：《股东积极主义的中国实践——来自股东大会投票的经验证据》，经济科学出版社 2016 年版。

(39) 唐欲静：《证券投资基金评价体系——理论·方法·实证》，经济科学出版社 2006 年版。

(40) 王保树：《商法总论》，清华大学出版社 2007 年版。

(41) 王利明：《物权法教程》，中国政法大学出版社 2003 年版。

(42) 王连洲、董华春：《〈证券投资基金法〉条文释义与法理精析》，中国方正出版社 2004 年版。

（43）王泽鉴：《民法概要》，中国政法大学出版社2003年版。

（44）王宗正：《股东大会电子化的理论探索与制度构建》，法律出版社2019年版。

（45）文杰：《证券投资基金法律问题研究》，知识产权出版社2011年版。

（46）吴晓灵、邓寰乐等：《资管大时代：中国资管市场未来改革与发展趋势》，中信出版集团2020年版。

（47）吴晓灵主编：《投资基金法的理论与实践——兼论投资基金法的修订与完善》，上海三联书店2014年版。

（48）徐国栋：《诚实信用原则研究》，中国人民大学出版社2002年版。

（49）徐化耿：《信义义务研究》，清华大学出版社2021年版。

（50）徐金发等：《企业软实力与声誉管理》，社会科学文献出版社2010年版。

（51）徐孟洲主编：《信托法》，法律出版社2006年版。

（52）薛波主编：《元照英美法词典》，北京大学出版社2017年版。

（53）晏国祥：《企业声誉测评指标体系》，经济科学出版社2009年版。

（54）杨晓军：《证券投资基金治理的制度安排》，中国财政经济出版社2003年版。

（55）姚朝兵：《美国信托法中的谨慎投资人规则研究》，法律出版社2016年版。

（56）叶林：《公司治理制度：理念、规则与实践》，中国人民大学出版社2021年版。

（57）易纲、吴有昌：《货币银行学》，格致出版社、上海人民出版社2014年版。

（58）曾斌、林蔚然等：《资本治理的逻辑》，中国法制出版社2020年版。

（59）张程睿：《上市公司信息披露机制对投资者保护的有效性研究》，经济科学出版社2016年版。

（60）张淳：《信托法哲学初论》，法律出版社2014年版。

（61）张舫：《公司收购法律制度研究》，法律出版社1998年版。

（62）张国清：《投资基金治理结构之法律分析》，北京大学出版社2004年版。

（63）张路：《诚信法初论》，法律出版社2013年版。

（64）张天民：《失去衡平法的信托》，中信出版社2004年版。

（65）张维迎：《信息、信任与法律》，上海三联书店2003年版。

（66）张文显主编：《法理学》，高等教育出版社、北京大学出版社1999年版。

（67）张宗新：《上市公司信息披露质量与投资者保护研究》，中国金融出版社2009年版。

(68) 赵金龙:《股东积极主义诸问题与新展望》,法律出版社 2020 年版。

(69) 赵廉慧:《信托法解释论》,中国法制出版社 2015 年版。

(70) 赵旭东主编:《公司法学》,高等教育出版社 2006 年版。

(71) 赵振华:《证券投资基金法律制度研究》,中国法制出版社 2005 年版。

(72) 郑泰安等:《证券投资基金法律制度:立法前沿与理论争议》,社会科学文献出版社 2019 年版。

(73) 郑秀杰:《中国上市公司声誉对公司绩效的影响研究》,经济科学出版社 2010 年版。

(74) 郑也夫:《信任论》,中信出版社 2015 年版。

(75) 中国注册会计师协会编:《审计》,经济科学出版社 2012 年版。

(76) 中国注册会计师协会编:《公司战略与风险管理》,经济科学出版社 2009 年版。

(77) 钟向春:《我国营业信托受托人谨慎义务研究》,中国政法大学出版社 2015 年版。

(78) 周淳:《商事领域受信制度原理研究》,北京大学出版社 2021 年版。

(79) 朱慈蕴:《公司法人格否认法理研究》,法律出版社 1998 年版。

(80) 朱庆育:《民法总论》,北京大学出版社 2016 年版。

2. 中文译著

(1) 〔英〕阿德里安·戴维斯:《公司治理的最佳实践:树立声誉和可持续的成功》,李文溥等译,经济科学出版社 2011 年版。

(2) 〔美〕埃里克·弗鲁博顿、〔德〕鲁道夫·芮切特:《新制度经济学:一个交易费用分析范式》,姜建强、罗长远译,上海人民出版社 2006 年版。

(3) 〔美〕安德鲁·S. 戈尔德、保罗·B. 米勒编:《信义法的法理基础》,林少伟、赵吟译,法律出版社 2020 年版。

(4) 〔美〕查尔斯·J. 福诺布龙、西斯·B. M. 范里尔:《声誉与财富——成功的企业如何赢得声誉》,郑亚卉、刘春霞等译,中国人民大学出版社 2004 年版。

(5) 〔美〕E. 博登海默:《法理学:法律哲学与法律方法》,邓正来译,中国政法大学出版社 2004 年版。

(6) 〔美〕菲利普·乔瑞:《风险价值 VAR:金融风险管理新标准》,郑伏虎等译,中信出版社 2010 年版。

(7) 〔美〕弗雷德里克·S. 米什金、斯坦利·G. 埃金斯:《金融市场与金融机构》,杜惠芬译,中国人民大学出版社 2017 年版。

(8) 〔美〕弗雷德里克·S. 米什金:《货币金融学》(第 2 版),刘新智、史雷译,清华大学出版社2015年版。

(9)〔英〕格雷厄姆·弗戈:《衡平法与信托的原理》,葛伟军、李攀、方懿译,法律出版社2018年版。

(10)〔日〕近藤光男编:《判例法中的经营判断规则》,梁爽译,法律出版社2019年版。

(11)〔美〕罗纳德·J. 吉尔森:《公司治理全球化:形式性抑或功能性融合?》,黄辉译,载王保树主编:《商事法论集(第11卷)》,法律出版社2006年版。

(12)〔美〕曼瑟尔·奥尔森:《集体行动的逻辑》,陈郁、郭宇峰、李崇新译,格致出版社、上海三联书店、上海人民出版社2014年版。

(13)〔日〕能见善久:《现代信托法》,赵廉慧译,中国法制出版社2011年版。

(14)〔美〕塔玛·弗兰科:《信义法原理》,肖宇译,法律出版社2021年版。

(15)〔英〕伊恩·麦克唐纳、安·斯特里特:《衡平法与信托法精义》,李晓龙译,法律出版社2018年版。

(16)〔美〕约翰·亨利·梅利曼:《大陆法系》,顾培东、禄正平译,法律出版社2004年版。

3. 中文论文

(1)蔡云红:《我国基金托管人制度的法律问题与完善建议》,载《证券市场导报》2011年第7期。

(2)陈斌彬:《美国对投资基金管理费的法律规制初探》,载《现代财经(天津财经大学学报)》2012年第5期。

(3)邓峰:《公司利益缺失下的利益冲突规则——基于法律文本和实践的反思》,载《法学家》2009年第4期。

(4)邓峰:《业务判断规则的进化和理性》,载《法学》2008年第2期。

(5)丁洁:《证券投资基金的利益冲突问题及其法律防范》,载《证券市场导报》2004年第7期。

(6)董新义:《资产管理业者的信义义务:法律定位及制度架构》,载《求是学刊》2014年第4期。

(7)杜芳芳:《国际证监会组织的法律问题研究》,辽宁大学2017年法律硕士(JM)学位论文。

(8)范世乾:《信义义务的概念》,载《湖北大学学报(哲学社会科学版)》2012年1月。

(9)房绍坤、姜一春:《公司IT化的若干法律问题》,载《中国法学》2002年第2期。

（10）甘培忠、周淳：《证券投资顾问受信义务研究》，载《法律适用》2012年第10期。

（11）甘忠锋：《我国证券投资基金治理结构优化研究》，载《金融经济》2007年第4期。

（12）高景、邢浩伟：《试论我国基金托管人监管机制的完善》，载《中国经贸导刊》2011年第13期。

（13）龚红：《证券投资基金经理激励问题研究》，湖南大学2005年博士学位论文。

（14）郭东风、刘永清：《国有企业托管的发展趋势》，载《改革与战略》1999年第4期。

（15）何德旭：《建立现代金融体制 促进经济高质量发展》，载《财贸经济》2021年第1期。

（16）何琼、史久瑜：《董事违反勤勉义务的判断标准及证明责任分配》，载《人民司法·案例》2009年第14期。

（17）洪艳蓉：《论基金托管人的治理功能与独立责任》，载《中国法学》2019年第6期。

（18）类淑志、吕莺歌：《证券投资基金治理结构：一个理论视角》，载《济南金融》2003年第11期。

（19）李操纲、潘镇：《共同基金治理结构模式的国际比较及其启示》，载《当代财经》2003年第3期。

（20）李干斌：《中国证券投资基金治理研究——委托代理理论视角下的再认识》，复旦大学2006年博士学位论文。

（21）李江鸿、郑宏韬、黄旭：《商业银行托管业务法律问题与法律风险》，载《金融论坛》2012年第5期。

（22）李毅：《契约型私募基金治理结构问题初探》，载《社会科学论坛》2018年第2期。

（23）李琳：《我国"公司型"基金治理结构的建构——基于与"契约型"结构的对比分析》，载《经济法研究》2018年第1期。

（24）梁慧星：《诚实信用原则与漏洞补充》，载《法学研究》1994年第2期。

（25）刘传葵、高春涛：《契约型与公司型、公募与私募之基金治理结构比较——兼谈我国证券投资基金治理结构的改善》，载《浙江金融》2002年第10期。

（26）刘桑：《论投资基金托管人制度的完善》，载《政治与法律》2009年第7期。

（27）楼建波、姜雪莲：《信义义务的法理研究——兼论大陆法系国家信托法与其他法律中信义义务规则的互动》，载《社会科学》2017年第1期。

（28）楼晓：《我国公司型基金治理结构的构建之路——以美国共同基金治理结构为视角》，载《法学评论（双月刊）》2013年第6期。

（29）鲁宁：《关于国内基金行业引入侧袋机制的研究》，载《经营管理者》2012年第18期。

（30）罗豪才、宋功德：《认真对待软法——公域软法的一般理论及其中国实践》，载《中国法学》2006年第2期。

（31）罗培新、李剑、赵颖洁：《我国公司高管勤勉义务之司法裁量的实证分析》，载《证券法苑》2010年第2期。

（32）吕成龙：《上市公司董事监督义务的制度构建》，载《环球法律评论》2021年第2期。

（33）马振江：《中国证券投资基金治理模式研究——基于公募证券投资基金的分析》，吉林大学2010年博士学位论文。

（34）倪受彬、张艳蓉：《证券投资咨询机构的信义义务研究》，载《社会科学》2014年第10期。

（35）倪受彬：《论基金管理人与证券公司利益冲突交易的法律问题》，载《政治与法律》2005年第6期。

（36）欧明刚、孙庆瑞：《基金治理结构的比较研究》，载《证券市场导报》2001年第5期。

（37）潘金根：《关于建立我国证券投资基金评价体系的研究》，载《国际金融研究》2003年第5期。

（38）任自力：《公司董事的勤勉义务标准研究》，载《中国法学》2008年第6期。

（39）沈华珊：《论以受托委员会为核心的契约式基金治理》，载《证券市场导报》2002年第5期。

（40）宋德社：《证券监管法律制度的国际合作》，中国社会科学院研究生院2001年博士学位论文。

（41）孙杰、郑铮：《基金的性质》，载《上海证券报》2012年6月18日。

（42）陶耿：《论契约型证券投资基金治理结构之优化》，华东师范大学2011年博士学位论文。

（43）陶伟腾：《基金托管人之义务属性辨析：信义义务抑或合同义务？》，载《南方金融》2019年第10期。

(44) 王华兵:《基金经理业绩报酬提取及激励思考》,载《财会通讯》2009 年第 6 期。

(45) 王俊:《美国投资管理和研究协会"软美元"制度简介》,载《证券市场导报》2002 年第 6 期。

(46) 王莹莹:《信义义务的传统逻辑与现代建构》,载《法学论坛》2019 年第 6 期。

(47) 王涌:《信义义务是私募基金业发展的"牛鼻子"》,载《清华金融评论》2019 年第 3 期。

(48) 吴晓灵:《深化监管改革 提高直接融资比重》,载《中国金融》2021 年第 7 期。

(49) 吴晓灵:《稳步发展企业债券市场 全面优化金融资产结构》,载《金融研究》2005 年第 3 期。

(50) 肖宇、许可:《私募股权基金管理人信义义务研究》,载《现代法学》2015 年第 6 期。

(51) 徐国栋:《诚实信用原则二题》,载《法学研究》2002 年第 4 期。

(52) 徐化耿:《论私法中的信任机制——基于信义义务与诚实信用的例证分析》,载《法学家》2017 年第 4 期。

(53) 徐静:《中国证券投资基金的治理研究》,四川大学 2007 年博士学位论文。

(54) 徐静:《证券投资基金治理模式和公司治理模式的比较研究》,载《经济体制改革》2005 年第 2 期。

(55) 许可:《私募基金管理人义务统合论》,载《北方法学》2016 年第 2 期。

(56) 徐淑婧:《基金摆动定价机制》,载《中国金融》2017 年第 18 期。

(57) 寻卫国:《打造以基金托管人为核心的独立监督实体》,载《金融论坛》2008 年第 6 期。

(58) 闫海、刘顺利:《独立与制衡:证券投资基金托管人法律地位的重构》,载《浙江金融》2012 年第 6 期。

(59) 杨继:《公司董事"注意义务"与"忠实义务"辨》,载《比较法研究》2003 年第 3 期。

(60) 杨宗儒、张扬:《基金治理困境与持有人利益保护》,载《证券市场导报》2013 年第 6 期。

(61) 叶金强:《董事违反勤勉义务判断标准的具体化》,载《比较法研究》2018 年第 6 期。

（62）叶林：《董事忠实义务及其扩张》，载《政治与法律》2021年第2期。

（63）袁江天：《证券投资基金业治理的中国实践、国际经验及政策建议》，载《金融教学与研究》2013年第2期。

（64）原凯：《美国券商佣金规制的若干分析及对我国的启示》，载《华侨大学学报（哲学社会科学版）》2014年第4期。

（65）张宝瑞：《中国证券投资基金治理制度体系研究》，辽宁大学2013年博士学位论文。

（66）张超、闫锐：《证券投资基金治理结构分析》，载《金融理论与实践》2007年第11期。

（67）张国清：《证券投资基金关联交易的法律规制——美国的经验及启示》，载《证券市场导报》2006年第1期。

（68）张国清、曾维涛：《论对基金管理费的规制》，载《江西财经大学学报》2005年第1期。

（69）张军建、张雁辉：《信托法中共同受托人概念之考察》，载《中南大学学报（社会科学版）》2007年第2期。

（70）张力、周海琦、白清文：《国际证券投资基金治理结构变化研究》，载《经济体制改革》2011年第4期。

（71）张惟诚、张国清：《论对机构投资者佣金分仓的监管——美国的实践及其启示》，载《江西财经大学学报》2018年第4期。

（72）郑利红：《国际证监会组织研究》，西南政法大学2011年硕士学位论文。

（73）郑强：《合同法诚实信用原则价值研究——经济与道德的视角》，载《中国法学》1999年第4期。

（74）周天林：《析投资基金当事人的权利义务》，载徐学鹿主编《商法研究》（第1辑），人民法院出版社2000年版。

（75）周仲飞：《全球金融法的诞生》，载《法学研究》2013年第5期。

（二）英文文献

（1）IOSCO：*Conflicts of Interests of CIS Operators*，2000，"《IOSCO利益冲突报告》"。

（2）IOSCO：*Compliance Function at Market Intermediaries：Final Report*，2006，"《IOSCO合规报告》"。

（3）IOSCO：*Cyber Security in Securities Markets-An International Perspective：Report on IOSCO's cyber risk coordination efforts*，2016，"《IOSCO 2016信息网络安全

（报告》"。

（4）IOSCO：*Cyber Task Force：Final Report*，2019，"《IOSCO 2019 互联网报告》"。

（5）IOSCO：*Examination Of Governance For Collective Investment Schemes*，2006/2007，"《IOSCO 治理报告》"。

（6）IOSCO：*Good Practice for Fees and Expenses of Collective Investment Schemes：Final Report*，2004/2016，"《IOSCO 基金收费报告》"。

（7）IOSCO：*Good Practices for the Termination of Investment Funds：Final Report*，2017，"《IOSCO 基金终止报告》"。

（8）IOSCO：*Guidance on Custody Arrangements for Collective Investment Schemes*，1996。

（9）IOSCO：*Guidelines for the Regulation of Conflicts of Interest Facing Market Intermediaries：Final Report*，2010，"《IOSCO 券商利益冲突监管指引》"。

（10）IOSCO：*Market Intermediary Business Continuity and Recovery Planning：Final Report*，2015，"《IOSCO 持续经营计划报告》"。

（11）IOSCO：*Model Code of Ethics*，2006，"《模范道德准则》"。

（12）IOSCO：*Open—ended Fund Liquidity and Risk Management-Good Practices and Issues for Consideration：Final Report*，2018，"《IOSCO 2018 流动性风险报告》"。

（13）IOSCO：*Performance Presentation Standards For Collective Investment Schemes：Best Practice Standards*，2004，"《IOSCO 业绩披露报告》"。

（14）IOSCO：*Principles of Liquidity Risk Management for Collective Investment Schemes：Final Report*，2013，"《IOSCO 2013 流动性风险报告》"。

（15）IOSCO：*Principles on Outsourcing of Financial Services for Market Intermediaries*，2005，"《IOSCO 外包报告》"。

（16）IOSCO：*Principles on Point of Sale Disclosure：Final Report*，2011，"《IOSCO 销售披露报告》"。

（17）IOSCO：*Principles for the Supervision of Operators of Collective Investment Schemes*，1997。

（18）IOSCO：*Principles on Suspensions of Redemptions in Collective Investment Schemes：Final Report*，2012，"《IOSCO 基金赎回报告》"。

（19）IOSCO：*Principles for the Valuation of Hedge Fund Portfolios：Final Report*，2007；

（20）IOSCO：*Principles for the Valuation of Collective Investment Schemes：Final Report*，2013，与上一项合称"《IOSCO 估值报告》"。

（21）IOSCO：*Recommendations Regarding the Protection of Client Assets：Final Report*，2014，"《IOSCO 客户财产保护报告》"。

（22）IOSCO：*Report on Investment Management*，1994.

（23）IOSCO：*Research Report on Financial Technologies（Fintech）*，2017.

（24）IOSCO：*Soft Commission Arrangements For Collective Investment Schemes：Final Report*，2007，"《IOSCO 软回佣报告》"。

（25）IOSCO：*Standards for the Custody of Collective Investment Schemes' Assets：Final Report*，2015，"《IOSCO 托管报告》"。

（26）IOSCO：*Systemic Risk Identification in Securities Markets*，2012.

（27）IOSCO：*Thematic Review on Business Continuity Plans with respect to Trading Venues and Intermediaries：Final Report*，2021.

（28）Margaret R. A. Paradis：*Best Execution for Investment Advisers：The Goal and the Process*，*The Journal of Investment Compliance*，Summer 2004.

致　谢

首先，如本书前言所称，我在此向 LexisNexis 律商联讯的刘丁香老师、楼莎莎老师再次表示感谢！

华东政法大学国际金融法律学院的肖宇教授常年关注私募基金领域的法律问题，是这方面的专家（其翻译的美国信义法知名学者塔玛·弗兰科教授所著的《信义法原理》一书也已在国内出版），她与我有多次讨论并给予我指导。她的多名弟子也曾在我这里开展专业实习，尤其是张萍同学和韩泠萱同学（现已分别入职深交所和北交所），她们专业功底扎实，工作作风严谨，工作态度认真。她们为我撰写信义义务方面的文章提供了诸多文献资料，同时也翻译了不少 IOSCO 的报告，由我择要删减后写入本书。本书的相当部分内容有她们的辛劳，背后也与肖宇老师的在校指导分不开。我要向肖老师、张萍和韩泠萱致以由衷的谢意！

对于本书的其他有关专业内容，景林资产的交易总监舒珺先生、景林资产合规部胡新雨女士、诺德基金督察长陈培阳先生、WT 资产管理有限公司运营总监（COO）葛洁女士、湖南启元律师事务所合伙人廖青云律师、竞天公诚律师事务所合伙人刘思远律师、对冲基金协会全球董事会董事和中国香港区域总监吕思雨（Alice）女士、香港合规顾问公司 Compliance Asia 的合伙人 Phillipa 女士以及 Rachel 女士，均为此提供了宝贵意见或相关文献资料。为境内私募基金管理人提供咨询意见的"积募"平台及其相关负责人朱继米先生、刘静女士、方健女士与我也有很多实务交流，给予我启发，在此向他们深致感谢。

当然，我还要感谢景林资产的各位领导：蒋锦志先生、高斌先生、高云程先生、张红女士以及曾晓松先生。景林在私募基金领域近二十年的耕耘以及在中国内地、中国香港、新加坡以及美国、东南亚等地的国际化投资实践，给了我很好的"全球观照"的视角和平台，也给予了我从这个角度去做一些思考的机会。相信景林资产会不断完善基金治理，做好中国公司的投资专家，在资产管理领域为投资者创造更多价值，也从直接融资角度，当好一个称职、合格的买方。

同时，我也要感谢业界各位先进、同行在各种场合给予我的指导、关怀或帮助。如：中国证监会、上海证监局、中国证券投资基金业协会的各位领导、老师；清华大学法学院朱慈蕴教授、汤欣教授；北京大学法学院刘燕教授；中国政法大学王涌教授；华东政法大学国际金融法律学院冷静教授；新加坡管理大学法学院张巍老师;厦门大学法学院毛海栋老师;上海财经大学法学院樊健老师;深圳市福田区人民法院罗娜法官;中国证券登记结算有限责任公司总经理孔庆文先生;中国证券金融股份有限公司前董事长聂庆平先生、中国证券金融股份有限公司拓小燕女士、张倩女士、王虹女士、王鑫先生;深圳证券信息有限公司总经理徐洪涛先生;北京证券交易所王赫女士;重阳投资总裁汤进喜先生;中国财富管理50人论坛特约研究员邓寰乐先生;华兴证券合规总监段涛先生;珩昱投资合伙人曹龙先生;华夏银行资产托管部宋明磊先生;中海信托章静女士;华锐金融科技研究所创始人曹雷先生;九坤投资合规风控负责人许江涛先生;高伟绅(Clifford & Chance)律师事务所合伙人张莹律师;通力律师事务所合伙人吕红律师、合伙人袁静律师;君合律师事务所合伙人曲惠清律师、合伙人崔嘉鲲律师;国浩律师事务所资深顾问黄江东律师;汉坤律师事务所合伙人葛音律师;中联律师事务所合伙人方懿律师;伟凯(White & Case)律师事务所合伙人汤务真律师;汇业律师事务所合伙人章祺辉律师;国枫律师事务所合伙人王岩律师等等,其他恕不能一一列明了。

  本书历经两任编辑。前任刘文科博士一直为我的作品提供非常专业的出版服务,为此付出诸多辛劳,也时常提出众多的专业编审意见。他曾说编辑对作者理应承担信义义务,诚哉斯言。我非常感谢他一直以来对我的学术信任,我也始终信任他的专业出版品质。后任杨玉洁老师在接手后为本书的出版尽心尽责,耗费时力,本书最终面貌是杨老师辛苦努力的成果,在此我向她致以真挚的谢意!

  最后,我要趁此机会深情感谢现任职于上海市周浦中学的叶燕波老师。她是我高三最后一学期的语文老师,但这仅仅是我们的缘起;她可能更是我后来成长至今的心灵导师。每个人一路走来,肯定会有不时的困惑、彷徨甚至挫折,有高光时刻,也有至暗时刻。如果有人能在至暗时刻以其情商或灵商为你释疑解惑,或者仅仅是聆听并给予必要的点拨或回应,这真是一份个体独有的幸运。我非常感谢叶老师为此在我这里付出的所有时间;尤其是在本书写作收尾的时候,可能是我人生中的又一个坎坷。因此,我不吝于告知读者叶老师之于我的伟大,也衷心祝愿每位读者能有自己类似的心灵导师和类似的幸运。

  本书将献给我105岁的祖母(苏州话称之为"好婆")和我的母亲。她们是至今给予我最多的爱和心血的人。

跋

一

这是我关于私募基金的第三本书,貌似可以构成一个系列了。趁此机会,我想交代一下这三本书的写作背景、定位,同时也梳理一下它们之间的脉络关系。

第一本书名为《私募基金法律合规风险管理》,写于2016年,2017年4月出版。现在来看,这本书的整体定位是为私募基金管理人的法律风险、合规风险建构一个基本的管理和应对框架,偏重实务性,整合了自己从业以来的多方面工作经验和心得体会,对中国证监会和中国证券投资基金业协会当时已出台的、针对私募基金的各项监管规则进行了体系化的解读,将其拆分为法律合规风险管理的政策、流程、程序和框架,内容上比较"接地气",因而对不少同行的日常工作可能有一定的助益。我从好几个途径了解到,这本书的反馈较好,实用价值较高。但随着监管部门其他规则的陆续出台,同时也考虑到我国私募基金的商事实践环境在不断演变,这本书的个别内容或上下文语境用今天的眼光来看,可能略有滞后了。但我可以自信的是,该书建构的法律合规风险管理框架仍然应该是"立"得住的,对监管部门规则的理解总体上没有偏差,后续出台的规则并没有对整个私募监管产生颠覆性的冲击。因此,如果日后适当地补充一些对新规则的理解,与时俱进地更新几个案例,再添加一些新的工作心得,便可以赋予该书新的生命。另外,还有一处让我尤感"欣慰"的是,在该书开篇对私募基金时代背景的叙述中,我做了一个货币流动性覆水难收的预判。五年过去了,这个判断至今未被证伪,美元成了一个非常棘手的"特里芬难题"。虽然其对全球政治经济的冲击为何可另加讨论,但看清货币流动性的这一事实,方能促使我们思考如何去真正地面对和回应。

第二本书是我与竞天公诚律师事务所合伙人刘思远律师的合作作品《私募基金视野中的资本市场行为底线:案例、分析与防范》,我是第一作者,写于2017年上半年,2018年3月出版。这本书名字中的"行为底线"源自第一本书中最后一章的"展望",是对监管部门当年提出的"底线监管"中"底线"一词的引申。我将该等"底线"区分为监管底线和行为底线,该书就是对私募基金领域所涉行为底线的展开,即截至该书出版,有在先案例支撑的私募基金管理人可能会触发的8

种违法(犯罪)行为类型。其中,出于我本职工作的需要,该书对内幕交易各个方面进行了尤为深入的分析;出于我对理论建构的偏好,对操纵市场则建立了一个自认为可以"立"起来的认知性框架。但该书的主要方法论亮点还是通过案例进行归纳,得出一些可以指导实践的经验性结论。这对内幕交易尤为有用。因为在这类案件中,尤其是内幕信息敏感期的界定上,生活实践和商事交易的样态实在是太丰富了,很难在理论层面先验地去概括出十分具体、明确的标准。但从合规官实务角度来看,我们又必须时时给出一些合规建议,对一些经营行为做出合规判断,然后或"放行"或禁止。该书的研究及从案例中归纳出的经验性结论,不失为一个次优但必要的进路。考虑到我本人在私募基金行业内工作,该书把讨论的场域划定为私募基金,但任何一个参与资本市场的主体,都可能遇到内幕交易、操纵市场等违法(犯罪)问题,该书的实用性和经验性结论的适用范围其实是更加广泛的。从该书出版至今,也有四年,所选的案例从时间上看似乎略显久远。但我问了该书的第二作者刘思远律师,她认为以她的执业经验,该书的结论至今仍是"立"得住的。目前,她只是在后续给客户的讲解中,用更新的案例对书中较早但并非过时的案例做了简单替换。我们相信,该书仍富有生机。

本书完成于 2021 年,其在方法论上与前两本又有不同。本书侧重国际比较,按前文所说,是以 IOSCO 全球考察后关于基金治理的诸多最终报告为经,以我国的规则和实践为纬,互相映射,既在全球视野中建立起(证券投资)基金治理的一般规范性框架,又对我国现行私募证券投资基金监管及规则的总体情况给予初步评价,同时也尝试为私募基金管理人的评价提供相应的标准。

从学术性维度来看,我认为这三本书是层层递进的关系,方法论上从第一本书的解释论较多到第三本书的立法论较多。但它们都没有脱离实践,是基于实践中的相关需求而进行的必要的理论展开或梳理总结,这可能是这三本书与其他纯粹学术类书籍或纯粹实务性书籍的最大区别。

到此为止,我用三本书的容量,通过三种不同的方法,即合规实务经验梳理、案例分析结论归纳和制度层面的全球比较分析,对我国私募基金和私募基金管理人在法律及法学层面的各个维度进行了一次较为全景式的研究覆盖,相关内容其实对证券公司(尤其是其买方业务)、公募基金等也有触类旁通的意义,算是完成了一个由三个"小目标"合在一起的"中目标"吧。由此把这些成果和心得与业界先进、同行分享,希望它们能产生更多的共鸣。

二

三本书写完了。回过头似乎还有一个问题要回答,那就是"为什么要写书?"

我觉得这可能和我本人的一个特点有关,就是希望或喜欢做一些理论(体系)建构的事情。第一本书是法律合规风险管理框架的建构;第二本书是私募基金管理人面对的各种违法(犯罪)行为体系的建构和防范应对体系的建构,也包括单个行为(如操纵市场)局部体系的建构;第三本书则是基金治理体系框架的建构。而要把这样一个个体系"立"起来,就免不了需要更多的逻辑演绎和论证阐述,因此,用一本书的容量可能才是合适的,单篇文章较难实现相关的广度和深度。

　　引申开去,对于法学来说,或对于风险管理来说,体系是重要的。法学面向的是整个社会生活各个范畴的正当、合理秩序,风险管理面向的是风险存在的普遍性和风险发生的不确定性,对此,要在"事前"有所应对,防范失序和冲击,就只能在宏观和一般的维度上进行思考和相应地统摄,这样才能从整体性上保证考虑问题的"周延性",以致"事中"任何一个具体事件的发生,都能在一个"体系之网"和"意义之网"中定位到它的准确位置,从而找到特定的办法"兵来将挡,水来土掩",化解纠纷,消除风险,维护秩序,不会被搞得"头痛医头,脚痛医脚",进而顾此失彼或前后矛盾,为人诟病,在"事后"滋生新的风险和纷扰。按德国著名法学家卡尔·拉伦茨教授引述埃塞尔的观点,"将价值认识用一个体系排列起来,借此我们可以找到——依据整体秩序合理(＝即可审查)地——适宜作为该当个别决定的标准,据此可合理地控制任何决定"①。"(有关)体系不仅可以保障最大可能的概观性,同时亦可保障法安定性,因为设使这种体系是'完整的',则于体系范畴内,法律问题仅借逻辑的思考操作即可解决。它可以保障由之推演出来的所有结论,其彼此不相矛盾。"②因此,法学家似乎总是要有几本皇皇巨著来建构起庞大的体系,这可能是法律学科的特性使然,也是按法学思维来解决实践问题的进路使然。

　　我不是法学家,也不在高校中工作,但我在法学领域已学习、执业了近二十年,似乎也可用"浸淫于此"来概括和形容了。因此,我觉得自己的思维模式可能已被深深地打上了法学的烙印,也越发体会到自己可能还比较适合于这个学科和相关类型的工作。于是,即便不能建构一个特别庞大的体系,但在自己工作的小范围内有所建构,总还是可以的。胡适曾给当年的北大毕业生赠言:"(毕业后)总得时时寻一两个值得研究的问题;总得多发展一点非职业的兴趣。"我想自己倒可能经常循着这两句话,凭恃着一点智识上的好奇心(intellectual curiosity),逡巡在

---

① 〔德〕卡尔·拉伦茨:《法学方法论》,陈爱娥译,商务印书馆2003年版,第45页。
② 〔德〕卡尔·拉伦茨:《法学方法论》,陈爱娥译,商务印书馆2003年版,第317页。

职业和学术的交叉地带,努力地做一些探索,正好商法本身就是一个实践性很强的学科,我觉得这样的探索是有意义的。这背后既有一些兴趣的驱动,又从前瞻性、周延性等角度对职业本身有所裨益,是一件两全其美的事;如能给更多人提供一些启发或帮助,则善莫大焉。

三

西方哲学的传统观念认为人是有理性的动物。① 因此,人就要思考,要建构,要仰望星空,要追寻一个更有意义的图景、更有秩序的范式、更富逻辑的体系,然后在"实然"和"应然"的张力中,以一个理想或理念的"必然"为灯塔——或者用本书的书名来说,为观照——安放自己的灵魂,达成心与物、内与外的和谐统一,这可能是人之为人的一种必要而美好的终极探寻。它不一定时时以一种哲学命题的形式出现,但我相信,它一定会在每个人生活的某一秒或某个场景中以一种禅思顿悟的方式突然闪现,又倏忽而去。

写作,或者说以写作的方式去建构,可能是一种主动面对"实然"和"应然"之间张力的更积极的方式,也可能是一种比较"象牙塔"的方式。坦率地说,我喜欢"象牙塔",写作能够让我在意念层面回归到这样的"象牙塔"中,这可能才是我连续写了三本书的内驱力。北大法学院的苏力教授说,"(大学是你)走不出的风景……你柔软地想起这个校园……听见阳光的碰撞……在许多感动之后……责任高于热爱……"② 读着这些诗一般的短句,我的神思往往就会回到美丽的清华园和燕园——当然也包括我很喜欢的珞珈山下、上弦场边等——油然而生一种理想主义的情怀。

我想,是要有一些情怀的。这才是自信的真正底气,责任的践履动力,也是编织中国梦的基本经纬,衬出大国新一轮崛起的雄浑低音。

与读者诸君共勉。

---

① 叶秀山:《哲学要义》,世界图书出版公司2010年版,第194页。
② 苏力:《走不出的风景:大学里的致辞以及修辞》,北京大学出版社2011年版。这几个短句都是苏力教授在毕业或迎新典礼上为北大法学院毕业生或新生致辞的标题。